나혼자 끝내는

토익

PART

실전
12회

56

나혼자 끝내는 토익
PART 5&6 실전 12회

지은이 박혜원, 전보람
펴낸이 임상진
펴낸곳 (주)넥서스

초판 1쇄 발행 2017년 2월 25일
초판 8쇄 발행 2023년 10월 1일

출판신고 1992년 4월 3일 제311-2002-2호
10880 경기도 파주시 지목로 5
Tel (02)330-5500 Fax (02)330-5555

ISBN 978-89-98454-68-5 13740

www.nexusbook.com

나혼자 끝내는

토익

PART 56

실전 12회

넥서스

박혜원, 전보람 지음

다양한 스펙에 대한 경쟁이 저학년 때부터 치열한 요즘, 토익은 대한민국 대학생이면 누구나 도전하는, 또 도전해야만 하는 당연한 관문이 되었습니다. 취업은 물론이고 승진, 이직에도 꼭 필요한 시험이 된 토익은 과열된 경쟁으로 인해 전체 평균 점수가 상향되었으며, 현재는 800~900점 이상의 고득점자들이 예전에 비해 확연히 늘었다는 것을 현장에서 여실히 느끼고 있습니다. 더군다나 2016년 5월, 신토익으로 개정된 후, 토익은 좀 더 많은 어휘력과 독해력을 요구하고 있습니다.

토익은 방대한 어휘와 문법 체계, 7가지에 달하는 파트별 능력을 요구하는 비즈니스 영어를 토대로 한 시험으로, 적절한 학습 자료와 공부법이 없다면 고득점을 달성하는 것이 힘들 수 있습니다. 게다가 최근에는 좀 더 새로운 문제들이 반영되어 다양한 함정 문제와 고득점용 어휘, 문법 문제들이 추가되고 있는 상황입니다.

본 책은 혼자서 자습하며 최근 토익 트렌드를 정확히 파악하고, 한 권을 다 풀었을 때 토익 시험 RC 영역의 가장 기본적이고도 중요한 파트인 PART 5&6에서 고득점을 획득하는 데 큰 도움이 될 수 있도록 필자가 다년간 강의를 준비하며 기출 응용 및 연구를 통해 개발한 문제들을 엄선했습니다.

토익 PART 5&6는 특정 문법을 자세하게 알거나 이론을 확실하게 이해하고 깊이 있게 파악하는 것보다는 토익 흐름을 반영한 다양한 문제를 최대한 단시간 내에 접해보며 문제의 틀을 익히고 응용된 변형 문제에 적응하는 것이 고득점을 낼 수 있는 관건입니다. 그리고 이를 가장 효율적으로 도와줄 수 있는 것은 기본서나 이론서가 아닌 바로 실전서입니다.

그래서 본 책은 철저하게 실제 시험의 난이도를 잘 반영하여 고득점 획득에 필수적인 문제만을 다루었고 정확한 해석, 정답과 오답에 대한 상세한 해설, 어휘가 담긴 해설집까지 여러분의 토익 졸업과 완성에 큰 도움이 되리라 확신합니다.

이 실전서의 집필에 많은 도움을 주신 넥서스에 깊이 감사드리며, 실전 문제 연구에 많은 지원을 아끼지 않으신 정재훈 선생님에게도 감사의 말을 전합니다.

저자 박혜원, 전보람

| CONTENTS

신토익을 완벽 반영한
토익 PART 5&6
실전 12회분

신토익을 반영한 PART 5&6 12회분 모의고사로 실전을 완벽
대비할 수 있고, 나혼토 체크 리스트를 통해 매회마다 실력을
자가 점검할 수 있습니다.

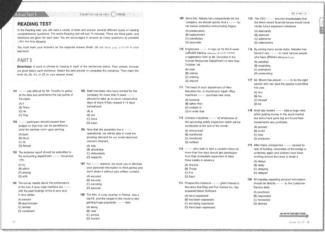

토익 PART 5&6
실전 12회분에 대한
정답 및 해설

따로 정답을 확인할 필요 없이 각 회차를 푼 후 바로 정답 및
해설을 확인할 수 있습니다. 책날개를 활용하여 정답 및 해설
을 가려서 다시 한 번 문제를 풀고 정답을 확인하면서 실력
이 향상되도록 구성하였습니다.

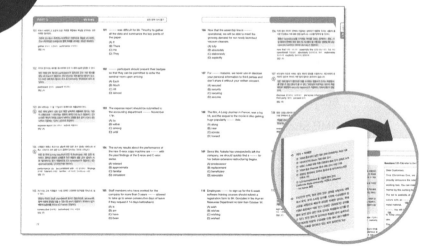

PART 5&6
시험 직전 대비
실전 5회분 제공

실전 12회를 통해서 푼 문제들을 다시는 틀리는 일이 없도록
시험 직전 대비용으로 본문 문제를 재구성한 실전 5회분을
제공합니다.

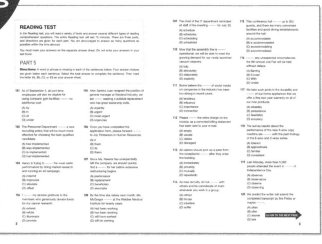

혼자서도
토익을 끝낼 수 있는
저자 직강
음성 강의

(1) 음성 강의가 제공되는 문제는  표시로 되어 있습니다.
음성 강의는 QR코드를 활용해서 듣거나 온라인에서 다
운로드해서 들을 수 있습니다. www.nexusbook.com

(2) 혼자 공부할 때, 안 풀리는 까다로운 문제가 있다면 아래 웹
사이트에 문의하시면 저자 선생님의 상세한 설명을 들을 수
있습니다.
www.파워토익.com

(3) 본문에 수록된 어휘 중에서도 특히 중
요한 빈출 어휘 리스트와 이를 학습할
수 있는 온라인 테스트를 제공합니다.
www.nexusbook.com

저자 직강
음성 강의
무료 제공

2016년 5월 29일 정기시험부터 현재의 영어 사용 환경을 반영한 신(新)토익이 시행되었습니다. 전체 문항 수와 시험 시간은 동일하지만 각 파트별로 문항 수는 변화가 있으며 그동안 출제되지 않았던 그래프와 문자 메시지, 채팅, 삼중 지문 등 새로운 지문 유형과 문제가 출제됩니다.

신토익 시험의 구성

구성	Part	Part별 내용	문항수	시간	배점
Listening Comprehension	1	사진 묘사	6	45분	495점
	2	질의 응답	25		
	3	짧은 대화	39		
	4	설명문	30		
Reading Comprehension	5	단문 공란 채우기	30	75분	495점
	6	장문 공란 채우기	16		
	7	단일 지문	29		
		이중 지문	10		
		삼중 지문	15		
Total	7 Parts		200문제	120분	990점

신토익 이후 달라진 부분

❶ Part 1 문항 10개에서 6개로 감소
❷ Part 2 문항 30개에서 25개로 감소
❸ Part 3 문항 30개에서 39개로 증가, 〈3인 대화〉, 〈5턴 이상의 대화〉, 〈의도 파악, 시각 정보 연계 문제〉 추가
❹ Part 4 문항 30개로 기존과 동일, 〈의도 파악 문제〉, 〈시각 정보 연계 문제〉 추가
❺ Part 5 문항 40개에서 30개로 감소
❻ Part 6 문항 12개에서 16개로 증가, 〈알맞은 문장 고르기〉 추가
❼ Part 7 문항 48개에서 54개로 증가, 〈문자 메시지 · 온라인 채팅 지문〉, 〈의도 파악, 문장 삽입 문제〉,
　　　　　 〈삼중 지문〉 추가

신토익 핵심 정보

Part 3	화자의 의도 파악 문제	2~3문항	대화문에서 화자가 한 말의 의도를 묻는 유형
	시각 정보 연계 문제	2~3문항	대화문과 시각 정보(도표, 그래픽 등)간 연관 관계를 파악하는 유형
	3인 대화	대화 지문 1~2개	일부 대화문에서 세 명 이상의 화자가 등장함
	5턴 이상의 대화		주고 받는 대화가 5턴 이상으로 늘어난 대화 유형
Part 4	화자의 의도 파악 문제	2~3문항	담화문에서 화자가 한 말의 의도를 묻는 유형
	시각 정보 연계 문제	2~3문항	담화문과 시각 정보(도표, 그래픽 등)간 연관 관계를 파악하는 유형
Part 6	알맞은 문장 고르기	4문항 (지문당 1문항)	• 지문의 흐름상 빈칸에 들어갈 알맞은 문장 고르기 • 선택지가 모두 문장으로 제시되며 문맥 파악이 필수
Part 7	문장 삽입 문제	2문항 (지문당 1문항)	주어진 문장을 삽입할 수 있는 적절한 위치 고르기
	문자 메시지 · 온라인 채팅	각각 지문 1개	2명이 대화하는 문자 메시지, 다수가 참여하는 온라인 채팅
	의도 파악 문제	2문항 (지문당 1문항)	• 화자가 말한 말의 의도를 묻는 문제 • 문자 메시지, 온라인 채팅 지문에서 출제
	삼중 지문	지문 3개	세 개의 연계 지문에 대한 이해도를 묻는 문제

초급 수험자 파트 5&6 46문제 중에 절반은 틀려요.

아직 토익 공부를 제대로 해보지 않았거나 공부를 했지만 실전 연습이 많이 부족한 경우입니다. Part 5&6는 반복해서 푸는 연습이 중요하므로 반복해서 풀면서 문법 포인트 및 어휘를 점검해 보세요. 또한 어휘 실력이 부족한 시기이므로 온라인으로 제공되는 어휘테스트도 활용해 보세요. (www.nexusbook.com에서 어휘리스트, 어휘테스트, 토익 보카왕 등 제공)

1일차	2일차	3일차	4일차	5일차	6일차
Actual Test 1 & 해설	Actual Test 2 & 해설	Actual Test 3 & 해설	Actual Test 4 & 해설	Actual Test 5 & 해설	Actual Test 6 & 헤설
7일차	8일차	9일차	10일차	11일차	12일차
Actual Test 7 & 해설	Actual Test 8 & 해설	Actual Test 9 & 해설	Actual Test 10 & 해설	Actual Test 11 & 해설	Actual Test 12 & 해설

중급 수험자 감을 잡은 거 같은데 그래도 평균 10개는 틀려요.

토익 공부도 좀 해보고 토익 시험도 2~3번 봤지만 여전히 틀리는 문제들이 있는 경우입니다. 토익은 시간 싸움이므로 빠른 시간 내에 문제를 풀 수 있는 연습이 필요합니다. 틀렸던 문제들은 꼭 다시 점검해 보세요.

1일차	2일차	3일차	4일차	5일차	6일차
Actual Test 1, 2 & 해설	Actual Test 3, 4 & 해설	Actual Test 5, 6 & 해설	Actual Test 7, 8 & 해설	Actual Test 9, 10 & 해설	Actual Test 11, 12 & 해설

고급 수험자 파트 5&6 중에 꼭 2~3개는 틀려요.

가끔은 다 맞았다고 생각했지만 예상치 못한 곳에서 틀리는 문제가 있는 경우입니다. 한 번 틀렸던 문제들은 다시 틀리는 경우가 많으므로 꼭 다시 점검해 보세요.

1일차	2일차	3일차	4일차
Actual Test 1, 2, 3 & 해설	Actual Test 4, 5, 6 & 해설	Actual Test 7, 8, 9 & 해설	Actual Test 10, 11, 12 & 해설

Step 1
12회분의
실전 문제를
시험 환경 그대로
시간 내에 풀기

Step 2
"책날개를 활용"
하여 문제 다시
풀고 정답 확인하기

Step 3
"저자 직강"
음성 강의를
들으며 틀린 문제
다시 확인하기

Step 4
실전 모의고사
5회분으로
시험 직전 완벽
대비하기

| 나혼토 실력 점검

테스트가 끝난 후 각 테스트별로 점검해 보세요. 테스트별로 맞은 개수를 확인하며 실력이 향상됨을 체크해 보세요.

	테스트 날짜	맞은 개수	체감 난이도
Actual Test 01			상　중　하
Actual Test 02			상　중　하
Actual Test 03			상　중　하
Actual Test 04			상　중　하
Actual Test 05			상　중　하
Actual Test 06			상　중　하
Actual Test 07			상　중　하
Actual Test 08			상　중　하
Actual Test 09			상　중　하
Actual Test 10			상　중　하
Actual Test 11			상　중　하
Actual Test 12			상　중　하

Actual Test 01

READING TEST

In the Reading test, you will read a variety of texts and answer several different types of reading comprehension questions. The entire Reading test will last 75 minutes. There are three parts, and directions are given for each part. You are encouraged to answer as many questions as possible within the time allowed.

You must mark your answers on the separate answer sheet. Do not write your answers in your test book.

PART 5

Directions: A word or phrase is missing in each of the sentences below. Four answer choices are given below each sentence. Select the best answer to complete the sentence. Then mark the letter (A), (B), (C), or (D) on your answer sheet.

---

101 ------- was difficult for Mr. Timothy to gather all the data and summarize the key points of the paper.

(A) It
(B) There
(C) He
(D) They

102 ------- participant should present their badges so that they can be permitted to enter the seminar room upon arriving.

(A) Each
(B) Much
(C) All
(D) Almost

103 The expense report should be submitted to the accounting department ------- November 17th.

(A) by
(B) within
(C) among
(D) until

104 The survey results about the performance of the new X-erox copy machine are ------- with the past findings of the E-erox and C-erox series.

(A) tolerant
(B) approximate
(C) familiar
(D) consistent

105 Staff members who have worked for the company for more than 3 years ------- allowed to take up to seven consecutive days of leave if they request it 14 days beforehand.

(A) is
(B) are
(C) have
(D) been

106 Now that the assembly line is ------- operational, we will be able to meet the growing demand for our newly launched vacuum cleaners.

(A) fully
(B) absolutely
(C) elaborately
(D) explicitly

107 For ------- reasons, we never use or disclose your personal information to third parties and don't share it without your written consent.

(A) secured
(B) security
(C) securing
(D) secures

108 The film, *A Long Journey in France*, was a big hit, and the sequel to the movie is also gaining huge popularity ------- Asia.

(A) along
(B) near
(C) across
(D) toward

109 Since Ms. Nakata has unexpectedly left the company, we should quickly find a ------- for her before extensive restructuring begins.

(A) predecessor
(B) replacement
(C) beneficiary
(D) associate

110 Employees ------- to sign up for the 6-week software training courses should submit a registration form to Mr. Gonzales in the Human Resources Department no later than October 1st.

(A) wish
(B) wishes
(C) wishing
(D) wished

111 The head of each department of Haru Elevators Inc. is choosing to repair office machines ------- purchase new ones.

(A) however
(B) rather than
(C) instead of
(D) in order that

112 Crimson Industries ------- all employees of the upcoming safety inspection which will be conducted at the end of the month.

(A) announced
(B) mentioned
(C) monitored
(D) notified

113 ------- who wish to take a vacation leave for more than five days should get permission from their immediate supervisor at least three weeks in advance.

(A) Anyone
(B) Those
(C) For
(D) Each

114 Prospective investors ------- great interest in the news that Meg and Fun Games Inc. has acquired Doson Software.

(A) have expressed
(B) had been expressed
(C) are being expressed
(D) have been expressed

115 The CEO ------- assured shareholders that the firm's recent financial losses would never hinder future expansion initiatives.

(A) adamantly
(B) adamant
(C) adamants
(D) adamantine

116 By joining many social clubs, Natasha has found it very ------- to meet various people who have different perspectives.

(A) satisfied
(B) rewarding
(C) premature
(D) unwavering

117 Mr. Bloom has proven ------- to be the right person who can lead the special committee this year.

(A) him
(B) his
(C) himself
(D) he

118 Most day traders ------- taking huge risks when putting money in the stock market but some have gone big and found their investments very profitable.

(A) prevent
(B) avoid
(C) lose
(D) postpone

119 After many unexpected ------- caused by lack of funding, renovation of the bridge is underway again and workers have been working around the clock to finish it.

(A) delays
(B) delay
(C) delaying
(D) delayed

120 All inquiries regarding product information should be directly ------- to the Customer Service desk.

(A) practiced
(B) responded
(C) forwarded
(D) derived

GO ON TO THE NEXT PAGE

121 These chemical products can be harmful, so be sure to wash your hands ------- after using it.

(A) clearly
(B) thoroughly
(C) easily
(D) seriously

122 The marketing director of NCU Consulting requested that a few changes ------- to the promotional brochures to make it more precise and easier.

(A) are made
(C) will be made
(C) be made
(D) should make

123 ------- the popularity of National League Basketball players, tickets for this year's championship match should be completely sold out.

(A) Since
(B) Given
(C) Meanwhile
(D) In addition

124 In the annual Best Company award, Proactive Software Inc. was declared to be the most reliable ------- of computer analyses and data.

(A) provider
(B) provision
(C) provided
(D) providing

125 Han Sung Motors offers ------- flexibility and competitive salary as well as full benefits packages to all part-timers, too.

(A) additional
(B) fastened
(C) multiple
(D) fixed

126 All out-going products need to be neatly stacked ------- on-site staff can find adequate room.

(A) whoever
(B) wherever
(C) whatever
(D) whichever

127 ------- the Mendoze Exhibition Hall, you should present your visitor's badge to one of the receptionists in the lobby.

(A) Entry
(B) Enter
(C) To enter
(D) Entered

128 ------- Amos Marketing's domestic sales profits have dropped sharply this year, its overseas business branches have shown a significant increase in revenue.

(A) Once
(B) Notwithstanding
(C) While
(D) Provided

129 Boyer Hoffman Inc. is firmly confident that the recent downturn in sales performance will not ------- influence its dominance in North America.

(A) adversely
(B) fundamentally
(C) adequately
(D) evidently

130 It is a ------- for executives in upper management positions to monitor the business environment and conduct stringent performance evaluations.

(A) requirement
(B) reproduction
(C) reorganization
(D) representation

종료시간   :

PART 6

Directions: Read the texts that follow. A word, phrase, or sentence is missing in parts of each text. Four answer choices for each question are given below the text. Select the best answer to complete the text. Then mark the letter (A), (B), (C), or (D) on your answer sheet.

Questions 131-134 refer to the following announcement.

Dear Customers,

This Christmas Eve, we ------- Delta Hardware proudly announce the new 24-piece set of a
131.
wood-working tool. You can make your home or office look merrier by this working tool set.

The set is available at our stores in a range of three colors with an ------- of purchasing it in
132.
plastic or metal material.

-------. You will be provided with a well-defined case to keep your hardware in good shape
133.
for repeated use.

This product is available only in December, as long as supplies last. As our loyal customers,
we offer a 25% discount on your early purchases. Do come and visit our store to make your

place ------- fit for the season.
134.

Hurry in and get your tools now!

131 (A) by
(B) at
(C) with
(D) along

132 (A) advantage
(B) option
(C) access
(D) area

133 (A) We are already considering opening a second store.
(B) The set comes with a two-year warranty.
(C) We ask you to make a prompt payment for the set.
(D) We also put importance on storage of products.

134 (A) more perfect
(B) perfectly
(C) most perfect
(D) perfectness

GO ON TO THE NEXT PAGE

March 29
Annie Kent
Swings Jazz Band

Dear Ms. Kent,

I'm delighted to inform you ------- your jazz band has been selected to perform in the
                                135.
Annual Rose Festival. The festival will be held in the grand ballroom at the Regency Hotel

at 12 P.M. on Friday, April 16. -------. Performers from Asia and Africa have confirmed their
                                 136.
presence at the festival for the first time. Organizers for the ------- are also excited about the
                                                                  137.
fact that extensive media coverage has been planned. Please tell your band members -------
                                                                                     138.
at the hotel no later than 11 A.M.

We look forward to meeting you!

Sincerely,

Maryann Jones
Event Coordinator

135 (A) that
    (B) of
    (C) when
    (D) about

136 (A) The hotel will undergo an extensive
        renovation beginning this September.
    (B) All proceeds from the event benefit
        local communities.
    (C) We expect that a record number of
        musicians will attend the festival this
        year.
    (D) Those interested in auditioning for the
        band may register online.

137 (A) seminar
    (B) event
    (C) capacity
    (D) lesson

138 (A) must arrive
    (B) to arrive
    (C) arrive
    (D) will arrive

Questions 139-142 refer to the following information.

Marketing Your Store

Are you in trouble because you are on a ------- budget? Finding the most suitable way to
                                         139.
properly get your store noticed is not expensive! You have several options of marketing

your store ------- if you are willing to use online advertising tools. They range from search
          140.
engine marketing, social media marketing, display advertising, blogging and so much more.

-------. That way, you will be able to find the most effective one that is both functional and
141.
affordable. You can also use other offline ------- methods such as billboards, flyers, bus
                                          142.
advertising, and print media advertising(newspaper, magazines, etc.).

---

139 (A) close
    (B) tight
    (C) higher
    (D) vague

140 (A) effectiveness
    (B) more effective
    (C) effectively
    (D) most effective

141 (A) Marketing classes will be offered to all
        new employees next year.
    (B) Store owners are also advised to
        rearrange store layouts and stock
        shelves.
    (C) For example, display advertising will
        not be helpful to start-up companies.
    (D) However, you may need to invest
        some time in analyzing these tools.

142 (A) qualified
    (B) promotional
    (C) financial
    (D) disposable

GO ON TO THE NEXT PAGE ▸

Questions 143-146 refer to the following information.

Palm Beach County Grants

Only non-profit and local organizations that have been in operation for at least 5 years are ------- to apply for Palm Beach County Grants. A grant application form can be downloaded from the county website, www.palmbeachcounty_grants.com. You need to be very careful in completing it because false and incomplete information may ------- the refusal of your application for a grant. -------, timely submission of an application is very critical. -------.

143.   144.   145.   146.

---

143 (A) comprehensive
    (B) productive
    (C) eligible
    (D) insightful

144 (A) report to
    (B) add to
    (C) contribute to
    (D) lead to

145 (A) Meanwhile
    (B) In addition
    (C) Even so
    (D) Afterward

146 (A) Applications that are received after May 16 will not be considered for a grant.
    (B) The county website will not be accessible from Friday through Monday next week.
    (C) Nominations for the county grants were announced on the website this morning.
    (D) The first county meeting is scheduled to be held at the Palm Beach Hotel.

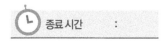
종료 시간   :

나 혼자 끝내는 토익 체크 리스트

정답 확인 **전** 체크 리스트

✔ 이번 회차의 난이도는 ☐ 쉬웠다 ☐ 무난했다 ☐ 어려웠다

✔ 나는 16분 안에 모두 문제 풀이를 완료하였다. ☐ YES ☐ NO

그렇지 않다면, 실제 걸린 시간은 몇 분인가요? _____

혹시 시간이 부족해서 찍어서 푼 문제가 있다면 몇 번인지 표시해 보세요. _____

💡 시간이 부족하셨다면, 문제당 16~20초 안에 푸는 훈련을 해야 합니다.

✔ 나는 정답이 확실하지 않아서 고민이 되었던 문제가 있었다. ☐ YES ☐ NO

혼동된 문제가 있었다면 몇 번인지 표시해 보세요. _____

💡 QR코드를 통해 제공되는 저자 직강 음성 강의로 고민되었던 문제를 해결해 보세요.

✔ 어휘 문제 중에 모르는 단어가 있었다. ☐ YES ☐ NO

혼동되었던 단어를 적어 보세요. _____

💡 넥서스 홈페이지(www.nexusbook.com)에서 제공하는 어휘 리스트와 테스트를 활용하여 다시 한 번 최종 점검을 해 보세요.

정답 확인 **후** 체크 리스트

✔ 예상 정답 개수는 몇 개였나요? 정답 체크 후 실제 맞힌 개수를 적어 보세요.

예상 개수 : _____ 실제 개수 : _____

💡 p.11에 나혼토 실력 점검표가 있습니다. 맞은 개수를 기록하며 실력 향상을 점검해 보세요.

✔ 틀린 문제를 다시 점검하고, 다음에는 절대 틀리지 않겠다는 다짐을 해 보세요!

찍어서 맞은 문제도 틀린 문제입니다. 틀린 문제들을 기록해 보세요. _____

💡 QR코드를 통해 제공되는 저자 직강 음성 강의로 틀린 문제를 다시 확인해 보세요.

✔ 틀린 문제 리뷰를 정확히 하고, 나만의 "오답노트"를 작성해 보세요.

💡 토익 RC는 특히 "복습"이 생명입니다. 틀린 문제는 꼭 다시 정리하세요.

 한번에 많은 문제를 푸는 것보다는 체계적으로 문제를 푼 이후, 내 것으로 완전히 소화하는 방식이 필요합니다. **틀린 문제 위주로** 중요 포인트를 **"나만의 노트"**에 정리하고, 외워야 할 세트 구문 등을 잘 정리해서 암기하였는지 반드시 확인하고, 반복, 또 반복해서 복습해 보세요.

101 티모시 씨에게 그 논문의 모든 자료를 취합해서 핵심을 요약하는 것은 어려운 일이었다.

가주어 〈It+(for+목적격)+to부정사〉 구문이므로 정답은 (A) It이다. 〈for+목적격〉은 to부정사의 행위 주체를 나타내는 의미상 주어이다.

gather 모으다, 소집하다　summarize 요약하다
정답_(A)

101 ------- was difficult for Mr. Timothy to gather all the data and summarize the key points of the paper.

(A) It
(B) There
(C) He
(D) They

102 각자가 참가자는 배지를 제시하여야 도착 시 세미나실에 입장할 수 있다.

빈칸 뒤에 단수 명사인 participant가 있으므로 단수 가산 명사를 받는 (A) Each가 정답이다. (B) Much는 뒤에 불가산 명사가 오고, (C) All은 뒤에 복수 명사가 오고, (D) Almost는 부사이므로 모두 오답이다.

participant 참석자　present 제시하다
정답_(A)

102 ------- participant should present their badges so that they can be permitted to enter the seminar room upon arrlving.

(A) Each
(B) Much
(C) All
(D) Almost

103 경비 내역서는 11월 17일까지 회계부서로 제출되어야 한다.

빈칸 뒤에 날짜가 나와 있고 특정 날짜까지 제출해야 한다는 기한이 나왔으므로 '~까지'라는 완료의 의미인 (A) by가 정답이다. (D) until은 계속적 의미로 조동사 will이나 진행형 등과 같이 쓰인다. (B) within 다음에는 기간이 나오므로 오답이다.

expense report 경비 내역서　submit 제출하다
정답_(A)

103 The expense report should be submitted to the accounting department ------- November 17th.

(A) by
(B) within
(C) among
(D) until

104 신제품인 제록스 복사기의 성능에 대한 설문 조사 결과는 에록스와 세록스 시리즈의 과거 설문 조사 결과와 일치하는 것으로 나타났다.

빈칸 앞 주어 survey results와 빈칸 뒤 findings는 서로 같은 의미이다. 문맥상 현재의 신제품과 이전 제품의 설문 조사 결과가 서로 '일치한다'는 뜻이 적절하므로 (D) consistent가 정답이다. (B) approximate은 '근사치인'이란 의미이다.

performance 성능　be consistent with ~와 일치하다　findings 결과물　tolerant 관대한　familiar ~에 익숙한, 친숙한(with 사람)
정답_(D)

104 The survey results about the performance of the new X-erox copy machine are ------- with the past findings of the E-erox and C-erox series.

(A) tolerant
(B) approximate
(C) familiar
(D) consistent

105 3년 이상 근속 직원들은 14일 전에만 요청하면 일주일을 연속으로 쉴 수 있다.

문장의 주어인 Staff members의 동사가 필요하므로, allowed와 함께 수동태 문장을 만들 수 있는 (B) are가 정답이다. 목적어가 없기 때문에 능동태를 만드는 (C) have는 오답이다.

consecutive 연속적인　beforehand 미리, 사전에
정답_(B)

105 Staff members who have worked for the company for more than 3 years ------- allowed to take up to seven consecutive days of leave if they request it 14 days beforehand.

(A) is
(B) are
(C) have
(D) been

106 Now that the assembly line is ------- operational, we will be able to meet the growing demand for our newly launched vacuum cleaners.

(A) fully
(B) absolutely
(C) elaborately
(D) explicitly

106 이제 생산 라인이 완벽히 가동되는 상태이기 때문에 우리는 새롭게 출시된 진공청소기에 대해 점점 늘어나는 수요를 맞추게 될 것이다.

형용사 operational을 수식하는 부사를 고르는 문제이다. 공장, 시설 등에서 완벽히 모든 장비 및 시스템이 잘 가동되는 상태일 때 fully operational이라고 하므로 (A) fully가 정답이다.

now that 이제 ~이니까 assembly line (공장) 생산 라인, 조립 라인 operational 가동상의 absolutely 절대적으로, 매우 elaborately 정교하게 explicitly 명료하게, 분명하게
정답 _(A)

107 For ------- reasons, we never use or disclose your personal information to third parties and don't share it without your written consent.

(A) secured
(B) security
(C) securing
(D) secures

107 보안상의 이유로 저희는 절대 귀하의 정보를 이용하거나 제3자에게 공개하지 않으며 귀하의 서면 동의 없이는 공유하지 않습니다.

빈칸 뒤에 명사가 왔으므로 이를 수식하는 형용사가 오거나 복합명사를 만들 수 있는 명사가 올 수 있다. '보안상의 이유'라는 의미가 적절하므로 복합명사 security reasons가 적절하다. 따라서 (B)가 정답이다.

disclose 공개하다, 드러내다 personal information 개인 정보 third party 제3자 consent 동의
정답 _(B)

108 The film, *A Long Journey in France*, was a big hit, and the sequel to the movie is also gaining huge popularity ------- Asia.

(A) along
(B) near
(C) across
(D) toward

108 영화 〈프랑스에서의 긴 여행〉이 큰 성공을 거둔 것에 이어 속편 역시 아시아 전역에서 큰 인기몰이를 하고 있다.

적절한 전치사를 고르는 문제이다. 아시아 '전 지역에 걸쳐' 큰 인기를 얻는다는 뜻이므로 (C) across가 정답이다.

sequel 속편, 후속 gain 얻다 popularity 인기
정답 _(C)

109 Since Ms. Nakata has unexpectedly left the company, we should quickly find a ------- for her before extensive restructuring begins.

(A) predecessor
(B) replacement
(C) beneficiary
(D) associate

109 나카타 씨가 갑작스럽게 회사를 그만두었으므로, 우리는 대대적 구조 조정이 시작되기 전에 빨리 대체자를 찾아야 한다.

명사 어휘 문제이다. 문맥상 갑자기 그만둔 사람의 '대체자, 후임자'를 조속히 찾아야 한다는 의미가 적절하므로 정답은 (B) replacement 이다.

unexpectedly 갑자기, 돌연 extensive 대규모의 restructuring 구조 조정 predecessor 전임자, 이전 사람 beneficiary 수혜자, 혜택을 받는 사람 associate (업무상) 조력자, 동료
정답 _(B)

110 Employees ------- to sign up for the 6-week software training courses should submit a registration form to Mr. Gonzales in the Human Resources Department no later than October 1st.

(A) wish
(B) wishes
(C) wishing
(D) wished

110 6주간의 소프트웨어 트레이닝 수업에 등록하기를 희망하는 직원들은 신청서를 인사부 곤잘레스 씨에게 10월 1일 전에 제출해야 한다.

빈칸 뒤에 동사 should submit이 있기 때문에 동사인 (A), (B)를 먼저 제외한다. 분사 (C), (D) 중에서 뒤에 to부정사로 목적어가 있기 때문에 능동의 (C) wishing이 정답이다.

sign up for 등록하다 registration form 신청서 no later than 늦어도 ~전에
정답 _(C)

111 하루 엘리베이터 사의 각 부서장들은 사무기기를 새로운 것으로 사는 것보다 수리하는 것을 택했다.

> 빈칸 뒤에 purchase가 있는데 이는 to가 생략된 것으로 앞에 나온 to repair와 병렬구조를 이룬다. 따라서 병렬구조를 이룰 수 있는 (B) rather than이 정답이다. (C) instead of 다음에는 명사 또는 동명사가 와야 하므로 오답이다.

office machine 사무기기   rather than ~보다는
정답_(B)

111 The head of each department of Haru Elevators Inc. is choosing to repair office machines ------- purchase new ones.

(A) however
(B) rather than
(C) instead of
(D) in order that

112 그림슨 산업은 모든 직원들에게 이번 달 말에 진행될 안전 검사에 대해 통보하였다.

> 사람 목적어를 바로 취할 수 있는 타동사를 고르는 문제이다. 따라서 정답은 (D) notified이다. notify는 〈notify A of B〉 형태로 주로 쓰인다. (A) announced와 (B) mentioned는 전치사 to가 있어야 사람 목적어를 취할 수 있으므로 오답이다.

upcoming 곧 있을   safety inspection 안전 검사   conduct 실시하다
정답_(D)

112 Crimson Industries ------- all employees of the upcoming safety inspection which will be conducted at the end of the month.

(A) announced
(B) mentioned
(C) monitored
(D) notified

113 5일 이상의 휴가를 받고 싶다면 적어도 3주 전에 자신들의 직속상관으로부터 허가를 받아야 한다.

> 주격 관계대명사 who의 선행사 역할을 할 수 있는 대상을 찾는 문제이다. 대명사 anyone과 those가 대표적으로 who절의 선행사가 되는데, who 뒤에 나온 동사가 복수이므로 정답은 (B) Those이다. (D) Each는 선행사 역할을 할 수 없으며, (A) Anyone은 단수 취급하기 때문에 수 일치에서 오답이다.

leave 휴가   permission 허가   immediate supervisor 직속상관
정답_(B)

113 ------- who wish to take a vacation leave for more than five days should get permission from their immediate supervisor at least three weeks in advance.

(A) Anyone
(B) Those
(C) For
(D) Each

114 맥앤펀 게임 회사가 도손 소프트웨어 사를 인수했다는 소식에 잠재 투자자들이 큰 관심을 보이고 있다.

> 빈칸 뒤에 명사인 interest가 목적어로 있기 때문에 능동태 동사가 와야 한다. 선택지 중에서 능동태는 (A) have expressed이다.

prospective 잠재적인   acquire 인수하다
정답_(A)

114 Prospective investors ------- great interest in the news that Meg and Fun Games Inc. has acquired Doson Software.

(A) have expressed
(B) had been expressed
(C) are being expressed
(D) have been expressed

115 그 대표 이사는 회사의 최근 재정적인 손실이 결코 미래의 사업 확장 계획에 지장을 주지 않을 것이라고 주주들에게 호언장담하였다.

> 주어와 동사 사이에 있는 빈칸이므로, 〈주어+동사〉 사이에 들어가서 동사를 앞에서 수식할 수 있는 것은 부사뿐이다. 따라서 정답은 (A) adamantly이다. (B)는 형용사, (C)는 형용사 뒤에 s가 붙어서 오류, (D) 역시 형용사이므로 오답이다.

assure 확신을 주다, 확인하다   shareholder 주주   loss 손실   hinder 저해하다, 방해하다   initiative 계획, 사업   adamantly 확고하게, 단언하여   adamant 확고한, 단언하는   adamantine 철석같은
정답_(A)

115 The CEO ------- assured shareholders that the firm's recent financial losses would never hinder future expansion initiatives.

(A) adamantly
(B) adamant
(C) adamants
(D) adamantine

116 By joining many social clubs, Natasha has found it very ------- to meet various people who have different perspectives.

(A) satisfied
(B) rewarding
(C) premature
(D) unwavering

116 많은 수의 사교 클럽에 가입함으로써 나타샤는 다른 시각을 가진 다양한 사람들을 만나는 것에 큰 보람을 느끼고 있다.

> 적절한 형용사를 고르는 문제이다. 빈칸 앞의 5형식 동사 found 뒤로 목적보어 자리에 빈칸이 있으므로 다양한 관점을 가진 사람들을 만나는 것이 '보람 있다'라는 의미로 정답은 (B) rewarding이다.

social club 사교 클럽   perspective 시각, 관점, 견해   premature 시기상조의, 조숙한   unwavering 변치 않는, 확고한
정답_(B)

117 Mr. Bloom has proven ------- to be the right person who can lead the special committee this year.

(A) him
(B) his
(C) himself
(D) he

117 블룸 씨는 올해 특별 위원회를 이끌 수 있는 사람으로 본인이 적임자임을 스스로 입증해 보였다.

> 빈칸 앞에 타동사가 있으므로 목적격이 와야 하고, 블룸 씨 자신을 언급하는 것이므로 재귀대명사 (C) himself가 정답이다. (A) him도 목적격이기는 하지만 다른 사람을 지칭하는 것이므로 오답이다.

lead 이끌다   special committee 특별 위원회
정답_(C)

118 Most day traders ------- taking huge risks when putting money in the stock market but some have gone big and found their investments very profitable.

(A) prevent
(B) avoid
(C) lose
(D) postpone

118 대부분의 단타 매매자들은 주식 시장에 투자할 때 위험을 피하려 하지만 몇몇은 대성공을 해서 자신들의 투자가 대단히 수익성이 높다는 사실을 알게 된다.

> 동명사를 목적어로 취하면서 의미상 적절한 동사를 고르는 문제이다. 빈칸 뒤에 risks가 나왔기 때문에, 위험 요소를 '피하다'는 의미의 (B) avoid가 정답이다. avoid는 동명사를 목적어로 취하는 대표적인 동사이다.

day trader 단타 매매자   stock market 주식 시장   go big 대성공하다   profitable 수익성 있는
정답_(B)

119 After many unexpected ------- caused by lack of funding, renovation of the bridge is underway again and workers have been working around the clock to finish it.

(A) delays
(B) delay
(C) delaying
(D) delayed

119 재정 부족으로 야기된 예상치 못한 여러 번의 공사 연기 이후에 다리 보수 공사가 재개되어 진행 중이며 인부들이 공사를 끝내기 위해 쉴 틈 없이 일하고 있다.

> 분사 unexpected의 수식을 받는 적절한 명사를 고르는 문제이다. 앞쪽에 관사가 없고 many가 있으므로 복수 명사 (A) delays가 정답이다. (B) delay는 단수 명사이므로 오답이다.

funding 자금, 재정 지원   underway 진행 중인   around the clock 하루 종일, 쉴 틈 없이
정답_(A)

120 All inquiries regarding product information should be directly ------- to the Customer Service desk.

(A) practiced
(B) responded
(C) forwarded
(D) derived

120 제품 정보와 관련한 모든 문의 사항은 고객 서비스 창구로 바로 송달되어야 한다.

> 모든 문의 사항은 고객 서비스 창구로 '전달'되어야 한다는 의미이므로 (C) forwarded가 정답이다. 타동사 forward는 A to B 형태를 취한다. (B) responded는 뒤에 to가 올 수 있지만 자동사이므로 수동태로 쓰지 않는다.

inquiry 문의 사항, 질문   forward 전송하다, 전달하다   derive 파생하다, 유래되다
정답_(C)

121 이 화학제품들은 인체에 상당히 유해할 수 있으므로 사용 후 반드시 양손을 철저히 씻으세요.

> 적절한 부사를 고르는 문제이다. 양손을 '철저히', '꼼꼼하게' 씻으라는 의미이므로 정답은 (B) thoroughly이다. (A) clearly는 '말 따위나 의견 전달 등을 명확하게'라는 의미이므로 오답이다.

harmful 유해한   clearly 분명히   seriously 진중하게, 심각하게
정답_(B)

121 These chemical products can be harmful, so be sure to wash your hands ------- after using it.

(A) clearly
(B) thoroughly
(C) easily
(D) seriously

122 NCU 컨설팅의 홍보 이사는 홍보 책자 내용을 더욱 정확하고 쉽게 이해할 수 있게 몇 가지 사항을 변경할 것을 요청하였다.

> request/require/ask/demand 등의 강력한 요청/ 권고의 동사가 명사절 접속사 that과 결합될 때 that 뒤에 나오는 절은 조동사 should가 종종 생략된다. that절의 주어가 a few changes이므로 수동의 의미이자 동사원형이 나오는 (C) be made가 정답이다.

promotional brochure 홍보 책자   precise 정확한
정답_(C)

122 The marketing director of NCU Consulting requested that a few changes ------- to the promotional brochures to make it more precise and easier.

(A) are made
(C) will be made
(C) be made
(D) should make

123 내셔널 리그 농구 선수들의 인기를 감안할 때, 올해 결승전 경기는 완전히 매진될 것이다.

> 농구 선수들의 인기를 '감안'하다라는 뜻이 적절하므로 전치사 (B) Given이 정답이다.

popularity 인기   completely 완전히   sold out 매진되다
정답_(B)

123 ------- the popularity of National League Basketball players, tickets for this year's championship match should be completely sold out.

(A) Since
(B) Given
(C) Meanwhile
(D) In addition

124 연례 베스트 컴퍼니 시상식에서 프로액티브 소프트웨어 사가 가장 믿을 만한 컴퓨터 분석과 데이터 공급업체로 선정되었다.

> 적절한 품사를 고르는 문제이다. 빈칸 앞에 형용사 reliable이 있으므로 명사가 와야 한다. 문맥상 be동사 앞의 주어인 Proactive Software Inc.라는 회사의 동격 보어 역할을 하기 위해서는 '공급업체'라는 의미의 (A) provider가 정답이다. (B) provision은 동격 보어로 해석이 부자연스럽기 때문에 오답이다.

declare 선언하다, 선정하다   reliable 믿을 만한   analysis 분석   provider 공급업자, 공급업체   provision 공급, 제공
정답_(A)

124 In the annual Best Company award, Proactive Software Inc. was declared to be the most reliable ------- of computer analyses and data.

(A) provider
(B) provision
(C) provided
(D) providing

125 한성 자동차는 시간 근무자에게도 완벽한 복리 후생 혜택뿐만 아니라 추가적인 근무 시간 유연성과 경쟁력 있는 급여를 제공한다.

> 여러 혜택에 대해 설명하고 있으므로 좀 더 추가적인 탄력 근무제 시간 을 제공하겠다는 것이 적절하다. 따라서 정답은 (A) additional 이다. (B), (D)는 flexibility와 어울리지 않는 뜻이며, (C) multiple은 보통 뒤에 복수 명사가 오기 때문에 오답이다.

performer 어떤 행동을 하는 사람   flexibility (근무 시간) 유연성, 탄력 근무제   competitive 경쟁력 있는   as well as ~뿐만 아니라   benefits 복리 후생, 혜택   fastened 고정된, 묶인   multiple 다중의, 여러 가지의   fixed 고정된
정답_(A)

125 Han Sung Motors offers ------- flexibility and competitive salary as well as full benefits packages to all part-timers, too.

(A) additional
(B) fastened
(C) multiple
(D) fixed

126 All out-going products need to be neatly stacked ------- on-site staff can find adequate room.

(A) whoever
(B) wherever
(C) whatever
(D) whichever

127 ------- the Mendoze Exhibition Hall, you should present your visitor's badge to one of the receptionists in the lobby.

(A) Entry
(B) Enter
(C) To enter
(D) Entered

128 ------- Amos Marketing's domestic sales profits have dropped sharply this year, its overseas business branches have shown a significant increase in revenue.

(A) Once
(B) Notwithstanding
(C) While
(D) Provided

129 Boyer Hoffman Inc. is firmly confident that the recent downturn in sales performance will not ------- influence its dominance in North America.

(A) adversely
(B) fundamentally
(C) adequately
(D) evidently

130 It is a ------- for executives in upper management positions to monitor the business environment and conduct stringent performance evaluations.

(A) requirement
(B) reproduction
(C) reorganization
(D) representation

---

126 현장 직원들이 어디에서든지 충분한 공간을 확보할 수 있게 외부로 반출되는 모든 제품들은 보기 좋게 차곡차곡 쌓여 있어야 한다.

적절한 복합관계사를 고르는 문제이다. 빈칸 뒤에 완전한 절이 있기 때문에 완전한 절 앞에 올 수 있는 복합관계부사 (B) wherever가 정답이다. (A) whoever는 복합관계대명사, (C), (D)는 복합관계대명사 혹은 복합관계형용사이기 때문에 부사와 같이 완벽한 절 앞에 오지 않으므로 오답이다.

out-going 외부로 나가는 neatly 깔끔하게, 보기 좋게 on-site 현장의 adequate 충분한 room 공간
정답 (B)

127 멘도즈 전시회장에 입장하기 위해서는 로비에 있는 접수 담당자들 중 한 명에게 방문자 배지를 보여줘야 한다.

you should 이하의 완벽한 절 앞에서 절을 수식하는 자리에 온 빈칸이므로, 부사만이 절 앞에서 절 자체를 꾸민다는 점에서 to부정사의 부사적 용법인 (C) To enter가 정답이다. (A)는 명사이므로 명사 중복이다. (D)는 분사로 쓰일 때 the로 인해 명사 수식이 불가능하므로 오답이다.

present 제시하다, 보여주다, 수여하다 receptionist 접수 담당자
정답 (C)

128 아모스 마케팅의 올해 국내 영업 이익이 급격하게 떨어지는 사이 해외 지사들은 현저히 매출이 늘었다.

국내 매출은 떨어지고 해외 매출은 늘었다는 서로 상반되는 내용이 나오므로 '반면에'라는 뜻의 (C) While이 정답이다. (A) Once(일단 ~하면), (D) Provided(만약에)는 모두 해석상 부자연스럽고, (B) Notwithstanding은 전치사이므로 절이 나올 수 없어 오답이다.

sharply 급격하게 significant 현저한, 상당한 revenue 수익
notwithstanding ~에도 불구하고
정답 (C)

129 보이어 호프만 사는 현재 겪고 있는 영업 실적 침체가 북미 지역에서의 주도권 유지에 불리한 영향을 주지 않을 것이라고 굳게 확신하고 있다.

적절한 부사를 고르는 문제이다. 영업 실적 침체가 '불리한' 영향을 미치다라는 뜻이 적절하므로 (A) adversely가 정답이다.

firmly 단호히 downturn 경기 침체, 하강 influence 영향을 주다
dominance 주도권, 우세 adversely 불리하게 fundamentally 근본적으로 adequately 충분히 evidently 명백히
정답 (A)

130 회사 고위 경영진인 중역들에게 있어 기업 환경을 모니터링하는 것과 엄격한 업무 수행 평가를 실시하는 것은 의무 사항이다.

중역 간부들이 꼭 해야 하는 필수 업무에 대한 내용이므로 '의무 사항'이라는 의미로 (A) requirement가 정답이다.

executive 중역 간부 upper management 고위 경영진
stringent 엄격한 performance evaluation 업무 수행 평가
reproduction 복사, 복제 reorganization 재편성, 개편, 재조직
representation 묘사, 나타냄, 대표하는 것
정답 (A)

[131-134]

고객님들께,

이번 크리스마스이브에 저희 델타 하드웨어 **131** 에서 자랑스러운 마음으로 새로운 24피스 세트의 목공용 공구 제품의 출시를 알려 드립니다. 이 목공용 공구 세트로 귀하의 집이나 사무실을 더욱 즐거운 분위기로 만드실 수 있습니다.

이 세트는 플라스틱이나 금속 자제 중 구매할 수 있는 **132** 선택권과 함께 세 가지 색상으로 저희 매장에서 구입 가능합니다.

133 저희는 또한 제품의 보관 부분 역시 중요하게 여깁니다. 귀하의 장비의 반복적 사용에 대해 잘 보관하실 수 있도록 아주 잘 만들어진 케이스가 제공될 것입니다.

이 제품은 제품 공급이 지속되는 한 12월에만 구입이 가능합니다. 저희의 단골 고객님으로서, 저희는 조기 구입에 대해 귀하께 25%의 할인을 제공해 드립니다. 귀하의 장소를 이번 계절에 **134** 완벽히 딱 맞는 장소로 만들어 드릴 수 있도록 저희 매장으로 방문해 주세요.

서두르셔서 장비를 지금 구매하세요!

tool 도구, 공구   merry 즐거운   available 구할 수 있는   range 범위
purchase 구입하다   well-defined 잘 짜여진   hardware 장비
advantage 이점   option 선택   access 접근   area 구역, 지역
warranty 보증   prompt 신속한   storage 저장, 보관

131 빈칸 뒤에 있는 Delta Hardware는 회사 이름으로 회사는 장소의 의미를 나타내므로 장소 앞에 오는 전치사 (B) at이 정답이다. at은 대표적으로 회사/단체 앞에 오는 전치사이다. (D) along 역시 장소 앞에 올 수 있으나 뒤에 waterfront, hallway, road 등 야외의 장소, 길 등을 연결하므로 오답이다.
정답_(B)

132 빈칸 뒤로 plastic과 metal이라는 두 개의 소재 사이로 or이 있고, 선택형 or이 나오려면 말 그대로 선택 범주와 선택권의 의미를 갖는 (B) option이 와야 한다.
정답_(B)

133 (A) 저희는 이미 두 번째 매장을 개설하는 것을 고려 중입니다.
(B) 이 세트 제품은 2년간의 보증 기간이 제공됩니다.
(C) 이 세트 제품에 대한 신속한 지불을 요청드립니다.
(D) 저희는 또한 제품의 보관 부분 역시 중요하게 여깁니다.

문맥상 가장 적절한 문장을 고르는 유형이다. 빈칸 위에는 문단이 바뀐 상태이므로 빈칸 바로 뒤에 오는 문장에서 case(상자, 케이스)가 함께 제공될 것이라고 했기 때문에 제품의 보관을 중요하게 여긴다는 (D)가 정답이다.
정답_(D)

134 사역동사 make 뒤로 목적어 your place가 있고, 그 뒤로는 사역동사의 특징에 맞게 동사원형 fit(들어맞다, 부합하다, 꼭 알맞다)이 있으므로, 동사를 수식할 수 있는 부사가 들어가야 할 자리이다. 따라서 부사인 (B)가 정답이다. (A), (C)는 각각 비교급/최상급을 떠나서 모두 perfect로 끝나서 형용사이고, (D)는 명사이므로 오답이다.
정답_(B)

Questions 131-134 refer to the following announcement.

Dear Customers,

This Christmas Eve, we ------- Delta Hardware
                              131.
proudly announce the new 24-piece set of a wood-working tool. You can make your home or office look merrier by this working tool set.

The set is available at our stores in a range of three colors with an ------- of purchasing it in plastic or
                                    132.
metal material.

-------. You will be provided with a well-defined case
133.
to keep your hardware in good shape for repeated use.

This product is available only in December, as long as supplies last. As our loyal customers, we offer a 25% discount on your early purchases. Do come and visit our store to make your place ------- fit for the season.
                                               134.
Hurry in and get your tools now!

131 (A) by
    (B) at
    (C) with
    (D) along

132 (A) advantage
    (B) option
    (C) access
    (D) area

133 (A) We are already considering opening a second store.
    (B) The set comes with a two-year warranty.
    (C) We ask you to make a prompt payment for the set.
    (D) We also put importance on storage of products.

134 (A) more perfect
    (B) perfectly
    (C) most perfect
    (D) perfectness

Questions 135-138 refer to the following letter.

March 29
Annie Kent
Swings Jazz Band

Dear Ms. Kent,

I'm delighted to inform you -------- your jazz band has
135.
been selected to perform in the Annual Rose Festival.

The festival will be held in the grand ballroom at the

Regency Hotel at 12 P.M. on Friday, April 16. --------.
136.
Performers from Asia and Africa have confirmed their

presence at the festival for the first time. Organizers

for the -------- are also excited about the fact that
137.
extensive media coverage has been planned. Please

tell your band members -------- at the hotel no later
138.
than 11 A.M.

We look forward to meeting you!

Sincerely,

Maryann Jones
Event Coordinator

135 (A) that
(B) of
(C) when
(D) about

136 (A) The hotel will undergo an extensive renovation
beginning this September.
(B) All proceeds from the event benefit local
communities.
(C) We expect that a record number of musicians
will attend the festival this year.
(D) Those interested in auditioning for the band may
register online.

137 (A) seminar
(B) event
(C) capacity
(D) lesson

138 (A) must arrive
(B) to arrive
(C) arrive
(D) will arrive

[135-138]

3월 29일
애니 켄트
스윙스 재즈 밴드

켄트 씨께,

당신의 재즈 밴드가 연례 장미 축제에서 공연할 팀으로 선정되었음을 알
리게 **135** 되어 기쁩니다. 이 축제는 리젠시 호텔의 대연회장에서 4월 16
일 금요일 12시에 개최될 것입니다. **136** 저희는 올해 기록적인 수치의 음
악가들이 참여할 것으로 예상합니다. 아시아 및 아프리카 지역에서 온 공
연가들이 올해 처음으로 축제에 모습을 드러낼 것입니다. 이 **137** 행사의
기획자들 역시 대대적 언론 보도가 계획되어 있다는 것에 매우 기뻐하고
있습니다. 당신의 밴드 멤버들에게 호텔에 늦어도 오전 11시까지는 **138**
도착해야 함을 얘기해 주세요.

만나 뵙기를 고대하겠습니다!

매리언 존스
행사 기획자

annual 연례의 ballroom 연회장 confirm 확정하다 extensive 대규모
의 media coverage 언론 보도 no later than 늦어도 ~까지 undergo
받다 겪다 proceeds 매상고, 수익 benefit ~에 이익을 주다 record 기록
적인 register 등록하다 seminar 학술회 event 행사 capacity 수용력
lesson 수업, 교육

135 빈칸 뒤로 your jazz band has been 이하가 완벽한 절의 구조이므
로 문장(절)을 이끌 수 있는 접속사가 정답이 되어야 한다. 동사 inform
은 목적어 다음에 접속사 that이 이끄는 절이 오거나 의문사가 이끄는
절이 올 수 있는데, 문장의 의미상 '밴드가 공연하게 될 팀으로 선정되었
다'는 사실을 알리는 것이므로 '~이라는 것'을 뜻하는 (A) that이 적절
하다.
정답_(A)

136 (A) 이 호텔은 9월서부터 대대적인 수리 공사를 진행할 것입니다.
(B) 이 행사로부터의 모든 수익금은 지역 단체에 혜택을 줍니다.
(C) 저희는 올해 기록적인 수치의 음악가들이 참여할 것으로 예상합니다.
(D) 이 밴드를 위한 오디션에 관심 있는 분들은 온라인으로 등록할 수
있습니다.
문맥상 가장 적절한 문장을 고르는 문제이다. 빈칸 바로 뒤로 아시아 및
아프리카 지역에서 온 공연가들이 처음으로 출연할 것이라고 했으므로
더 많은 사람들이 참여한다는 것을 알 수 있다. 따라서 기록적인 수치의
음악가들이 참여할 것이라고 예상한다는 (C)가 정답이다.
정답_(C)

137 빈칸 앞에 관사 겸 한정사 the가 나와 있을 때, the는 기본적으로 뒤
에 오는 명사가 이미 앞에 언급되었던 어휘를 받는 경우이다. 따라서
festival에 해당하는 명사는 '행사'를 뜻하는 event이므로 정답은 (B)
이다.
정답_(B)

138 빈칸 앞에 동사 tell이 있는데 tell은 〈tell + 목적어 + to부정사〉 구조로
쓰이므로 to부정사인 (B)가 정답이다. 명령문 구조에서 동사 tell이 이
미 나왔으므로 동사인 나머지 선택지는 모두 오답이다.
정답_(B)

[139-142]

당신의 매장을 홍보하기

(139) 빠듯한 예산 때문에 어려움을 겪고 계신가요? 귀하의 매장이 적절하게 눈에 띌 수 있게 하는 가장 적합한 방안을 찾는 것은 그다지 비용이 많이 들지 않습니다! 온라인 광고 수단들을 기꺼이 활용하실 의사가 있으시다면, 귀하의 매장을 (140) 효율적으로 홍보할 수 있는 몇 가지 선택 방법들이 있습니다. 그 방안들은 검색 엔진 광고, 소셜 미디어 홍보, 디스플레이 광고, 블로그 및 훨씬 많은 것에 이르기까지 범위가 다양합니다. (141) 그러나 이러한 수단들을 분석하는 데 시간을 좀 투자해야 할지도 모릅니다. 그렇게 함으로써, 기능적이면서 동시에 저렴한 제일 효과적인 수단을 발견하실 수 있게 될 겁니다. 또한, 옥외 대형 광고, 전단지, 버스 광고 및 인쇄 매체 광고(신문, 잡지 등)와 같은 기타 오프라인 (142) 홍보용 방안들을 활용하실 수 있습니다.

budget 예산 suitable 적합한 be willing to 기꺼이 ~하다 tool 도구, 수단 functional 기능적인 affordable 저렴한 billboard 광고판 flyer 전단지 close 가까운, 면밀한 tight 빠듯한 vague 애매모호한 rearrange 재배열하다 layout 배치 stock 물품을 채우다 start-up company 신규 업체 qualified (보통 사람이) 자격, 자질 등을 갖춘 promotional 홍보용의 financial 재정적인 disposable 한 번 쓰고 버릴 수 있는, 일회용의

139 문맥상 가장 적절하게 명사 budget을 수식할 수 있는 형용사를 고르는 문제이다. '빠듯한' 예산 때문에 어려움을 겪고 있다는 맥락이 가장 적절하므로 (B) tight가 정답이다.
정답_(B)

140 빈칸 앞은 〈주어+동사+목적어〉로 이루어진 완전한 절이다. 따라서 빈칸에는 수식어구가 와야 하는데 동명사 marketing을 수식하는 부사인 (C) effectively가 정답이다. (B)와 (D)는 형용사 effective의 비교급과 최상급으로 앞의 명사 store를 후치 수식할 수 있지만 문맥상 의미가 어색해서 오답이다.
정답_(C)

141 (A) 광고 수업이 내년에 모든 신입 사원들에게 제공될 것입니다.
(B) 매장 주인들은 또한 가게 배치를 다시 하고 선반을 채우도록 조언을 받습니다.
(C) 예를 들면, 디스플레이 광고는 신규 사업체에게는 도움이 되지 않을 것입니다.
(D) 그러나 이러한 수단들을 분석하는 데 시간을 좀 투자해야 할지도 모릅니다.

문맥상 가장 적절한 문장을 고르는 문제이다. 빈칸 뒤에 That way가 나오므로 이에 해당하는 내용이 와야 한다. 제일 효과적인 수단을 발견할 수 있을 거라고 했으므로 제일 효과적인 수단을 발견할 수 있는 방법이 나와야 한다. 따라서 시간을 할애해서 분석할 필요가 있다는 (D)가 오는 것이 적절하다.
정답_(D)

142 빈칸 뒤의 명사를 수식하는 형용사 어휘 문제이다. 뒤에 나오는 methods 역시 '수단, 방법'이라는 의미의 명사 tools와 비슷한 의미이고 광고에 대한 내용이므로 '홍보용의'라는 의미의 (B) promotional이 가장 적절하다.
정답_(B)

Questions 139-142 refer to the following information.

Marketing Your Store

Are you in trouble because you are on a ------- **139.** budget? Finding the most suitable way to properly get your store noticed is not expensive! You have several options of marketing your store ------- **140.** if you are willing to use online advertising tools. They range from search engine marketing, social media marketing, display advertising, blogging and so much more. -------. **141.** That way, you will be able to find the most effective one that is both functional and affordable. You can also use other offline ------- **142.** methods such as billboards, flyers, bus advertising, and print media advertising(newspaper, magazines, etc.).

139 (A) close
(B) tight
(C) higher
(D) vague

140 (A) effectiveness
(B) more effective
(C) effectively
(D) most effective

141 (A) Marketing classes will be offered to all new employees next year.
(B) Store owners are also advised to rearrange store layouts and stock shelves.
(C) For example, display advertising will not be helpful to start-up companies.
(D) However, you may need to invest some time in analyzing these tools.

142 (A) qualified
(B) promotional
(C) financial
(D) disposable

Questions 143-146 refer to the following information.

Palm Beach County Grants

Only non-profit and local organizations that have been in operation for at least 5 years are ------- to apply for
143.
Palm Beach County Grants. A grant application form can be downloaded from the county website, www.palmbeachcounty_grants.com. You need to be very careful in completing it because false and incomplete information may ------- the refusal of your application
144.
for a grant. -------, timely submission of an application
145.
is very critical.

-------.
146.

143 (A) comprehensive
(B) productive
(C) eligible
(D) insightful

144 (A) report to
(B) add to
(C) contribute to
(D) lead to

145 (A) Meanwhile
(B) In addition
(C) Even so
(D) Afterward

146 (A) Applications that are received after May 16 will not be considered for a grant.
(B) The county website will not be accessible from Friday through Monday next week.
(C) Nominations for the county grants were announced on the website this morning.
(D) The first county meeting is scheduled to be held at the Palm Beach Hotel.

[143-146]

팜 비치 카운티 보조금
최소 5년간 운영해 온 비영리 및 지역 단체만이 팜 비치 카운티 보조금을 신청할 ⑭ 자격이 있습니다. 카운티 웹 사이트인 www.palmbeachcounty_grants.com에서 보조금 신청서 양식을 다운로드 하실 수 있습니다. 그릇되거나 부정확한 정보는 보조금을 위한 귀하의 신청서를 거절하는 것을 ⑭ 초래할 수 있기 때문에 작성하실 때 매우 신중하셔야 합니다. ⑭ 또한, 적시에 신청서를 제출하는 것이 매우 중요합니다. ⑭ 5월 16일 이후에 접수된 신청서는 보조금을 받을 대상으로 고려되지 않을 것입니다.

non-profit 비영리의 local 지역의 in operation 운영 중인 apply for 신청하다 grant 보조금 application form 신청서 refusal 거부, 거절 timely 적시의 submission 제출 critical 중요한 comprehensive 포괄적인, 종합적인 productive 생산적인 eligible ~할 자격이 되는 insightful 통찰력 있는 report to ~에게 보고하다 contribute to ~에 기여하다, 공헌하다 meanwhile 이 와중에, (화제를 전환하며) 한편 in addition 게다가, 더욱이, 또한 even so 그럼에도 불구하고, 그렇다 할지라도 afterward 그 이후에 nomination 지명

143 대표적으로 eligible이 〈be eligible + to부정사〉의 형태를 취하므로 정답은 (C)이다. 참고로 eligible은 〈be eligible for + 명사〉의 형태로도 쓰인다.
정답_(C)

144 빈칸 뒤에 나오는 어휘가 refusal(거절)이라는 의미의 좋지 않은 뜻이 나왔기 때문에, 좋지 않은 결과 따위를 '초래하다'라는 의미의 (D) lead to가 정답이다. (B) add to의 경우 add가 타동사이기 때문에 목적어 다음에 전치사 to가 나오는 A to B 형태의 구조이므로 오답이다.
정답_(D)

145 적절한 접속부사를 고르는 문제이다. 앞뒤의 문장이 모두 신청서를 낼 때의 주의사항에 대한 내용이므로 정답은 '게다가, 또한'을 뜻하는 (B) In addition이 적절하다.
정답_(B)

146 (A) 5월 16일 이후에 접수된 신청서는 보조금을 받을 대상으로 고려되지 않을 것입니다.
(B) 카운티 웹 사이트는 금요일부터 다음 주 월요일까지 접속이 불가할 것입니다.
(C) 카운티 보조금에 대한 지명은 오늘 아침 웹 사이트에 발표되었습니다.
(D) 첫 카운티 회의가 팜 비치 호텔에서 열릴 예정입니다.

문맥상 가장 적절한 문장을 고르는 문제이다. 빈칸은 '적시에 신청서를 제출하는 것이 매우 중요합니다'라는 문장에 연결된 내용이므로, 5월 16일 이후에 신청서를 접수할 경우 보조금 대상이 될 수 없다는 (A)의 내용이 들어가면 문맥상 자연스럽다.
정답_(A)

Actual Test 02

잠깐!! 시작 전 꼭 확인하세요!

- 실제 시험과 같이 책상을 정리하고 마음의 준비를 하세요.
- 핸드폰은 잠깐 끄고 대신 아날로그 시계를 활용해 보세요.
- PART 5&6 제한 시간은 16분입니다. 제한 시간을 꼭 지켜주세요.
- 어렵다고 넘어가지 마세요. 가능하면 차례대로 풀어 보세요.

READING TEST

In the Reading test, you will read a variety of texts and answer several different types of reading comprehension questions. The entire Reading test will last 75 minutes. There are three parts, and directions are given for each part. You are encouraged to answer as many questions as possible within the time allowed.

You must mark your answers on the separate answer sheet. Do not write your answers in your test book.

PART 5

Directions: A word or phrase is missing in each of the sentences below. Four answer choices are given below each sentence. Select the best answer to complete the sentence. Then mark the letter (A), (B), (C), or (D) on your answer sheet.

---

101 The report submitted by the new recruit, Harry Jackson, contains some information of no ------- to shareholders.

(A) using
(B) useless
(C) use
(D) useful

102 We take such pride in the durability and ------- of our home appliances that we offer a free two-year warranty on all of our new products.

(A) reliability
(B) persistence
(C) feasibility
(D) accuracy

103 Before choosing among the proposals, the board of directors considered them very ------- for a while and then chose one which looked very feasible and creative.

(A) thoughtfully
(B) thoughtful
(C) thought
(D) more thoughtfully

104 If you want to visit our newly remodeled wing, please refer to the map updated on our Web site, and note that we have relocated to 5th Avenue ------- the Hilton Star Hotel.

(A) across
(B) down
(C) next
(D) opposite

105 ------- vehicles in front of buildings is strictly prohibited, so please use the public underground parking lot.

(A) Park
(B) Parked
(C) Parking
(D) To be parked

106 The first page of this month's edition of *The Artist's Bible* features 15 of the world's most renowned artists, ------- of whom were interviewed by the magazine.

(A) several
(B) other
(C) which
(D) no one

107 Each candidate ------- for the Creative Design Award was at the ceremony last Saturday to witness the winner of the contest.

(A) is nominating
(B) is nominated
(C) nominated
(D) nominates

108 Some believe the ------- of social media on companies in the industry has been too strong in recent years.

(A) tendency
(B) influence
(C) importance
(D) connection

정답 및 해설 P 42

109 Please ------- the extra charge on the invoice, as a corrected billing statement has been sent to your e-mail.

(A) empty
(B) vacate
(C) delete
(D) disregard

110 Mr. Davidson ------- the report for typos by the time he submitted it to his director.

(A) has reviewed
(B) had reviewed
(C) was reviewed
(D) has been reviewed

111 In spite of the management team's tremendous efforts, we failed to achieve the ------- result of winning a contract with Horizon Manufacturing.

(A) satisfied
(B) intended
(C) commenced
(D) magnified

112 Stanley Wales has signed a two-million dollar ------- with AOG Financial at the previous meeting.

(A) contraction
(B) contract
(C) contracts
(D) contractions

113 Travelers ------- to other destinations may refer to the schedule monitors located in the station for more information.

(A) proceeding
(B) processing
(C) procuring
(D) planning

114 Orlando Printing Inc. is regarded as an exceptional company ------- even part-time employees are eligible for paid holidays.

(A) after
(B) since
(C) moreover
(D) although

115 If the necessary documents arrive on time, ------- in the sales division will receive their certificate by Tuesday.

(A) everyone
(B) whoever
(C) anyone
(D) no one

116 The worldwide conference ------- of a variety of dignitaries from 30 different countries will begin in one hour.

(A) consists
(B) consisting
(C) consisted
(D) to be consisted

117 Mega X Electronics Inc. will hold the customers ------- for any damage caused by improper handling.

(A) obligated
(B) responsible
(C) charged
(D) impressed

118 Morris Consulting ------- the right to put off any further deliveries until the customer has made all outstanding payments.

(A) retains
(B) refers
(C) allows
(D) reserves

119 Because of a lack of budget, the new project ------- until we get funding from the government.

(A) will defer
(B) has been deferred
(C) will be deferred
(D) is deferring

120 Footnotes are used ------- the manual so that anyone can understand the content clearly.

(A) against
(B) to
(C) throughout
(D) across

GO ON TO THE NEXT PAGE

121 The monthly staff meeting for November 20 has been rescheduled to take place three hours -------.

(A) soon
(B) prior
(C) later
(D) after

122 All union members have gathered in front of the convention hall ------- the issue of freezing of wages.

(A) raising
(B) raised
(C) to raise
(D) raises

123 It is imperative that the Human Resources director ------- the personal information of employees to others.

(A) not disclose
(B) did not disclose
(C) not be disclosed
(D) would not disclose

124 Many senior citizens are hesitant to start a business of ------- because of the high risk.

(A) them
(B) theirs
(C) themselves
(D) their own

125 Ms. Kendell has never worked in accounting and ------- does not meet the requirements for the position.

(A) however
(B) additionally
(C) alternatively
(D) therefore

126 ------- is a summary of the three-day seminar which you will attend in for a week.

(A) Enclosure
(B) Enclosing
(C) Enclosed
(D) Enclose

127 *The Weekly Travel Review* has awarded its highest ------- in customer satisfaction to Regent Resorts.

(A) rating
(B) priority
(C) concentration
(D) commitment

128 ------- visited several different sites, the director could develop a better understanding of the problems experienced by the workers.

(A) Has
(B) To have
(C) Had
(D) Having

129 The supervisor ------- for the safety of the whole staff should encourage them to wear safety helmets whenever they enter the construction site.

(A) responsibly
(B) responsive
(C) responsible
(D) response

130 I am writing this letter to ------- the receipt of the tables and chairs I ordered from you the other day.

(A) accept
(B) confess
(C) claim
(D) acknowledge

종료시간   :

PART 6

Directions: Read the texts that follow. A word, phrase, or sentence is missing in parts of each text. Four answer choices for each question are given below the text. Select the best answer to complete the text. Then mark the letter (A), (B), (C), or (D) on your answer sheet.

Questions 131-134 refer to the following e-mail.

From: Customer Services<customer_services@dreamhome.au>
To: Gareth Jang<garaethjang@77mail.com>
Date: September 19
Subject: Renewal

-------. We'd like to announce some benefits for those who renew their subscription at least
131.

one week prior to expiration. If you renew your subscription for another six months or one

year, you ------- three or six additional issues, respectively.
132.

Additionally, you will be able to participate in all events hosted by Dream Home Magazine

at no charge. -------, please note that this wonderful offer is available on a first-come, first-
133.

served basis. Only the first 50 subscribers will enjoy this opportunity.

We at Dream Home Magazine always do ------- utmost to serve you.
134.

131 (A) Our records show that your
subscription to Dream Home Magazine
expires soon.
(B) We ask you to pay your subscription
fee on or before September 25.
(C) Our customer service department will
recruit new employees at a job fair.
(D) Many customers have inquired about
how to subscribe online.

132 (A) were sent
(B) will send
(C) have sent
(D) will be sent

133 (A) To that end
(B) However
(C) If so
(D) Similarly

134 (A) we
(B) ours
(C) us
(D) our

GO ON TO THE NEXT PAGE ▶

Questions 135-138 refer to the following article.

Clarkston Town Community Public Hearing

by Kent Ford

Clarkston(June 24) – The Clarkston Town Community would like to inform residents and businesses that a community public hearing is going to be held at 3 P.M. on July 3 at the Community Center to discuss a proposal to construct more parking lots in local areas. -------. Local residents and shop owners, therefore, have had trouble securing a place to park their cars. -------, tour buses blocking streets and lanes are causing severe traffic congestion. At this ------- public hearing, town officials and planners will actively seek residents and business owners' opinions regarding construction of additional parking spots.

------- interested should contact the town Community Center at 555-8724.

135 (A) More parking agents will be assigned to each public parking lot in Clarkston Town.
 (B) The agenda for the community public hearing has already been sent to residents.
 (C) The Community Center will be relocated to a neighboring building due to high rental costs.
 (D) We have noticed a huge increase in tour buses carrying tourists in recent years.

136 (A) In this way
 (B) To make matters worse
 (C) In a few words
 (D) On the contrary

137 (A) upcoming
 (B) successful
 (C) international
 (D) previous

138 (A) Other
 (B) Some
 (C) That
 (D) Anyone

The Danforth Campus Bookstore

Part-time positions

The Danforth University has just opened a new campus bookstore, which is located right next to the liberal arts building. We, therefore, ------- students to work as bookstore
139.
associates during the school year. All campus jobs are part-time positions. Working hours from 11 A.M. to 4 P.M. Main ------- include stocking and arranging merchandise, checking
140.
out and receiving books, and helping customers in locating books. -------. Only those -------
141.   142.
for an interview will be contacted by the bookstore manager.

---

139 (A) had sought
(B) seek
(C) are seeking
(D) seeking

140 (A) considerations
(B) responsibilities
(C) contributions
(D) alternatives

141 (A) Some top candidates have been informed of their second interview.
(B) The campus bookstore has been in business for 40 years.
(C) To apply for the position, call the bookstore at 436-7016.
(D) All positions have already been filled by internal students.

142 (A) who will be selected
(B) that selected
(C) whose selection is
(D) who are selecting

Questions 143-146 refer to the following memo.

From: Alexia Chung, Vice president
To: All employees
Date: March 8
Subject: Switching the supplier

The weekly board meeting has just finished and I'm writing ------- that Amano Chocolate
143.
is going to switch the supplier of cocoa and milk beginning next month. ------- the last
144.
five years, we have been doing business with Smith's Food, but it has recently increased
the prices of cocoa and milk, whlch are the main ingredients for our chocolate products.
-------, the board has decided to change the supplier to reduce production costs. I will
145.
contact several food suppliers to request an estimate. -------.
146.

143 (A) announcing
(B) to announce
(C) will announce
(D) announcement

144 (A) Over
(B) Among
(C) By
(D) With

145 (A) Likewise
(B) Accordingly
(C) Meanwhile
(D) Namely

146 (A) We plan to expand to include new
meeting rooms and training centers.
(B) We are in the process of negotiating a
contract with a food supplier.
(C) If you are not available to attend the
meeting, contact me.
(D) At the next board meeting, we will
choose the one that offers the best
price.

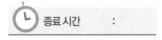
종료시간   :

나 혼자 끝내는 토익 체크 리스트

📋✓ 정답 확인 전 체크 리스트

✅ 이번 회차의 난이도는 ☐ 쉬웠다 ☐ 무난했다 ☐ 어려웠다

✅ 나는 16분 안에 모두 문제 풀이를 완료하였다. ☐ YES ☐ NO

그렇지 않다면, 실제 걸린 시간은 몇 분인가요? _____

혹시 시간이 부족해서 찍어서 푼 문제가 있다면 몇 번인지 표시해 보세요. _____

💡 시간이 부족하셨다면, 문제당 16~20초 안에 푸는 훈련을 해야 합니다.

✅ 나는 정답이 확실하지 않아서 고민이 되었던 문제가 있었다. ☐ YES ☐ NO

혼동된 문제가 있었다면 몇 번인지 표시해 보세요. _____

💡 QR코드를 통해 제공되는 저자 직강 음성 강의로 고민되었던 문제를 해결해 보세요.

✅ 어휘 문제 중에 모르는 단어가 있었다. ☐ YES ☐ NO

혼동되었던 단어를 적어 보세요. _____

💡 넥서스 홈페이지(www.nexusbook.com)에서 제공하는 어휘 리스트와 테스트를 활용하여 다시 한 번 최종 점검을 해 보세요.

📋✓ 정답 확인 후 체크 리스트

✅ 예상 정답 개수는 몇 개였나요? 정답 체크 후 실제 맞힌 개수를 적어 보세요.

예상 개수 : _____ 실제 개수 : _____

💡 p.11에 나혼토 실력 점검표가 있습니다. 맞은 개수를 기록하며 실력 향상을 점검해 보세요.

✅ 틀린 문제를 다시 점검하고, 다음에는 절대 틀리지 않겠다는 다짐을 해 보세요!

찍어서 맞은 문제도 틀린 문제입니다. 틀린 문제들을 기록해 보세요. _____

💡 QR코드를 통해 제공되는 저자 직강 음성 강의로 틀린 문제를 다시 확인해 보세요.

✅ 틀린 문제 리뷰를 정확히 하고, 나만의 "오답노트"를 작성해 보세요.

💡 토익 RC는 특히 "복습"이 생명입니다. 틀린 문제는 꼭 다시 정리하세요.

📋✓ 한번에 많은 문제를 푸는 것보다는 체계적으로 문제를 푼 이후, 내 것으로 완전히 소화하는 방식이 필요합니다. **틀린 문제 위주로** 중요 포인트를 **"나만의 노트"**에 정리하고, 외워야 할 세트 구문 등을 잘 정리해서 암기하였는지 반드시 확인하고, 반복, 또 반복해서 복습해 보세요.

101 신입사원 해리 잭슨에 의해 제출된 보고서는 주주들에게는 쓸모없는 몇 몇 정보들이 들어 있다.

> 문법상 형용사 역할을 하는 부정어 no의 수식을 받는 명사 자리이다. of no use는 '쓸모없는'이라는 뜻으로 자주 출제되는 구문이다. 따라서 정답은 (C) use이다.

recruit 신입사원　shareholder 주주　of no use 쓸모없는

정답_(C)

101 The report submitted by the new recruit, Harry Jackson, contains some information of no ------- to shareholders.

(A) using
(B) useless
(C) use
(D) useful

102 저희 가진제품의 내구성과 신뢰도 확신의 차원에서 저희의 모든 신제품에 대해 2년 무상 보증 기간을 제공합니다.

> 가전제품의 장점을 등위접속사 and를 이용해 나열하고 있다. 뒤에서 2년 무상 보장 기간을 제공한다고 했으므로 이에 근거가 될 수 있는 것이 와야 하며 durability(내구성)가 먼저 나왔으므로 이와 어울리는 (A) reliability가 정답이다.

take pride in ~에 자부심을 느끼다　durability 내구성, 내구력 home appliance 가전제품　warranty 보증　reliability 신뢰도 persistence 고집, 지속　feasibility 실행 가능성　accuracy 정확, 정확도

정답_(A)

102 We take such pride in the durability and ------- of our home appliances that we offer a free two-year warranty on all of our new products.

(A) reliability
(B) persistence
(C) feasibility
(D) accuracy

103 제안서 중에서 선택하기 전에 이사회는 한동안 그 제안서들을 심사숙고한 다음 실현 가능성과 독창성이 매우 높은 것을 선택하였다.

> 완벽한 절 뒤에 온 빈칸이므로 정답은 부사 (A) thoughtfully이다. 비교급을 유발한 상황이 아니므로 (D)는 오답이다. (C)는 명사이므로 오답이다. (B)는 consider이 5형식으로 쓰인다면 목적보어로 형용사가 나올 수는 있으나, 이 문제에서 consider 뒤에 나온 them(proposals)이 사려 깊은 상태라고 볼 수는 없으므로 (B) thoughtful은 오답이다.

proposal 제안서　feasible 실현 가능한

정답_(A)

103 Before choosing among the proposals, the board of directors considered them very ------- for a while and then chose one which looked very feasible and creative.

(A) thoughtfully
(B) thoughtful
(C) thought
(D) more thoughtfully

104 새롭게 리모델링한 저희 별관을 견학하고 싶으시다면 저희 홈페이지에 새로 업데이트된 지도를 참조하세요. 그리고 힐튼 스타 호텔 반대편 5번가로 이전하였다는 사실도 유의하시기 바랍니다.

> 명사 사이를 연결하는 적절한 전치사를 고르는 문제이다. 빈칸 5th Avenue와 빈칸 뒤 Hotel 사이에 가장 적절한 표현은 호텔 '맞은 편'에 위치한 5번가로 회사가 이전했다는 의미이므로 정답은 (D) opposite이다. (A)는 길 따위를 건널 때, (B) 길, 방향 따위를 쭉 따라갈 때 쓰며 (C)는 전치사 to와 함께 쓰므로 오답이다.

wing 별관　refer to 참조하다　relocate 이전하다

정답_(D)

104 If you want to visit our newly remodeled wing, please refer to the map updated on our Web site, and note that we have relocated to 5th Avenue------- the Hilton Star Hotel.

(A) across
(B) down
(C) next
(D) opposite

105 건물 앞 주차는 엄격히 금지되어 있으므로 공영 지하주차장을 이용해 주시기 바랍니다.

> 빈칸 뒤에 단수 동사 is가 나오므로, 단수 주어가 와야 한다. 따라서 vehicles를 목적어로 하면서 주어 역할을 하는 동명사 (C) Parking이 정답이다.

prohibited 금지된　underground 지하의

정답_(C)

105 ------- vehicles in front of buildings is strictly prohibited, so please use the public underground parking lot.

(A) Park
(B) Parked
(C) Parking
(D) To be parked

106 The first page of this month's edition of *The Artist's Bible* features 15 of the world's most renowned artists, ------- of whom were interviewed by the magazine.

(A) several
(B) other
(C) which
(D) no one

106 이번 달 〈더 아티스트스 바이블〉 첫 페이지에서는 저희와 인터뷰를 한 몇몇을 포함한 전 세계에서 가장 명성을 떨치고 있는 15명의 예술가들을 소개합니다.

빈칸 뒤의 동사 were에 맞는 복수 주어가 와야 하므로 정답은 (A) several이다. 수량/정도의 형용사들은 단독 주어 역할을 할 수 있다는 점에서 (A)가 정답이며, (B)는 단독 주어 불가능 형용사이므로 오답이다. (D) 역시 수 일치에 맞지 않아 오답이다.

feature 특집으로 소개하다, 특집으로 다루다   renowned 유명한, 저명한
정답_(A)

107 Each candidate ------- for the Creative Design Award was at the ceremony last Saturday to witness the winner of the contest.

(A) is nominating
(B) is nominated
(C) nominated
(D) nominates

107 크리에이티브 디자인 시상식의 각 부문 후보자들은 수상자를 보기 위해 지난 토요일 시상식에 참석했다.

빈칸 뒤에 동사 was가 있기 때문에 동사인 (A), (B), (D)는 정답이 될 수 없다. 따라서 Each candidate를 수식하는 과거분사 (C) nominated가 정답이다.

candidate 후보자   witness 목격하다   nominate 지명하다
정답_(C)

108 Some believe the ------- of social media on companies in the industry has been too strong in recent years.

(A) tendency
(B) influence
(C) importance
(D) connection

108 몇몇 사람들은 최근 몇 년 사이 업계에서 기업에 미치는 소셜 미디어의 영향이 너무 강력했다고 믿고 있다.

소셜 미디어가 미치는 영향력이 몇 년 사이 매우 강력했다는 내용이므로 '영향'이라는 뜻의 (B) influence가 가장 적절하다. influence는 전치사 on과 자주 쓰인다.

tendency 성향, 동향, 추세   influence 영향
정답_(B)

109 Please ------- the extra charge on the invoice, as a corrected billing statement has been sent to your e-mail.

(A) empty
(B) vacate
(C) delete
(D) disregard

109 정정된 청구서를 이메일로 전송하였으니 송장에 나와 있는 추가 금액은 무시해 주시기 바랍니다.

적절한 동사를 고르는 문제이다. 정정한 청구서가 다시 나갔기 때문에 송장에 있는 추가 금액은 '무시'해도 된다는 의미이므로, (D) disregard가 정답이다.

invoice 송장   billing statement 청구서   vacate 비우다
disregard 무시하다, 신경 쓰지 않다
정답_(D)

110 Mr. Davidson ------- the report for typos by the time he submitted it to his director.

(A) has reviewed
(B) had reviewed
(C) was reviewed
(D) has been reviewed

110 데이비드슨 씨가 이사에게 보고서를 제출할 때쯤에 그는 보고서의 오타 점검을 마쳤다.

'~할 무렵'이라는 뜻의 by the time 뒤에 과거 시제가 왔기 때문에 주절에는 과거완료 시제가 와야 한다. 따라서 (B) had reviewed가 정답이다.

typo (타이핑) 오타   by the time ~할 무렵
정답_(B)

111 경영 전략 팀의 많은 노력에도 불구하고 우리는 호라이즌 제조사와의 계약 성사라는 의도한 결과를 성취하는 데 실패하였다.

노력에도 불구하고 '의도한' 결과를 얻지 못했다는 뜻이므로 (B) intended가 정답이다. (A) satisfied처럼 감정분사는 수식하는 대상이 사람이 아니면 -ing 형태를 쓰므로 result를 수식하려면 satisfying이 되어야 한다.

achieve 성취하다, 달성하다 win a contract 계약을 따다, 계약을 성사시키다 intended 의도한, 계획된 commence 시작하다 magnify 확대하다, 증강하다
정답_(B)

112 스탠리 웨일즈는 이전 미팅에서 AOG 파이낸셜과 2백만 달러 계약에 사인했다.

빈칸 앞에 two-million dollar라는 형용사가 있기 때문에 빈칸에는 명사가 와야 한다. 앞에 관사 a가 있고, 회사와 '계약'을 맺는다는 의미이기 때문에 정답은 (B) contract이다.

contraction 수축 contract 계약
정답_(B)

113 다른 목적지로 향하는 여행자들은 더 많은 정보를 위해 역내 위치한 일정표 모니터를 참조하시면 됩니다.

travelers를 수식하는 분사를 고르는 문제이다. 문맥상 다른 목적지로 '향하는' 여행자들이 적절하므로 '~로 이동하다'는 뜻의 (A) proceeding이 정답이다. travelers 다음에는 who are가 생략된 구문이며 자동사 proceed는 뒤에 주로 전치사 to 또는 with를 동반한다. 나머지 선택지는 타동사이므로 전치사 to가 뒤에 올 수 없다.

refer to 참고하다 process 처리하다 procure 구하다, 조달하다, 획득하다
정답_(A)

114 올란도 프린팅 사는 파트타임 직원들에게까지 유급 휴가 자격을 주기 때문에 타사와 차별화된 특별한 회사로 여겨진다.

적절한 접속사를 고르는 문제이다. 파트타임 직원들에게도 유급 휴가를 주기 때문에 특별한 회사로 여겨진다는 뜻이 적절하므로 원인과 결과의 관계임을 알 수 있다. 따라서 (B) since가 정답이다.

exceptional 특별한, 훌륭한 be eligible for ~할 자격이 되다 paid holiday 유급 휴가
정답_(B)

115 필요한 서류들이 제시간에 도착한다면 영업부의 모든 직원들이 화요일까지는 증명서를 받을 것입니다.

빈칸은 새로운 절이 시작하는 주어 자리이다. '모든 직원들이 화요일까지는 증명서를 받을 수 있을 것이다'가 적절하므로 (A) everyone이 정답이다. (C), (D) 역시 주어 자리에 들어갈 수는 있으나, 의미상 부적절하기 때문에 오답이며, (B) whoever는 복합관계대명사로 두 개의 절을 이어주는 역할을 하는데 이미 접속사 if가 있으므로 오답이다.

on time 제시간에, 정시에 certificate 자격증, 증명서
정답_(A)

111 In spite of the management team's tremendous efforts, we failed to achieve the ------- result of winning a contract with Horizon Manufacturing.

(A) satisfied
(B) intended
(C) commenced
(D) magnified

112 Stanley Wales has signed a two-million dollar ------- with AOG Financial at the previous meeting.

(A) contraction
(B) contract
(C) contracts
(D) contractions

113 Travelers ------- to other destinations may refer to the schedule monitors located in the station for more information.

(A) proceeding
(B) processing
(C) procuring
(D) planning

114 Orlando Printing Inc. is regarded as an exceptional company ------- even part-time employees are eligible for paid holidays.

(A) after
(B) since
(C) moreover
(D) although

115 If the necessary documents arrive on time, ------- in the sales division will receive their certificate by Tuesday.

(A) everyone
(B) whoever
(C) anyone
(D) no one

116 The worldwide conference ------- of a variety of dignitaries from 30 different countries will begin in one hour.

(A) consists
(B) consisting
(C) consisted
(D) to be consisted

116 전 세계 30국에서 온 다양한 고위 관리들로 구성되어 있는 전 세계적인 회의는 한 시간 후에 시작할 것이다.

> 빈칸 뒤에 동사 will begin이 있기 때문에 동사인 (A)는 오답이다. conference를 뒤에서 수식하는 분사가 적절하므로 정답은 (B) consisting이다. consist는 자동사로 수동태로 쓰지 않기 때문에 (C), (D)는 오답이다.

a variety of 다양한 dignitary 고위 관리
정답_(B)

117 Mega X Electronics Inc. will hold the customers ------- for any damage caused by improper handling.

(A) obligated
(B) responsible
(C) charged
(D) impressed

117 메가 엑스 일렉트로닉스 사는 부적절한 물품 취급으로 야기된 모든 파손은 고객에게 책임을 지울 방침이다.

> 빈칸 뒤에 전치사 for가 있고 손님들에게 부적절한 취급으로 인한 파손에 대한 책임을 부여한다는 의미이므로 (B) responsible이 정답이다. 중요한 숙어 표현으로, 〈hold + 사람 목적어 + responsible for〉는 '~에게 책임/ 의무를 지우다'라는 의미이다. (A) obligated는 to부정사와, (C) charged는 with와 함께 쓰므로 오답이다.

improper 부적절한 handling (물건) 취급
정답_(B)

118 Morris Consulting ------- the right to put off any further deliveries until the customer has made all outstanding payments.

(A) retains
(B) refers
(C) allows
(D) reserves

118 모리스 컨설팅은 고객이 미납금을 완납하기 전까지 배송을 연기할 권리가 있다.

> 관용 표현인 reserve the right(권한을 갖다, 권한을 보유하다)를 묻는 문제이다. 따라서 정답은 (D) reserves이다.

put off 연기하다 outstanding 미납의 retain 유지하다 refer 언급하다, 참조하다 reserve 보유하다
정답_(D)

119 Because of a lack of budget, the new project ------- until we get funding from the government.

(A) will defer
(B) has been deferred
(C) will be deferred
(D) is deferring

119 예산 부족으로 인해 새로운 프로젝트는 정부로부터 보조금을 받기 전까지 연기될 것이다.

> 빈칸 뒤에 목적어가 없기 때문에 수동태가 와야 한다. 뒤에 '~하기까지'라는 뜻의 until이 있으므로 미래 시제가 가장 적합하다. 따라서 (C) will be deferred가 정답이다.

a lack of ~의 부족 funding 자금 지원 defer 연기하다, 미루다
정답_(C)

120 Footnotes are used ------- the manual so that anyone can understand the content clearly.

(A) against
(B) to
(C) throughout
(D) across

120 누구나 내용을 분명히 이해할 수 있도록 하기 위해서 매뉴얼 곳곳에 주석이 사용된다.

> 매뉴얼 '곳곳에' 주석이 사용된다는 뜻이므로 (C) throughout이 정답이다.

footnote 주석 content 내용
정답_(C)

121 11월 20일 월례 직원회의는 3시간 뒤에 하는 것으로 재조정되었다.

일정을 재조정한다는 것은 일정을 뒤로 미룬다는 느낌이 강하기 때문에 '이후에, 나중에'라는 뜻의 (C) later가 정답이다. (D) after는 보통 접속사/ 전치사의 연결구 역할을 하기 때문에 문장 마지막의 수식어로는 쓰지 않는다.

monthly 월간의, 월례의   reschedule (일정을) 재조정하다   take place 개최하다, 발생하다
정답_(C)

121 The monthly staff meeting for November 20 has been rescheduled to take place three hours -------.

(A) soon
(B) prior
(C) later
(D) after

122 모든 노조 회원들이 임금 동결안에 대한 쟁적을 제기하기 위해 회의실 앞에 모였다.

빈칸 앞까지 완벽한 절이 왔기 때문에 빈칸부터는 수식어구가 와야 한다. 따라서 to부정사인 (C) to raise가 정답이다. (A) raising은 convention hall을 수식하는 것이 되어 의미상 어색하며, (B) raised는 과거분사형으로 뒤에 목적어 역할을 하는 명사가 올 수 없어 오답이다.

union 노조   convention hall 회의실   raise the issue 쟁적을 제기하다   freezing 동결   wage 임금
정답_(C)

122 All union members have gathered in front of the convention hall ------- the issue of freezing of wages.

(A) raising
(B) raised
(C) to raise
(D) raises

123 인사부 총괄이사는 직원의 개인 정보를 외부에 절대 유출하면 안 된다.

It ~ that 사이에 necessary, imperative, important, essential 등의 강압적 권고, 필수적 요소의 의미를 담은 형용사가 오면 that절 뒤에 나오는 should가 종종 생략된다. should 뒤에는 동사원형이 와야 하며, 목적어 the personal information을 이끌 수 있는 능동태가 와야 하므로 (A) not disclose가 정답이다. (C)는 수동태로 목적어를 이끌 수 없으므로 오답이다.

imperative 필수적인, 당연히 ~해야 하는   personal information 개인 정보   disclose 폭로하다, 드러내다, 유출하다
정답_(A)

123 It is imperative that the Human Resources director ------- the personal information of employees to others.

(A) not disclose
(B) did not disclose
(C) not be disclosed
(D) would not disclose

124 많은 고령자들은 리스크가 높기 때문에 자영업을 시작하기를 꺼려한다.

적절한 인칭대명사를 고르는 문제이다. 전치사 of 뒤에 빈칸이 왔으며 '그들 자신만의 사업'이라는 뜻이므로 정답은 (D) their own이다.

hesitant to ~을 주저하다, 망설이다   of one's own 자기 소유의
정답_(D)

124 Many senior citizens are hesitant to start a business of ------- because of the high risk.

(A) them
(B) theirs
(C) themselves
(D) their own

125 켄델 씨는 회계 관련 분야에서 한 번도 일해 본 경험이 없으므로 그 자리에 맞는 자격 요건에 부합하지 않는다.

적절한 부사를 고르는 문제이다. 빈칸 앞에 and가 있으므로 이와 이어지는 어휘가 와야 한다. 한 번도 일해 본 경험이 없고 그래서 자격 요건에 부합하지 않는다는 뜻이 적절하므로 (D) therefore가 정답이다.

accounting 회계, 회계학   meet the requirements 요구 조건에 부합하다   alternatively 그 대신에
정답_(D)

125 Ms. Kendell has never worked in accounting and ------- does not meet the requirements for the position.

(A) however
(B) additionally
(C) alternatively
(D) therefore

126 ------- is a summary of the three-day seminar which you will attend in for a week.

(A) Enclosure
(B) Enclosing
(C) Enclosed
(D) Enclose

126 일주일 동안 귀하가 참석하실 3일 일정의 세미나에 대한 요약본을 동봉합니다.

기본적인 도치 구문으로 A summary of the three-day seminar is enclosed에서 보여인 enclosed가 앞으로 도치가 되었다. 따라서 정답은 (C) Enclosed이다. '첨부, 동봉, 포함'의 의미를 가진 분사 enclosed, included, attached 등은 첨부/ 동봉된 문서의 중요도를 강조하기 위해 도치 구문을 주로 쓰인다.

summary 요약본
정답_(C)

127 *The Weekly Travel Review* has awarded its highest ------- in customer satisfaction to Regent Resorts.

(A) rating
(B) priority
(C) concentration
(D) commitment

127 〈위클리 트래블 리뷰〉는 리젠트 리조트에게 고객 만족도 부문에서 최상위 등급을 수여했다.

고객 만족도에서 가장 높은(highest) '등급'을 수여했다는 의미이므로 '등급'이라는 뜻의 (A) rating이 정답이다. (B) priority는 '우선순위'라는 의미로 highest와 어울리는 명사이지만 해야 할 일의 우선순위라는 의미이므로 오답이다.

rating 등급   priority 우선순위   concentration 집중. 밀집. 응축
commitment 헌신, 기여, 공헌
정답_(A)

128 ------- visited several different sites, the director could develop a better understanding of the problems experienced by the workers.

(A) Has
(B) To have
(C) Had
(D) Having

128 몇몇 다른 장소들을 방문한 후, 그 이사는 직원들이 겪는 문제점들에 대해서 더 잘 이해할 수 있게 되었다.

접속사를 이용한 분사 구문이다. 주절과 분사 구문의 시제가 다른 문장으로 원래는 After he had visited ~라는 문장에서 접속사인 After와 주어 he가 생략되고, 동사는 분사로 변형되므로 (D) Having이 정답이다.

site 장소   understanding 이해
정답_(D)

129 The supervisor ------- for the safety of the whole staff should encourage them to wear safety helmets whenever they enter the construction site.

(A) responsibly
(B) responsive
(C) responsible
(D) response

129 전 직원의 안전을 책임지고 있는 감독관은 직원들이 공사 현장에 들어설 때마다 안전헬멧을 착용할 것을 장려해야 한다.

적절한 품사를 고르는 문제이다. 빈칸 앞에 who is가 생략된 용법으로 supervisor라는 명사를 뒤에서 수식할 수 있는 (C) responsible이 정답이다. be responsible for는 '~에 대한 책임이 있다'라는 뜻이다.

encourage 장려하다, 권장하다   construction site 공사 현장
정답_(C)

130 I am writing this letter to ------- the receipt of the tables and chairs I ordered from you the other day.

(A) accept
(B) confess
(C) claim
(D) acknowledge

130 저는 일전에 귀사로부터 주문한 테이블과 의자를 수령했음을 알리기 위해 이 편지를 씁니다.

물품/ 자재/ 편지 등을 수령했음을 '알리다'라는 뜻이므로 '물건을 받았음을 알리다'라는 뜻의 (D) acknowledge가 정답이다.

receipt 수령   the other day 일전에   confess 자백하다   claim 주장하다, 요구하다
정답_(D)

[131-134]

발산: 고객 서비스⟨customer_services@dreamhome.au⟩
수산: 개러스 장⟨garaethjang@77mail.com⟩
날짜: 9월 19일
제목: 갱신

⑬ 저희 기록에 따르면 귀하의 드림 홈 잡지 구독이 곧 만기됩니다. 만료 최소 일주일 전 구독을 갱신하시는 고객님들을 위한 몇 가지 혜택을 알려 드리고자 합니다. 6개월이나 1년 기간의 구독을 갱신하시면, 각각 3개월 또는 6개월 분량의 추가 호수를 **⑬** 받으실 겁니다.

또한, 드림 홈 매거진에서 주최하는 모든 행사를 무료로 참여하실 수 있게 됩니다. **⑬** 그러나, 이 훌륭한 제안은 선착순임을 반드시 유념해 주세요. 선착순 50명의 구독자 분들만이 이 기회를 누리게 될 것입니다.

저희 드림 홈 매거진 사는 귀하께 최상의 서비스를 제공할 수 있도록 언제 나 **⑬** 저희의 최선을 다하고 있습니다.

renew 갱신하다 subscription 구독 prior to ~ 전에 expiration 만기, 만료 issue 발행 부수 respectively 각각, 각자 host 개최하다, 주최하다 at no charge 무료로 first-come, first-served basis 선착순 recruit 채용하다, 모집하다 to that end 그 목적을 위해서, 그러기 위해 if so 만일 그 렇다면 similarly 유사하게, 비슷하게

131 (A) 저희 기록에 따르면 귀하의 드림 홈 잡지 구독이 곧 만기됩니다.
(B) 9월 25일이나 그 전에 구독료를 지불해 주시길 바랍니다.
(C) 저희 고객 서비스 부서는 취업 박람회에서 신입 사원들을 채용할 것 입니다.
(D) 많은 고객들이 온라인 구독 방법에 대해 문의를 해 왔습니다.

문맥상 가장 적절한 문장을 고르는 문제이다. 서론은 그 뒤에 나오는 문장과 가장 개연성이 높은데, 바로 뒤에 만료 최소 일주일 전 구독 갱신을 하는 고객들을 위한 혜택이며, 글의 제목 자체가 Renewal(갱신)이므로 이제 곧 만기가 된다는 내용이 나와야 한다. 따라서 정답은 (A)이다.
정답_(A)

132 send는 뒤에 목적어로 ⟨사람목적어+일반목적어⟩, 총 2개의 목적어를 동반할 수 있는 4형식 동사이다. 빈칸 뒤에 목적어가 한 개만 있는데 사람 목적어가 빠진 상태이다. 목적어가 없다는 것은 수동태가 나와야 하며, 편지의 수신자로 등장하는 인칭대명사 주격 you는 고객의 입장이라는 점에서 보내는 것이 아닌 받는 입장이다. 선택지 중에서 수동태는 (A), (D)인데 문맥상 이미 받았던 것이 아니라 앞으로 받을 것이라는 말이므로 정답은 미래시제인 (D)이다.
정답_(D)

133 적절한 접속부사를 고르는 문제이다. 빈칸 앞에서는 다양한 혜택에 대해 설명하고 있는데 빈칸 뒤에서는 이런 혜택을 선착순으로만 제공하고 있다고 했다. 빈칸 앞뒤로 내용이 서로 상반된 내용이므로 역접의 (B) However가 정답이다.
정답_(B)

134 적절한 인칭대명사의 격을 고르는 문제이다. ⟨do+소유격+utmost⟩는 '최선을 다하다'라는 뜻의 구문이다. 따라서 소유격 (D) our이 정답이다. (A)는 주격, (B)는 소유대명사, (C)는 목적격으로 모두 명사 앞에 올 수 없으므로 오답이다.
정답_(D)

Questions 131-134 refer to the following e-mail.

From: Customer Services<customer_services@ dreamhome.au>
To: Gareth Jang<garaethjang@77mail.com>
Date: September 19
Subject: Renewal

-------. We'd like to announce some benefits for
    131.
those who renew their subscription at least one week

prior to expiration. If you renew your subscription for

another six months or one year, you ------- three or six
                                        132.
additional issues, respectively.

Additionally, you will be able to participate in all

events hosted by Dream Home Magazine at no

charge. -------, please note that this wonderful offer is
          133.
available on a first-come, first-served basis. Only the

first 50 subscribers will enjoy this opportunity.

We at Dream Home Magazine always do -------
                                        134.
utmost to serve you.

131 (A) Our records show that your subscription to Dream Home Magazine expires soon.
(B) We ask you to pay your subscription fee on or before September 25.
(C) Our customer service department will recruit new employees at a job fair.
(D) Many customers have inquired about how to subscribe online.

132 (A) were sent
(B) will send
(C) have sent
(D) will be sent

133 (A) To that end
(B) However
(C) If so
(D) Similarly

134 (A) we
(B) ours
(C) us
(D) our

Questions 135-138 refer to the following article.

Clarkston Town Community Public Hearing

by Kent Ford

Clarkston(June 24) – The Clarkston Town Community would like to inform residents and businesses that a community public hearing is going to be held at 3 P.M. on July 3 at the Community Center to discuss a proposal to construct more parking lots in local areas. -------. Local residents and shop owners, therefore,
135.
have had trouble securing a place to park their cars. -------, tour buses blocking streets and lanes are
136.
causing severe traffic congestion. At this ------- public
137.
hearing, town officials and planners will actively seek residents and business owners' opinions regarding construction of additional parking spots. -------
138.
interested should contact the town Community Center at 555-8724.

---

135 (A) More parking agents will be assigned to each public parking lot in Clarkston Town.
   (B) The agenda for the community public hearing has already been sent to residents.
   (C) The Community Center will be relocated to a neighboring building due to high rental costs.
   (D) We have noticed a huge increase in tour buses carrying tourists in recent years.

136 (A) In this way
   (B) To make matters worse
   (C) In a few words
   (D) On the contrary

137 (A) upcoming
   (B) successful
   (C) international
   (D) previous

138 (A) Other
   (B) Some
   (C) That
   (D) Anyone

[135-138]

클라크스턴 지역 공동체 공청회

켄트 포드

클라크스턴(6월 24일) – 클라크스턴 지역 공동체에서 주민들 및 사업체들에게 지역 공청회가 7월 3일 오후 3시에 주민 센터에서 지역 내 더 많은 주차장을 건설하자는 제안에 대해 논의하기 위해 개최될 것을 알려드리고자 합니다. ⑬⑤ 저희는 최근 몇 년 동안 관광객들을 태우고 운행하는 관광버스들이 현저하게 늘었음을 알게 되었습니다. 이로 인하여 지역 주민들 및 매장 주인들이 자신들의 차량을 주차하기 위한 장소를 확보하는 데 어려움을 겪어 왔습니다. ⑬⑥ 설상가상으로, 관광버스들이 도로 및 차선을 막으면서 교통 체증까지 유발하고 있습니다. ⑬⑦ 곧 있을 이 공청회에서 시 공무원들 및 도시 계획 설계자들은 추가 주차 공간 건설에 관한 주민 여러분 및 업체의 의견을 적극 구할 것입니다. 관심 있으신 ⑬⑧ 분들은 지역 공동체 센터 555-8724로 연락 주세요.

---

public hearing 공청회 resident 주민, 거주민 secure 확보하다 severe 심각한 congestion 혼잡, 정체 seek 찾다, 구하다 agenda 의제, 안건 neighboring 인근의 in this way 이렇게 하여 to make matters worse 설상가상으로 in a few words 요컨대 on the contrary 그와는 반대로, 대조적으로 upcoming 곧 다가올, 곧 있을 successful 성공적인 international 세계적인 previous 이전의

135 (A) 더 많은 주차 요원들이 클라크스턴 내의 각각의 공공 주차장에 배정될 것입니다.
   (B) 지역 공청회에 대한 안건은 이미 주민들에게 보내졌습니다.
   (C) 이 지역 공동체 센터는 높은 임대 비용으로 인해 인근 건물로 이전될 것입니다.
   (D) 저희는 최근 몇 년 동안 관광객들을 태우고 운행하는 관광버스들이 현저하게 늘었음을 알게 되었습니다.

문맥상 가장 적절한 문장을 고르는 문제이다. 빈칸 뒤 문장에서 therefore가 나오면서 주민들 및 매장 주인들이 주차 공간을 찾는 데 어려움을 겪고 있다고 했다. 이어서 관광버스로 인해 교통 체증까지 발생하고 있다고 했으므로 빈칸에는 관광버스가 증가했다는 내용의 (D)가 적절하다.
정답_(D)

136 먼저 빈칸 앞뒤 문맥을 파악한 후 정답을 골라야 한다. 빈칸 앞에서는 관광버스의 증가로 인해 현지 주민들과 매장 주인들이 주차 공간을 찾기가 힘들다고 했고, 뒤에는 관광버스로 인해 교통 체증까지 발생하고 있다고 했다. 관광버스의 증가로 인해 발생한 안 좋은 일이 연속으로 나열되고 있으므로 '설살가상으로'라는 뜻의 (B)가 정답이다.
정답_(B)

137 형용사 어휘 문제이다. 여러 번 언급되고 글의 제목에도 나온 public hearing(공청회)이 7월 3일 오후 3시에 개최될 것이기 때문에 아직 시작하지 않은 행사라는 점에서 정답은 미래에 곧 있을 행사, 일정 따위를 주로 수식하는 (A) upcoming이다.
정답_(A)

138 빈칸은 주어 자리이다. 빈칸 뒤의 interested는 주어를 뒤에서 수식하는 수식어라고 볼 수 있다. interested는 수동의 과거분사로서 앞에 who is가 생략된 것이다. 따라서 주어로 쓸 수 있으며 뒤에 사람을 수식하는 who is interested를 동반할 수 있는 (D) Anyone이 정답이다.
정답_(D)

[139-142]

댄포스 캠퍼스 서점
파트타임직

댄포스 대학교에서 교양 학과 건물 바로 옆에 위치한 새 캠퍼스 서점을 막 오픈했습니다. 그러므로 우리는 학교 생활 동안 서점 직원으로 근무해 줄 학생들을 **⑬⑨** 찾고 있습니다. 모든 캠퍼스 내의 업무들은 파트타임직입니다. 근무 시간은 오전 11시부터 오후 4시까지입니다. 주된 **⑭⓪** 업무들은 상품 재고 정리 및 정돈, 책 대여 및 받기, 고객들이 책을 찾는 것을 도와주기 등을 포함합니다. **⑭①** 이 업무에 지원하시기 원하시면, 436-7016으로 서점에 전화 주세요. 면접 대상으로 **⑭②** 선정될 사람들만 서점 관리자에 의해 연락받게 될 것입니다.

liberal art 교양 과목   associate 동료, 직원   merchandise 상품, 물품   consideration 고려, 숙고   responsibility 책임, 의무, 업무 사항   contribution 기여, 공헌   alternative 대안, 대안의   candidate 후보자, 지원자   internal 내부의

139 빈칸은 동사 자리이므로 동사가 아닌 (D)를 가장 먼저 오답으로 소거한다. 이 글은 광고문으로 현재 파트타임으로 일할 사람을 구하는 중이다. 따라서 보통 반복되는 습관, 정책, 규정 등에 사용하는 현재시제보다는 지금 수요가 생겨 찾고 있는 중이라는 진행형이 더욱 적절하므로 정답은 (C)이다.
정답_(C)

140 명사 어휘 문제이다. 서점 내에서 하게 될 주된 '업무, 의무 사항' 등에 대해 언급하는 부분이 뒤에 나오므로, '업무, 책임, 의무 사항'을 뜻하는 (B) responsibilities가 정답이다.
정답_(B)

141 (A) 몇몇 최고 지원자들은 두 번째 면접에 대해 통보받았습니다.
(B) 이 캠퍼스 서점은 40년간 운영해 왔습니다.
(C) 이 업무에 지원하시기 원하시면, 436-7016으로 서점에 전화 주세요.
(D) 모든 자리는 내부 학생들에 의해 이미 충원이 되었습니다.

빈칸 앞까지 서점에서 근무하게 되면 맡게 될 업무 사항에 대해 언급하였고 그 뒤로는 서점 관리자에 의해 연락이 갈 것이라는 문장이 나오고 있으므로, 그 사이에 들어갈 가장 적절한 문장은 지원 방식과 연락처를 안내한 (C)이다.
정답_(C)

142 대명사 those 뒤에 주로 오는 관계대명사는 who이며, those who 구문에서 who가 주격이므로 뒤에는 동사가 나와야 한다. 빈칸 뒤로 목적어가 없으므로 수동태로 쓴 (A) who will be selected가 정답이다. (B), (D)는 둘 다 능동태이므로 오답이다.
정답_(A)

Questions 139-142 refer to the following advertisement.

The Danforth Campus Bookstore
Part-time positions

The Danforth University has just opened a new campus bookstore, which is located right next to the liberal arts building. We, therefore, ------- students
139.
to work as bookstore associates during the school year. All campus jobs are part-time positions. Working hours from 11 A.M. to 4 P.M. Main ------- include
140.
stocking and arranging merchandise, checking out and receiving books, and helping customers in locating books. -------. Only those ------- for an
141.   **142.**
interview will be contacted by the bookstore manager.

---

139 (A) had sought
(B) seek
(C) are seeking
(D) seeking

140 (A) considerations
(B) responsibilities
(C) contributions
(D) alternatives

141 (A) Some top candidates have been informed of their second interview.
(B) The campus bookstore has been in business for 40 years.
(C) To apply for the position, call the bookstore at 436-7016.
(D) All positions have already been filled by internal students.

142 (A) who will be selected
(B) that selected
(C) whose selection is
(D) who are selecting

Questions 143-146 refer to the following memo.

From: Alexia Chung, Vice president
To: All employees
Date: March 8
Subject: Switching the supplier

The weekly board meeting has just finished and I'm writing ------- that Amano Chocolate is going **143.** to switch the supplier of cocoa and milk beginning next month. ------- the last five years, we have been **144.** doing business with Smith's Food, but it has recently increased the prices of cocoa and milk, which are the main ingredients for our chocolate products. -------, **145.** the board has decided to change the supplier to reduce production costs. I will contact several food suppliers to request an estimate. -------. **146.**

143 (A) announcing
(B) to announce
(C) will announce
(D) announcement

144 (A) Over
(B) Among
(C) By
(D) With

145 (A) Likewise
(B) Accordingly
(C) Meanwhile
(D) Namely

146 (A) We plan to expand to include new meeting rooms and training centers.
(B) We are in the process of negotiating a contract with a food supplier.
(C) If you are not available to attend the meeting, contact me.
(D) At the next board meeting, we will choose the one that offers the best price.

발산: 알렉시아 청, 부사장
수신: 전 직원
날짜: 3월 8일
제목: 공급 업체 변경

주간 이사진 회의가 방금 종료되었으며, 아마노 초콜릿이 코코아 및 우유 공급 업체를 다음 달부터 변경할 것임을 ⑭ 알려 드리고자 이 글을 씁니다. 지난 ⑭ 5년간, 우리는 스미스 푸드 사와 거래를 해 왔으나, 우리 초콜릿 상품의 주 재료인 코코아 및 우유의 값을 최근 올렸습니다. ⑭ 이에 따라, 이사진에서는 생산 비용을 줄이기 위해 공급 업체를 변경하기로 결정했습니다. 견적서를 요청하기 위해 몇몇 음식 공급 업체들에 연락을 할 것입니다. ⑭ 다음 이사진 회의 때, 우리는 가장 좋은 가격대를 제공하는 업체를 선택하게 될 것입니다.

switch 변경하다   supplier 공급업체   weekly 매주의, 주 1회의   ingredient 재료, 성분   estimate 견적서   likewise 이와 같이, 비슷하게   accordingly 이에 따라   meanwhile 이 와중에, 한 편   namely 즉, 다시 말해   expand 확장하다   negotiate 협상하다

143 동사 write는 뒤에 to부정사를 써서 '~하기 위해서 글을 쓰다'라는 뜻으로 쓰이므로 (B) to announce가 정답이다. 빈칸 앞에 am writing이 동사이므로 동사인 (C)는 오답이며, (D) announcement는 가산 명사이므로 a가 앞에 와야 한다는 점에서 오답이다.
정답_(B)

144 적절한 전치사를 고르는 문제이다. 과거의 기간을 나타내는 the last five years가 나왔으므로 기간 앞에서 '~ 동안에 걸쳐'라는 뜻으로 쓰이는 (A) Over가 정답이다.
정답_(A)

145 적절한 접속부사를 고르는 문제이다. 빈칸 앞에서 지금까지 이용했던 업체가 가격을 올렸다고 했고, 빈칸 뒤에서는 공급 업체를 바꾸겠다고 했으므로 가격 상승으로 인해 '이에 따라' 업체를 바꾸겠다는 뜻이 가장 적절하다. 따라서 정답은 (B) Accordingly이다.
정답_(B)

146 (A) 우리는 새 회의실과 트레이닝 센터를 포함하기 위해 확장을 계획하고 있습니다.
(B) 우리는 현재 음식 공급 업체와 계약을 협상하는 과정 중에 있습니다.
(C) 회의에 참석할 수 없으시다면, 저에게 연락 주세요.
(D) 다음 이사진 회의 때, 우리는 가장 좋은 가격대를 제공하는 업체를 선택하게 될 것입니다.

적절한 문장을 고르는 문제이다. 글의 마지막 부분에서 빈칸이 나왔는데 빈칸 바로 앞에서 견적서를 요청하기 위해 몇몇 업체에 연락을 하겠다고 했다. 이는 곧 가장 좋은 가격을 제시하는 업체를 따져본다는 것이므로 정답은 (D)이다. 몇몇 업체에 연락을 하겠다는 말이 앞에 나왔지만 한 업체를 선택하여 이미 계약 협상 단계 중인지는 알 수 없으므로 (B)는 오답이다.
정답_(D)

Actual Test 03

잠깐!! 시작 전 꼭 확인하세요!

– 실제 시험과 같이 책상을 정리하고 마음의 준비를 하세요.

– 핸드폰은 잠깐 끄고 대신 아날로그 시계를 활용해 보세요.

– PART 5&6 제한 시간은 16분입니다. 제한 시간을 꼭 지켜주세요.

– 어렵다고 넘어가지 마세요. 가능하면 차례대로 풀어 보세요.

READING TEST

In the Reading test, you will read a variety of texts and answer several different types of reading comprehension questions. The entire Reading test will last 75 minutes. There are three parts, and directions are given for each part. You are encouraged to answer as many questions as possible within the time allowed.

You must mark your answers on the separate answer sheet. Do not write your answers in your test book.

PART 5

Directions: A word or phrase is missing in each of the sentences below. Four answer choices are given below each sentence. Select the best answer to complete the sentence. Then mark the letter (A), (B), (C), or (D) on your answer sheet.

101 Inspectors from Safe Care Inc., ------- next week to see the safety and cleanliness of our amusement park in preparation for the holiday season.

(A) have come
(B) had come
(C) comes
(D) are coming

102 The Oklahoma Finance, Inc. monthly meeting for investors is scheduled ------- this Tuesday.

(A) on
(B) for
(C) within
(D) through

103 It is ------- that the company will file for bankruptcy unless it can resolve the ongoing problems within the next few months.

(A) obvious
(B) contingent
(C) strenuous
(D) remarkable

104 Swap International changed its interior design ------- to draw more attention from consumers.

(A) lately
(B) late
(C) later
(D) lateness

105 One of the ------- of this seminar is to learn how to effectively process orders in a timely manner.

(A) objections
(B) goals
(C) commitments
(D) clarifications

106 Rose Telecom's newest series of Xtona phone is easier to operate than -------.

(A) ever
(B) usually
(C) else
(D) general

107 All visitors should pick up a pass from the receptionist ------- after they enter the building.

(A) immediately
(B) privately
(C) mutually
(D) repeatedly

108 Ms. Kwon has asked ------- anyone in the customer service department can help her with her project.

(A) that
(B) whether
(C) what
(D) for

54

109 You can buy ------- the ingredients you need to cook the food at our Organic Food Market.

(A) every
(B) most
(C) all
(D) entire

110 In a very ------- interview, Mr. Gregory Huz mentioned that the most important factor for success is integrity.

(A) fascinator
(B) fascinated
(C) fascinating
(D) fascinatingly

111 Our vice president has requested an ------- to determine the market value of the building on 6th avenue.

(A) appraisal
(B) asset
(C) addition
(D) input

112 For a limited time only, new customers will be offered a 15% discount on all household goods ------- ordering online.

(A) during
(B) when
(C) except
(D) in case

113 Dragon Pictures is planning to ------- into America in July, so they are now concentrating on market research and current trends.

(A) enlarge
(B) expand
(C) engage
(D) expose

114 Most of the students who took the final exam said that they found it very -------.

(A) easily
(B) easy
(C) easiest
(D) ease

115 All ------- contained in those computer files is so confidential that it is only accessible by authorized employees.

(A) information
(B) tip
(C) examples
(D) sample

116 If you have no idea ------- the design of your web page, our developers can assist you in this.

(A) concerned
(B) concerning
(C) concerns
(D) concern

117 The corporation's western division has witnessed a drop in profits since its latest scandal -------.

(A) raised
(B) revealed
(C) incurred
(D) occurred

118 Mr. Burger hopes to meet with the team members and ------- their plan to establish a new branch.

(A) discuss
(B) discussions
(C) discussing
(D) discussed

119 If the shareholders ------- a little bit more to invest in the property, they would have generated a better profit.

(A) had waited
(B) have waited
(C) were waiting
(D) wait

120 Our company requires a larger market share to achieve ------- growth during the economic recession.

(A) cynical
(B) sustainable
(C) elaborate
(D) marked

GO ON TO THE NEXT PAGE

121 This year, the electronics company ------- over 5,000 new customers, making it a huge success.

(A) attracts
(B) was attracted
(C) has attracted
(D) will be attracted

122 The head manager of Green Village Food has decided to increase the inventory of Tofu Salads since customers like them -------.

(A) as much
(B) as far
(C) so much
(D) so that

123 Most buses in this town rarely run on schedule ------- the weather is very inclement.

(A) so
(B) when
(C) in case
(D) unless

124 The bridge construction project which is expected to be finished by April 15 is ------- behind schedule because of the bad weather.

(A) presence
(B) presently
(C) presented
(D) presenting

125 All staff should make sure that they dispose ------- confidential files in a proper manner.

(A) on
(B) for
(C) of
(D) by

126 So as to ------- our customers better service, our technical support team members are working around the clock.

(A) comply
(B) offer
(C) suggest
(D) introduce

127 According to the report ------- today, KMG Inc. will hire more part time workers this month to meet the increasing demand for vacuum cleaners.

(A) release
(B) releasing
(C) released
(D) releases

128 All employees are encouraged to focus ------- on improving customer satisfaction by providing excellent service.

(A) exclusively
(B) extraordinarily
(C) extraneously
(D) efficiently

129 As ------- in the memo, company devices cannot be used for personal purpose without your immediate supervisor's authorization.

(A) statement
(B) stated
(C) stating
(D) statements

130 Sales on almost all product lines are up, challenging the ------- that the reputation of our company is deteriorating.

(A) attention
(B) perception
(C) exception
(D) feature

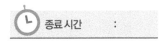
종료시간   :

56

PART 6

Directions: Read the texts that follow. A word, phrase, or sentence is missing in parts of each text. Four answer choices for each question are given below the text. Select the best answer to complete the text. Then mark the letter (A), (B), (C), or (D) on your answer sheet.

Questions 131-134 refer to the following memo.

From: Marry Delmont
To: Marketing Department
Date: April 27
Re: New marketing strategy

Our next monthly meeting is just ------- the corner, and we will have to develop more
                                    131.
efficient marketing strategies to promote our new line of sportswear on that day.

First, we are considering running an advertisement in local newspapers or using the most
powerful marketing tool, television commercials. -------. However, the only problem is that
                                                  132.
media such as radio and television, or newspaper ads are quite expensive.

Second, we can select a high-volume Web site and advertise our brands through pop-ups
and links. -------, we can save a lot of money to attract potential customers. But it is rather
          133.
difficult to check if potential customers click our pop-ups on the Web site.

Also, before the meeting on May 2nd, please come up with your own ideas on how to
promote our new line of sportswear to ------- current customer base.
                                       134.

131 (A) at
    (B) down
    (C) into
    (D) around

132 (A) Television exposure has proven to be
        successful among small companies.
    (B) These will be the best options to
        attract many customers at a very fast
        pace.
    (C) Competition in the sporting goods
        industry will likely remain fierce.
    (D) Local newspapers and magazines
        need to find ways to increase
        readership.

133 (A) On the contrary
    (B) To that end
    (C) In short
    (D) That way

134 (A) their
    (B) our
    (C) your
    (D) her

GO ON TO THE NEXT PAGE

To: Edward Murphy <EnMurphy@intraoj.com>
From: Ron Golden <ronnygl@dreamplus.com>
Date: Thursday, August 10 10:25 A.M.
Subject: Your order

Dear Mr. Murphy,

I just checked your e-mail regarding the late delivery of the items (three Archbold stools) you ordered from our store website. Our records indicate that you were supposed to receive ------- at least five days ago. I sincerely regret that you had to wait such a long time.
135.
------- to implement the loading and unloading process properly in the Kallang Warehouse
136.
is the main cause of the delay. We can have your order shipped right away. -------. Once
137.
again, we are very sorry for any inconvenience the delay caused you and hope that you will

keep doing ------- with us.
138.

Ron Golden, Dream Plus Furniture

135 (A) it
(B) one
(C) some
(D) them

136 (A) Fails
(B) Failed
(C) Failure
(D) Failing

137 (A) We now have new chairs and stools in stock.
(B) Our store website will be updated over the weekend.
(C) The loading process may take a long time.
(D) Please allow one to two days for delivery.

138 (A) business
(B) contract
(C) processing
(D) practice

Questions 139-142 refer to the following advertisement.

Molly's Modern Kitchen releases new kitchenware!

New and innovative kitchenware is here! Molly's Modern Kitchen proudly introduces a very fascinating kitchenware that all housewives will definitely love! ------- their elegant design
139.
and improved features, the new products have already become some of our best sellers.

The new line of plates are amazingly lightweight, and they are ------- in silver, white, yellow,
140.
and sky-blue.

Moreover, there are surprisingly fabulous pots in 3 different sizes, with functionality and beauty. These items are totally different from previous ones on the market. The new pots are resistant to heat conduction very effectively. -------. All new items including our hottest
141.
plates and pots are sold at a 20% discount, and for our valued customers, an ------- two-
142.
year warranty will be offered.

Don't miss out on this great opportunity! To get further information or see product images, visit our website, www.mollyshop.com.

139 (A) With
(B) Within
(C) Along
(D) As for

140 (A) intangible
(B) payable
(C) available
(D) visible

141 (A) Our special promotional period starts this Friday and it will last for one week.
(B) The new plates and pots will be available on the market starting next week.
(C) Molly's Modern Kitchen is a family-owned business based in Los Angeles.
(D) The kitchenware market has been growing at a fast pace this year.

142 (A) extends
(B) extended
(C) extensive
(D) extension

GO ON TO THE NEXT PAGE

Questions 143-146 refer to the following information.

New York, October 1st - On Tuesday, Delco Auto Inc., announced it will merge with German company, Das Fon Automotive Inc. This merger is currently the hottest issue since the two companies are the biggest and second biggest automobile manufacturers -------. The goal **143.** of these two leading firms is to increase market share in the car market in Asia and to assert a much stronger dominance all over the world. Delco Auto Inc., actually ------- to merge **144.** with Das Fon Automotive Inc., three years ago, but Tim Drew, Das Fon Automotive Inc.'s former president, had a ------- about merging with Delco Auto Inc. during the economic **145.** recession.

Gregory Houston, CEO of Das Fon Automotive Inc., had a press conference in Korea after meeting with Derick Simon, the current CEO of Delco Auto Inc. "This merger will help both firms expand their line of offerings and attract more customers throughout the world." Gregory said. He also mentioned that the two companies will retain their original websites for the time being until they develop a new web page. -------. **146.**

143 (A) independently
    (B) jointly
    (C) concurrently
    (D) respectively

144 (A) was planned
    (B) planned
    (C) had been planned
    (D) have planned

145 (A) reservation
    (B) sensitiveness
    (C) enthusiasm
    (D) confidence

146 (A) Experts say that there are still pros and cons of having a website.
    (B) They will begin restructuring several departments first.
    (C) Still, the renovation project is under way because of the matter.
    (D) They already overspent their budget on merging with a company.

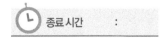
종료시간   :

나 혼자 끝내는 토익 체크 리스트

📋✓ 정답 확인 전 체크 리스트

✅ **이번 회차의 난이도는** ☐ 쉬웠다 ☐ 무난했다 ☐ 어려웠다

✅ **나는 16분 안에 모두 문제 풀이를 완료하였다.**　　　　　　　☐ YES　　　　☐ NO

　그렇지 않다면, 실제 걸린 시간은 몇 분인가요?　　　　　　　　＿＿＿＿＿＿＿＿

　혹시 시간이 부족해서 찍어서 푼 문제가 있다면 몇 번인지 표시해 보세요.　＿＿＿＿＿＿＿＿

　💡 시간이 부족하셨다면, 문제당 16~20초 안에 푸는 훈련을 해야 합니다.

✅ **나는 정답이 확실하지 않아서 고민이 되었던 문제가 있었다.**　　☐ YES　　　　☐ NO

　혼동된 문제가 있었다면 몇 번인지 표시해 보세요.　　　　　　＿＿＿＿＿＿＿＿

　💡 QR코드를 통해 제공되는 저자 직강 음성 강의로 고민되었던 문제를 해결해 보세요.

✅ **어휘 문제 중에 모르는 단어가 있었다.**　　　　　　　　　☐ YES　　　　☐ NO

　혼동되었던 단어를 적어 보세요.　　　　　　　　　　　　＿＿＿＿＿＿＿＿

　💡 넥서스 홈페이지(www.nexusbook.com)에서 제공하는 어휘 리스트와 테스트를 활용하여 다시 한 번
　최종 점검을 해 보세요.

📋✓ 정답 확인 후 체크 리스트

✅ **예상 정답 개수는 몇 개였나요? 정답 체크 후 실제 맞힌 개수를 적어 보세요.**

　예상 개수 : ＿＿＿＿＿＿＿＿＿　　　실제 개수 : ＿＿＿＿＿＿＿＿＿

　💡 p.11에 나혼토 실력 점검표가 있습니다. 맞은 개수를 기록하며 실력 향상을 점검해 보세요.

✅ **틀린 문제를 다시 점검하고, 다음에는 절대 틀리지 않겠다는 다짐을 해 보세요!**

　찍어서 맞은 문제도 틀린 문제입니다. 틀린 문제들을 기록해 보세요.　＿＿＿＿＿＿＿＿

　💡 QR코드를 통해 제공되는 저자 직강 음성 강의로 틀린 문제를 다시 확인해 보세요.

✅ **틀린 문제 리뷰를 정확히 하고, 나만의 "오답노트"를 작성해 보세요.**

　💡 토익 RC는 특히 "복습"이 생명입니다. 틀린 문제는 꼭 다시 정리하세요.

 한번에 많은 문제를 푸는 것보다는 체계적으로 문제를 푼 이후, 내 것으로 완전히 소화하는 방식이 필요합니다. **틀린 문제 위주로** 중요 포인트를 **"나만의 노트"**에 정리하고, 외워야 할 세트 구문 등을 잘 정리해서 암기하였는지 반드시 확인하고, 반복, 또 반복해서 복습해 보세요.

101 휴가철을 맞아 놀이공원의 안전과 청결 상태를 점검하고자 세이프 케어 사의 조사관들이 다음 주에 방문할 예정이다.

> 빈칸은 동사 자리이다. 선택지가 모두 시제가 다른데 빈칸 뒤에 나오는 next week에서 미래시제임을 알 수 있다. 선택지 중에서 미래를 나타낼 수 있는 (D) are coming이 정답이다. 가까운 미래의 일을 나타낼 때 미래시제 대신 현재진행형으로 나타낼 수 있다. (C) comes처럼 현재시제가 미래로 쓸 수 없는 것은 아니지만, 주어 inspectors가 복수이므로 수일치에서 맞지 않다.

inspector 검사관, 조사관   cleanness 청결도   amusement park 놀이공원   in preparation of ~에 대한 준비로
정답_(D)

101 Inspectors from Safe Care Inc., ------- next week to see the safety and cleanliness of our amusement park in preparation for the holiday season.

(A) have come
(B) had come
(C) comes
(D) are coming

102 오클라호마 파이낸스 사의 투자자를 대상으로 하는 월례 회의는 이번 주 화요일에 열릴 예정이다.

> 적절한 전치사를 고르는 문제이다. 〈be scheduled for + 시점〉 구문을 알고 있다면 정답을 쉽게 고를 수 있다. 따라서 정답은 (B) for이다. 빈칸 뒤에 나오는 요일인 Tuesday만 보고 요일 앞에서 주로 쓰이는 전치사인 (A) on을 고르지 않도록 주의해야 한다. (C) within은 기간 앞에 오기 때문에 오답이다.

investor 투자자
정답_(B)

102 The Oklahoma Finance, Inc. monthly meeting for investors is scheduled ------- this Tuesday.

(A) on
(B) for
(C) within
(D) through

103 그 회사는 향후 몇 달 사이에 현재 지속적으로 발생하는 문제들을 해결하지 않는 한 파산 신청을 할 것이 확실해 보인다.

> 가주어 It으로 시작하는 문장으로 that절 이하가 진주어이다. It ~ that 사이에 들어갈 적절한 형용사를 고르는 문제이다. 기본적으로 it ~ that 구문은 that 이하의 내용에 대한 사실성을 강조하는 뜻으로 쓰인다. 따라서 '확실한'이란 뜻의 (A) obvious가 정답이다. (B) contingent는 전치사 on과 함께 쓰는 어휘이다.

file for 신청하다   bankruptcy 파산   ongoing 계속되는   obvious 분명한, 확실한   contingent on ~을 조건부로 하는   strenuous 부단한, 열심히 하는   remarkable 현저한
정답_(A)

103 It is ------- that the company will file for bankruptcy unless it can resolve the ongoing problems within the next few months.

(A) obvious
(B) contingent
(C) strenuous
(D) remarkable

104 스와프 인터내셔널은 소비자로부터 더 많은 관심을 끌기 위해 최근에 실내 디자인을 바꾸었다.

> 빈칸 앞에 〈주어 + 동사+목적어〉의 완벽한 절이 있기 때문에 빈칸은 수식어 자리이다. 따라서 부사 (A) lately가 정답이다.

draw 끌다   consumer 소비자
정답_(A)

104 Swap International changed its interior design ------- to draw more attention from consumers.

(A) lately
(B) late
(C) later
(D) lateness

105 이 세미나의 목적 중 하나는 어떻게 시기적절하게 주문을 효율적으로 처리하는지를 배우는 것이다.

> one of 다음에는 복수 명사가 와야 한다. 문맥상 이 세미나의 '목적'이 적절하므로 (B) goals가 정답이다.

in a timely manner 시기적절하게   objection 반대   commitment 헌신, 기여, 공헌   clarification 해명, 명료화, 설명
정답_(B)

105 One of the ------- of this seminar is to learn how to effectively process orders in a timely manner.

(A) objections
(B) goals
(C) commitments
(D) clarifications

106 Rose Telecom's newest series of Xtona phone is easier to operate than -------.

(A) ever
(B) usually
(C) else
(D) general

106 로즈 텔레콤의 최신 엑스토나 전화기 시리즈는 이전의 어느 때보다 조작이 더 쉬워졌다.

알맞은 어휘를 고르는 문제로, 빈칸 앞에 비교급의 than이 나왔으므로 이와 어울리는 (A) ever가 정답이다. than ever는 '전에 어떤 때보다도 더 ~한'이라는 의미로 최상급의 의미를 지닌다.

operate 조작하다 general 일반적인
정답_(A)

107 All visitors should pick up a pass from the receptionist ------- after they enter the building.

(A) immediately
(B) privately
(C) mutually
(D) repeatedly

107 모든 방문객들은 건물 출입 직후 안내원으로부터 출입증을 수령해야 한다.

문맥상 가장 적절한 부사를 고르는 문제이다. 빈칸 뒤에 접속사 after가 있으므로 시점을 뜻하는 부사가 적절하다. 빈칸 앞의 조동사 should가 강압적인 느낌을 갖기 때문에 이에 맞춰 당위성을 강조하기 위한 부사로는 (A) immediately가 정답이다.

pass 출입증 privately 남몰래, 개인적으로 mutually 상호적으로
repeatedly 되풀이하여
정답_(A)

108 Ms. Kwon has asked ------- anyone in the customer service department can help her with her project.

(A) that
(B) whether
(C) what
(D) for

108 권 씨는 고객 서비스 부서의 누구라도 그녀의 프로젝트를 도와줄 수 있는지 여부에 대해 물었다.

능동태 동사 has asked의 목적어 역할을 하는 명사절 접속사를 고르는 문제이다. 빈칸 뒤에 완벽한 절이 왔으므로 명사절 접속사 (B) whether가 정답이다. (C) what은 완벽한 절이 뒤에 올 수 없기 때문에 오답이며, (D)는 전치사여서 오답이다. (A) that은 명사절 접속사로 쓰이지만, 요구/ 권고의 뜻인 ask가 that절과 결합되면 뒤에 나오는 절에서 《(should) + 동사원형》이 나와야 하므로 오답이다.

customer service department 고객 서비스 부서
정답_(B)

109 You can buy ------- the ingredients you need to cook the food at our Organic Food Market.

(A) every
(B) most
(C) all
(D) entire

109 저희 오가닉 푸드 마켓에서 요리에 필요한 모든 재료를 구입하실 수 있습니다.

빈칸 뒤 the ingredients라는 복수 명사를 수식할 수 있는 전치 한정사가 와야 하므로 정답은 (C) all이다. 전치 한정사는 《the+명사》를 수식할 수 있다. 나머지 선택지는 모두 형용사로 명사를 수식하려면 사이에 the가 없어야 한다.

ingredient 재료 entire 전체의
정답_(C)

110 In a very ------- interview, Mr. Gregory Huz mentioned that the most important factor for success is integrity.

(A) fascinator
(B) fascinated
(C) fascinating
(D) fascinatingly

110 한 흥미로운 인터뷰에서 그레고리 허즈 씨는 성공의 가장 중요한 요소가 청렴함이라고 언급했다.

적절한 품사를 고르는 문제이다. 빈칸 뒤의 명사 interview를 꾸미는 형용사 또는 분사가 와야 하므로 (B), (C) 중에서 정답을 골라야 한다. fascinate(매료시키다)는 감정의 의미를 담은 동사이며 ing로 감정을 유발함을 표현하기 때문에 정답은 (C) fascinating이다.

factor 요소 integrity 청렴함
정답_(C)

111 부사장은 6번가에 있는 건물의 시세를 알고 싶어 감정 평가를 의뢰해 놓은 상태이다.

> 적절한 어휘를 고르는 문제이다. 빈칸 뒤에 market value가 나오기 때문에 건물의 시세를 정확히 판단하기 위한 '감정 평가'를 의뢰했다는 의미가 적절하다. 따라서 정답은 (A) appraisal이다. (B) asset는 '자산'이라는 의미로 개인적 혹은 추상적 자산에 대한 의미가 강하므로 오답이다.

determine 판단하다   market value 시세   appraisal 감정 평가
asset 자산   addition 추가
정답_(A)

112 한시적으로 신규 기입 고객들은 온라인으로 주문할 시에 모든 가정용품에 대해 15% 할인을 받게 됩니다.

> 빈칸 뒤의 ordering online은 new customers를 받는 they와 be동사 are가 생략되어 있다. 따라서 빈칸은 접속사 자리이므로 (B) when이 정답이다. 접속사 when은 〈주어 + be동사〉를 생략하는 분사구문에 자주 쓰이는 접속사이다.

for a limited time 제한된 시간 동안만, 한시적으로   household 가정
정답_(B)

113 드래곤 픽처스는 7월에 미국으로의 사업 확장을 꾀하고 있어서 현재 시장 조사와 현 시장 트렌드를 파악하기 위해 집중하고 있다.

> 빈칸 뒤의 전치사 into와 어울리는 자동사를 고르는 문제이다. 따라서 (B) expand가 정답이다. (A), (C)는 타동사이므로 전치사 into와 어울리지 않으며, (D) expose는 전치사 to와 쓰이므로 오답이다.

trend 기류, 동향   enlarge 확대하다   engage (관심을) 끌다
expose 노출시키다
정답_(B)

114 기말 시험을 본 학생들 중 대부분이 시험이 매우 쉬웠다고 말했다.

> 적절한 품사를 고르는 문제이다. 5형식 동사인 find는 〈find+목적어+목적보어〉 형태로 쓰이는데 목적보어 자리에는 목적어의 상태를 설명하는 형용사가 오기 때문에 (B) easy가 정답이다.

ease 쉬움, 편안함
정답_(B)

115 이 컴퓨터 파일에 담긴 모든 정보들은 극비이므로 허가된 직원들에 한해서만 접근이 가능하다.

> 주어 자리에 들어갈 알맞은 명사를 고르는 문제이다. 동사(is)가 단수이므로 all의 수식을 받으면서 단수 취급하는 불가산 명사인 (A) information이 정답이다. 나머지 선택지는 모두 가산 명사로 all과 함께 쓰이면 복수 명사와 복수 동사가 와야 한다.

confidential 기밀의, 비밀의   accessible 접근 가능한, 이용 가능한
authorized 허가 받은
정답_(A)

111 Our vice president has requested an ------- to determine the market value of the building on 6th avenue.

(A) appraisal
(B) asset
(C) addition
(D) input

112 For a limited time only, new customers will be offered a 15% discount on all household goods ------- ordering online.

(A) during
(B) when
(C) except
(D) in case

113 Dragon Pictures is planning to ------- into America in July, so they are now concentrating on market research and current trends.

(A) enlarge
(B) expand
(C) engage
(D) expose

114 Most of the students who took the final exam said that they found it very -------.

(A) easily
(B) easy
(C) easiest
(D) ease

115 All ------- contained in those computer files is so confidential that it is only accessible by authorized employees.

(A) information
(B) tip
(C) examples
(D) sample

116 If you have no idea ------- the design of your web page, our developers can assist you in this.

(A) concerned
(B) concerning
(C) concerns
(D) concern

116 만일 당신이 웹 페이지 디자인에 관해 전혀 아는 바가 없다면 우리 개발자들이 도와줄 수 있다.

적절한 품사를 고르는 문제이다. 빈칸 앞뒤로 명사가 나와 있기 때문에 명사 사이를 연결할 수 있는 전치사가 와야 한다. 따라서 정답은 (B) concerning(~에 관하여)이다. 나머지 선택지는 전치사가 아니므로 오답이다.

assist 돕다　concern 걱정
정답_(B)

117 The corporation's western division has witnessed a drop in profits since its latest scandal -------.

(A) raised
(B) revealed
(C) incurred
(D) occurred

117 최근 스캔들이 발생한 이래로 회사 서부 지부의 이익이 급격한 감소를 보이고 있다.

적절한 의미의 동사를 고르는 문제이다. 스캔들(소문)이 '발생하다'는 의미가 되어야 하며, 문법적으로도 뒤에 목적어가 없기 때문에 자동사가 정답이 되어야 한다. 따라서 (D) occurred가 정답이다. 나머지 선택지는 모두 타동사이기 때문에 오답이다.

witness 보다, 목격하다　scandal (보통 좋지 않은) 소문　raise 올리다, 제기하다　reveal 드러내다, 폭로하다　incur 초래하다　occur 발생하다
정답_(D)

118 Mr. Burger hopes to meet with the team members and ------- their plan to establish a new branch.

(A) discuss
(B) discussions
(C) discussing
(D) discussed

118 버거 씨는 팀원들을 만나 새로운 지부 설립 계획에 대해 논의하길 희망하고 있다.

적절한 품사를 고르는 문제이다. 등위접속사 and는 앞뒤로 같은 품사를 연결하기 때문에, and 앞의 to meet에 맞춰 and 뒤에도 to discuss로 와야 한다. to부정사가 이미 나왔으므로 중복되는 to는 생략할 수 있다. 따라서 (A) discuss가 정답이다.

establish 설립하다, 구축하다　branch 지사
정답_(A)

119 If the shareholders ------- a little bit more to invest in the property, they would have generated a better profit.

(A) had waited
(B) have waited
(C) were waiting
(D) wait

119 만일 주주들이 부동산에 투자하는 것을 조금 더 기다렸다면 더욱 높은 수익을 창출할 수 있었을 것이다.

If절로 시작했고 주절에 would have p.p.가 있기에 가정법 과거완료 구문임을 알 수 있다. 가정법 과거완료 구문에서 If절에서는 had p.p.를 쓰므로 (A) had waited가 정답이다.

shareholder 주주　invest in 투자하다　generate 발생시키다, 창출하다
정답_(A)

120 Our company requires a larger market share to achieve ------- growth during the economic recession.

(A) cynical
(B) sustainable
(C) elaborate
(D) marked

120 불경기에도 지속적인 성장을 도모하기 위해 우리 회사는 높은 시장 점유율을 요구하고 있다.

명사 growth를 수식하는 적절한 형용사를 고르는 문제이다. growth 자체가 '성장'이라는 의미의 긍정적인 뜻이므로, (B) sustainable(지속 가능한, 지속적인)이 정답이다.

market share 시장 점유율　economic recession 불경기　cynical 냉소적인　elaborate 정교한　marked 표시된
정답_(B)

121 올해 그 전자 회사는 5,000명 이상의 신규 고객을 모으면서 큰 성공을 거두었다.

> 적절한 시제를 고르는 문제로, 빈칸 뒤에 over 5,000 new customers가 목적어로 왔으며 결과/ 업적에 대해서 말하고 있다. 따라서 현재완료 시제 (C) has attracted가 정답이다. (B), (D)는 수동태이므로 오답이며, (A)는 현재 시제로 현재의 반복되는 사실을 뜻하는 것이므로 완료의 의미로 사용할 수 없다.

huge 큰 attract 끌어 모으다

정답_(C)

122 그린 빌리시 푸드의 지배인은 고객들이 두부 샐러드를 무척 좋아하므로 입고량을 늘리기로 결심했다.

> 빈칸 앞에 완벽한 문장이 오기 때문에 부사가 와야 한다. 문맥상 고객들이 두부 샐러드를 '매우' 좋아하기 때문에 입고량을 늘리기로 했다는 의미이므로 정답은 (C) so much이다. (D) so that은 접속사이기 때문에 문장의 끝에 올 수 없다.

inventory 물품, 물품 재고, 물품 입고량

정답_(C)

123 이 지역의 대부분의 버스는 날씨가 좋지 않을 때는 시간표대로 움직이는 일이 거의 없다.

> 두 개의 절을 적절하게 연결하는 접속사가 와야 한다. 날씨가 좋지 않을 '때' 대부분의 버스는 시간표대로 운행을 하지 않는다는 의미이므로 (B) when이 정답이다. (C) in case는 미래에 일어날 일에 대비해서 그것에 대한 강구책이 나와야 하므로 오답이다.

rarely 거의 ~ 안 하는 inclement (날씨 따위가) 좋지 않은, 나쁜

정답_(B)

124 4월 15일자로 완공 예정인 다리 건설 프로젝트는 기상 악화로 인해 현재 예정보다 늦고 있다.

> 적절한 품사를 고르는 문제이다. 빈칸이 없어도 완벽한 문장이 되므로 빈칸에는 수식어가 와야 한다. '일정보다 늦은'이라는 뜻의 전치사구 behind schedule을 수식하는 부사 (B) presently가 정답이다.

be expected to ~할 예정이다, ~이 기대되다 behind schedule 예정보다 늦은 presence 존재함, 참석

정답_(B)

125 모든 직원들은 기밀문서들을 적절한 방식으로 확실히 처리해야 한다.

> 알맞은 전치사를 고르는 문제이다. 자동사 dispose는 전치사 of와 같이 쓰인다. 따라서 (C) of가 정답이다.

confidential 기밀의 in a proper manner 적절한 방식으로 dispose of ~을 처리하다

정답_(C)

---

121 This year, the electronics company ------- over 5,000 new customers, making it a huge success.

(A) attracts
(B) was attracted
(C) has attracted
(D) will be attracted

122 The head manager of Green Village Food has decided to increase the inventory of Tofu Salads since customers like them -------.

(A) as much
(B) as far
(C) so much
(D) so that

123 Most buses in this town rarely run on schedule ------- the weather is very inclement.

(A) so
(B) when
(C) in case
(D) unless

124 The bridge construction project which is expected to be finished by April 15 is ------- behind schedule because of the bad weather.

(A) presence
(B) presently
(C) presented
(D) presenting

125 All staff should make sure that they dispose ------- confidential files in a proper manner.

(A) on
(B) for
(C) of
(D) by

126 So as to ------- our customers better service, our technical support team members are working around the clock.

(A) comply
(B) offer
(C) suggest
(D) introduce

126 고객에게 더 나은 서비스를 제공하기 위하여 저희 기술지원 팀원들은 쉴 틈 없이 일하고 있습니다.

빈칸 뒤에 목적어 2개(사람 목적어 customers, 일반 목적어 service)가 연속으로 나오기 때문에 4형식 문장임을 알 수 있다. 따라서 4형식 동사 (B) offer가 정답이다. (C), (D)는 목적어 2개가 연속으로 올 수 없기에 오답이다. (A) comply는 자동사로 전치사 with와 함께 쓴다.

so as to ~하기 위하여 technical support 기술지원 around the clock 24시간 내내, 하루 종일, 쉴 틈 없이
정답_(B)

127 According to the report ------- today, KMG Inc. will hire more part time workers this month to meet the increasing demand for vacuum cleaners.

(A) release
(B) releasing
(C) released
(D) releases

127 오늘 발표된 보고서에 따르면 KMG 사는 증가하는 진공청소기 수요를 충족시키기 위해 이번 달에 더 많은 시간제 근무자를 고용할 예정이다.

적절한 품사를 고르는 문제이다. 빈칸 앞 report를 뒤에서 수식하는 (C) released가 정답이다. 빈칸 앞에는 which was가 생략되어 있다. (B) releasing은 (which was) releasing이 되기에 뒤에 목적어가 와야 하므로 오답이다.

meet the demand 수요를 충족하다
정답_(C)

128 All employees are encouraged to focus ------- on improving customer satisfaction by providing excellent service.

(A) exclusively
(B) extraordinarily
(C) extraneously
(D) efficiently

128 모든 직원들은 최상의 서비스를 제공함으로써 오로지 고객 만족 향상에 집중하도록 권장된다.

자동사 focus on을 수식하는 적절한 부사를 고르는 문제이다. focus on이 어떠한 행동에 집중한다는 의미이므로, '오직' 이 부분에 집중하겠다는 의미이므로 (A) exclusively가 정답이다.

be encouraged to ~하도록 권장되다 customer satisfaction 고객 만족 extraordinarily 이례적으로, 비상하게 extraneously 외부적으로, 관계없이 efficiently 효율적으로
정답_(A)

129 As ------- in the memo, company devices cannot be used for personal purpose without your immediate supervisor's authorization.

(A) statement
(B) stated
(C) stating
(D) statements

129 메모에 적힌 대로 직속상관의 허가 없이는 회사 장비를 개인적인 용도로 사용할 수 없다.

 접속사 as 다음에는 절이 와야 한다. 분사구문으로 〈주어+be동사〉인 it is가 생략되어 있기 때문에 (B) stated가 정답이다. as를 전치사로 보면 (D) statements도 정답이 될 수 있지만, 의미상 '~로서'라는 뜻이 되어 부적절하다.

personal purpose 개인적인 용도 immediate supervisor 직속상관
정답_(B)

130 Sales on almost all product lines are up, challenging the ------- that the reputation of our company is deteriorating.

(A) attention
(B) perception
(C) exception
(D) feature

130 거의 모든 제품 라인의 판매가 상승한 것은 회사에 대한 평판이 악화되고 있다는 인식에 이의를 제기하는 것이다.

적절한 명사를 고르는 문제이다. 회사에 대한 평판이 악화되고 있다는 '인식'이 적절하므로 (B) perception이 정답이다.

challenge 이의를 제기하다 reputation 명성, 평판 deteriorate 악화되다 attention 주의, 주목 perception 인식 exception 예외 feature 기능, 특징
정답_(B)

[131-134]

발신: 매리 델몬트
수신: 마케팅 부서
날짜: 4월 27일
제목: 새로운 마케팅 전략

다음 월례 회의가 ③ 코앞으로 다가왔고, 우리는 그날 우리의 신상 스포츠웨어 상품들을 홍보하기 위한 더욱 효율적인 마케팅 전략을 개발해야 할 것입니다.

우선, 우리는 지역 신문에 광고를 게재하거나 가장 강력한 홍보 수단인 텔레비전 광고를 이용하는 것을 고려 중에 있습니다. ③ 이것들은 매우 빠른 속도로 많은 고객을 유치하는 최고의 선택 방안이 될 것입니다. 그러나 유일한 문제점은 라디오나 텔레비전, 신문 광고와 같은 매체는 꽤 비싸다는 것입니다.

둘째, 우리는 유입량이 많은 웹 사이트를 선택하여 팝업 및 링크 기능 등을 통해 우리 브랜드 제품들을 광고할 수 있습니다. ③ 그렇게 하여, 우리는 잠재 고객을 유치하기 위한 자금을 많이 절약할 수 있습니다. 그러나 잠재 고객들이 웹 사이트상에서 우리 팝업 창을 클릭했는지를 확인하기는 다소 어렵습니다.

또한, 5월 2일 회의 전에, ③ 우리의 기존 고객층에게 신상 스포츠웨어 제품들을 홍보하는 방안에 관한 여러분의 아이디어를 구상해 주세요.

efficient 효율적인 commercial 광고 high-volume 다량의 come up with ~을 생각해 내다 customer base 고객층 exposure 노출 competition 경쟁 fierce 극심한, 치열한 readership 독자 수(층) on the contrary 그와는 반대로, 대조적으로 to that end 그러기 위해서, 그 목적을 위해서 in short 요컨대 that way 그렇게 하여, 그렇게 하면

131 매우 임박한 일을 표현할 때 '코앞에 닥친'을 뜻하는 around the corner를 묻는 문제이다. 따라서 정답은 (D)이다. (A) at의 경우 at the corner로 쓰게 되면 '길모퉁이에'라는 표현이 되므로 오답이다.
정답_(D)

132 (A) 텔레비전 노출은 소기업들 사이에서 성공적인 것으로 입증됐습니다.
(B) 이것들이 매우 빠른 속도로 많은 고객을 유치하는 최고의 선택 방안이 될 것입니다.
(C) 스포츠 용품 업체의 경쟁은 치열할 것으로 보입니다.
(D) 지역 신문과 잡지는 독자층을 증가시키기 위한 방법을 찾아야 합니다.
적절한 문장을 고르는 문제이다. 빈칸 뒤에 역접의 접속부사 however가 나와서 비싸다는 단점을 언급했기 때문에 빈칸에는 장점이 올 수 있다. 신문이나 텔레비전 광고가 빠른 속도로 고객을 유치하는 최고의 선택이라는 장점을 언급한 (B)가 정답이다. 소기업에 국한된 것이 아니기 때문에 (A)는 오답이다.
정답_(B)

133 적절한 접속부사를 고르는 문제이다. 두 번째 마케팅 전략으로 팝업 및 링크 기능을 활용하자는 내용이 나오고 이 전략으로는 많은 돈을 절약할 수 있다고 했다. 따라서 '그렇게 하여, 그렇게 하면'이라는 의미의 (D) That way가 가장 적절하다.
정답_(D)

134 적절한 인칭대명사의 격을 고르는 문제이다. 빈칸 뒤에 customer base(고객층)라는 명사가 나왔으므로 명사 앞에 올 수 있는 소유격이 와야 한다. 선택지 모두 소유격이 가능하지만, 회사 입장을 대변하는 '우리의'라는 의미의 (B) our이 정답이다.
정답_(B)

Questions 131-134 refer to the following memo.

From: Marry Delmont
To: Marketing Department
Date: April 27
Re: New marketing strategy

Our next monthly meeting is just ------- the corner,
131.
and we will have to develop more efficient marketing strategies to promote our new line of sportswear on that day.

First, we are considering running an advertisement in local newspapers or using the most powerful marketing tool, television commercials. -------.
132.
However, the only problem is that media such as radio and television, or newspaper ads are quite expensive.

Second, we can select a high-volume Web site and advertise our brands through pop-ups and links.
-------, we can save a lot of money to attract potential
133.
customers. But it is rather difficult to check if potential customers click our pop-ups on the Web site.

Also, before the meeting on May 2nd, please come up with your own ideas on how to promote our new line of sportswear to ------- current customer base.
134.

131 (A) at
(B) down
(C) into
(D) around

132 (A) Television exposure has proven to be successful among small companies.
(B) These will be the best options to attract many customers at a very fast pace.
(C) Competition in the sporting goods industry will likely remain fierce.
(D) Local newspapers and magazines need to find ways to increase readership.

133 (A) On the contrary
(B) To that end
(C) In short
(D) That way

134 (A) their
(B) our
(C) your
(D) her

Questions 135-138 refer to the following e-mail.

To: Edward Murphy <EnMurphy@intraoj.com>
From: Ron Golden <ronnygl@dreamplus.com>
Date: Thursday, August 10 10:25 A.M.
Subject: Your order

Dear Mr. Murphy,

I just checked your e-mail regarding the late delivery of the items (three Archbold stools) you ordered from our store website. Our records indicate that you were supposed to receive ------- at least five days ago.
        135.
I sincerely regret that you had to wait such a long time. ------- to implement the loading and unloading
        136.
process properly in the Kallang Warehouse is the main cause of the delay. We can have your order shipped right away. -------. Once again, we are very
                   137.
sorry for any inconvenience the delay caused you and hope that you will keep doing ------- with us.
                                          138.

Ron Golden, Dream Plus Furniture

135 (A) it
    (B) one
    (C) some
    (D) them

136 (A) Fails
    (B) Failed
    (C) Failure
    (D) Failing

137 (A) We now have new chairs and stools in stock.
    (B) Our store website will be updated over the weekend.
    (C) The loading process may take a long time.
    (D) Please allow one to two days for delivery.

138 (A) business
    (B) contract
    (C) processing
    (D) practice

[135-138]

수신: 에드워드 머피(EnMurphy@intraoj.com)
발신: 론 골든(ronnygl@dreamplus.com)
날짜: 8월 10일 목요일, 오전 10시 25분
제목: 귀하의 주문

머피 씨께,

저희 매장 웹 사이트에서 주문하신 물품들(세 개의 아치볼드 의자)의 늦은 배송에 관한 이메일을 막 확인했습니다. 저희 기록에 따르면 귀하께서는 **135** 이 제품들을 최소 5일 전에 받기로 되어 있었습니다. 오랜 시간 기다리셨어야 했음에 깊은 유감을 표합니다. 칼랑 창고에서의 선적 및 하역 과정을 적절히 시행하는 것에 있어서의 **136** 실패가 배송 지연의 주요 원인입니다. 즉시 귀하의 주문을 발송해 드릴 수 있습니다. **137** 배송일 하루나 이틀 정도만 더 여유를 주세요. 다시 한 번, 귀하에게 초래한 배송 지연으로 인한 불편함에 대해 사과드리며, 앞으로도 저희와 계속 **138** 거래해 주시기를 희망합니다.

론 골든, 드림 플러스 가구

regarding ~에 관한 delivery 배송 stool 의자 implement 실행하다 right away 곧바로 inconvenience 불편 delay 지연, 지체 contract 계약, 계약서 processing 가공, 처리 practice 연습, 관행

135 적절한 인칭대명사 격을 고르는 문제이다. 가리키는 대상이 무엇인지 파악해야 하는데 받기로 되어 있는 것은 물품(items)이므로 정답은 (D) them이다. (A), (B)는 단수 명사를 가리키므로 오답이며, (C) some은 앞에 언급된 어휘를 그대로 받는 개념이 아닌 몇몇 개의 개수를 추리는 개념이므로 오답이다.
정답_(D)

136 적절한 품사를 고르는 문제이다. 빈칸이 주어 자리이므로 명사가 와야 한다. 따라서 정답은 명사 (C) Failure이다. (D) Failing은 동명사나 분사 등의 변형된 형태로 명사 자체의 주어가 아니므로 오답이다.
정답_(C)

137 (A) 저희는 현재 새 의자 재고가 있습니다.
    (B) 저희 매장 웹 사이트는 주말에 걸쳐 업데이트될 것입니다.
    (C) 선적을 싣는 과정은 오랜 시간이 소요될 수 있습니다.
    (D) 배송일 하루나 이틀 정도만 더 여유를 주세요.

적절한 문장을 고르는 문제이다. 빈칸 앞에서 바로 발송 가능하다고 했으므로 배송에 대한 내용이 나와야 한다. 바로 발송하면 하루나 이틀 정도 배송 시간이 걸린다는 (D)가 정답이다. 문맥상 바로 앞에 문장에 right away라는 표현을 이용해 바로 발송을 해 줄 것이라고 하였으므로 시간이 오래 걸린다는 (C)는 오답이다.
정답_(D)

138 '~와 거래하다'라는 의미의 do business with를 묻는 문제이다. 따라서 정답은 (A) business이다.
정답_(A)

[139-142]

몰리의 모던 키친이 새로운 부엌용품을 소개합니다!

새롭고 혁신적인 부엌용품이 여기 있습니다! 몰리의 모던 키친이 모든 가정주부님들이 분명히 좋아하실 아주 매력적인 부엌용품을 자랑스럽게 소개합니다! 우아한 디자인과 개선된 기능 ⑬ 으로, 이 새 상품들은 이미 저희의 베스트 상품들 중 일부가 되었습니다.

신상 접시들은 놀라울 정도로 가볍고, 은색, 흰색, 노란색 그리고 하늘색으로 ⑭ 구입이 가능합니다.

게다가, 기능성과 아름다움을 갖춘 3가지 다른 사이즈의 놀랍도록 멋진 냄비들이 있습니다. 이 제품들은 시중에 나온 이전의 제품들과는 완전히 다릅니다. 이번 새로운 냄비들은 열전도에 매우 효율적으로 저항력이 높습니다. ⑭ 저희 특별 판촉 기간이 이번 주 금요일부터 시작하여 일주일간 지속될 것입니다. 가장 따끈따끈한 신상 접시와 냄비를 포함한 모든 신상품들이 20% 할인된 가격에 판매되며, 저희의 우수 고객님께 ⑭ 연장된 2년간의 보증 기간이 제공될 것입니다.

이 훌륭한 기회를 놓치지 마세요! 추가 정보나 상품 이미지를 보시기 위해서는 저희 웹 사이트 www.mollyshop.com을 방문해 주세요.

innovative 혁신적인   fascinating 멋진, 매혹적인   elegant 우아한   lightweight 가벼운   fabulous 멋진, 놀라운   functionality 기능성   previous 이전의   on the market 시중에 나온   resistant 저항력이 있는   heat conduction 열전도   warranty 보증, 보증서   intangible 무형의   payable 지불해야 하는, 지불할 수 있는   available 구할 수 있는   visible 시각적인, 눈에 보이는   based in ~에 기반을 둔   pace 속도

139 우아한 디자인과 개선된 기능으로 인해 신상품들이 베스트셀러 중 일부가 된 것이므로, '~로, ~을 갖춘, ~로 인해'라는 의미로 이유/수단 등을 이끌 수 있는 (A) with가 정답이다. (B) within(~ 이내에)은 주로 정도, 한도, 범위, 기간 등을 나타내며, (C) along(~을 따라서)은 장소, 도로, 길 등을 이끌 때, (D) As for(~에 있어서는, ~에 대해 말하자면)는 취미, 의견 등을 논할 때 주로 쓰이는 전치사이므로 모두 오답이다.
정답_(A)

140 형용사 어휘 문제이다. 빈칸 뒤에 색상이 나열되어 있으므로 제품이 여러 가지 색상으로 나온다는 뜻이 적절하다. 따라서 네 가지 색상으로 '구매가 가능한' 제품이라는 의미로 정답은 (C) available이다.
정답_(C)

141 (A) 저희 특별 판촉 기간이 이번 주 금요일부터 시작하여 일주일간 지속될 것입니다.
(B) 이 새로운 접시들과 냄비들은 다음 주부터 시중에서 구매가 가능할 것입니다.
(C) 몰리의 모던 키친은 로스앤젤레스에서 가족 소유로 운영되는 사업입니다.
(D) 부엌용품 시장은 올해 빠른 속도로 성장해 왔습니다.

문맥상 가장 적절한 문장을 고르는 문제이다. 빈칸 뒤에 할인 판매와 우수 고객들을 대상으로 한 혜택 등을 나열하고 있는 것으로 보아 판촉과 관련된 내용이 나와야 한다. 따라서 이번 주 금요일부터 판촉 기간이 시작된다고 한 (A)가 정답이다. 이미 시중에 나와서 베스트 상품이 되었다는 부분이 서론에 명시되었기 때문에 다음 주부터 구매가 가능하다고 언급하는 (B)는 오답이다.
정답_(A)

142 빈칸은 명사 warranty를 수식하는 형용사 자리이다. 형용사 (B), (C) 중에서 골라야 하는데 two-year warranty가 2년간의 보증 기간이라는 점에서 기간은 '광범위한'이라는 의미의 extensive가 아닌 '연장된'이라는 의미의 extended의 수식을 받는 것이 적절하므로 정답은 (B) extended이다. (A)는 동사, (D)는 명사이므로 오답이다.
정답_(B)

Questions 139-142 refer to the following advertisement.

Molly's Modern Kitchen releases new kitchenware!

New and innovative kitchenware is here! Molly's Modern Kitchen proudly introduces a very fascinating kitchenware that all housewives will definitely love! ------- their elegant design and improved features, the
139.
new products have already become some of our best sellers.

The new line of plates are amazingly lightweight, and they are ------- in silver, white, yellow, and sky-blue.
140.
Moreover, there are surprisingly fabulous pots in 3 different sizes, with functionality and beauty. These items are totally different from previous ones on the market. The new pots are resistant to heat conduction very effectively. -------. All new items including our
141.
hottest plates and pots are sold at a 20% discount, and for our valued customers, an ------- two-year
142.
warranty will be offered.

Don't miss out on this great opportunity! To get further information or see product images, visit our website, www.mollyshop.com.

139 (A) With
(B) Within
(C) Along
(D) As for

140 (A) intangible
(B) payable
(C) available
(D) visible

141 (A) Our special promotional period starts this Friday and it will last for one week.
(B) The new plates and pots will be available on the market starting next week.
(C) Molly's Modern Kitchen is a family-owned business based in Los Angeles.
(D) The kitchenware market has been growing at a fast pace this year.

142 (A) extends
(B) extended
(C) extensive
(D) extension

New York, October 1st - On Tuesday, Delco Auto Inc., announced it will merge with German company, Das Fon Automotive Inc. This merger is currently the hottest issue since the two companies are the biggest and second biggest automobile manufacturers ------- . **143.** The goal of these two leading firms is to increase market share in the car market in Asia and to assert a much stronger dominance all over the world. Delco Auto Inc., actually ------- to merge with Das Fon **144.** Automotive Inc., three years ago, but Tim Drew, Das Fon Automotive Inc.'s former president, had a ------- **145.** about merging with Delco Auto Inc. during the economic recession.

Gregory Houston, CEO of Das Fon Automotive Inc., had a press conference in Korea after meeting with Derick Simon, the current CEO of Delco Auto Inc. "This merger will help both firms expand their line of offerings and attract more customers throughout the world." Gregory said. He also mentioned that the two companies will retain their original websites for the time being until they develop a new web page. ------- . **146.**

143 (A) independently
(B) jointly
(C) concurrently
(D) respectively

144 (A) was planned
(B) planned
(C) had been planned
(D) have planned

145 (A) reservation
(B) sensitiveness
(C) enthusiasm
(D) confidence

146 (A) Experts say that there are still pros and cons of having a website.
(B) They will begin restructuring several departments first.
(C) Still, the renovation project is under way because of the matter.
(D) They already overspent their budget on merging with a company.

[143-146]

뉴욕, 10월 1일 – 화요일에 델코 오토 기업은 독일 회사인 다스 폰 오토모티브 사와 합병을 할 것이라고 발표했습니다. 이 두 회사는 ⑭ 각각 자동차 제조 업체로서 첫 번째, 두 번째로 큰 회사이기 때문에 이번 합병은 현재 가장 뜨거운 이슈입니다. 이 두 일류 회사의 목표는 아시아 내의 자동차 시장에서의 시장 점유율을 늘리고 전 세계적으로 훨씬 더 강력한 장악력을 확고히 하는 것입니다. 델코 오토 기업은 사실 3년 전에 다스 폰 오토모티브 사와 합병하는 것을 ⑭ 계획했으나, 다스 폰 오토모티브 사의 이전 회장인 팀 드류 씨가 경기 침체기 동안 델코 오토 기업과 합병하는 것에 ⑭ 의구심을 가지고 있었습니다.

다스 폰 오토모티브 사의 대표 이사인 그레고리 휴스턴 씨는 현 델코 오토 기업의 대표 이사인 데릭 심슨 씨를 만난 후, 한국에서 기자 회견을 가졌습니다. "이번 합병은 두 회사가 제공하는 것을 더욱 확장하고 전 세계적으로 더 많은 고객을 유치하는 것에 도움을 줄 것입니다."라고 그레고리 씨는 말했습니다. 그는 또한 새로운 웹 페이지를 개설할 때까지 당분간은 두 회사가 그들의 원래 웹 사이트를 유지할 것이라고 언급했습니다. ⑭ <u>그들은 몇몇 부서 조정을 먼저 진행할 것입니다.</u>

merge 합병하다   goal 목표   market share 시장 점유율   assert 확고히 하다   dominance 우세, 우위   press conference 기자 회견   offering 제공하는 것   retain 유지하다   independently 독립적으로   jointly 공동으로, 합작으로   concurrently 동시에   respectively 각각, 각자   reservation 예약, 의구심   sensitiveness 민감함, 예민함   enthusiasm 열의, 열정   confidence 자신감, 확신   pros and cons 찬반양론, 장단점   restructure 구조 조정을 하다   under way 진행 중인   overspend 초과 지출하다

143 부사 어휘 문제이다. 문맥상 언급된 두 회사가 '각각' 업계 1, 2위 자리를 차지하고 있다는 의미이므로 정답은 '각각'이라는 뜻의 (D) respectively이다. (C) concurrently는 '동시에'라는 의미로 동시다발적으로 발생하는 두 가지의 상황을 시점적으로 표현할 때 사용하므로 오답이다.
정답_(D)

144 빈칸은 동사 자리이며 동사 plan은 대표적으로 to부정사를 목적어로 취하는 동사이다. 3년 전이라는 명확한 과거 시점이 나오기 때문에 과거 시제를 골라야 한다. 따라서 (B)가 정답이다. (A)와 (C)는 수동태 동사이므로 to merge 이하를 목적어로 취할 수 없고, (D)는 시제가 현재완료로 일치하지 않으므로 오답이다.
정답_(B)

145 명사 어휘 문제이다. 3년 전에 합병을 계획했지만 하지 않았고 빈칸 뒤에서 경기 침체기(the economic recession)라는 근거가 나오므로 빈칸에는 부정적인 어휘가 와야 한다. 따라서 경기 침체 동안에 합병하는 것에 '의구심'이 있었다는 것이 적절하므로 (A) reservation이 정답이다.
정답_(A)

146 (A) 전문가들은 웹 사이트를 가지는 것은 여전히 장단점이 있다고 말합니다.
(B) 그들은 몇몇 부서 조정을 먼저 진행할 것입니다.
(C) 여전히, 그 보수 공사 프로젝트는 이 사안으로 인해 진행 중입니다.
(D) 그들은 이미 회사와 합병하는 데 있어서 예산을 초과 사용했습니다.
문맥상 가장 적절한 문장을 고르는 문제이다. 글의 마지막 문장이 빈칸으로 제시되어 있는데 빈칸 앞까지 합병에 대해 내용이 나왔으므로 합병으로 인해 변화되는 내용이 나오는 것이 적절하다. 따라서 몇몇 부서가 부서 조정을 시행한다는 (B)가 정답이다.
정답_(B)

Actual Test 04

잠깐!! 시작 전 꼭 확인하세요!

- 실제 시험과 같이 책상을 정리하고 마음의 준비를 하세요.

- 핸드폰은 잠깐 끄고 대신 아날로그 시계를 활용해 보세요.

- PART 5&6 제한 시간은 16분입니다. 제한 시간을 꼭 지켜주세요.

- 어렵다고 넘어가지 마세요. 가능하면 차례대로 풀어 보세요.

READING TEST

In the Reading test, you will read a variety of texts and answer several different types of reading comprehension questions. The entire Reading test will last 75 minutes. There are three parts, and directions are given for each part. You are encouraged to answer as many questions as possible within the time allowed.

You must mark your answers on the separate answer sheet. Do not write your answers in your test book.

PART 5

Directions: A word or phrase is missing in each of the sentences below. Four answer choices are given below each sentence. Select the best answer to complete the sentence. Then mark the letter (A), (B), (C), or (D) on your answer sheet.

---

101 The Personnel Department ------- a new recruiting policy that will be much more effective for choosing the best-qualified candidate.

(A) has implemented
(B) was implemented
(C) is implemented
(D) had implemented

102 Last Monday, more than 5,000 people attended the event in ------- of Independence Day.

(A) observes
(B) observance
(C) observe
(D) observing

103 Grace Lee, the chief executive officer of Conell Publishing, has consistently ------- Mr. Harold's proposal to write an article about a major political scandal.

(A) endorsed
(B) complied
(C) compromised
(D) dictated

104 As of September 5, all part-time employees will also be eligible for using company gym facilities ------- no additional cost.

(A) by
(B) in
(C) at
(D) under

105 City officials convened ------- complaints about construction of a new shopping mall in Grenvile.

(A) discussing
(B) to discuss
(C) to be discussed
(D) discussions

106 According to the research analysis, small and mid-sized companies are usually more ------- to fluctuations in market conditions than big companies.

(A) susceptible
(B) suspicious
(C) uncertain
(D) worrisome

107 Naomi Akada's attempt to combine two different elements has met with -------.

(A) success
(B) succession
(C) succeed
(D) successfully

108 ------- the new line of cleaning products is somewhat more expensive than that of previous models, most housewives strongly recommend these tools for cleaning.

(A) Although
(B) But
(C) Even so
(D) As

109 All terms and conditions of this agreement
are clearly ------- in the contract that we
have sent to you the other day.

(A) stipulated
(B) observed
(C) recommended
(D) commemorated

110 Don't miss out on this great chance for
getting our new line of men's wear at -------
discounted rates.

(A) moderately
(B) heavily
(C) inherently
(D) largely

111 The panel of judges treated the opposing
team's remark as irrelevant to the debate,
but ------- was considered to the point.

(A) we
(B) ourselves
(C) us
(D) ours

112 The newly launched laptop series by
Comtech Inc. is absolutely the ------- of all
the models on the market.

(A) most excellent
(B) excellence
(C) excellences
(D) most excellently

113 Even though his salary increase was
rather disappointing, Jeremy was not at all
------- to renew his contract with Downing
International.

(A) hesitate
(B) hesitated
(C) hesitant
(D) hesitation

114 ------- merged, the two companies are set to
embark on a number of large-scale projects.

(A) Once
(B) Unless
(C) Whenever
(D) In case

115 The new board game is ------- as popular as
the previous best seller, *Land of Conquest*.

(A) well
(B) just
(C) less
(D) far

116 Preference will be given to an applicant
------- job interview was well prepared.

(A) which
(B) what
(C) whose
(D) how

117 A ------- of movies will be shown at the annual
film festival which will be held on July 4.

(A) procession
(B) step
(C) phase
(D) series

118 Whatever concerns you might have, please
feel free to ------- us at your convenience.

(A) speak
(B) mention
(C) notify
(D) respond

119 After ------- review the assembly line, the
inspectors will send results to management.

(A) their
(B) they
(C) them
(D) theirs

120 Our chief financial officer was -------
opposed to the accounting team's proposal,
but he decided to endorse it in the end.

(A) intently
(B) tediously
(C) initially
(D) powerfully

121 When handling the chemicals in the
laboratory, be sure to wear your gloves at
------- times.

(A) any
(B) all
(C) every
(D) most

GO ON TO THE NEXT PAGE
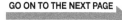

Test 04

122 Burks, the world's leading manufacturer of furniture, ------- customers a substantial discount if they spend $300 or more to purchase items this month.

(A) offer
(B) offering
(C) will be offered
(D) offers

123 Any further changes to the new company regulations are subject to ------- by the board of directors.

(A) approval
(B) approving
(C) approved
(D) approve

124 Unpaid loan taxes will have become delinquent in 5 years, ------- which time 10% interest will be added.

(A) to
(B) on
(C) for
(D) by

125 Shuttle buses running from the Incheon airport to the hotel are arranged ------- for yearlong members.

(A) quite
(B) only
(C) or
(D) yet

126 Mr. Simms will answer all the inquiries and forward any complaints directly to the vice president ------- on duty.

(A) during
(B) after
(C) without
(D) while

127 Despite the failure to finalize the contract, the presidents of the two firms hope for their relationship to ------- amicable.

(A) reach
(B) remain
(C) attain
(D) envision

128 ------- eager to participate in the seminar is advised to submit a registration form by Friday.

(A) Those
(B) Whoever
(C) Anyone
(D) No one

129 The rough ------- of the floor plan for Blang Department Store is attached to this e-mail.

(A) passage
(B) version
(C) status
(D) position

130 Many financial experts predict that the unemployment rate will be below 10% in the ------- future.

(A) foreseeable
(B) next
(C) unexpected
(D) upcoming

종료시간 :

PART 6

Directions: Read the texts that follow. A word, phrase, or sentence is missing in parts of each text. Four answer choices for each question are given below the text. Select the best answer to complete the text. Then mark the letter (A), (B), (C), or (D) on your answer sheet.

Questions 131-134 refer to the following e-mail.

To: Mark Preston <markpreston@user.com>
From: Rosie Huntington <rosie@everbest.com>
Date: June 7
Re: Your order

Thank you for your e-mail regarding your order placed on May 28. We are very sorry that there was a problem with your order. According to our records, you ------- item #125(MUIN

131.

carpet) and item #368(RUBEN carpet). However, you indicated that two of item #368 have been delivered instead and you haven't received item #125 yet. -------, your invoice shows

132.

that you were even billed for the item you didn't receive(#125). The invoice will be adjusted to reflect correct charges and items. ------- the item you did not receive(#125), there are two

133.

options; you can return the incorrect item or keep it at a discounted price. I think it would be nice for us to speak regarding this. -------.

134.

Best regards,

Rosie Huntington
Customer service representative, Everbest Carpet

---

131 (A) will be received
(B) can receive
(C) should have received
(D) received

132 (A) Rather
(B) Moreover
(C) Instead
(D) Similarly

133 (A) As for
(B) Among
(C) Into
(D) With

134 (A) One of our representatives will contact you by phone sometime this week.
(B) I'm pleased to announce that all items will be on sale online.
(C) Only a very few customers have experienced such a problem.
(D) It can be helpful to consult with an expert to find a suitable carpet.

GO ON TO THE NEXT PAGE

Questions 135-138 refer to the following memorandum.

From: Nick Price
To: Marketing Team
Date: April 10
Subject: New Advertising Campaign

I am writing this memo to everyone in the marketing department to get your ideas on the new advertising campaign before the weekly meeting starts.

As the head manager in the Marketing Department, I'm leading the whole project of launching a new ad campaign this year. The new cosmetic product, "Moisture Supply Max Cream," is ------- women in their late twenties and early thirties. The campaign should
135.
appeal to this specific customer base, so I am considering Sarah Miles, who is the most popular actress among women, ------- our cosmetic products.
136.

-------, as part of our promotion, we will run an ad in the local newspaper, and also I got a
137.
list of 15 radio stations that can run our advertisements. -------. We have to agree that each
138.
of our advertisements should be simple and cannot exceed 15 minutes in length.

This year's advertising campaign is very important as we are losing popularity these days. See you all at the weekly meeting.

135 (A) contacting
(B) targeting
(C) accepting
(D) confirming

136 (A) to endorse
(B) will endorse
(C) has been endorsing
(D) endorsing

137 (A) However
(B) If so
(C) Formerly
(D) Also

138 (A) Some conditions are considered critical.
(B) Radio advertisements have proven very beneficial.
(C) The Marketing Department needs to hire additional employees.
(D) We should discuss who is most suitable for our advertisement.

November 16
Patrick Shuman
5 King St, Newcastle NSW 2300

Dear Mr. Shuman,

Our records indicate that your account will expire on December 15. Should you wish to
------- your membership for another year, please bring your library card to the service desk
    139.
along with a photo ID and proof of your current address. You will ------- be asked to reset
                                                                      140.
the password on your account. As per our new policy, new passwords ------- at least eight
                                                                    141.
characters and one number. -------. Our library prides itself on providing the community a
                           142.
large collection of books and materials.

Sincerely,

Angela Coleman, Library Services Coordinator

139 (A) cancel
    (B) inquire
    (C) browse
    (D) extend

140 (A) still
    (B) then
    (C) already
    (D) now

141 (A) will be included
    (B) has included
    (C) must include
    (D) is including

142 (A) This will allow us to further reinforce
        the library's security level.
    (B) The library's service desk closes at
        8:00 P.M. on weekdays.
    (C) If you forget your password, you need
        to ask our staff.
    (D) The audio materials you requested just
        arrived at the library.

GO ON TO THE NEXT PAGE

Questions 143-146 refer to the following notice.

The Oakland Art Museum

The Oakland Art Museum will host Irving Richter on Thursday, September 17 at 5 P.M.

Mr. Richter ------- 143. our invitation to present his latest book, *Years of False Happiness*. In contrast to his previous works, the ------- 144. provides his diversified perspective on human relationships. It has been three years since Mr. Richter's last appearance at the museum.

His presentations have always been highly successful. ------- 145.. Seating is limited, so advance ------- 146. is required on the Oakland Art Museum website. For further information, call 301-574-9023.

---

143 (A) is accepting
    (B) accepted
    (C) will accept
    (D) has been accepted

144 (A) image
    (B) summary
    (C) banquet
    (D) volume

145 (A) We are very positive that this talk will also attract much attention.
    (B) His previous books have not been critically acclaimed.
    (C) Irving Richter will visit the museum for the first time in September.
    (D) If you accept our invitation, please contact our museum coordinator.

146 (A) registration
    (B) register
    (C) registered
    (D) registers

종료시간   :

나 혼자 끝내는 토익 체크 리스트

📋 정답 확인 (전) 체크 리스트

✅ 이번 회차의 난이도는 ☐ 쉬웠다 ☐ 무난했다 ☐ 어려웠다

✅ 나는 16분 안에 모두 문제 풀이를 완료하였다.   ☐ YES   ☐ NO

그렇지 않다면, 실제 걸린 시간은 몇 분인가요?   _____

혹시 시간이 부족해서 찍어서 푼 문제가 있다면 몇 번인지 표시해 보세요.   _____

💡 시간이 부족하셨다면, 문제당 16~20초 안에 푸는 훈련을 해야 합니다.

✅ 나는 정답이 확실하지 않아서 고민이 되었던 문제가 있었다.   ☐ YES   ☐ NO

혼동된 문제가 있었다면 몇 번인지 표시해 보세요.   _____

💡 QR코드를 통해 제공되는 저자 직강 음성 강의로 고민되었던 문제를 해결해 보세요.

✅ 어휘 문제 중에 모르는 단어가 있었다.   ☐ YES   ☐ NO

혼동되었던 단어를 적어 보세요.   _____

💡 넥서스 홈페이지(www.nexusbook.com)에서 제공하는 어휘 리스트와 테스트를 활용하여 다시 한 번 최종 점검을 해 보세요.

📋 정답 확인 (후) 체크 리스트

✅ 예상 정답 개수는 몇 개였나요? 정답 체크 후 실제 맞힌 개수를 적어 보세요.

예상 개수 : _____   실제 개수 : _____

💡 p.11에 나혼토 실력 점검표가 있습니다. 맞은 개수를 기록하며 실력 향상을 점검해 보세요.

✅ 틀린 문제를 다시 점검하고, 다음에는 절대 틀리지 않겠다는 다짐을 해 보세요!

찍어서 맞은 문제도 틀린 문제입니다. 틀린 문제들을 기록해 보세요.   _____

💡 QR코드를 통해 제공되는 저자 직강 음성 강의로 틀린 문제를 다시 확인해 보세요.

✅ 틀린 문제 리뷰를 정확히 하고, 나만의 "오답노트"를 작성해 보세요.

💡 토익 RC는 특히 "복습"이 생명입니다. 틀린 문제는 꼭 다시 정리하세요.

 한번에 많은 문제를 푸는 것보다는 체계적으로 문제를 푼 이후, 내 것으로 완전히 소화하는 방식이 필요합니다. **틀린 문제 위주로** 중요 포인트를 **"나만의 노트"**에 정리하고, 외워야 할 세트 구문 등을 잘 정리해서 암기하였는지 반드시 확인하고, 반복, 또 반복해서 복습해 보세요.

101 인사부는 최고의 자질을 갖춘 지원자를 선발하는 데 있어서 훨씬 더 효율적일 수 있는 새로운 채용 방침을 시행했다.

> 빈칸은 동사 자리이다. 빈칸 뒤에 목적어 a new recruiting policy 가 있으므로 수동인 (B), (C)를 먼저 오답 처리한다. that 이하부터 미래시제가 왔으므로 현재완료 시제인 (A) has implemented가 정답이다. (D) had implemented는 과거완료 시제로 과거보다 더 이전 시점을 뜻하므로 과거 시제와 함께 쓰인다.

implement 시행하다
정답_(A)

101 The Personnel Department ------- a new recruiting policy that will be much more effective for choosing the best-qualified candidate.

(A) has implemented
(B) was implemented
(C) is implemented
(D) had implemented

102 지난 월요일에 독립기념일을 기념하기 위해 5,000명 이상의 사람들이 그 행사에 참석했다.

> 적절한 품사를 고르는 문제이다. 빈칸 앞뒤로 전치사가 있기 때문에, 명사 자리임을 알 수 있다. '~을 기념하여'라는 뜻의 숙어 in observance of가 적절하므로 (B) observance가 정답이다.

Independence Day 독립기념일   observance 준수, 기념
정답_(B)

102 Last Monday, more than 5,000 people attended the event in ------- of Independence Day.

(A) observes
(B) observance
(C) observe
(D) observing

103 코넬 출판사의 최고 경영자인 그레이스 리는 주요 정치적 스캔들에 대한 글을 쓰자는 해럴드 씨의 제안을 일관되게 지지해 왔다.

> 문맥상 적절한 동사를 고르는 문제이다. 목적어가 proposal(제안)이므로 제안을 '지지하다'라는 뜻이 적절하다. 따라서 (A) endorsed가 정답이다. (B) complied는 전치사 with를 동반하는 자동사이므로 오답이다.

consistently 일관되게, 지속적으로   political 정치적인   scandal 스캔들, 추문   endorse 지지하다   comply 준수하다, 따르다   compromise 양보하다, 타협하다, 포기하다   dictate 받아쓰게 하다, 명하다, 지시하다
정답_(A)

103 Grace Lee, the chief executive officer of Conell Publishing, has consistently ------- Mr. Harold's proposal to write an article about a major political scandal.

(A) endorsed
(B) complied
(C) compromised
(D) dictated

104 9월 5일부로 모든 시간 근무제 직원 역시 사내 운동 시설을 추가 비용 없이 사용할 자격이 된다.

> 전치사를 이용한 대표적인 관용 구문인 at no additional cost(추가 비용 없이)가 적절하므로 (C) at이 정답이다.

be eligible for ~할 자격이 있다
정답_(C)

104 As of September 5, all part-time employees will also be eligible for using company gym facilities ------- no additional cost.

(A) by
(B) in
(C) at
(D) under

105 그렌빌 지역에 새 쇼핑몰을 건설하는 것에 관한 불만 사항들에 대해 논의하기 위해 시 공무원들이 모였다.

> 자동사 convene은 목적어를 필요로 하지 않기 때문에 빈칸 앞에 완벽한 절이 왔다. 따라서 빈칸부터는 수식어가 와야 하고 '~하기 위해서'라는 부사적 용법의 to부정사가 적절하므로, (B) to discuss가 정답이다. (C) to be discussed 역시 to부정사이지만 뒤에 목적어 complaints가 있으므로 오답이다.

official 공무원   convene 모이다
정답_(B)

105 City officials convened ------- complaints about construction of a new shopping mall in Grenvile.

(A) discussing
(B) to discuss
(C) to be discussed
(D) discussions

106 According to the research analysis, small and mid-sized companies are usually more ------- to fluctuations in market conditions than big companies.

(A) susceptible
(B) suspicious
(C) uncertain
(D) worrisome

106 연구 분석 결과에 따르면 중소기업이 대체적으로 시장 상황의 변동에 대기업보다 더 민감한 것으로 나타났다.

적절한 형용사를 고르는 문제이다. 뒤에 전치사 to가 있으므로 이와 어울리는 (A) susceptible이 정답이다. be susceptible to는 '~의 영향을 받기 쉽다'라는 의미이다.

fluctuation 변동 suspicious 의심스러운 worrisome 걱정스러운
정답_(A)

107 Naomi Akada's attempt to combine two different elements has met with -------.

(A) success
(B) succession
(C) succeed
(D) successfully

107 두 가지 다른 요소를 결합하기 위한 나오미 아카다의 시도는 성공했다.

자동사 meet with의 목적어 역할을 할 수 있는 명사를 골라야 한다. 명사 (A), (B) 중에서 문맥상 '성공하였다'는 의미가 가장 적절하므로 정답은 (A) success이다. (B) succession은 '연속'이라는 의미로 문맥상 부적절하다. meet with success는 '성공하다'는 뜻으로 자주 쓰이는 표현이다.

combine 결합하다 element 요소 meet with success 성공하다
succession 연속
정답_(A)

108 ------- the new line of cleaning products is somewhat more expensive than that of previous models, most housewives strongly recommend these tools for cleaning.

(A) Although
(B) But
(C) Even so
(D) As

108 새로 출시한 청소제품이 이전 모델보다 다소 고가임에도 불구하고 대부분의 주부들이 청소용품으로 이 제품을 강력히 추천하고 있다.

두 개의 절을 연결하는 접속사 자리이다. 빈칸 뒤의 expensive가 비싸다는 부정적인 의미인데 강력히 추천한다(strongly recommend)고 했으므로 '비록 ~일지라도'라는 뜻의 (A) Although가 정답이다. (B) But은 등위접속사이므로 오답이고 (C) Even so는 부사이기 때문에 오답이다.

somewhat 다소 cleaning 청소 even so 그렇다 할지라도
정답_(A)

109 All terms and conditions of this agreement are clearly ------- in the contract that we have sent to you the other day.

(A) stipulated
(B) observed
(C) recommended
(D) commemorated

109 이 합의의 모든 조건들은 일전에 보내 드린 계약서에 명확하게 기술되어 있습니다.

빈칸 뒤에 contract(계약서)라는 문서가 나오며, '명확하게'라는 뜻의 clearly와도 잘 어울리는 동사가 와야 한다. 명확하게 '기술하다'가 적절하므로 (A) stipulated가 정답이다.

terms and conditions 조건 clearly 명확하게 the other day 일전에 stipulate 명시하다, 기술하다
정답_(A)

110 Don't miss out on this great chance for getting our new line of men's wear at ------- discounted rates.

(A) moderately
(B) heavily
(C) inherently
(D) largely

110 대폭 할인된 가격으로 저희의 새로운 남성복을 살 수 있는 이 좋은 기회를 놓치지 마세요.

빈칸 뒤 discounted를 수식하는 적절한 부사를 고르는 문제이다. 할인 폭이 크다는 의미가 적절하므로 (B) heavily가 정답이다.

moderately (크기, 가격 따위가) 적당하게 heavily 심하게, 매우, 대폭
inherently 본질적으로 largely 주로, (규모가) 크게
정답_(B)

111 심사 위원회는 상대 팀의 발언은 토론의 내용과 무관하다고 여겼으나 우리 발표는 핵심을 잘 짚은 것으로 간주되었다.

적절한 격을 고르는 문제이다. 등위접속사 but 뒤의 주어 자리이므로 (D) ours가 정답이다. ours는 앞에 나온 the opposing team's remark와 연결되는 것으로 our remark를 뜻한다.

irrelevant 관련 없는   to the point 핵심을 찌르는, 정곡을 간파한
정답_(D)

111 The panel of judges treated the opposing team's remark as irrelevant to the debate, but ------- was considered to the point.

(A) we
(B) ourselves
(C) us
(D) ours

112 컴테크 사에서 새롭게 출시된 노트북 시리즈는 시중에 출시되어 있는 모든 제품들보다 월등히 뛰어난 최상의 제품이다.

빈칸은 be동사 is의 보어 자리이다. 새로운 노트북 시리즈가 시중에 나온 제품 중 최고라는 의미이므로 최상급의 (A) most excellent가 정답이다.

on the market 시중에 나와 있는
정답_(A)

112 The newly launched laptop series by Comtech Inc. is absolutely the ------- of all the models on the market.

(A) most excellent
(B) excellence
(C) excellences
(D) most excellently

113 급여 인상이 다소 실망스러웠음에도 제레미는 다우닝 인터내셔널과의 재계약에 한 치의 주저함도 없었다.

be동사의 보어 자리이므로 명사 또는 형용사가 올 수 있다. 앞에 부사 not at all이 있으므로 형용사가 와야 함을 알 수 있다. 따라서 (C) hesitant가 정답이다. hesitate가 자동사이기 때문에 수동태로 쓰지 않는다는 점에서 (B) hesitated는 오답이다.

pay increase 급여 인상   rather 다소, 약간   not at all 전혀 ~이 아닌
정답_(C)

113 Even though his salary increase was rather disappointing, Jeremy was not at all ------- to renew his contract with Downing International.

(A) hesitate
(B) hesitated
(C) hesitant
(D) hesitation

114 합병이 되면 두 회사는 많은 수의 대규모 프로젝트에 착수할 예정이다.

적절한 접속사를 고르는 문제이다. 프로젝트에 착수할 예정이라는 가정을 나타내므로 '~하면'이라는 뜻의 (A) Once가 정답이다. 원래는 Once they are merged 문장에서 they are가 생략되면서 분사구문으로 시작되는 문장이다. (D) In case는 미래에 발생할 좋지 않은 일에 대해 대비할 때 쓰는 표현이므로 오답이다.

be set to ~할 예정이다   embark on ~에 착수하다   large-scale 대규모의
정답_(A)

114 ------- merged, the two companies are set to embark on a number of large-scale projects.

(A) Once
(B) Unless
(C) Whenever
(D) In case

115 새로 나온 보드 게임은 이전에 잘 팔렸던 〈정복의 땅〉만큼 인기 있다.

원급 비교인 as popular as를 수식하는 부사 자리이다. 따라서 원급 비교 강조 부사인 (B) just가 정답이다. (D) far는 비교급을 강조하는 부사이므로 오답이다.

previous 이전의   conquest 정복
정답_(B)

115 The new board game is ------- as popular as the previous best seller, *Land of Conquest*.

(A) well
(B) just
(C) less
(D) far

116 Preference will be given to an applicant ------- job interview was well prepared.

(A) which
(B) what
(C) whose
(D) how

116 면접 준비가 잘된 지원자들에 한해 우선권이 주어질 것이다.

빈칸 앞의 applicant와 뒤의 job interview를 연결하는 관계대명사를 고르는 문제이다. 사람 명사를 받으며 job interview 앞에 올 수 있는 것은 소유격 관계대명사이다. 따라서 (C) whose가 정답이다. (A) which는 선행사가 사물이어야 하므로 오답이며, (B) what은 선행사와 같이 쓰지 않으므로 오답이다.

preference 우선권, 우대권   applicant 지원자
정답_(C)

117 A ------- of movies will be shown at the annual film festival which will be held on July 4.

(A) procession
(B) step
(C) phase
(D) series

117 7월 4일에 열리는 연례 영화제에서 영화가 연이어 상영될 예정이다.

적절한 명사를 고르는 문제이다. '일련의'라는 뜻의 a series of가 적절하므로 정답은 (D) series이다. a series of 다음에는 복수 명사가 온다.

procession 행진, 행렬, 줄   step 계단, 단계   phase 단계
정답_(D)

118 Whatever concerns you might have, please feel free to ------- us at your convenience.

(A) speak
(B) mention
(C) notify
(D) respond

118 어떠한 걱정거리가 있더라도, 저희에게 편하실 때에 부담 없이 알려 주세요.

적절한 동사를 고르는 문제이다. 빈칸 뒤에 사람 목적격인 us가 왔기 때문에 정답은 (C) notify이다. (A), (B), (D)는 모두 의미적으로는 가능할 수 있지만 뒤에 사람 목적어가 오기 위해서는 speak to/speak with, mention to, respond to 형태가 되어야 하므로 오답이다.

at one's convenience ~가 편할 때에   respond 응답하다
정답_(C)

119 After ------- review the assembly line, the inspectors will send results to management.

(A) their
(B) they
(C) them
(D) theirs

119 조립 생산 라인을 검토한 후 검사관들은 경영진에게 결과를 보낼 것이다.

접속사 After로 문장이 시작하므로 동사 review 앞에는 주어가 와야 한다. 따라서 the inspectors를 받는 주격 인칭대명사 (B) they가 정답이다. after는 전치사로도 쓸 수 있지만 전치사라고 보고 소유격 their를 넣게 되면 복수 소유격에 맞춰 reviews로 복수형으로 써야 하므로 오답이 된다.

assembly line 조립 생산 라인
정답_(B)

120 Our chief financial officer was ------- opposed to the accounting team's proposal, but he decided to endorse it in the end.

(A) intently
(B) tediously
(C) initially
(D) powerfully

120 우리 재무최고책임자는 초기에는 회계팀의 제안을 반대했지만 결국에는 지지하기로 결심하였다.

적절한 부사를 고르는 문제이다. 문장 끝에 in the end가 나오면서 결국에는 지지하기로 했다고 했으므로 처음에는 반대했음을 알 수 있다. 따라서 (C) initially가 정답이다.

proposal 제안   endorse 지지하다   intently 여념 없이   tediously 지루하게   initially 처음에   powerfully 강력하게
정답_(C)

121 실험실에서 화학 약품을 취급할 때 항상 장갑을 착용해야 한다.

부사적 역할을 하는 관용구 at all times(항상)를 묻는 문제이다. 따라서 정답은 (B) all이다. (C) every는 단수 명사와 연결하여 every time으로 쓴다.

handle 취급하다   chemicals 화학 약품
정답_(B)

121 When handling the chemicals in the laboratory, be sure to wear your gloves at ------- times.

(A) any
(B) all
(C) every
(D) most

122 세계 제일의 가구 제조업체인 벅스는 이번 달에 제품 구매에 300달러나 그 이상을 쓰는 고객에게 파격적인 할인을 제공한다.

주절에 동사가 없으므로 빈칸은 동사 자리이다. 주어(Burks)가 3인칭 단수이므로 (D) offers가 정답이다. 뒤에 목적어가 있기 때문에 수동태인 (C) will be offered는 오답이다.

leading 선도하는, 유망한   substantial 상당한
정답_(D)

122 Burks, the world's leading manufacturer of furniture, ------- customers a substantial discount if they spend $300 or more to purchase items this month.

(A) offer
(B) offering
(C) will be offered
(D) offers

123 새로운 회사 내규에 대한 어떠한 변경 사항도 이사회 승인을 받아야 한다.

적절한 품사를 고르는 문제로 빈칸 앞에 전치사 to가 있으므로 명사인 (A) approval이 정답이다. 빈칸 뒤에 목적어가 없으므로 동명사인 (B) approving은 오답이다.

further 추가적인   subject to approval 승인을 조건으로
정답_(A)

123 Any further changes to the new company regulations are subject to ------- by the board of directors.

(A) approval
(B) approving
(C) approved
(D) approve

124 납부되지 않은 대출 금리는 10%의 이율이 더 붙게 되는 때인 5년 후 체납 상태가 될 것이다.

빈칸 앞 선행사로 등장한 시점 in 5 years의 의미를 그대로 받은 관용구 by the time과 관계대명사가 결합되어야 하므로 정답은 (D) by이다.

unpaid 미지불된, 미납된   delinquent 체납 상태의, 채무를 이행하지 않은
정답_(D)

124 Unpaid loan taxes will have become delinquent in 5 years, ------- which time 10% interest will be added.

(A) to
(B) on
(C) for
(D) by

125 인천 공항에서 호텔까지 운행되는 셔틀 버스는 1년 이상 된 회원들에게만 제공됩니다.

빈칸이 없어도 완전한 문장이 되므로 빈칸에는 부사가 와야 한다. '오직 회원들에게만 제공된다'는 의미가 적절하므로 (B) only가 정답이다. (D) yet은 부정문에서 쓰여 주로 앞에 not이 오므로 오답이다.

arrange 준비하다, 마련하다   yearlong 1년이 된
정답_(B)

125 Shuttle buses running from the Incheon airport to the hotel are arranged ------- for yearlong members.

(A) quite
(B) only
(C) or
(D) yet

126 Mr. Simms will answer all the inquiries and forward any complaints directly to the vice president ------- on duty.

(A) during
(B) after
(C) without
(D) while

126 심즈 씨는 모든 문의 사항에 답할 것이며, 어떤 불만 사항이라도 부사장이 근무하는 동안은 그에게 직접 전할 것이다.

빈칸 뒤에는 he is가 생략된 절이 있으므로 접속사가 와야 한다. 따라서 정답은 (D) while이다. (A) during은 전치사이기 때문에 오답이다.

inquiry 문의, 질문   on duty 근무 중인
정답_(D)

127 Despite the failure to finalize the contract, the presidents of the two firms hope for their relationship to ------- amicable.

(A) reach
(B) remain
(C) attain
(D) envision

127 계약을 최종 마무리 짓는 데 실패하였음에도 불구하고 양사의 회장들은 그들의 관계가 우호적으로 남기를 바란다.

적절한 동사를 고르는 문제이다. 빈칸 뒤 형용사 amicable을 보어로 취하는 2형식 동사가 와야 하므로 정답은 (B) remain이다. 나머지 선택지는 타동사로 뒤에 목적어가 나와야 하므로 모두 오답이다.

failure 실패   finalize 마무리하다   amicable 우호적인   attain 달성하다   envision (마음속에) 품다, 상상하다
정답_(B)

128 ------- eager to participate in the seminar is advised to submit a registration form by Friday.

(A) Those
(B) Whoever
(C) Anyone
(D) No one

128 세미나에 참여하기를 원하는 사람은 금요일까지 신청서를 제출해야 한다.

문장의 주어 역할을 하면서 '~하는 사람'이란 뜻의 대명사 (C) Anyone이 정답이다. 빈칸 뒤에는 who is가 생략되어 있다. (A) Those도 '~하는 사람들'이란 의미로 주어 자리에 들어갈 수 있으나 본동사 is와 수가 맞지 않으므로 오답이다.

be eager to ~하기를 갈망하다, 원하다   be advised to ~을 권고 받다   registration form 신청서
정답_(C)

129 The rough ------- of the floor plan for Blang Department Store is attached to this e-mail.

(A) passage
(B) version
(C) status
(D) position

129 블랑 백화점 건축 평면도에 대한 대략적인 버전은 이 이메일에 첨부되어 있다.

rough version은 '대략적으로 만들어 놓은 기안, 문서, 초안, 버전' 등의 의미이다. 따라서 정답은 (B)이다.

floor plan 평면도   rough version 대략적 버전, 초안   passage (글의) 단락   status 신분, 지위
정답_(B)

130 Many financial experts predict that the unemployment rate will be below 10% in the ------- future.

(A) foreseeable
(B) next
(C) unexpected
(D) upcoming

130 많은 금융 전문가들은 가까운 미래에 실업률이 10%를 밑돌 것이라 추측한다.

적절한 어휘를 고르는 문제로, future와 함께 써서 '가까운 미래에'라는 뜻을 나타내는 (A) foreseeable이 정답이다. (D) upcoming은 뒤에 행사, 계획, 일 등이 오기 때문에 오답이다.

foreseeable 예측 가능한, (앞날이) 가까운   unexpected 예상치 못한   upcoming 곧 다가올, 곧 있을
정답_(A)

[131-134]

수신: 마크 프레스튼 <markpreston@user.com>
발신: 로지 헌팅튼 <rosie@everbest.com>
날짜: 6월 7일
회신: 귀하의 주문

5월 28일에 진행된 귀하의 주문에 관한 이메일에 감사드립니다. 귀하의 주문에 문제점이 있었던 것에 대해 매우 죄송합니다. 저희의 기록에 따르면, #125(뮤인 카펫) 제품 및 #368(루벤 카펫) 제품을 **131** 받으셨어야 합니다. 그러나 #368 제품이 대신 두 개 배송되었고, 아직 #125 제품을 받지 못하셨다고 하셨습니다. **132** 게다가, 귀하의 청구서에는 수령하지 못하신 제품(#125)에 대한 금액이 심지어 청구되었음을 보여 주고 있습니다. 이 청구서는 정정한 요금 및 물품을 반영하게끔 조정될 것입니다. 수령하지 못하신 제품(#125)에 **133** 있어서는, 두 가지의 방안이 있습니다. 잘못 받은 제품을 반품을 하실 수 있거나 할인된 가격으로 소장하실 수 있습니다. 이에 대해 저희와 얘기를 해 보시는 것이 좋을 것 같습니다. **134** 저희 직원 중 한 명이 이번 주 내로 전화로 연락을 드릴 것입니다.

로지 헌팅튼
고객 서비스 직원, 에버베스트 카펫

regarding ~에 관한 invoice 청구서, 송장 adjust 조정하다 reflect 반영하다 moreover 더욱이, 게다가 rather 다소, 꽤 instead 그 대신에 similarly 유사하게, 비슷하게 representative 직원 consult with ~와 협의하다 suitable 적합한

131 빈칸 뒤의 문장이 모두 과거 시제인 것으로 보아 제품을 주문한 것도 과거의 일이고 잘못 배송된 것 역시 이미 벌어진 상황이다. 따라서 (A), (B)는 오답이다. (C), (D) 중에서 (C) should have p.p.는 '~했어야만 했다'는 뜻으로 지나간 과거에 대한 후회를 나타낸다. 문맥상 받았어야 할 물품을 받지 못했다는 의미이므로 정답은 (C)이다. (D)의 received는 과거시제로 실제로 받은 것이 되므로 오답이다.
정답_(C)

132 빈칸 앞뒤에 오는 두 문장이 각각 물품이 잘못 발송된 부분과 금액 청구가 잘못된 부분의 나열이므로 정답은 '게다가'라는 의미의 (B) Moreover이다.
정답_(B)

133 적절한 전치사를 고르는 문제이다. 문맥상 수령하지 못한 제품에 '있어서는' 두 가지의 선택권이 있다는 의미이므로 정답은 '~에 대해 말하자면, ~에 있어서는'이라는 의미의 (A) as for이다.
정답_(A)

134 (A) 저희 직원 중 한 명이 이번 주 내로 전화로 연락을 드릴 것입니다.
(B) 모든 제품들이 온라인상에서 할인될 것이라는 점을 안내하게 되어 기쁩니다.
(C) 몇 안 되는 고객들만이 이러한 문제점을 경험했습니다.
(D) 적절한 카펫을 찾기 위해 전문가와 상의하는 것이 도움이 될 것입니다.

문맥상 적절한 문장을 고르는 문제이다. 빈칸 바로 앞에서 이 문제에 대해 저희와 얘기를 해 보시는 것이 좋을 것 같다고 했으므로 어떻게 연락을 할 것인지에 대한 내용이 나오는 것이 적절하다. 따라서 연락을 취할 수 있는 방안에 대해 언급한 (A)가 정답이다.
정답_(A)

Questions 131-134 refer to the following e-mail.

To: Mark Preston <markpreston@user.com>
From: Rosie Huntington <rosie@everbest.com>
Date: June 7
Re: Your order

Thank you for your e-mail regarding your order placed on May 28. We are very sorry that there was a problem with your order. According to our records, you ------- item #125(MUIN carpet) and
131.
item #368(RUBEN carpet). However, you indicated that two of item #368 have been delivered instead and you haven't received item #125 yet. -------, your
132.
invoice shows that you were even billed for the item you didn't receive(#125). The invoice will be adjusted to reflect correct charges and items. ------- the item
133.
you did not receive(#125), there are two options; you can return the incorrect item or keep it at a discounted price. I think it would be nice for us to speak regarding this. -------.
134.

Best regards,

Rosie Huntington
Customer service representative, Everbest Carpet

---

131 (A) will be received
(B) can receive
(C) should have received
(D) received

132 (A) Rather
(B) Moreover
(C) Instead
(D) Similarly

133 (A) As for
(B) Among
(C) Into
(D) With

134 (A) One of our representatives will contact you by phone sometime this week.
(B) I'm pleased to announce that all items will be on sale online.
(C) Only a very few customers have experienced such a problem.
(D) It can be helpful to consult with an expert to find a suitable carpet.

Questions 135-138 refer to the following memorandum.

From: Nick Price
To: Marketing Team
Date: April 10
Subject: New Advertising Campaign

I am writing this memo to everyone in the marketing department to get your ideas on the new advertising campaign before the weekly meeting starts.

As the head manager in the Marketing Department, I'm leading the whole project of launching a new ad campaign this year. The new cosmetic product, "Moisture Supply Max Cream," is ------- women in their late twenties and early thirties. The campaign should appeal to this specific customer base, so I am considering Sarah Miles, who is the most popular actress among women, ------- our cosmetic products.

------, as part of our promotion, we will run an ad in the local newspaper, and also I got a list of 15 radio stations that can run our advertisements. -------. We have to agree that each of our advertisements should be simple and cannot exceed 15 minutes in length.

This year's advertising campaign is very important as we are losing popularity these days. See you all at the weekly meeting.

135 (A) contacting
    (B) targeting
    (C) accepting
    (D) confirming

136 (A) to endorse
    (B) will endorse
    (C) has been endorsing
    (D) endorsing

137 (A) However
    (B) If so
    (C) Formerly
    (D) Also

138 (A) Some conditions are considered critical.
    (B) Radio advertisements have proven very beneficial.
    (C) The Marketing Department needs to hire additional employees.
    (D) We should discuss who is most suitable for our advertisement.

[135-138]

발산: 닉 프라이스
수신: 마케팅 팀
날짜: 4월 10일
제목: 새로운 광고 캠페인

저는 주간 회의를 시작하기 전에 새로운 광고 캠페인에 대한 여러분의 의견을 얻고자 마케팅 부서의 모든 분들에게 이 회람을 씁니다.

마케팅 부서장으로서, 저는 올해의 새 광고 캠페인을 진행하는 전체 프로젝트를 이끌고 있습니다. 새로운 화장품, '수분 공급 맥스 크림'은 20대 후반 및 30대 초반 여성들을 ⑬⑤ 겨냥한 제품입니다. 이번 광고 캠페인은 이 특정 고객층에 어필해야만 하며, 그래서 저는 저희 화장품을 ⑬⑥ 홍보하기 위해 여성들 사이에서 가장 인기 있는 배우인 사라 마일즈를 고려 중에 있습니다.

⑬⑦ 또한, 홍보의 일환으로 저희는 지역 신문에 광고를 게재할 것이고, 저희의 광고를 게재해 줄 수 있는 라디오 방송국 15곳의 리스트를 받았습니다. ⑬⑧ 몇몇 조건들은 매우 중요하게 여겨집니다. 광고들은 모두 간결해야 하며 길이 면에서 15분을 초과해서는 안 된다는 점에 동의해야 합니다. 요즘 인지도를 잃고 있기 때문에 올해의 광고 캠페인은 아주 중요합니다. 모두들 이번 주간 미팅 때 봅시다.

cosmetic product 화장품 appeal 관심을 끌다 specific 특정한 contact 접촉하다 exceed 초과하다 in length 길이에 있어서 target 겨냥하다, 목표로 하다 accept 수락하다 confirm 확인하다, 승인하다 endorse 지지하다, 홍보하다 if so 만일 그렇다면 formerly 이전에, 전직의 critical 대단히 중요한 beneficial 유익한

135 동사 어휘 문제이다. 문맥상 20대 후반과 30대 초반 여성들을 '겨냥'한 제품이라는 의미이므로 정답은 (B) targeting이다.
정답_(B)

136 빈칸 앞의 I am considering Sarah Miles까지는 완전한 절이고 그 다음에 관계대명사 who가 이끄는 절이 부연 설명을 하고 있다. 따라서 빈칸 이전에 완전한 문장이 왔으므로 빈칸부터는 수식어구가 와야 한다. 따라서 부사적 역할이 가능한 to부정사 (A) to endorse가 정답이다.
정답_(A)

137 빈칸 앞에는 유명한 여자 배우를 이용한 홍보 방법에 대한 설명이 나오고 이후로는 지역 신문과 라디오 방송을 통한 홍보 방법에 대한 설명이 나온다. 따라서 추가적인 방법을 설명할 때 쓸 수 있는 부사 (D) Also가 정답이다.
정답_(D)

138 (A) 몇몇 조건들은 매우 중요하게 여겨집니다.
(B) 라디오 광고는 매우 이득이 되는 것으로 입증되었습니다.
(C) 마케팅 부서는 직원들을 추가적으로 고용해야 할 필요가 있습니다.
(D) 우리는 누가 광고에 가장 적절한지 논의해야 합니다.

문맥상 적절한 문장을 고르는 문제이다. 빈칸 뒤에서 광고의 내용은 간결하면서도 15분을 초과해서는 안 된다는 조건이 나오므로 빈칸에서는 조건이나 기준에 대한 내용이 나오는 것이 적절하다. 따라서 몇몇 중요한 조건들이 있다는 (A)가 정답이다. 라디오 방송에 대한 장점만을 피력하는 것으로는 앞뒤 문장 맥락의 개연성에 맞지 않으므로 (B)는 오답이다.
정답_(A)

[139-142]

11월 16일
패트릭 슈먼
뉴캐슬 NSW 2300, 5 킹 스트리트

슈먼 씨께,

저희의 기록에 따르면 귀하의 계정은 12월 15일에 만료될 것입니다. 귀하의 멤버십을 1년 더 **139** 연장하기를 원하시면, 도서관 카드를 사진이 들어간 신분증과 귀하의 현 주소의 증명 내용과 함께 서비스 데스크로 가져다주세요. **140** 그러면 그 후에 계정 비밀번호를 다시 정하라고 요청받게 될 것입니다. 저희 방침에 따라 새로운 비밀번호는 반드시 최소 8개의 문자와 1개의 숫자를 **141** 포함해야 합니다. **142** 이것이 저희 도서관의 보안 수준을 한층 더 강화해 줄 것입니다. 저희 도서관은 지역 사회에 방대한 책과 자료들을 제공하는 것에 자부심을 느낍니다.

안젤라 콜먼, 도서관 서비스 책임자

account 계정   expire 만기가 되다   proof 증거   current 현재의
character 글자, 기호   inquire 문의하다   browse 둘러보다, 탐색하다
extend 연장하다   then 그러면, 그 때에, 그 이후   reinforce 강화하다
request 요청하다

139 빈칸 뒤로 another year(1년 더)라고 하는 기간이 명시되었으므로, 그 기간만큼 '연장한다'는 의미로 정답은 (D) extend이다.
정답_(D)

140 빈칸 앞의 문장이 필요한 증거물, 사진, 도서관 카드를 가져오라고 했고, 이를 가져온 후 새로운 비밀번호를 설정하라는 내용이 나오는 것은 시기적으로 이후의 상황이다. 따라서 빈칸은 '그러면, 그 때에, 그리고 난 후'라는 의미의 부사 (B) then이 정답이다.
정답_(B)

141 빈칸 뒤에 목적어가 있으므로 수동태인 (A)를 먼저 소거한다. 새롭게 설정되는 비밀번호가 포함을 해 왔다는 의미이거나 지금 포함 중이라는 의미가 아닌, 반드시 8개의 문자와 1개의 숫자를 포함해야 한다는 것이 문맥상 적절하므로 정답은 (C)이다.
정답_(C)

142 (A) 이것이 저희 도서관의 보안 수준을 한층 더 강화해 줄 것입니다.
(B) 도서관 서비스 데스크는 주중에 8시에 문을 닫습니다.
(C) 만약 귀하의 비밀번호를 잊어버리셨다면 저희 직원에게 물어보셔야 합니다.
(D) 귀하께서 요청하셨던 음성 자료가 도서관에 방금 도착했습니다.

문맥상 적절한 문장을 고르는 문제이다. 빈칸 앞에서 비밀번호 설정 기준을 강화한다는 내용이 나오므로 이것이 보안 수준을 더 강화한다는 것으로 볼 수 있다. 따라서 (A)가 정답이다.
정답_(A)

Questions 139-142 refer to the following letter.

November 16
Patrick Shuman
5 King St, Newcastle NSW 2300

Dear Mr. Shuman,

Our records indicate that your account will expire on December 15. Should you wish to ------- your **139.** membership for another year, please bring your library card to the service desk along with a photo ID and proof of your current address. You will ------- be **140.** asked to reset the password on your account. As per our new policy, new passwords ------- at least eight **141.** characters and one number. -------. Our library prides **142.** itself on providing the community a large collection of books and materials.

Sincerely,

Angela Coleman, Library Services Coordinator

139 (A) cancel
(B) inquire
(C) browse
(D) extend

140 (A) still
(B) then
(C) already
(D) now

141 (A) will be included
(B) has included
(C) must include
(D) is including

142 (A) This will allow us to further reinforce the library's security level.
(B) The library's service desk closes at 8:00 P.M. on weekdays.
(C) If you forget your password, you need to ask our staff.
(D) The audio materials you requested just arrived at the library.

Questions 143-146 refer to the following notice.

The Oakland Art Museum

The Oakland Art Museum will host Irving Richter on Thursday, September 17 at 5 P.M. Mr. Richter ------- 143. our invitation to present his latest book, *Years of False Happiness*. In contrast to his previous works, the ------- 144. provides his diversified perspective on human relationships. It has been three years since Mr. Richter's last appearance at the museum. His presentations have always been highly successful. -------. Seating is 145. limited, so advance ------- is required on the Oakland 146. Art Museum website. For further information, call 301-574-9023.

143 (A) is accepting
    (B) accepted
    (C) will accept
    (D) has been accepted

144 (A) image
    (B) summary
    (C) banquet
    (D) volume

145 (A) We are very positive that this talk will also attract much attention.
    (B) His previous books have not been critically acclaimed.
    (C) Irving Richter will visit the museum for the first time in September.
    (D) If you accept our invitation, please contact our museum coordinator.

146 (A) registration
    (B) register
    (C) registered
    (D) registers

[143-146]

오클랜드 예술 박물관

오클랜드 예술 박물관이 어빙 리처 씨 초청 행사를 9월 17일 목요일 오후 5시에 주최할 것입니다. 리처 씨는 그의 최신 도서, 〈그릇된 행복의 시간들〉에 대해 발표해 달라는 우리의 초청을 ⑭ 수락했습니다. 그의 이전 작품들과는 대조적으로, 이번 ⑭ 책은 인간관계에 대한 그의 다각화된 견해를 제공합니다. 리처 씨가 박물관에 마지막으로 모습을 드러낸 지 3년이 되었습니다. 그의 발표는 항상 매우 성공적이었습니다. ⑭ 저희는 그의 이번 연설 역시 많은 관심을 집중시킬 것이라고 봅니다. 좌석은 제한되어 있으므로, 오클랜드 예술 박물관 웹 사이트에서 사전 ⑭ 등록을 하시는 것이 필수입니다. 추가 정보를 원하시면, 301-574-9023으로 전화 주세요.

host 주최하다, 초청하다　in contrast to ~와 대조되는　diversified 다각적인　perspective 관점　relationship 관계　appearance 출현, 등장　advance 선행의, 사전의　summary 요약　banquet 연회　volume 부피, 양, 권, (책) 한 부　critically 비평적으로　acclaim 열렬히 환호하다　coordinator 책임자

143 빈칸 뒤로 목적어 our invitation이 있으므로 목적어를 취할 수 없는 수동태 (D)는 오답이다. 나머지 선택지 중에서 이미 수락을 했기 때문에 앞으로 할 발표에 대한 안내가 나간다는 정황에 맞춰 과거시제인 (B)가 정답이다.
정답_(B)

144 빈칸 앞뒤로 신간 도서(latest book)에 대한 언급을 하고 있다. 책은 권, 부에 따라 volume이라고 표현한다는 점에서 정답은 (D) volume이다.
정답_(D)

145 (A) 저희는 그의 이번 연설 역시 많은 관심을 집중시킬 것이라고 봅니다.
　　(B) 그의 이전 저서들은 비평가들로부터 호평을 받지 못했습니다.
　　(C) 어빙 리처 씨는 9월에 박물관을 처음 방문할 것입니다.
　　(D) 만약 귀하가 저희의 초청을 수락하신다면, 박물관 책임자에게 연락 주세요.

문맥상 적절한 문장을 고르는 문제이다. 빈칸 앞의 내용을 통해 3년 전에도 연설을 한 적이 있고 발표를 했을 때 항상 성황리에 진행되었다는 맥락이므로 이번 연설도 많은 관심을 불러일으킬 것이라고 언급한 (A)가 가장 적절하다.
정답_(A)

146 빈칸 앞의 advance는 동사로는 '진보하다, 발전하다', 명사로는 '진보, 발전'이지만, 형용사일 때는 '사전의'라는 의미이다. 문맥상 '사전 등록'이라는 뜻이 가장 적절하므로 정답은 명사 (A) registration이다.
정답_(A)

Actual Test 05

잠깐!! 시작 전 꼭 확인하세요!

- 실제 시험과 같이 책상을 정리하고 마음의 준비를 하세요.

- 핸드폰은 잠깐 끄고 대신 아날로그 시계를 활용해 보세요.

- PART 5&6 제한 시간은 16분입니다. 제한 시간을 꼭 지켜주세요.

- 어렵다고 넘어가지 마세요. 가능하면 차례대로 풀어 보세요.

READING TEST

In the Reading test, you will read a variety of texts and answer several different types of reading comprehension questions. The entire Reading test will last 75 minutes. There are three parts, and directions are given for each part. You are encouraged to answer as many questions as possible within the time allowed.

You must mark your answers on the separate answer sheet. Do not write your answers in your test book.

PART 5

Directions: A word or phrase is missing in each of the sentences below. Four answer choices are given below each sentence. Select the best answer to complete the sentence. Then mark the letter (A), (B), (C), or (D) on your answer sheet.

---

101 Noble Tech has been striving to provide an array of ------- tested software products for the past 10 years.

(A) extensive
(B) extending
(C) extensively
(D) extensiveness

102 As chief editor of the company, Ms. Swanson is ------- obligated to submit the first article to our publishing company no later than May 3.

(A) contractually
(B) responsibly
(C) sensibly
(D) firmly

103 ------- all the necessary parts have been purchased, we will begin constructing a new shopping mall on 26th Ave.

(A) Unless
(B) Until
(C) Once
(D) Even if

104 Liz Liberty, one of the leading ------- of furniture, is going to open another store in London this year.

(A) manufactures
(B) manufacturer
(C) manufacturing
(D) manufacturers

105 Ms. Griffin is responsible for taking all ------- measures to keep the workplace safe.

(A) preventable
(B) prevents
(C) preventively
(D) preventive

106 Brenda Kim decided to ------- to the union after she talked with one of her coworkers last Friday.

(A) join
(B) serve
(C) participate
(D) belong

107 Diana Johnson was named recipient of the Employee of the Year award for breaking the best sales record on -------.

(A) herself
(B) her own
(C) hers
(D) her

108 The Daily Tribune will ------- publish a monthly magazine that covers the unemployment rate and some tips on how to write an effective résumé and cover letter.

(A) ever
(B) soon
(C) hopefully
(D) increasingly

109 When profits for the fourth quarter decreased by 10%, CoreCam decided to ------- a special team consisting of experts.

(A) perform
(B) accompany
(C) communicate
(D) form

110 Our sales figures have ------- been higher than they are now.

(A) never
(B) well
(C) always
(D) much

111 As you are probably -------, the purpose of this workshop is to make salespeople understand that etiquette is the most important thing when meeting with clients.

(A) known
(B) offered
(C) aware
(D) considerate

112 Once you have completed the application form, please forward ------- to Joy Timberson in Human Resources.

(A) it
(B) them
(C) its
(D) theirs

113 ------- any unexpected circumstances, the 6th annual Job Fair will be held without delays.

(A) Barring
(B) Except
(C) With
(D) For

114 In order to participate in the seminar, you must sign up in advance ------- a seat.

(A) to reserve
(B) reserving
(C) reserved
(D) being reserved

115 By the time she retires next month, Ms. McGregor ------- at the Webber Medical Institute for twenty years.

(A) had been working
(B) has been working
(C) will have worked
(D) will be working

116 We need better marketing strategies that will not rely ------- on ad campaigns and flyers.

(A) relatively
(B) solely
(C) sparsely
(D) initially

117 Those employees who ------- to work more than 8 hours on weekends will be given an extra bonus.

(A) volunteer
(B) volunteering
(C) volunteers
(D) had volunteered

118 The price range is from $30 to $60, and this product typically requires some ------- before using it.

(A) advance
(B) assembly
(C) progress
(D) solution

119 Workers at Liberty Financial switch their work schedules and duties ------- three months.

(A) mostly
(B) several
(C) few
(D) every

120 ------- the coffee shop is located in the business district, it is very popular among the employees there.

(A) After
(B) Since
(C) That
(D) Once

GO ON TO THE NEXT PAGE

121 Analysts have warned that there are a lot of fake $100 checks in -------.

(A) placement
(B) milestone
(D) template
(D) circulation

122 ------- in 1969, our company has taken customer satisfaction as its highest priority.

(A) Establishing
(B) Established
(C) To establish
(D) To be established

123 This is a letter ------- all citizens of Hampshire to the grand opening of the new public library.

(A) invitation
(B) invited
(C) to be invited
(D) inviting

124 Recent study shows that employees are likely to work more productively when their workload are ------- distributed.

(A) evenly
(B) preferably
(C) eventually
(D) ultimately

125 In spite of much effort, the company has ------- to find ways to improve its bottom line.

(A) until
(B) already
(C) yet
(D) not

126 A highly ------- new movie, *Road Fighter* will be shown in theaters starting March 15th.

(A) anticipated
(B) unveiled
(C) introduced
(D) commenced

127 In regards to Jamie's performance, Ms. Hanks ------- that she was quite impressed by the contestant's talents.

(A) guaranteed
(B) informed
(C) stated
(D) proved

128 ------- our company's success, there will be a banquet for all staff at the Stonewall restaurant this Friday.

(A) To celebrate
(B) In celebration
(C) Celebrating
(D) Celebrated

129 The new location of the Aldridge Department Store is ------- far from the subway station that you need to transfer to a bus or taxi to get to it.

(A) more
(B) such
(C) so
(D) as

130 All employees should be ------- with the company's new regulations regarding paid vacations.

(A) compliant
(B) compatible
(C) aware
(D) concise

종료시간   :

PART 6

Directions: Read the texts that follow. A word, phrase, or sentence is missing in parts of each text. Four answer choices for each question are given below the text. Select the best answer to complete the text. Then mark the letter (A), (B), (C), or (D) on your answer sheet.

Questions 131-134 refer to the following newsletter.

Wiley Community begins a new program in June

Good news for Wiley Town residents! Beginning this summer, the Wiley Town community will offer a new educational program. This program is scheduled to meet biweekly for the next three months and is intended for those ------- assistance in starting and operating
131.
a business here in Wiley Town. The ------- session will be held from 2:30 to 4:30 P.M. on
132.
Thursday, June 17 at the community center. Local business owners will discuss their fields of expertise. -------. Detailed information regarding the registration fee and ------- business
133. **134.**
owners can be found at the Wiley Town community website, www.wileytown.com.

131 (A) seek
(B) having sought
(C) who seek
(D) are seeking

132 (A) upcoming
(B) last
(C) annual
(D) ongoing

133 (A) Several local businesses reported drastic declines in revenue this year.
(B) The event organizers expect more participants in the coming years.
(C) Most residents seemed very satisfied with the previous sessions.
(D) Entrepreneurs from overseas are also available to lead some discussions.

134 (A) participant
(B) participating
(C) participates
(D) participated

Test 05

GO ON TO THE NEXT PAGE ▶

From: Michelle Lee <michellelee@harpers.com>
To: Dean Clarkson <clarkson@cater.com>
Subject: Thank you
Date: April 29

Dear Mr. Clarkson,

I'm writing to tell you that we have received a lot of favorable comments on the refreshments your catering company provided for our employee ------- dinner party. We
                                                                                        135.
were very impressed ------- the quality food and the service your staff gave us. Thank you
                    136.
so much for your exceptional work! -------. The management of our company unanimously
                                  137.
selected your catering company as the sole food provider.

I have attached a copy of the event schedule for this year, so let me know if your company
is available on those listed -------.
                            138.

Sincerely,

Michelle Lee
Vice president, Harpers Research Center

---

135 (A) appreciative
(B) appreciation
(C) appreciates
(D) appreciated

136 (A) with
(B) into
(C) for
(D) along

137 (A) You can leave your comments on our
company's website.
(B) All participants will be notified of the
change in price of food.
(C) We are still waiting for approval from
the management.
(D) We have a lot of events scheduled for
the rest of the year.

138 (A) dates
(B) presenters
(C) venues
(D) addresses

To: Ben Lucas <blucas@caseymovers.ca>
From: Boram Han <bhan@protomail.com>
Date: November 19th
Subject: Moving

Dear Mr. Lucas,

I'm writing to tell you about my experience with your moving service on November 17. Because one of my colleagues, Susie Lim, who used your service before, referred your company to me, I quickly chose your company without much --------. Overall, I was very
139.
pleased with your moving staff and their work. When carrying a desk top computer to the study on the second floor, --------, one of your employees dropped the monitor on the hard
140.
floor and it is cracked. --------. Please let me know how I can be compensated for this loss as
141.
soon as possible because the monitor is a -------- for my work.
142.
Sincerely,

Boram Han

139 (A) deliberating
(B) deliberation
(C) deliberates
(D) deliberative

140 (A) moreover
(B) in other words
(C) thus
(D) however

141 (A) I understand the contract states that your company takes responsibility for any damages that may occur during the move.
(B) It is highly recommended to request estimates from several moving companies before choosing one among them.
(C) Can you please place orders for a couple of monitors so that we can set them up at the office for new employees by next week?
(D) You can consult with one of our representatives about the referral program scheduled to go into effect next year.

142 (A) purpose
(B) necessity
(C) addition
(D) output

GO ON TO THE NEXT PAGE

Questions 143-146 refer to the following announcement.

Sub: Announcing Promotion of Jenny Park

Dear All,

We are pleased to announce the promotion of Jenny Park to the position of Marketing Director of the PR department. Jenny joined our company 5 years back as a manager in the sales department. During this -------, she was also serving in the position of customer
143.
coordinator at our New York branch.

------- customer relations, decision makings, problem resolution and timely deliveries,
144.
Jenny's performance was always influential for JC Company. Jenny brought with her energy and enthusiasm that she has continued to use ------- leading her employees to consistently
145.
improve their sales numbers.

In this new position, she will be looking after all the marketing information, strategies and website updates. She is a new team leader responsible for researching and developing market opportunities and promotional programs.

-------. Please join us on March 12th to congratulate Jenny on her promotion and welcome
146.
her to the PR department.

John Stanley,
Vice President, JC Company

---

143 (A) position
(B) responsibility
(C) transition
(D) tenure

144 (A) When it comes to
(B) As a result of
(C) In the event of
(D) In comparison with

145 (A) during
(B) among
(C) until
(D) while

146 (A) Several candidates seem very qualified for this new position.
(B) We are sure that she will bring abundant experience to her new role.
(C) Our company is already considering opening a new branch overseas.
(D) There are still some positions to be filled until the end of the year.

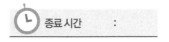
종료시간   :

나 혼자 끝내는 토익 체크 리스트

📋 정답 확인 전 체크 리스트

✅ 이번 회차의 난이도는 ☐ 쉬웠다 ☐ 무난했다 ☐ 어려웠다

✅ 나는 16분 안에 모두 문제 풀이를 완료하였다. ☐ YES ☐ NO

그렇지 않다면, 실제 걸린 시간은 몇 분인가요? _____

혹시 시간이 부족해서 찍어서 푼 문제가 있다면 몇 번인지 표시해 보세요. _____

💡 시간이 부족하셨다면, 문제당 16~20초 안에 푸는 훈련을 해야 합니다.

✅ 나는 정답이 확실하지 않아서 고민이 되었던 문제가 있었다. ☐ YES ☐ NO

혼동된 문제가 있었다면 몇 번인지 표시해 보세요. _____

💡 QR코드를 통해 제공되는 저자 직강 음성 강의로 고민되었던 문제를 해결해 보세요.

✅ 어휘 문제 중에 모르는 단어가 있었다. ☐ YES ☐ NO

혼동되었던 단어를 적어 보세요. _____

💡 넥서스 홈페이지(www.nexusbook.com)에서 제공하는 어휘 리스트와 테스트를 활용하여 다시 한 번 최종 점검을 해 보세요.

📋 정답 확인 후 체크 리스트

✅ 예상 정답 개수는 몇 개였나요? 정답 체크 후 실제 맞힌 개수를 적어 보세요.

예상 개수 : _____   실제 개수 : _____

💡 p.11에 나혼토 실력 점검표가 있습니다. 맞은 개수를 기록하며 실력 향상을 점검해 보세요.

✅ 틀린 문제를 다시 점검하고, 다음에는 절대 틀리지 않겠다는 다짐을 해 보세요!

찍어서 맞은 문제도 틀린 문제입니다. 틀린 문제들을 기록해 보세요. _____

💡 QR코드를 통해 제공되는 저자 직강 음성 강의로 틀린 문제를 다시 확인해 보세요.

✅ 틀린 문제 리뷰를 정확히 하고, 나만의 "오답노트"를 작성해 보세요.

💡 토익 RC는 특히 "복습"이 생명입니다. 틀린 문제는 꼭 다시 정리하세요.

> 📋 한번에 많은 문제를 푸는 것보다는 체계적으로 문제를 푼 이후, 내 것으로 완전히 소화하는 방식이 필요합니다.
> **틀린 문제 위주로** 중요 포인트를 **"나만의 노트"**에 정리하고, 외워야 할 세트 구문 등을 잘 정리해서 암기하였는지 반드시 확인하고, 반복, 또 반복해서 복습해 보세요.

101 노블 테크는 지난 10년간 대대적으로 검열된 다양한 소프트웨어 제품을 제공하는 것에 노력해 왔다.

빈칸이 없어도 완벽한 구조의 문장이기 때문에 수식어구가 올 수 있다. 빈칸 뒤에 과거분사의 tested가 있는데 이는 명사인 software products를 수식하는 형용사 역할을 하고 있다. 따라서 형용사를 수식할 수 있는 부사 (C)가 정답이다.

strive 노력하다, 애쓰다   an array of 다양한   extensive 광범위한 extensively 광범위하게
정답_(C)

102 회사의 수석 편집장으로서 스완슨 씨는 계약상 늦어도 5월 3일까지는 우리 출판사로 첫 번째 글을 제출할 의무가 있다.

적절한 부사를 고르는 문제이다. '~할 의무가 있다'는 뜻의 be obligated to는 강압성을 나타내므로 정답은 '계약상으로'라는 뜻의 (A) contractually이다. (B) responsibly는 '책임감 있게'라는 의미로 의무적 느낌인 obligated와 중복되며, 사회적 책임의 의미가 강하므로 오답이다.

be obligated to ~할 의무가 있다   no later than 늦어도 ~까지는 sensibly 현저히   firmly 단호하게
정답_(A)

103 필요한 자재를 전부 구입하는 대로, 26번가에 새로운 쇼핑몰 공사를 시작할 것이다.

적절한 접속사를 고르는 문제이다. 주절이 미래 시제이므로 미래에 일어날 일을 가정하는 조건절 접속사가 와야 한다. 따라서 '일단 ~하면'이라는 뜻의 (C) Once가 정답이다.

part 부품
정답_(C)

104 가구업계 선두 업체 중 하나인 리즈 리버티는 올해 런던에 또 다른 매장을 오픈할 예정이다.

적절한 품사를 고르는 문제이다. 형용사 leading의 수식을 받는 명사가 와야 하며, one of 다음에는 복수가 와야 하므로 (D) manufacturers가 정답이다. (A) manufactures 역시 명사로 쓸 수는 있으나 '제품/ 상품/ 제조'라는 뜻이므로 회사 이름을 뜻하는 Liz Liberty와 동격이 될 수 없다.

leading 선두의, 유망한   manufacture 제조하다
정답_(D)

105 그리핀 씨는 업무 현장을 안전하게 관리하기 위해 모든 예방 조치들을 취할 책임이 있다.

적절한 품사를 고르는 문제이다. 명사 measures를 수식하는 형용사가 와야 하므로 '예방의, 예방을 위한'이라는 의미의 (D) preventive가 정답이다. (A) preventable 역시 형용사이나 '막을 수 있는, 방해할 수 있는' 이라는 의미로 measures와 어울리지 않으므로 오답이다.

workplace 일터, 업무하는 곳
정답_(D)

101 Noble Tech has been striving to provide an array of ------- tested software products for the past 10 years.

(A) extensive
(B) extending
(C) extensively
(D) extensiveness

102 As chief editor of the company, Ms. Swanson is ------- obligated to submit the first article to our publishing company no later than May 3.

(A) contractually
(B) responsibly
(C) sensibly
(D) firmly

103 ------- all the necessary parts have been purchased, we will begin constructing a new shopping mall on 26th Ave.

(A) Unless
(B) Until
(C) Once
(D) Even if

104 Liz Liberty, one of the leading ------- of furniture, is going to open another store in London this year.

(A) manufactures
(B) manufacturer
(C) manufacturing
(D) manufacturers

105 Ms. Griffin is responsible for taking all ------- measures to keep the workplace safe.

(A) preventable
(B) prevents
(C) preventively
(D) preventive

106 Brenda Kim decided to ------- to the union after she talked with one of her coworkers last Friday.

(A) join
(B) serve
(C) participate
(D) belong

106 지난 금요일에 동료들 중 한 명과 대화를 나눈 이후, 브렌다 김은 노조에 들어가기로 결심했다.

> 빈칸 뒤에 전치사 to가 왔으므로 자동사를 골라야 한다. 따라서 정답은 (D) belong이다. (A), (B)는 타동사로 뒤에 전치사를 동반하지 않으며, (C) participate는 전치사 in이 오므로 오답이다.

belong to ~에 속하다   union 노조
정답_(D)

107 Diana Johnson was named recipient of the Employee of the Year award for breaking the best sales record on -------.

(A) herself
(B) her own
(C) hers
(D) her

107 다이애나 존슨은 자신이 세운 최고 영업 실적을 다시 갱신함으로써 올해의 직원상 수상자로 지명되었다.

> 적절한 인칭대명사 격을 고르는 문제이다. 그녀 자신이 세웠던 기록을 갱신했다는 뜻이므로 재귀대명사(self)와 같은 역할을 하는 〈on+소유격+own〉이 적절하다. 따라서 정답은 (B) her own이다. (A) herself는 on이 없이 단독으로 나와야 하기 때문에 오답이다.

name 임명하다, 지명하다   recipient 수령인, 받는 사람   on one's own 혼자서, 단독으로
정답_(B)

108 The Daily Tribune will ------- publish a monthly magazine that covers the unemployment rate and some tips on how to write an effective résumé and cover letter.

(A) ever
(B) soon
(C) hopefully
(D) increasingly

108 데일리 트리뷴은 실업률 및 효과적인 이력서와 자소서를 쓰는 방법에 대한 몇몇 조언들을 다루는 월간 잡지를 곧 출간할 것이다.

> 문맥상 가장 적절한 부사를 고르는 문제이다. 미래의 조동사 will이 있으므로 미래의 일을 표현할 수 있는 (B) soon이 정답이다. (A) ever는 미래 시제보다는 현재완료 시제에서 경험을 나타낼 때 주로 쓰이므로 오답이다.

cover 다루다   unemployment rate 실업률   cover letter 자소서
정답_(B)

109 When profits for the fourth quarter decreased by 10%, CoreCam decided to ------- a special team consisting of experts.

(A) perform
(B) accompany
(C) communicate
(D) form

109 4분기 수익이 10%만큼 감소했을 때 코어캠은 전문가들로 구성된 특별 팀을 구성하기로 결정했다.

> 문맥상 가장 적절한 동사를 고르는 문제이다. form은 명사로 쓰일 때 '서류 양식, 유형' 등의 의미이지만, 동사로는 '형성하다, 만들다' 등의 의미이므로 정답은 (D) form이다. (A) perform은 업무 따위를 수행할 때 주로 쓰므로 뒤에 duty, task 등의 어휘가 오고, (C) accompany는 '동행, 동반, 지참하다'의 의미이며, (C) communicate는 '의사소통'의 의미로 주로 전치사 with와 쓰이므로 오답이다.

accompany 동행하다
정답_(D)

110 Our sales figures have ------- been higher than they are now.

(A) never
(B) well
(C) always
(D) much

110 영업 실적이 지금보다 더 높았던 적은 없었다.

> 영업 실적이 지금보다 높았던 적이 없었다는 것은 지금이 가장 좋다는 뜻이다. 비교급의 형태지만 의미상 최상급이 되어야 하므로 정답은 (A) never이다. (D) much는 비교급을 강조하는 부사이지만, 비교급을 강조할 때 much higher이 바로 붙어서 나와야 하므로 오답이다.

sales figures 영업 실적
정답_(A)

111 이미 알고 계시겠지만, 이 워크숍의 목적은 영업사원이 고객을 만날 때 에티켓이 가장 중요하다는 점을 인지할 수 있게 하는 것입니다.

문맥상 가장 적절한 형용사를 고르는 문제이다. be동사의 are 보어 역할을 할 수 있는 형용사를 골라야 한다. be동사 뒤에서 형용사로 '인지하는, 알고 있는, 숙지한'이라는 의미의 (C) aware가 정답이다. (A) known은 '알려져 있다'는 유명세의 의미가 되므로 오답이다.

etiquette 에티켓, 예의   considerate 사려 깊은, 배려심 있는
정답_(C)

111 As you are probably -------, the purpose of this workshop is to make salespeople understand that etiquette is the most important thing when meeting with clients.

(A) known
(B) offered
(C) aware
(D) considerate

---

112 신청서를 작성하시는 대로 인사부의 조이 팀버슨에게 송부해 주세요.

적절한 대명사를 고르는 문제이다. 동사 forward의 목적어 자리이므로 목적격이 와야 하며, 앞에 나온 명사 the application form을 그대로 받는 표현이 되어야 하므로 단수로 쓰인 대명사 (A) it이 정답이다.

forward A to B A를 B에게 전송하다   application form 신청서
정답_(A)

112 Once you have completed the application form, please forward ------- to Joy Timberson in Human Resources.

(A) it
(B) them
(C) its
(D) theirs

---

113 예기치 못한 상황만 아니라면 제6회 연례 직업 박람회는 곧바로 개최될 것이다.

적절한 전치사를 고르는 문제이다. 주절이 미래 시제이므로, 예기치 못한 상황이 '없다면'이라는 예상의 뜻이 적절하다. 따라서 정답은 (A) Barring이다. (B) Except는 실질적인 것을 제외하는 것이지 예상의 의미는 아니므로 오답이다.

unexpected 예상치 못한   circumstance 상황
정답_(A)

113 ------- any unexpected circumstances, the 6th annual Job Fair will be held without delays.

(A) Barring
(B) Except
(C) With
(D) For

---

114 학술회에 참여하기 위해서는 좌석 확보를 위해 사전에 등록해야 한다.

적절한 품사를 고르는 문제이다. 빈칸을 제외하고도 완전한 문장이 되므로 부사와 같은 역할을 할 수 있는 to부정사 (A) to reserve가 정답이다.

sign up 등록하다   in advance 사전에
정답_(A)

114 In order to participate in the seminar, you must sign up in advance ------- a seat.

(A) to reserve
(B) reserving
(C) reserved
(D) being reserved

---

115 다음 달에 은퇴할 때 즈음이면 맥그리거 씨가 웨버 병원에서 일한 지 20년이 된다.

적절한 동사의 형태를 고르는 문제이다. '~즈음에, ~할 때쯤에'라는 의미의 미래완료 시제를 나타내는 by the time이 나왔으므로 (C) will have worked가 정답이다. 미래 진행형 시제는 by the time과 같이 쓰지 않으므로 (D) will be working은 오답이다.

retire 은퇴하다
정답_(C)

115 By the time she retires next month, Ms. McGregor ------- at the Webber Medical Institute for twenty years.

(A) had been working
(B) has been working
(C) will have worked
(D) will be working

116 We need better marketing strategies that will not rely ------- on ad campaigns and flyers.

(A) relatively
(B) solely
(C) sparsely
(D) initially

116 우리는 광고 캠페인과 전단지에만 의존할 것이 아니라 더 나은 마케팅 전략이 필요하다.

적절한 부사를 고르는 문제이다. 자동사 rely on의 의존적 의미를 not과 함께 부정성을 강조하여 수식할 수 있는 부사를 골라야 하기 때문에 '오로지, ~만'이라는 뜻의 (B) solely가 정답이다.

marketing strategy 마케팅 전략   flyer 전단지   relatively 상대적으로   sparsely 드문드문, 성기게   initially 처음에
정답_(B)

---

117 Those employees who ------- to work more than 8 hours on weekends will be given an extra bonus.

(A) volunteer
(B) volunteering
(C) volunteers
(D) had volunteered

117 주말마다 8시간 이상 자진해서 일한 직원들은 특별 상여금을 받을 것이다.

주격 관계대명사 who 뒤에는 동사가 와야 한다. 선행사 employees가 복수 명사이므로 (A) volunteer가 정답이다.

extra bonus 특별 상여금
정답_(A)

---

118 The price range is from $30 to $60, and this product typically requires some ------- before using it.

(A) advance
(B) assembly
(C) progress
(D) solution

118 이 제품의 가격대는 30달러에서 60달러이며, 일반적으로 사용 전에 조립 과정을 필요로 한다.

적절한 명사를 고르는 문제이다. 사용하기 전에 '조립'을 해야 한다는 뜻이 적절하므로 불가산 명사 (B) assembly가 정답이다.

price range 가격대   typically 일반적으로, 전형적으로   assembly 조립   advance 진보, 발전   progress 발전
정답_(B)

---

119 Workers at Liberty Financial switch their work schedules and duties ------- three months.

(A) mostly
(B) several
(C) few
(D) every

119 리버티 파이낸셜 직원들은 3개월마다 근무 시간과 직무를 변경한다.

3개월마다 근무 시간과 직무를 변경한다는 '주기'를 뜻하므로 '~마다'라는 의미의 (D) every가 정답이다.

switch 바꾸다, 변경하다
정답_(D)

---

120 ------- the coffee shop is located in the business district, it is very popular among the employees there.

(A) After
(B) Since
(C) That
(D) Once

120 그 커피숍은 상업 지구에 있기 때문에 그곳 직원들 사이에 매우 인기가 많다.

적절한 접속사를 고르는 문제이다. 상업 지구에 있기 때문에 결과적으로 사람들에게 인기가 많다는 뜻이기 때문에 '~ 때문에'라는 뜻의 (B) Since가 정답이다.

business district 상업 지구
정답_(B)

121 전문가들은 현재 많은 양의 가짜 100달러짜리 수표가 시중에 유통되고 있다고 경고했다.

적절한 명사를 고르는 문제이다. 위조 수표가 '유통되고 있는' 상황에 대한 우려를 나타내고 있으므로 (D) circulation이 정답이다. in circulation은 관용구로 '유통 중'이라는 진행의 의미를 갖는다.

fake 가짜의 check 수표 placement 배치 milestone 획을 긋는 사건, 중요한 단계 template 견본

정답_(D)

121 Analysts have warned that there are a lot of fake $100 checks in -------.

(A) placement
(B) milestone
(D) template
(D) circulation

122 1969년에 설립된 우리 회사는 고객 만족을 최우선 순위로 여겨 왔습니다.

분사구문 문제이다. 원래는 Since it was established in 1969에서 접속사와 주어가 생략되고 was는 Being이 된 분사구문이다. Being은 생략 가능하므로 정답은 수동의 (B) Established이다. (A), (C)는 능동형이기 때문에 오답이며, 이미 지나간 과거 시점의 일이므로 미래를 뜻하는 (D) To be established도 오답이다.

customer satisfaction 고객 만족 establish 설립하다

정답_(B)

122 ------- in 1969, our company has taken customer satisfaction as its highest priority.

(A) Establishing
(B) Established
(C) To establish
(D) To be established

123 이것은 새로운 공공 도서관 개관식에 햄프셔 시의 모든 주민들을 초청하는 서신이다.

명사 a letter를 뒤에서 수식하면서 all citizens를 목적어로 취하는 분사가 와야 한다. This is a letter (which is) inviting all citizens의 형태로 정답은 (D) inviting이다. (B) invited, (C) to be invited는 수동태이기 때문에 오답이다.

grand opening 개관식 public library 공공 도서관

정답_(D)

123 This is a letter ------- all citizens of Hampshire to the grand opening of the new public library.

(A) invitation
(B) invited
(C) to be invited
(D) inviting

124 최근 연구 결과는 직원들이 균등하게 업무량을 배분 받았을 때 더욱 일을 능률적으로 한다는 것을 보여준다.

문맥상 가장 적절한 부사를 고르는 문제이다. 직원들이 업무를 할 때 업무량이 '균등하게' 배분될 때 더욱 일을 능률적으로 한다는 뜻이 적절하므로 정답은 (A) evenly이다.

productively 능률적으로, 생산적으로 evenly 고르게, 균등하게, 대등하게 preferably 가급적, 되도록 eventually 결국, 궁극적으로 ultimately 궁극적으로, 결국, 근본적으로

정답_(A)

124 Recent study shows that employees are likely to work more productively when their workload are ------- distributed.

(A) evenly
(B) preferably
(C) eventually
(D) ultimately

125 많은 노력에도 불구하고 그 회사는 수익을 증가시킬 방안을 찾지 못했다.

많은 노력에도 불구하고 방안을 찾지 못했다는 뜻이므로 정답은 (C) yet이다. 〈have yet to부정사〉는 not yet과 같은 의미이다.

bottom line 수익

정답_(C)

125 In spite of much effort, the company has ------- to find ways to improve its bottom line.

(A) until
(B) already
(C) yet
(D) not

126 A highly ------- new movie, *Road Fighter* will be shown in theaters starting March 15th.

(A) anticipated
(B) unveiled
(C) introduced
(D) commenced

127 In regards to Jamie's performance, Ms. Hanks ------- that she was quite impressed by the contestant's talents.

(A) guaranteed
(B) informed
(C) stated
(D) proved

128 ------- our company's success, there will be a banquet for all staff at the Stonewall restaurant this Friday.

(A) To celebrate
(B) In celebration
(C) Celebrating
(D) Celebrated

129 The new location of the Aldridge Department Store is ------- far from the subway station that you need to transfer to a bus or taxi to get to it.

(A) more
(B) such
(C) so
(D) as

130 All employees should be ------- with the company's new regulations regarding paid vacations.

(A) compliant
(B) compatible
(C) aware
(D) concise

---

126 매우 기대되는 새 영화 〈로드 파이터〉는 3월 15일에 개봉될 예정이다.

highly의 수식을 받는 적절한 형용사를 고르는 문제이다. 매우 '기대되는' 화제의 영화라는 의미가 적절하므로 (A) anticipated가 정답이다.

unveiled 소개된   introduced 도입된, 소개된   commenced 시작된
정답_(A)

127 제이미의 연기에 관해 행크스 씨는 그 경연자의 재능에 큰 인상을 받았다고 말했다.

행크스 씨가 제이미의 연기에 대해 말한 것이므로 '언급하다, 말하다' 라는 뜻의 (C) stated가 정답이다. (B) informed는 사람 목적어가 반드시 동반되어야 하므로 오답이다.

contestant 시합 참가자, 경연자   talent 재능
정답_(C)

128 회사의 성공을 축하하기 위해서 이번 주 금요일에 스톤월 식당에서 전 직원을 위한 연회가 열릴 것이다.

회사의 성공을 '축하하기 위해서'라는 뜻이 적절하므로 부사적 역할로 쓰인 to부정사 (A) To celebrate가 정답이다. 소유격 our 앞에는 명사가 올 수 없으므로 (B) In celebration은 오답이다.

banquet 연회   celebrate 축하하다
정답_(A)

129 알드리지 백화점의 새로운 위치는 지하철역으로부터 너무 먼 관계로 거기에 가려면 버스나 택시로 갈아타야 한다.

지하철역에서 너무 멀기 때문에 택시나 버스로 갈아타야 한다는 원인과 결과 관계의 문장이다. 따라서 '너무 ~해서 ~하다'는 뜻의 so ~ that 구문이 적절하므로 (C) so가 정답이다.

location 장소   transfer 갈아타다
정답_(C)

130 모든 직원들은 유급 휴가에 관한 회사의 새 규정을 따라야 한다.

 회사의 새 규정을 잘 따라야 한다는 의미이며, 뒤에 전치사 with가 나왔기 때문에 정답은 (A) compliant이다. (C) aware는 전치사 of와 같이 쓰기 때문에 오답이다.

paid vacation 유급 휴가   compliant 순응하는   compatible 호환이 되는   concise 간결한
정답_(A)

[131-134]

와일리 커뮤니티가 6월에 새로운 프로그램을 시작합니다

와일리 타운 주민들에게 희소식이 있습니다! 이번 여름부터 와일리 타운 커뮤니티는 새로운 교육 프로그램을 제공합니다. 본 프로그램은 향후 석 달 동안 격주로 모이기로 일정이 잡혀 있으며, 이곳 와일리 타운에서 사업을 시작하고 운영하기 위해 자문을 ⑧ 구하는 이들을 돕고자 마련되었습니다. ⑫ 곧 시행될 본 과정은 커뮤니티 센터에서 6월 17일 목요일 오후 2시 30분에서 4시 30분까지 열립니다. 지역 사업자들이 자신들의 전문 분야에 대해 의견을 나눌 것입니다. ⑬ 해외 사업자들 역시 몇몇 토론 주제를 주재할 수 있습니다. 등록비와 관련한 더 자세한 정보와 ⑭ 참여하는 업체들은 와일리 타운 커뮤니티 홈페이지 www.wileytown.com에서 확인하실 수 있습니다.

biweekly 격주로 registration fee 등록비 expertise 전문 지식 intended for ~을 위해 의도된 upcoming 곧 있을, 다가올 annual 연례의 ongoing 계속되는, 진행 중인 drastic 급격한 revenue 수입, 수익 session 학기, 과정 entrepreneur 기업인

131 빈칸 앞의 those는 '사람들'이라는 뜻을 나타내고, those 이하에 those를 수식하는 구문이 올 수 있다. 빈칸에 주격 관계대명사 who가 이끄는 관계대명사절 (C) who seek이 오면 '자문을 구하는 사람들'이라는 뜻으로 문법적으로 적절하다.
정답_(C)

132 형용사 어휘 문제이다. 빈칸 뒤의 명사 session이 주어이고 동사는 will be held로 미래시제이므로 '앞으로 있을 과정'이라는 뜻이 되어야 한다. 지문 초반에서도 새로운 교육 프로그램에 대해 언급되었으므로 (A) upcoming이 정답이다.
정답_(A)

133 (A) 몇몇 지역 사업체들이 올해 수익 면에서 급격한 감소를 보고했습니다.
(B) 이벤트 기획자들이 다가오는 해들에는 더 많은 참석자들을 기대합니다.
(C) 대부분의 주민들은 이전 과정들에 매우 만족한 듯 보였습니다.
(D) 해외 사업자들 역시 몇몇 토론 주제를 주재할 수 있습니다.

문맥상 적절한 문장을 고르는 문제이다. 빈칸 앞에는 지역 사업자들이 의견을 나눌 것이라는 말이 나왔기 때문에 그것에 이어서 해외 사업자들도 주제를 발의할 수 있다는 의미의 (D)가 가장 적절하다.
정답_(D)

134 품사의 위치 문제이다. 빈칸 뒤에 business owners라는 명사가 있으므로 명사를 수식하는 형용사가 와야 한다. 선택지 중에서 형용사로 쓰일 수 있는 분사 (B), (D) 중에서 골라야 하는데 '참여하는 업체'라는 뜻이 적절하므로 능동의 (B) participating이 정답이다. participate는 주로 자동사로 쓰이므로 수동의 (D) participated는 오답이다.
정답_(B)

Questions 131-134 refer to the following newsletter.

Wiley Community begins a new program in June

Good news for Wiley Town residents! Beginning this summer, the Wiley Town community will offer a new educational program. This program is scheduled to meet biweekly for the next three months and is intended for those ------- assistance in starting and

131.
operating a business here in Wiley Town. The -------

132.
session will be held from 2:30 to 4:30 P.M. on Thursday, June 17 at the community center. Local business owners will discuss their fields of expertise.
-------. Detailed information regarding the registration

133.
fee and ------- business owners can be found at the

134.
Wiley Town community website, www.wileytown.com.

131 (A) seek
(B) having sought
(C) who seek
(D) are seeking

132 (A) upcoming
(B) last
(C) annual
(D) ongoing

133 (A) Several local businesses reported drastic declines in revenue this year.
(B) The event organizers expect more participants in the coming years.
(C) Most residents seemed very satisfied with the previous sessions.
(D) Entrepreneurs from overseas are also available to lead some discussions.

134 (A) participant
(B) participating
(C) participates
(D) participated

From: Michelle Lee <michellelee@harpers.com>
To: Dean Clarkson <clarkson@cater.com>
Subject: Thank you
Date: April 29

Dear Mr. Clarkson,

I'm writing to tell you that we have received a lot of favorable comments on the refreshments your catering company provided for our employee ------- dinner party. We were very impressed ------- the quality food and the service your staff gave us. Thank you so much for your exceptional work! -------. The management of our company unanimously selected your catering company as the sole food provider.
135.
136.
137.

I have attached a copy of the event schedule for this year, so let me know if your company is available on those listed -------.
138.

Sincerely,

Michelle Lee
Vice president, Harpers Research Center

135 (A) appreciative
(B) appreciation
(C) appreciates
(D) appreciated

136 (A) with
(B) into
(C) for
(D) along

137 (A) You can leave your comments on our company's website.
(B) All participants will be notified of the change in price of food.
(C) We are still waiting for approval from the management.
(D) We have a lot of events scheduled for the rest of the year.

138 (A) dates
(B) presenters
(C) venues
(D) addresses

[135-138]

발신: 미쉘 리 (michellelee@harpers,com)
수신: 딘 클락슨 〈clarkson@cater,com〉
제목: 감사합니다
날짜: 4월 29일

친애하는 클락슨 씨,

저희 직원 ⑬ 감사 디너 파티에서 귀사의 출장 연회 서비스가 제공한 다과에 대해 쏟아진 많은 호평에 대해 알려 드리려 이 서신을 씁니다. 귀사의 직원들이 제공한 품격 있는 음식과 서비스 ⑯ 에 저희 모두는 매우 강한 인상을 받았습니다. 귀사의 탁월한 일 처리에 대단히 감사드립니다. ⑰ 남은 한 해 동안 저희는 많은 이벤트가 예정되어 있습니다. 저희 경영진은 만장일치로 귀사를 독점 출장 연회 서비스 공급업체로 선정하였습니다.

금년 이벤트 일정표 사본을 첨부하였으니 명시된 ⑱ 날짜에 귀사의 업무가 가능하신지 알려주시기 바랍니다.

미쉘 리
부회장, 하퍼스 리서치 센터

favorable 호의적인, 좋은 refreshments 다과 catering 출장 연회 exceptional 예외적인, 우수한 unanimously 만장일치로 sole 유일한, 독점적인 appreciative 감사하는 appreciation 감사 approval 승인, 허가 presenter 발표자 venue (행사) 장소 address 주소, 연설

135 빈칸 앞뒤로 모두 명사(employee, dinner party)가 있다. 명사 사이에 명사가 하나 더 들어가서 복합명사가 가능하므로 명사를 골라야 한다. 선택지 중에서 명사는 (B) appreciation이다. 형용사는 앞뒤로 명사가 올 수 없으므로 (A)는 오답이다.
정답_(B)

136 impressed와 어울리는 전치사를 고르는 문제이다. '~에 감명받다'라고 할 때 be impressed with로 쓰므로 정답은 (A)이다.
정답_(A)

137 (A) 귀하의 논평을 저희 회사 웹 사이트에 남기실 수 있습니다.
(B) 모든 참석자들은 음식 가격의 변경에 대해 통보받게 될 것입니다.
(C) 우리는 여전히 경영진의 승인을 기다리는 중입니다.
(D) 남은 한 해 동안 저희는 많은 이벤트가 예정되어 있습니다.

문맥상 적절한 문장을 고르는 문제이다. 빈칸 뒤에 나오는 문장의 내용이 경영진에서 만장일치로 수신자의 회사를 독점 업체로 선정하였다는 맥락이므로, 이에 맞춰 앞으로 있을 행사도 이곳에 맡기겠다는 의미가 적절하다. 따라서 많은 이벤트가 예정되어 있다는 의미의 (D)가 가장 적절하다.
정답_(D)

138 명사 어휘 문제이다. 빈칸 앞 those는 지시형용사로 앞 문장에 언급된 어휘를 받는 개념으로 주로 쓰게 되는데, 바로 앞 문장에서 행사 일정표(schedule) 사본을 첨부했다고 했으므로 일정표에 명시된 '날짜'라는 의미가 문맥상 가장 적절하다. 따라서 정답은 (A) dates이다.
정답_(A)

Test 05

PART 6

[139-142]

수신: 벤 루카스 〈blucas@caseymovers.ca〉
발신: 한보람 〈bhan@protomail.com〉
날짜: 11월 19일
제목: 이사

친애하는 루카스 씨,

11월 17일에 이용한 귀사의 이사 서비스에 대하여 말씀드리려 합니다. 귀사의 서비스를 일전에 이용해 본 경험이 있는 제 동료 중 한 명인 수지 림이 귀사를 저에게 알려 주었고 저는 오랜 ⑬ 고민 없이 귀사를 바로 선택하였습니다. 전반적으로 저는 귀사의 직원들과 일 처리에 매우 만족하였습니다. ⑭ 그러나 탁상용 컴퓨터를 2층 서재로 옮기던 와중에 귀사 직원 중 한 분이 모니터를 바닥에 떨어뜨렸고 모니터에 금이 갔습니다. ⑭ 이사 과정에서 발생할 수 있는 어떠한 파손에도 귀사가 책임을 지는 것을 계약 조항으로 알고 있습니다. 모니터는 제 업무에 있어서 ⑭ 필수품이기 때문에 부디 이 파손 사항에 대해 제가 최대한 빨리 보상받을 수 있는 방법을 알려 주셨으면 합니다.

한보람

refer 언급하다 overall 전반적으로 study 서재 compensate 보상하다 loss 손실, 손해 deliberate 숙고하다 deliberation 숙고 moreover 게다가 in other words 다시 말해 thus 그러므로 state 명시하다 occur 발생하다 estimate 견적서 consult 상의하다 referral 추천 go into effect 효력이 발생되다 purpose 목적 necessity 필수품 addition 추가, 추가된 것, 충원 output 생산치, 결과

139 품사 자리 문제이다. 빈칸 앞의 without이 전치사이므로 빈칸에는 명사가 와야 한다. 바로 앞에 much가 불가산명사를 수식하는 형용사이므로 (B) deliberation이 정답이다.
정답_(B)

140 문맥상 적절한 접속부사를 고르는 문제이다. 선택지 모두 접속부사로 쓰일 수 있는데 빈칸 앞에서는 만족했다는 내용이 나오고 뒤에서는 이와 상반되게 모니터가 파손되었다는 부정적인 내용이 나오므로 역접을 의미하는 (D) however가 정답이다.
정답_(D)

141 (A) 이사 과정에서 발생할 수 있는 어떠한 파손에도 귀사가 책임을 지는 것을 계약 조항으로 알고 있습니다.
(B) 한 곳을 선정하기 전에 여러 이삿짐 운송 회사들로부터 견적서를 요청하는 것은 매우 권장됩니다.
(C) 저희가 다음 주까지 사무실에 신입 사원들을 위한 모니터 두 대를 설치할 수 있도록 주문을 해 주시겠어요?
(D) 귀하는 내년 부로 효력을 발생하게 될 예정인 추천 프로그램에 대해 저희 직원 중 한 명과 상의할 수 있습니다.

문맥상 적절한 문장을 고르는 문제이다. 빈칸 앞뒤로 이사 과정 중에 발생한 문제점에 대해 언급했고, 그 뒤에 나오는 결론 부분에서는 보상을 원하고 있으므로 이 사이에 들어갈 수 있는 가장 적절한 문장은 (A)이다.
정답_(A)

142 명사 어휘 문제이다. 가능한 한 빠른 보상받을 수 있는 방법을 원한다는 말이 있으므로 그만큼 모니터가 본인에게 필요하다는 것을 알 수 있다. '필수품'이라는 의미로 해석하는 것이 가장 적절하므로 정답은 (B) necessity이다.
정답_(B)

Questions 139-142 refer to the following e-mail.

To: Ben Lucas <blucas@caseymovers.ca>
From: Boram Han <bhan@protomail.com>
Date: November 19th
Subject: Moving

Dear Mr. Lucas,

I'm writing to tell you about my experience with your moving service on November 17. Because one of my colleagues, Susie Lim, who used your service before, referred your company to me, I quickly chose your company without much -------. Overall, I was very **139.** pleased with your moving staff and their work. When carrying a desk top computer to the study on the second floor, -------, one of your employees dropped **140.** the monitor on the hard floor and it is cracked. -------. **141.** Please let me know how I can be compensated for this loss as soon as possible because the monitor is a ------- **142.** for my work.

Sincerely,

Boram Han

139 (A) deliberating
(B) deliberation
(C) deliberates
(D) deliberative

140 (A) moreover
(B) in other words
(C) thus
(D) however

141 (A) I understand the contract states that your company takes responsibility for any damages that may occur during the move.
(B) It is highly recommended to request estimates from several moving companies before choosing one among them.
(C) Can you please place orders for a couple of monitors so that we can set them up at the office for new employees by next week?
(D) You can consult with one of our representatives about the referral program scheduled to go into effect next year.

142 (A) purpose
(B) necessity
(C) addition
(D) output

Questions 143-146 refer to the following announcement.

Sub: Announcing Promotion of Jenny Park

Dear All,

We are pleased to announce the promotion of Jenny Park to the position of Marketing Director of the PR department. Jenny joined our company 5 years back as a manager in the sales department. During this ------- , she was also serving in the
143.
position of customer coordinator at our New York branch.

------- customer relations, decision makings, problem
144.
resolution and timely deliveries, Jenny's performance was always influential for JC Company. Jenny brought with her energy and enthusiasm that she has continued to use ------- leading her employees to consistently
145.
improve their sales numbers.

In this new position, she will be looking after all the marketing information, strategies and website updates. She is a new team leader responsible for researching and developing market opportunities and promotional programs.

------- . Please join us on March 12th to congratulate Jenny
146.
on her promotion and welcome her to the PR department.

John Stanley,
Vice President, JC Company

143 (A) position
    (B) responsibility
    (C) transition
    (D) tenure

144 (A) When it comes to
    (B) As a result of
    (C) In the event of
    (D) In comparison with

145 (A) during
    (B) among
    (C) until
    (D) while

146 (A) Several candidates seem very qualified for this new position.
    (B) We are sure that she will bring abundant experience to her new role.
    (C) Our company is already considering opening a new branch overseas.
    (D) There are still some positions to be filled until the end of the year.

[143-146]

제목: 제니 박의 승진 공지

친애하는 직원 여러분,

제니 박이 대외 홍보부 마케팅 이사로 승진 발령이 났다는 것을 알려 드리게 되어 기쁩니다. 제니는 5년 전 영업부장으로 저희 회사에 입사하였습니다. ⑭⑬ 재직 기간 동안 그녀는 뉴욕 지점의 고객 서비스 책임자 역시 맡고 있었습니다.

고객 관련 사항, 의사 결정, 문제 해결과 시기적절한 발언 ⑭⑭ 에 관한 한 제니의 업무 능력은 JC 사에 항상 귀감이 되어 왔습니다. 제니는 휘하 직원들이 착실히 그들의 영업 수치를 향상시킬 수 있게 ⑭⑮ 이끌면서 그녀가 지속적으로 행사하는 에너지와 열정을 불어넣었습니다.

이 새로운 직책에서 그녀는 모든 마케팅 정보, 전략 그리고 웹 사이트 업데이트에 주의를 기울일 것입니다. 그녀는 시장 잠재력과 홍보 프로그램을 연구하고 개발하는 데 책임이 있는 새로운 팀 리더입니다.

⑭⑯ 저희는 그녀가 주어진 새로운 역할에 풍부한 경험을 접목시키리라 확신합니다. 3월 12일 제니의 승진 축하연에 같이 참석하여 그녀의 대외 홍보부 합류를 환영해 주세요.

존 스탠리
부회장, JC 컴퍼니

promotion 승진 coordinator 조정인, 책임자 resolution 해결 timely 시기적절한 delivery 발언, 발표 enthusiasm 열정, 열의 bring with 가져오다 consistently 지속적으로 look after 주의를 기울이다 position 직책, 일자리, 위치 responsibility 책임, 의무 transition 변화 tenure 재임 기간, 재직 기간 when it comes to ~에 관한 한 in the event of ~일 경우에 in comparison with ~과 비교하여 abundant 풍부한

143 빈칸 앞에 전치사 during이 있으므로 '~ 동안'이라는 의미의 during 뒤에서는 기간의 의미가 나와야 한다. 따라서 '재직 기간'을 뜻하는 (D) tenure가 정답이다.
정답_(D)

144 적절한 전치사를 고르는 문제이다. 빈칸 뒤로 업무와 관련된 여러 명사가 나열되고 있으므로 '~에 관한 한'이라는 뜻의 (A) When it comes to가 의미상 적절하다.
정답_(A)

145 빈칸 뒤에 -ing 형태가 있으므로 이와 어울리는 연결구를 골라야 한다. 빈칸 뒤에는 〈주어+be동사〉인 she was가 생략된 것으로 완전한 절을 이끌 수 있는 접속사 while(~하는 동안)이 적절하다. 따라서 정답은 (D)이다. leading은 동명사가 아니므로 전치사인 (A) during은 오답이다.
정답_(D)

146 (A) 이 새로운 직책에 몇몇 후보자들이 매우 자질이 뛰어나 보입니다.
(B) 저희는 그녀가 주어진 새로운 역할에 풍부한 경험을 접목시키리라 확신합니다.
(C) 우리 회사는 이미 해외에 새 지사를 개설하는 것을 고려 중입니다.
(D) 올해 말까지 충원되어야 할 몇몇 직책들이 여전히 있습니다.

문맥상 적절한 문장을 고르는 문제이다. 이 글 자체가 구인 광고나 구직 광고가 아니고, 여러 사람에 대해 조명하는 글이 아닌 Jenny Park이라는 사람에 대한 조명으로 압축되는 글이라는 점에서 정답은 (B)이다.
정답_(B)

Actual Test 06

잠깐!! 시작 전 꼭 확인하세요!

- 실제 시험과 같이 책상을 정리하고 마음의 준비를 하세요.

- 핸드폰은 잠깐 끄고 대신 아날로그 시계를 활용해 보세요.

- PART 5&6 제한 시간은 16분입니다. 제한 시간을 꼭 지켜주세요.

- 어렵다고 넘어가지 마세요. 가능하면 차례대로 풀어 보세요.

READING TEST

In the Reading test, you will read a variety of texts and answer several different types of reading comprehension questions. The entire Reading test will last 75 minutes. There are three parts, and directions are given for each part. You are encouraged to answer as many questions as possible within the time allowed.

You must mark your answers on the separate answer sheet. Do not write your answers in your test book.

PART 5

Directions: A word or phrase is missing in each of the sentences below. Four answer choices are given below each sentence. Select the best answer to complete the sentence. Then mark the letter (A), (B), (C), or (D) on your answer sheet.

101 The Castle Hotel requested ------- from several builders for remodeling the lobby.

(A) estimate
(B) estimated
(C) estimates
(D) estimating

102 While Ms. Kim is on vacation, all customer inquiries should be ------- to Mr. Baez in the Customer Service Department.

(A) handled
(B) directed
(C) answered
(D) asked

103 We are very ------- that we will add another location in the southern area, and we are currently working on the construction project.

(A) pleasant
(B) pleasing
(C) pleasantly
(D) pleased

104 Every employee should comply with the rule that smoking is allowed only in a ------- area.

(A) considered
(B) enlarged
(C) commended
(D) designated

105 Gary has struggled to read all the articles to familiarize ------- with the new regulations and policies.

(A) him
(B) himself
(C) his
(D) he

106 ------- our supervisor said at the conference, developing alternative resources is the main issue which should receive immediate attention.

(A) Whatever
(B) However
(C) Whomever
(D) Wherever

107 Our newly built branch is ------- walking distance and now offers a 20% discount to valued customers.

(A) near
(B) within
(C) across
(D) in

108 Mr. Rodriguez enthusiastically has discussions with his team members ------- when he is tied up with other important tasks.

(A) unless
(B) until
(C) even
(D) alternatively

109 We ask that you avoid any ------- remarks and stick to the main issues in your presentations.

(A) insufficient
(B) incidental
(C) shortened
(D) abundant

110 We will probably postpone the seminar if the main speaker fails to arrive at the convention hall ------- 2 o'clock.

(A) since
(B) until
(C) by
(D) around

111 Elaine Coffee has ------- thirty branches throughout the city, and its biggest seller is the White Coffee.

(A) more
(B) at least
(C) nearer
(D) a lot of

112 If you have an ------- that is easily perishable, it is recommended that you always store it in a refrigerator.

(A) objection
(B) objections
(C) objective
(D) object

113 We have been successful in ------- all the data and have given presentations to buyers from various countries.

(A) integrated
(B) integrating
(C) integrates
(D) integrative

114 A routine check of your laptop is very important to keep your device in good -------.

(A) condition
(B) location
(C) combination
(D) sense

115 When you fill out the application form, please read the contract completely and review the terms of the agreement -------.

(A) distinctively
(B) carefully
(C) comprehensibly
(D) definitively

116 The president said that he cannot clarify the company's position to employees ------- the causes of the recent accident are identified.

(A) because
(B) after
(C) from
(D) until

117 This conference hall ------- up to 350 guests, and there are many convenient facilities and good dining establishments around the hall.

(A) accommodates
(B) is accommodated
(C) accommodating
(D) accommodated

118 His well-established ------- allowed Daniel Morrison to sign a contract with Prince Manufacturing with very good terms and conditions.

(A) reputation
(B) intuition
(C) commitment
(D) punctuality

119 The CEO was highly impressed by Patrick's leadership and diligence, and she thought he had the best ------- to be a good employee.

(A) attributes
(B) attribution
(C) attributions
(D) attributing

120 In order to resolve the problem, we are now exploring a different -------.

(A) access
(B) allocation
(C) professionalism
(D) approach

Test 06

GO ON TO THE NEXT PAGE

121 A ------- walk along the Piedmond trails is enjoyed by most tourists who visit our Paradise Resort.

(A) leisurely
(B) monthly
(C) shortly
(D) contemporarily

122 To protect your skin, please apply sun block to your skin and re-apply ------- the day.

(A) in
(B) toward
(C) within
(D) throughout

123 ------- not mandatory, attending this seminar would be very beneficial to anyone who is working on this project.

(A) Nevertheless
(B) In spite of
(C) If
(D) Though

124 Mega Pix Cinema is closed in ------- of our 20th anniversary, and we will open tomorrow at 11 A.M.

(A) case
(B) celebration
(C) alignment
(D) terms

125 We are so confident in our great service and high quality products that we are sure our selection is better than ------- stores in this area.

(A) other
(B) the other
(C) another
(D) each other

126 This workshop is designed ------- job seekers in giving a good impression to interviewers and writing effective résumés.

(A) assisting
(B) assisted
(C) to assist
(D) for assistant

127 Sarah ------- as a marketing director before she joined our firm as head of the customer service department.

(A) had been served
(B) had served
(C) has been serving
(D) has served

128 The ------- awaited third album of Linda Morris will be released this coming Wednesday.

(A) awfully
(B) thoughtfully
(C) eternally
(D) eagerly

129 Due to the holiday season, Nordic Snowboard shop will be ------- from 10 A.M. to 6:30 P.M. starting on December 10th.

(A) opened
(B) openings
(C) open
(D) opens

130 At first, our president had ------- about merging with Comod Industries because of their serious financial problems.

(A) outbreak
(B) irritation
(C) reservations
(D) affections

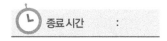

PART 6

Directions: Read the texts that follow. A word, phrase, or sentence is missing in parts of each text. Four answer choices for each question are given below the text. Select the best answer to complete the text. Then mark the letter (A), (B), (C), or (D) on your answer sheet.

Questions 131-134 refer to the following memo.

From: Nick Sanders, Manager of Technical Support Department
To: All employees
Date: May 28
Subject: E-mail server maintenance

This memo is to notify all employees of a temporary ------- of e-mail service beginning
131.
tomorrow due to server maintenance. The maintenance work is expected to last until May

31. Because you cannot have access to your company's e-mail account during the work,

------- contact with clients and colleagues should be made through a different e-mail
132.
account. -------. Previous works included installing security doors to all offices and
133.
surveillance cameras in the main lobby. The email service will be back to ------- as of 7 P.M.
134.
on May 31.

Thank you for your cooperation.

Nick Sanders, Manager of Technical Support Department

131 (A) transition
(B) absence
(C) interruption
(D) decline

132 (A) every
(B) this
(C) others
(D) some

133 (A) You need to show your identification badge to security personnel.
(B) Our company has recently upgraded its order filling process.
(C) The demand for highly trained maintenance staff has been increasing.
(D) This is the last in the series of extensive maintenance works.

134 (A) normal
(B) plan
(C) direction
(D) original

GO ON TO THE NEXT PAGE ▶

Questions 135-138 refer to the following advertisement.

Auroville Place

------- a clothing factory, Auroville Place has been thoroughly upgraded to make its
135.

modern and historical features harmonize with each other. Kevin Rogers, the internationally

renowned architect, ------- the renovation project to transform the old clothing factory to
136.

both commercial and residential units. Auroville Place now has 150 apartment units, most

of which overlook Newcastle Flower Garden, and huge commercial space for retail stores.

-------. Auroville Place is just two blocks away from Newcastle shopping and dining district.
137.

For information ------- leasing space, please contact Auroville Place Real Estate Agency at
138.

351-556-8090 or email at leasing@aurovilleplace.com.

---

135 (A) Already
(B) Formerly
(C) Presently
(D) Solely

136 (A) headed
(B) will head
(C) has been headed
(D) could have headed

137 (A) This fascinating structure is situated in
a prime location.
(B) These retail stores have been
attracting many customers.
(C) Auroville Place is named after the old
clothing factory.
(D) Newcastle Flower Garden is seeking
qualified arborists.

138 (A) along with
(B) despite
(C) in favor of
(D) as to

Questions 139-142 refer to the following notice.

Attention Tenants!

_____. While under the lease terms and conditions, each party has 30 days to give the other
139.
notice of intent whether or not to renew the lease, we are extending you the courtesy of
early notice of an increase in rent as follows:

I would like each of you to continue as my tenants, but an increase of $120 will be applied
to the new lease term. The rent is currently $1,150 and under the terms of the new lease
agreement, will need to increase _____ $1,270.
140.

Renewal of the lease will be _____ on your 30 days' written notice that you intend to renew.
141.

During this period, we will perform an inspection of the home no later than May 20th for
purposes of _____ the statement of condition. And the relevant party will address any
142.
items needing maintenance or repair. We hope that you have settled into the home and the
neighborhood.

---

139 (A) As discussed, you will now be able to sell your home.
(B) We are pleased to send you the revised contract.
(C) As you know, your lease of our property expires on May 5th.
(D) Effective immediately, all tenants should report any problems.

140 (A) to
(B) by
(C) upon
(D) toward

141 (A) responsive
(B) eligible
(C) contingent
(D) insolvent

142 (A) updating
(B) updates
(C) updated
(D) update

Questions 143-146 refer to the following advertisement.

Are you frustrated with diets that don't work?

Do you want to stay in shape without skipping meals?

Here is a perfect solution at Super Body Fitness Center!

Super Body Fitness Center is the ------- largest fitness club in the country. We offer the
      143.
highest quality service with a free consultation. From now through July 15th, we are running

a special promotion.

We will make a special workout program that will make you healthier and slimmer. This is

your chance to have the appearance that you have always dreamed of!

Also, for members who renew their membership during the month of July, we're offering

unlimited use of our personal lockers ------- three separate one-to-one personal training
                                        144.
sessions.

Furthermore, all new customers will get two free consultations with specialists who will

------- you achieve a nice figure.
145.

Come visit one of the Super Body Fitness Center facilities and get amazing benefits! -------.
                                                                                       146.

---

143 (A) two
    (B) second
    (C) twice
    (D) secondly

144 (A) concerning
    (B) plus
    (C) during
    (D) beside

145 (A) assign
    (B) offer
    (C) assist
    (D) help

146 (A) Once again, thank you so much for
        upgrading your membership.
    (B) Super Body Fitness Center will
        undergo extensive renovations.
    (C) Do not hesitate to tell us what your
        concerns are.
    (D) To locate the branch that's nearest to
        you, visit our website.

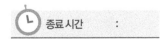
종료시간   :

나 혼자 끝내는 토익 체크 리스트

🗹 정답 확인 **전** 체크 리스트

🗹 이번 회차의 난이도는 ☐ 쉬웠다 ☐ 무난했다 ☐ 어려웠다

🗹 나는 16분 안에 모두 문제 풀이를 완료하였다.   ☐ YES   ☐ NO

그렇지 않다면, 실제 걸린 시간은 몇 분인가요?   _____

혹시 시간이 부족해서 찍어서 푼 문제가 있다면 몇 번인지 표시해 보세요.   _____

💡 시간이 부족하셨다면, 문제당 16~20초 안에 푸는 훈련을 해야 합니다.

🗹 나는 정답이 확실하지 않아서 고민이 되었던 문제가 있었다.   ☐ YES   ☐ NO

혼동된 문제가 있었다면 몇 번인지 표시해 보세요.   _____

💡 QR코드를 통해 제공되는 저자 직강 음성 강의로 고민되었던 문제를 해결해 보세요.

🗹 어휘 문제 중에 모르는 단어가 있었다.   ☐ YES   ☐ NO

혼동되었던 단어를 적어 보세요.   _____

💡 넥서스 홈페이지(www.nexusbook.com)에서 제공하는 어휘 리스트와 테스트를 활용하여 다시 한 번
최종 점검을 해 보세요.

🗹 정답 확인 **후** 체크 리스트

🗹 예상 정답 개수는 몇 개였나요? 정답 체크 후 실제 맞힌 개수를 적어 보세요.

예상 개수 : _____   실제 개수 : _____

💡 p.11에 나혼토 실력 점검표가 있습니다. 맞은 개수를 기록하며 실력 향상을 점검해 보세요.

🗹 틀린 문제를 다시 점검하고, 다음에는 절대 틀리지 않겠다는 다짐을 해 보세요!

찍어서 맞은 문제도 틀린 문제입니다. 틀린 문제들을 기록해 보세요.   _____

💡 QR코드를 통해 제공되는 저자 직강 음성 강의로 틀린 문제를 다시 확인해 보세요.

🗹 틀린 문제 리뷰를 정확히 하고, 나만의 "오답노트"를 작성해 보세요.

💡 토익 RC는 특히 "복습"이 생명입니다. 틀린 문제는 꼭 다시 정리하세요.

> 한번에 많은 문제를 푸는 것보다는 체계적으로 문제를 푼 이후, 내 것으로 완전히 소화하는 방식이 필요합니다.
> **틀린 문제 위주로** 중요 포인트를 **"나만의 노트"**에 정리하고, 외워야 할 세트 구문 등을 잘 정리해서 암기하였는
> 지 반드시 확인하고, 반복, 또 반복해서 복습해 보세요.

101 캐슬 호텔은 로비 리모델링을 위해 몇몇 건축업체들로부터 견적서를 요청했다.

> 적절한 품사를 고르는 문제이다. 타동사 requested의 목적어 역할을 할 수 있는 명사가 필요하므로 (A), (C) 중에서 골라야 한다. 가산명사 estimate는 단수로 쓰려면 앞에 an이 있어야 하므로 정답은 복수형인 (C) estimates이다.

request 요청하다   estimate 견적서
정답_(C)

101 The Castle Hotel requested ------- from several builders for remodeling the lobby.

(A) estimate
(B) estimated
(C) estimates
(D) estimating

102 김 씨가 휴가를 간 동안, 모든 고객 질문은 고객 서비스 부서의 바에즈 씨에게 곧장 진달되어야 한다.

> 적절한 동사를 고르는 문제이다. 빈칸 뒤에 전치사 to가 있으므로 전치사 to와 함께 쓰는 동사를 골라야 한다. 따라서 (B) directed가 정답이다. 나머지 선택지는 모두 전치사 to와 결합하는 동사가 아니므로 오답이다.

on vacation 휴가 중인   inquiry 질문
정답_(B)

102 While Ms. Kim is on vacation, all customer inquiries should be ------- to Mr. Baez in the Customer Service Department.

(A) handled
(B) directed
(C) answered
(D) asked

103 우리는 남쪽 지역에 부지를 추가할 예정이어서 매우 기쁘며, 현재 건설 프로젝트를 진행 중이다.

> 부사 very의 수식을 받으면서 be동사 are의 보어 역할을 하는 형용사가 와야 한다. 사람이 느끼는 감정은 과거 분사로 표현되기 때문에 정답은 (D) pleased이다.

southern 남부의, 남쪽의   work on ~을 착수하다, (업무 등을) 진행하다
정답_(D)

103 We are very ------- that we will add another location in the southern area, and we are currently working on the construction project.

(A) pleasant
(B) pleasing
(C) pleasantly
(D) pleased

104 모든 직원들은 지정된 장소에서만 흡연이 가능하다는 규칙을 준수하여야 한다.

> 적절한 형용사를 고르는 문제이다. '지정된' 장소에서만 흡연이 가능하다는 뜻이므로 정답은 (D) designated(지정된)이다.

comply with 따르다, 준수하다   enlarge 확대하다   commend 칭찬하다
정답_(D)

104 Every employee should comply with the rule that smoking is allowed only in a ------- area.

(A) considered
(B) enlarged
(C) commended
(D) designated

105 개리는 새로운 규정과 정책에 익숙해지기 위해서 모든 조항들을 읽느라 사투를 벌였다.

> 적절한 인칭대명사 격을 고르는 문제이다. 빈칸 앞의 동사 familiarize의 목적어 역할을 함과 동시에, 주어인 Gary 자신을 받는 표현이 되어야 하므로 정답은 (B) himself이다. familiarize oneself with는 대표적인 숙어 표현으로 '~에 익숙해지다'라는 뜻이다.

struggle 고군분투하다, 노력하다   policy 정책
정답_(B)

105 Gary has struggled to read all the articles to familiarize ------- with the new regulations and policies.

(A) him
(B) himself
(C) his
(D) he

106 ------- our supervisor said at the conference, developing alternative resources is the main issue which should receive immediate attention.

(A) Whatever
(B) However
(C) Whomever
(D) Wherever

107 Our newly built branch is ------- walking distance and now offers a 20% discount to valued customers.

(A) near
(B) within
(C) across
(D) in

108 Mr. Rodriguez enthusiastically has discussions with his team members ------- when he is tied up with other important tasks.

(A) unless
(B) until
(C) even
(D) alternatively

109 We ask that you avoid any ------- remarks and stick to the main issues in your presentations.

(A) insufficient
(B) incidental
(C) shortened
(D) abundant

110 We will probably postpone the seminar if the main speaker fails to arrive at the convention hall ------- 2 o'clock.

(A) since
(B) until
(C) by
(D) around

---

106 우리 상사가 회의에서 무슨 말을 했든지 간에 대체 자원을 개발하는 것이 즉각적인 관심을 요하는 중요 사안이다.

 빈칸 뒤에 나오는 절을 이끌 수 있는 복합관계사를 고르는 문제이다. said 뒤에 목적어가 없는 불완전한 절이 왔기 때문에 상사가 '무엇을' 이야기했는지의 의미를 충족하면서 불완전 절을 취하는 복합관계대명사 (A) Whatever가 정답이다. 복합관계부사인 (B), (D)는 뒤에 완벽한 절이 와야 하기 때문에 오답이다.

alternative resource 대체 자원   immediate 즉각적인
정답_(A)

107 저희 새로 지은 지사는 도보로 왕래 가능한 거리에 있으며, 현재 우리 단골 고객님들에게 20% 할인을 제공하고 있습니다.

지사가 도보로 갈 수 있는 가까운 거리 '내에' 있다는 의미이므로, 대표적 관용 표현인 within walking distance(걸어서 갈 수 있는 거리 내에)가 적절하다. 따라서 정답은 (B) within이다.

valued customer 귀중한 고객(단골 고객)
정답_(B)

108 다른 중요한 업무를 하느라 바쁠 때조차도 로드리게즈 씨는 자신의 팀원들과 대화를 열성적으로 나눈다.

 빈칸 뒤에 새로운 절을 연결하는 접속사 when이 이미 있기 때문에 접속사 (A) unless를 먼저 오답 처리한다. 접속사 when과 함께 쓸 수 있는 (B), (C) 중에서 골라야 하는데 '바쁠 때에도 열성적으로 대화를 나눈다'라는 뜻이 적절하므로 접속사 when을 수식하는 역할로 (C) even이 정답이다. (B) until은 문맥상 어색하므로 오답이다.

enthusiastically 열정적으로, 열성적으로   be tied up with ~하느라 바쁘다   alternatively 양자택일로, 그 대신에
정답_(C)

109 발표를 할 때 부수적인 발언은 배제하고 중요 쟁점에만 집중해 주시기를 요청드립니다.

'부수적인' 발언은 피하고 중요 쟁점만 발표해 달라는 뜻이 적절하므로 '부수적인'이라는 뜻의 (B) incidental이 정답이다.

remark 발언   stick to ~을 고수하다   insufficient 불충분한   shortened 짧아진, 단축된   abundant 풍족한
정답_(B)

110 주요 연사가 2시 정각까지 컨벤션 홀에 도착하지 못한다면 아마도 세미나를 연기해야 한다.

적절한 전치사를 고르는 문제이다. '2시까지' 도착하지 못한다면 연기해야 할 것이라는 뜻이 적절하므로 정답은 (C) by이다. by는 지속적인 의미가 아니라 2시까지 와야 한다는 완료적 시점을 뜻한다.

postpone 미루다, 연기하다   fail to ~하지 못하다
정답_(C)

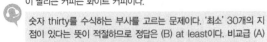

PART 5

111 일레인 커피는 도시 전역에 최소 30개의 지점을 갖고 있으며, 가장 많이 팔리는 커피는 화이트 커피이다.

숫자 thirty를 수식하는 부사를 고르는 문제이다. '최소' 30개의 지점이 있다는 뜻이 적절하므로 정답은 (B) at least이다. 비교급 (A) more은 수치 앞에서는 than과 함께 써야 하므로 오답이다. (D) a lot of는 정확한 수치가 언급되지 않은 상태에서 많은 정도를 뜻하는 표현이므로 오답이다.

branch 지점 nearer 더 가까운
정답_(B)

112 쉽게 상하는 물건이 있다면 항상 냉장고 안에 보관하는 것을 추천한다.

적절한 명사를 고르는 문제이다. 빈칸은 that절 이하의 선행사가 되어야 하는데, 냉장고 안에 넣어야 하는 상하기 쉬운 '물건'이라는 의미이므로 정답은 (D) object이다. (A) objection은 '반대'라는 의미이며, (C) objective도 명사지만 '목적'이라는 의미이므로 어색하다.

perishable 상하기 쉬운 store 저장하다 refrigerator 냉장고
정답_(D)

113 우리는 모든 데이터를 성공적으로 통합하였으며, 여러 나라에서 온 구매자들에게 프레젠테이션을 하였다.

적절한 품사를 고르는 문제이다. 빈칸 앞에 전치사 in이 왔으므로 전치사의 목적어로 명사 또는 동명사가 올 수 있다. 뒤에 목적어인 all the data가 있기 때문에 동명사 (B) integrating이 정답이다. (A), (B)를 분사로 판단하게 되면 all the data를 수식하는 개념이 되어 어색하다.

integrate 통합하다, 병합하다 integrative 통합하는, 완전하게 하는
정답_(B)

114 정기적인 노트북 점검은 기기를 좋은 상태로 계속 쓰기 위해 매우 중요하다.

적절한 명사를 고르는 문제이다. 빈칸 앞에 형용사 good이 왔고 기기를 좋은 상태로 계속 유지한다는 의미가 적절하므로 정답은 (A) condition이다.

routine 정기적인 device 기기 combination 조합
정답_(A)

115 신청서 양식을 작성하실 때는 반드시 계약서를 완전히 읽어주시고, 합의서 조건을 꼼꼼하게 검토해 주세요.

적절한 부사를 고르는 문제이다. 조건을 '꼼꼼하게' 검토하다는 뜻이 적절하므로 (B) carefully가 정답이다.

application form 신청서 terms 조건 distinctively 독특하게, (차이점 등이) 또렷하게 carefully 꼼꼼하게, 주의 깊게 comprehensibly 이해할 수 있게, 명료하게 definitively 결정적으로, 명확하게
정답_(B)

111 Elaine Coffee has ------- thirty branches throughout the city, and its biggest seller is the White Coffee.

(A) more
(B) at least
(C) nearer
(D) a lot of

112 If you have an ------- that is easily perishable, it is recommended that you always store it in a refrigerator.

(A) objection
(B) objections
(C) objective
(D) object

113 We have been successful in ------- all the data and have given presentations to buyers from various countries.

(A) integrated
(B) integrating
(C) integrates
(D) integrative

114 A routine check of your laptop is very important to keep your device in good -------.

(A) condition
(B) location
(C) combination
(D) sense

115 When you fill out the application form, please read the contract completely and review the terms of the agreement -------.

(A) distinctively
(B) carefully
(C) comprehensibly
(D) definitively

116 The president said that he cannot clarify the company's position to employees ------- the causes of the recent accident are identified.

(A) because
(B) after
(C) from
(D) until

116 최근에 일어난 사고의 원인이 규명되기 전까지, 회장은 직원들에게 회사의 입장을 명확하게 밝힐 수 없다고 말했다.

적절한 접속사를 고르는 문제이다. 사고의 원인이 규명되기 '전까지' 입장 표명을 확실하게 할 수 없다는 의미이기 때문에 (D) until이 정답이다.

clarify 해명하다, 명확히 하다   position 입장   cause 원인   identify 확인하다

정답_(D)

117 This conference hall ------- up to 350 guests, and there are many convenient facilities and good dining establishments around the hall.

(A) accommodates
(B) is accommodated
(C) accommodating
(D) accommodated

117 이 회의장은 350명까지 수용이 가능하며, 회의장 주변으로 많은 편의 시설들과 훌륭한 식당들이 있다.

빈칸에는 동사가 와야 하므로 (A), (B) (D) 중에서 골라야 한다. 빈칸 뒤에 목적어(350 guests)가 있으므로 수동인 (B)를 먼저 제외하고 and 뒤에 현재 시제(are)가 나왔으므로 (A) accommodates가 정답이다.

dining establishment 식당   accommodate 수용하다

정답_(A)

118 His well-established ------- allowed Daniel Morrison to sign a contract with Prince Manufacturing with very good terms and conditions.

(A) reputation
(B) intuition
(C) commitment
(D) punctuality

118 다니엘 모리슨의 탄탄하게 다져진 명성이 프린스 제조사와 매우 좋은 조건으로 계약을 체결하게 하였다.

문맥상 적절한 명사를 고르는 문제이다. 좋은 조건으로 계약을 맺게 된 바탕에 탄탄하게 다져진 '명성'이 있었다는 의미가 가장 적절하므로 정답은 (A) reputation이다. established reputation은 함께 잘 쓰이는 표현이다.

established 확립된, 구축된   terms and conditions (계약상의) 조항 및 조건   reputation 평판, 명성   intuition 직관력   commitment 전념, 헌신   punctuality 시간 엄수

정답_(A)

119 The CEO was highly impressed by Patrick's leadership and diligence, and she thought he had the best ------- to be a good employee.

(A) attributes
(B) attribution
(C) attributions
(D) attributing

119 대표 이사는 패트릭의 통솔력과 근면함에 매우 감명받았으며, 그가 유능한 직원이 될 최고의 자질을 갖췄다고 생각했다.

최상급 the best의 수식을 받는 적절한 명사를 고르는 문제이다. 최고의 '자질'을 갖췄다는 의미가 적절하기 때문에 정답은 (A) attributes이다. (B), (C) 역시 명사지만 '귀속'이라는 의미로 어색하다.

diligence 근면함   attribute ~ 탓으로 돌리다, 자질   attribution 귀속, 속성

정답_(A)

120 In order to resolve the problem, we are now exploring a different -------.

(A) access
(B) allocation
(C) professionalism
(D) approach

120 그 문제를 해결하기 위해 우리는 다른 접근법을 모색하고 있다.

문제 해결을 위한 '접근법'을 모색하고 있다는 의미이므로 정답은 (D) approach이다. (A) access는 불가산 명사로 a와 연결될 수 없으며, 물건/정보/장소 따위의 이용 권한상의 접근이라는 의미이기 때문에 오답이다.

resolve 해결하다   explore 탐색하다, 모색하다   allocation 할당
professionalism 전문성

정답_(D)

Test 06

121 저희 파라다이스 리조트를 찾아주시는 대부분의 방문객들은 피드몬드 산책로를 따라 천천히 걷는 것을 즐깁니다.

명사 walk를 수식하는 적절한 형용사를 고르는 문제이다. ly로 끝나지만 형용사인 leisurely는 walk와 함께 쓰면 '여유로운 산책'이라는 뜻이다. 따라서 정답은 (A) leisurely이다.

trail 산책길   leisurely 한가한, 여유로운   contemporarily 동시대에
정답_(A)

121 A ------- walk along the Piedmond trails is enjoyed by most tourists who visit our Paradise Resort.

(A) leisurely
(B) monthly
(C) shortly
(D) contemporarily

---

122 피부 보호를 위해 자외선 차단 크림을 피부에 발라야 하며, 하루 내내 다시 발라야 한다.

피부 보호를 위한 자외선 차단 크림을 하루 '내내' 계속 다시 발라야 한다는 의미이기 때문에 정답은 (D) throughout이다. 그날 '내에만' 바르라는 의미가 아니기 때문에 (C) within은 오답이다.

apply A to B A를 B에 적용하다, 부착하다, 바르다
정답_(D)

122 To protect your skin, please apply sun block to your skin and re-apply ------- the day.

(A) in
(B) toward
(C) within
(D) throughout

---

123 의무 사항은 아니지만 이번 세미나에 참석하는 것은 이 프로젝트 작업을 수행하고 있는 모든 이에게 상당히 유익할 것이다.

not 앞에 it is가 생략된 형태이므로 빈칸에는 절을 이끄는 접속사가 와야 한다. 따라서 (D) Though가 정답이다. (A) Nevertheless는 부사, (B) In spite of는 전치사이므로 각각 오답이다.

mandatory 의무적인, 필수적인   be beneficial to ~에 이롭다
정답_(D)

123 ------- not mandatory, attending this seminar would be very beneficial to anyone who is working on this project.

(A) Nevertheless
(B) In spite of
(C) If
(D) Though

---

124 20주년을 기념하여 저희 메가 픽스 시네마는 문을 열지 않으며, 내일 오전 11시에 엽니다.

20주년을 '기념한다'는 의미의 전치사구가 와야 하므로 (B) celebration이 정답이다.

in case of ~일 경우에, ~일 경우를 대비하여   in alignment with ~와 일직선이 되어   in terms of ~면에서, ~에 관하여
정답_(B)

124 Mega Pix Cinema is closed in ------- of our 20th anniversary, and we will open tomorrow at 11 A.M.

(A) case
(B) celebration
(C) alignment
(D) terms

---

125 저희는 훌륭한 서비스와 고품질의 제품에 자신이 있으므로 이 지역의 다른 매장들의 상품보다 저희 상품이 낫다고 자부합니다.

복수 명사 stores를 수식할 수 있는 형용사를 골라야 한다. 따라서 복수 명사 수식이 가능한 형용사 (A) other이 정답이다. (B) the other은 정확한 범주가 정해진 가운데 남은 것들을 뜻하는 것이므로 오답이며, (C) another는 뒤에 단수 명사가 오기 때문에 오답이다.

selection 구색
정답_(A)

125 We are so confident in our great service and high quality products that we are sure our selection is better than ------- stores in this area.

(A) other
(B) the other
(C) another
(D) each other

126 This workshop is designed ------- job seekers
in giving a good impression to interviewers
and writing effective résumés.

(A) assisting
(B) assisted
(C) to assist
(D) for assistant

126 이번 워크숍은 구직자들에게 면접관에게 좋은 인상을 남기는 방법과 효
과적인 이력서 작성 요령에 대해 조언을 주고자 기획되었습니다.

빈칸 앞에 완벽한 절이 오기에 빈칸부터는 부사의 역할을 할 수 있는
어휘가 와야 한다. 부사적 용법으로 '~하기 위하여'라는 뜻의 (C) to
assist가 정답이다. 〈be designed to+v〉는 '~로 기획되다, 고안
되다'라는 의미로 쓰이는 대표적 숙어이다.

job seeker 구직자   impression 인상
정답_(C)

---

127 Sarah ------- as a marketing director before
she joined our firm as head of the customer
service department.

(A) had been served
(B) had served
(C) has been serving
(D) has served

127 사라는 우리 회사 고객 서비스 부서장으로 오기 전에 마케팅 이사로서
근무한 전력이 있다.

우리 회사에 오기 전에 마케팅 이사로 근무했다고 했으므로 과거 시
제 joined보다 더 과거 일을 표현하기 위한 과거완료 시제 (B) had
served가 정답이다. 빈칸 뒤에 as로 인해 serve는 자동사임을 알
수 있으므로 수동태인 (A) had been served는 오답이다.

serve 근무하다
정답_(B)

---

128 The ------- awaited third album of Linda Morris
will be released this coming Wednesday.

(A) awfully
(B) thoughtfully
(C) eternally
(D) eagerly

128 많은 이들이 간절히 기다리던 린다 모리스의 3번째 앨범이 이번 주 수
요일에 발매될 것이다.

기다린다는 의미의 awaited를 수식하는 적절한 부사를 고르는 문제
이다. 많은 사람들이 '간절히 기다리던'이라는 표현이 적절하므로 정답
은 (D) eagerly이다.

awfully 끔찍하게   thoughtfully 사려 깊게   eternally 영원히
정답_(D)

---

129 Due to the holiday season, Nordic Snowboard
shop will be ------- from 10 A.M. to 6:30 P.M.
starting on December 10th.

(A) opened
(B) openings
(C) open
(D) opens

129 휴가철을 맞아 노르딕 스노보드 숍은 12월 10일부터 오전 10시부터
오후 6시 30분까지 영업할 것입니다.

적절한 품사를 고르는 문제이다. be동사 뒤에는 보어로 형용사가 가
장 적절하기 때문에 동사/ 형용사로 모두 쓰이는 (C) open이 정답이
다.

holiday season 휴가철
정답_(C)

---

130 At first, our president had ------- about
merging with Comod Industries because of
their serious financial problems.

(A) outbreak
(B) irritation
(C) reservations
(D) affections

130 처음에 우리 회장은 코모드 산업의 심각한 재정 문제 때문에 그들과의
합병에 대해 의구심을 품었다.

적절한 명사를 고르는 문제이다. 재정적 문제가 있는 기업과의 합
병에 대해서 '의구심'을 가졌다는 뜻이 적절하므로 정답은 (C)
reservations이다. have reservations는 '의혹을 갖다'는 뜻이다.

outbreak 발발, 발생   irritation 짜증   affection 애정, 애착
정답_(C)

Test 06

[131-134]

발산: 닉 샌더스, 기술지원부 부장
수산: 전 직원
날짜: 5월 28일
제목: 이메일 서버 점검

내일부터 시작되는 서버 점검으로 인하여 이메일 서비스가 잠정적으로 **(131)** 중단됨을 전 직원에게 알려 드립니다. 본 점검은 5월 31일까지 진행될 예정입니다. 점검 기간 동안에는 회사 이메일 계정에 접속이 불가능하기 때문에 고객 및 동료들과의 **(132)** 모든 연락은 귀하가 소유한 다른 이메일 계정을 통하여서만 가능합니다. **(133)** 본 점검은 광범위한 관리 작업들 중 마지막 절차입니다. 이전 작업은 사무실 전체에 경비 문을 달고 메인 로비에 감시 카메라를 설치하는 작업이었습니다. 이메일 서비스는 5월 31일 오후 7시부터 **(134)** 정상화될 것입니다.

협조에 감사드립니다.

닉 샌더스, 기술지원부 부장

maintenance 보수, 정비 surveillance 감시 transition 변화 absence 부재 interruption 방해, 중단 decline 감소, 거절하다 identification 신분 증명 personnel 직원 extensive 광범위한 normal 정상, 보통 direction 지침, 안내, 방향 original 원형, 원본

131 형용사 temporary와 어울리는 명사를 고르는 문제이다. 빈칸 뒤에 service라는 단어가 있으므로 '서비스의 잠정, 일시적인 중단'이라는 의미가 가장 적절하다. 따라서 정답은 (C)이다.
정답_(C)

132 빈칸 뒤의 명사 contact를 수식하는 형용사를 고르는 문제이다. 먼저 대명사인 (C) others는 오답이며, (D) some은 가산 명사를 수식할 때 복수 명사를 주로 수식하므로 역시 오답이다. (A), (B) 중 앞 문장에 특별히 언급된 연락처가 없기 때문에, 앞의 내용을 받을 때 쓰는 지시형용사 (B) this를 오답으로 소거한다. 의미상 고객들의 연락, 연락처 등은 여러 개 있을 것이므로 복수의 의미를 갖지만 단수 명사를 수식하는 (A) every가 정답이다.
정답_(A)

133 (A) 보안 직원에게 당신의 신분증 배지를 보여주어야 합니다.
(B) 저희 회사는 최근에 주문 처리 과정을 개선하였습니다.
(C) 교육을 잘 받은 보수 관리 직원에 대한 수요가 증가해 왔습니다.
(D) 본 점검은 광범위한 관리 작업들 중 마지막 절차입니다.

문맥상 가장 적절한 문장을 고르는 문제이다. 빈칸 앞뒤에 위치한 문장을 통해 힌트를 얻어야 하는데, 빈칸 뒤로는 Previous works로 시작하는 문장으로 이전 작업들이 어떤 것이었는지 설명하고, 빈칸 앞은 내일 있을 점검에 대해 안내하는 내용이므로, 서버 점검이 관리 작업들 중 마지막 절차라는 내용의 (D)가 가장 적절하다.
정답_(D)

134 글은 서론과 결론이 일치하는 맥락을 보여야 좋은 연결이 된다. 글의 서론 부분에 잠정적인 이메일 서비스의 중단이라는 말이 있었으므로 하단 부분에는 서비스가 다시 정상적으로 운영되는 부분에 대해 언급하는 것이 적절하다. 따라서 정답은 (A) normal이다. normal은 형용사와 명사를 혼용하는 어휘이기 때문에 전치사 to 뒤에 충분히 들어갈 수 있는 품사이며 (D) original은 주로 형용사로 사용하며 시기적으로 맨 처음 것, 원래의 것을 의미하므로 오답이다.
정답_(A)

Questions 131-134 refer to the following memo.

From: Nick Sanders, Manager of Technical Support Department
To: All employees
Date: May 28
Subject: E-mail server maintenance

This memo is to notify all employees of a temporary

------- of e-mail service beginning tomorrow due
    131.
to server maintenance. The maintenance work is

expected to last until May 31. Because you cannot

have access to your company's e-mail account during

the work, ------- contact with clients and colleagues
            132.
should be made through a different e-mail account.

-------. Previous works included installing security
  133.
doors to all offices and surveillance cameras in the

main lobby. The email service will be back to -------
                                             134.
as of 7 P.M. on May 31.

Thank you for your cooperation.

Nick Sanders, Manager of Technical Support Department

131 (A) transition
    (B) absence
    (C) interruption
    (D) decline

132 (A) every
    (B) this
    (C) others
    (D) some

133 (A) You need to show your identification badge to security personnel.
    (B) Our company has recently upgraded its order filling process.
    (C) The demand for highly trained maintenance staff has been increasing.
    (D) This is the last in the series of extensive maintenance works.

134 (A) normal
    (B) plan
    (C) direction
    (D) original

Questions 135-138 refer to the following advertisement.

Auroville Place

------- a clothing factory, Auroville Place has been
        135.
thoroughly upgraded to make its modern and
historical features harmonize with each other. Kevin
Rogers, the internationally renowned architect, -------
                                                  136.
the renovation project to transform the old clothing
factory to both commercial and residential units.
Auroville Place now has 150 apartment units, most of
which overlook Newcastle Flower Garden, and huge
commercial space for retail stores. -------. Auroville
                                     137.
Place is just two blocks away from Newcastle
shopping and dining district. For information -------
                                               138.
leasing space, please contact Auroville Place Real
Estate Agency at 351-556-8090 or email at leasing@
aurovilleplace.com.

135 (A) Already
     (B) Formerly
     (C) Presently
     (D) Solely

136 (A) headed
     (B) will head
     (C) has been headed
     (D) could have headed

137 (A) This fascinating structure is situated in a prime
         location.
     (B) These retail stores have been attracting many
         customers.
     (C) Auroville Place is named after the old clothing
         factory.
     (D) Newcastle Flower Garden is seeking qualified
         arborists.

138 (A) along with
     (B) despite
     (C) in favor of
     (D) as to

아로빌 플레이스

135 이전에 의류 공장이었던 아로빌 플레이스가 현대적인 감각과 역사적인 요소가 서로 조화를 이루는 장소로 완전히 탈바꿈했습니다. 국제적인 명망이 자자한 건축가인 케빈 로저스가 낡은 의류 공장을 복합주상의 두 요소를 갖춘 건물로 변모시키는 프로젝트의 **136** 수장을 맡아 진행하였습니다. 아로빌 플레이스는 뉴캐슬 플라워 가든을 내려다보는 150 세대의 아파트와 소매상점들을 위한 거대한 상업공간을 확보하고 있습니다. **137** 이 매력적인 건물은 좋은 입지에 자리하고 있습니다. 뉴캐슬 쇼핑과 먹자골목 지구로부터 단 두 블록밖에 떨어져 있지 않습니다. 임대에 **138** 관해 더 정보가 필요하시면 아로빌 플레이스 부동산, 전화번호 351-556-8090으로 연락주시거나 leasing@aurovilleplace.com으로 이메일 주시기 바랍니다.

feature 특징   harmonize 일치하다, 조화하다   renowned 명성 있는   transform 변화시키다   overlook 내려다보다   formerly 이전에   presently 현재   solely 유일하게, 단독으로   prime 최고의   qualified 자격이 있는   arborist 수목 재배가   along with ~을 곁들여, 함께   despite ~에도 불구하고   in favor of ~에 찬성하여   as to ~에 대하여, ~에 관해

135 적절한 부사를 고르는 문제이다. 부사는 형용사와 동사뿐 아니라 관사 a가 붙은 명사 어구를 수식할 수도 있다. 의류 공장이었다가 완전히 탈바꿈했다는 맥락이므로, 이전의 모습에서 바뀌었다는 의미가 필요하다. 건물의 이전 용도, 이전 모습, 사람의 전직 등 한 때의 과거 단면의 모습을 묘사할 때 주로 쓰는 (B) Formerly가 정답이다.
정답_(B)

136 빈칸 위로 주어 Kevin Rogers가 나와 있고 그 뒤로 동사가 아직 나오지 않은 상태이므로, 동사가 반드시 들어가야만 문장이 성립된다는 점에서 적절한 동사를 고르는 문제이다. 동사는 시제보다 일단 능동태와 수동태 파악이 우선인데, 빈칸 뒤로 the renovation project라는 명사 목적어가 있으므로 수동태인 (C)는 답이 될 수 없다. 아로빌 플레이스가 완전히 탈바꿈한 것을 진행한 건축가가 케빈 로저스이므로 동사의 시제는 과거 되어야 한다. 따라서 정답은 (A) headed이다. (B)는 시제가 미래이므로 오답이고, (D)는 과거에 '진행할 수도 있었는데'라는 뜻으로 결국 진행하지 못했다는 의미가 되어 오답이다.
정답_(A)

137 (A) 이 매력적인 건물은 좋은 입지에 자리하고 있습니다.
(B) 이 소매상점들은 많은 손님들을 유치해 왔습니다.
(C) 아로빌 플레이스라는 이름은 오래된 의류 공장의 이름을 따서 지어졌습니다.
(D) 뉴캐슬 플라워 가든은 자격이 있는 수목 재배가를 구하고 있습니다.

빈칸 뒤에 나오는 문장에서 쇼핑 지역과 먹자골목에서 단 두 블록 떨어진 거리에 위치해 있다고 했으므로 아로빌 플레이스는 좋은 입지 조건을 갖추고 있다고 볼 수 있다. 따라서 빈칸은 (A)가 들어가는 것이 가장 적절하다. 아로빌 플레이스에 대한 문장이지 여러 소매 업체들에 대해 언급한 것이 아니므로 (B)는 오답이다.
정답_(A)

138 빈칸 앞뒤로 명사가 있기 때문에 이를 연결하는 전치사를 골라야 한다. 문맥상 임대 공간 등에 '관한, 대한' 정보가 가장 적절하므로 정답은 (D) as to이다.
정답_(D)

PART 6

[139-142]

세입자들은 주의해 주세요!

139 아시다시피 저희와의 임대 계약이 5월 5일에 종료가 됩니다. 임대차 계약과 조건에 따라 양측은 30일의 기간을 갖고 그 사이에 계약 갱신 여부에 관한 의사를 전달하기로 되어 있어, 이에 저희는 월세 인상분에 관해 조기 통보를 통해 미리 알려 드리고자 합니다.

저희는 귀하가 저희 세입자로서 계속 남아주셨으면 합니다만, 새로운 임대 기간에는 120달러 인상분이 적용될 것입니다. 현재 월세는 1,150달러이며 새로운 임대차 계약 하에서는 1,270달러 **140** 까지 인상하게 되었습니다. 임대차 갱신은 귀하의 갱신 여부 30일 서면 통보 **141** 여부에 따라 성사될 것입니다.

이 (30일의) 기간 동안 저희는 5월 20일 이전까지 임대물의 상태를 **142** 업데이트하기 위한 검사를 시행합니다. 당사자는 관리나 보수가 필요한 사항에 대해서 확인하게 될 것입니다.

귀하가 모쪼록 가정과 이웃에 정착하셨기를 바랍니다.

tenant 세입자 lease 임대차 계약 party 당사자 notice 통지, 통보 intent 의도 extend ~ the courtesy of ~의 호의를 베풀다 inspection 검사 relevant 관련 있는 settle 정착하다 revise 수정하다 effective 효과적인 upon ~하자마자 toward ~즈음에, ~을 향하여 responsive ~에 응답하는, 반응하는 eligible ~할 자격이 되는 contingent ~의 여부에 따라 insolvent 파산한

139 (A) 논의한 바와 같이, 귀하는 이제 집을 판매하실 수 있을 것입니다.
(B) 저희는 귀하에게 수정된 계약서를 보내 드리게 되어 기쁩니다.
(C) 아시다시피 저희와의 임대 계약이 5월 5일로 종료가 됩니다.
(D) 지금부터 즉시, 모든 세입자 분들은 어떤 문제점이든 보고하셔야 합니다.

빈칸 뒤에 나오는 문장의 맥락이 양측이 30일간의 기간을 두고 임대 계약을 갱신(renew the lease)할지 안 할지를 결정할 수 있다는 것이므로 갱신을 하는 것과 가장 문맥상 맞는 것은 임대 계약이 종료된다는 내용의 (C)가 가장 적절하다.
정답_(C)

140 빈칸 뒤에 $1,270이라는 정확한 액수가 나와 있으므로 이를 이끌 수 있는 전치사가 들어가야 할 자리이다. 액수, 수치 등을 이끌 수 있는 대표적 전치사 (A) to가 정답이며, to가 수치를 이끌 때는 '~까지, ~로'라는 의미로 주로 쓰인다. (B) by의 경우 정확한 액수가 아닌 백분율(%)을 주로 이끌며 나머지 전치사들은 수치를 전혀 이끌지 않으므로 모두 오답이다.
정답_(A)

141 형용사 어휘들은 명사를 수식하기도 하지만 전치사와 함께 구조상 세트를 이루는 경우도 있는데, 동사 respond에서 파생된 형용사 responsive는 to와, eligible은 주로 전치사 for나 to부정사와, contingent는 on과 결합한다는 것을 알면 아주 빠르게 풀 수 있는 문제이다. insolvent의 경우 따로 전치사를 동반하지는 않으므로 오답이다. 의미적으로도 서면 통보의 여부에 따라 계약 성사가 결정된다는 맥락이므로 정답은 (C)이다.
정답_(C)

142 빈칸 뒤로 명사 the statement가 이미 있고, 빈칸 앞으로는 전치사 of가 있기 때문에 자신의 뒤에 오는 명사를 목적어로 취급하며 전치사의 목적어 역할을 하는 것은 동명사이다. 따라서 (A) updating이 정답이다. 형용사가 명사를 수식할 경우 그 사이에 관사 a나 the가 들어갈 수 없다는 점에서 (C) updated는 오답이다.
정답_(A)

Questions 139-142 refer to the following notice.

> ## Attention Tenants!
>
> -------. While under the lease terms and conditions,
> **139.**
> each party has 30 days to give the other notice of
> intent whether or not to renew the lease, we are
> extending you the courtesy of early notice of an
> increase in rent as follows:
>
> I would like each of you to continue as my tenants,
> but an increase of $120 will be applied to the new
> lease term. The rent is currently $1,150 and under
> the terms of the new lease agreement, will need to
> increase ------- $1,270.
> **140.**
>
> Renewal of the lease will be ------- on your 30 days'
> **141.**
> written notice that you intend to renew.
>
> During this period, we will perform an inspection of the
> home no later than May 20th for purposes of -------
> **142.**
> the statement of condition. And the relevant party will
> address any items needing maintenance or repair.
> We hope that you have settled into the home and the
> neighborhood.

139 (A) As discussed, you will now be able to sell your home.
(B) We are pleased to send you the revised contract.
(C) As you know, your lease of our property expires on May 5th.
(D) Effective immediately, all tenants should report any problems.

140 (A) to
(B) by
(C) upon
(D) toward

141 (A) responsive
(B) eligible
(C) contingent
(D) insolvent

142 (A) updating
(B) updates
(C) updated
(D) update

Questions 143-146 refer to the following advertisement.

Are you frustrated with diets that don't work?

Do you want to stay in shape without skipping meals?

Here is a perfect solution at Super Body Fitness Center!

Super Body Fitness Center is the ------- largest
143.
fitness club in the country. We offer the highest quality
service with a free consultation. From now through
July 15th, we are running a special promotion.

We will make a special workout program that will make
you healthier and slimmer. This is your chance to have
the appearance that you have always dreamed of!

Also, for members who renew their membership
during the month of July, we're offering unlimited use
of our personal lockers ------- three separate one-to-
144.
one personal training sessions.

Furthermore, all new customers will get two free
consultations with specialists who will ------- you
145.
achieve a nice figure.

Come visit one of the Super Body Fitness Center
facilities and get amazing benefits! -------.
146.

143 (A) two
(B) second
(C) twice
(D) secondly

144 (A) concerning
(B) plus
(C) during
(D) beside

145 (A) assign
(B) offer
(C) assist
(D) help

146 (A) Once again, thank you so much for upgrading
your membership.
(B) Super Body Fitness Center will undergo
extensive renovations.
(C) Do not hesitate to tell us what your concerns
are.
(D) To locate the branch that's nearest to you, visit
our website.

[143-146]

효과 없는 다이어트에 짜증이 나셨나요?

끼니를 거르지 않고 몸매를 유지하고 싶으신가요?

그렇다면 여기 슈퍼 바디 피트니스 센터에 해답이 있습니다!

슈퍼 바디 피트니스 센터는 국내에서 ⑬ 두 번째로 큰 규모를 가진 피트니스 클럽입니다. 저희는 무료 상담과 함께 가장 질적으로 높은 서비스를 제공합니다. 오늘부터 7월 15일까지 특별 홍보 행사를 진행합니다.

당신을 더 건강하고 날씬하게 해줄 특별 맞춤 운동 프로그램을 만들어 드립니다. 당신이 줄곧 꿈꿔온 모습을 가질 수 있는 이 기회를 잡으세요!

또한 7월 중에 멤버십 갱신을 하는 회원들께는 개인 사물함의 무제한 사용과 ⑭ 더불어 3번의 일대일 트레이닝을 제공합니다.

더욱이 모든 신규 고객들은 멋진 몸매를 갖도록 ⑮ 도와줄 전문가들과의 2회의 무료 상담을 받을 수 있습니다.

저희 슈퍼 바디 피트니스 센터 지점들 중에 한 곳을 방문하셔서 이 놀라운 혜택을 꼭 받으세요! ⑯ 가장 가까운 지점 위치 확인은 저희 홈페이지를 방문해 주시면 됩니다.

skip 거르다, 생략하다 solution 해결책 consultation 상담 workout 운동 renew 갱신하다 concerning ~에 관해 assign 배정하다 offer 제공하다 assist 돕다, 지원하다 undergo 받다, 겪다 hesitate 망설이다, 주저하다 achieve 달성하다, 이루다

143 빈칸 뒤 largest가 est로 끝나는 최상급이므로, 최상급을 수식할 수 있는 어휘가 들어가야 하며, 최상급은 순위의 느낌을 가지므로 서수가 들어가야 한다는 점에서 정답은 (B) second이다. 최상급을 꾸미는 서수는 ly를 붙이지 않으므로 (D)는 오답이다. (A) two는 숫자 2, (C) twice는 두 번, 두 배 등의 곱절이나 횟수의 개념이므로 오답이다.
정답_(B)

144 빈칸 앞뒤의 내용이 모두 멤버십을 갱신한 회원들이 누릴 수 있는 혜택에 대한 나열이기 때문에 정답은 (B) plus이다. 부사와 전치사 모두 사용이 가능한 plus는 '더불어, 함께' 등의 의미로 사용한다.
정답_(B)

145 빈칸은 동사가 들어갈 자리이다. 목적어 you 다음에 목적격보어로 동사원형 achieve가 왔으므로, 선택지에 답이 될 수 있는 동사는 목적격보어로 to부정사나 동사원형을 취할 수 있는 (D) help가 정답이다.
정답_(D)

146 (A) 다시 한 번, 멤버십을 업그레이드해주셔서 정말 감사드립니다.
(B) 슈퍼 바디 피트니스 센터는 대대적인 수리를 진행할 것입니다.
(C) 당신의 걱정이 무엇인지 주저 말고 말씀해 주세요.
(D) 가장 가까운 지점 위치 확인은 저희 홈페이지를 방문해 주시면 됩니다.

빈칸에 들어갈 문장이 이 글의 마지막 자리이므로, 바로 앞 문장이 큰 역할을 한다. 앞 문장에서 지점 중 한 곳을 방문하여 혜택을 얻으라고 하였으므로, 지점에 대한 위치 확인을 알려주는 (D)가 들어가는 것이 가장 적절하다. 신규 회원을 유치하기 위한 홍보 글이지 이미 멤버십을 갱신한 고객에게 감사를 전하는 글이 아니라는 점에서 (A)는 오답이다.
정답_(D)

Actual Test 07

잠깐!! 시작 전 꼭 확인하세요!

– 실제 시험과 같이 책상을 정리하고 마음의 준비를 하세요.

– 핸드폰은 잠깐 끄고 대신 아날로그 시계를 활용해 보세요.

– PART 5&6 제한 시간은 16분입니다. 제한 시간을 꼭 지켜주세요.

– 어렵다고 넘어가지 마세요. 가능하면 차례대로 풀어 보세요.

READING TEST

In the Reading test, you will read a variety of texts and answer several different types of reading comprehension questions. The entire Reading test will last 75 minutes. There are three parts, and directions are given for each part. You are encouraged to answer as many questions as possible within the time allowed.

You must mark your answers on the separate answer sheet. Do not write your answers in your test book.

PART 5

Directions: A word or phrase is missing in each of the sentences below. Four answer choices are given below each sentence. Select the best answer to complete the sentence. Then mark the letter (A), (B), (C), or (D) on your answer sheet.

---

101 Our state-of-the-art Motofy bikes are designed ------- for long-distance travel.

(A) specifically
(B) controversially
(C) totally
(D) thoroughly

102 Analysts ------- that unemployment rate will be higher than 3% this winter.

(A) urge
(B) situate
(C) aspirate
(D) predict

103 Low salaries and lack of benefits can be ------- for protesting against management.

(A) terminology
(B) demands
(C) justification
(D) explanation

104 My presentation was concise and well-organized, but ------- was rather complicated and beside the point.

(A) he
(B) him
(C) himself
(D) his

105 We can't let students use the laboratory ------- written authorization from professors.

(A) without
(B) except
(C) pertaining to
(D) unlike

106 The aptitude test includes several questions that should be ------- answered.

(A) brief
(B) briefs
(C) briefing
(D) briefly

107 We at Gallardo Electronics take pride in offering better compensation ------- other companies in the industry.

(A) to
(B) in
(C) from
(D) over

108 ------- public transportation and other services for customers was done completely by our new recruit, Gale Hudson.

(A) Arranging
(B) Arranged
(C) Arrangement
(D) Being arranged

---

109 Please make sure every door and drawer is securely locked ------- leaving for the day.

(A) without
(B) by
(C) before
(D) while

110 Roman Maher is viewed as the next vice president of Redmond Thorpe as he is a ------- employee who shows great initiative.

(A) reliable
(B) reliant
(C) relying
(D) relied

111 Dr. Welches ------- a new program that can automatically remove old and unused data from your hard drive.

(A) has been created
(B) has created
(C) had creating
(D) was created

112 Please be aware that the community-sponsored ------- is scheduled for this coming Thursday.

(A) visit
(B) visitor
(C) visiting
(D) visitors

113 In order to stay focused and -------, employees need at least a 30 minute break during lunch time.

(A) extravagant
(B) motivating
(C) asserted
(D) invigorated

114 The banquet will ------- in a dance performance by the National Dance Troupe.

(A) culminate
(B) be culminated
(C) culminating
(D) have culminated

115 ------- all staff should comply with this new regulation was the main message.

(A) What
(B) If
(C) As
(D) That

116 If you want to exchange products you ordered -------, please fill out the form and submit it to my e-mail.

(A) electronics
(B) electronically
(C) electricity
(D) electric

117 This new convention center has more than 50 meeting rooms, 20 dining establishments, and an ------- parking lot.

(A) enhancing
(B) applied
(C) enclosed
(D) adapted

118 Even though we have relocated our office to a newly built building on 6th Ave, our Web site address and other contact information remain the -------.

(A) unchanged
(B) identical
(C) same
(D) immovable

119 Any staff members ------- hope to attend the seminar should sign up in advance.

(A) whose
(B) which
(C) whoever
(D) who

120 KN&T has decided to ------- their existing equipment to increase their work productivity.

(A) overhaul
(B) remove
(C) develop
(D) proclaim

GO ON TO THE NEXT PAGE

Test 07

121 To alleviate patient ------- on drugs, Saika Medical Center has developed an innovative exercise program which is very helpful for staying healthy.

(A) reliable
(B) relied
(C) relies
(D) reliance

122 ------- high quality service, customers will patronize your shop and you'll soon command a large share of your market.

(A) In accordance with
(B) In reference to
(C) In response to
(D) In compliance with

123 The representative from Glory Shine Institute ------- our president on many feasible proposals at the meeting.

(A) encouraged
(B) asked
(C) attached
(D) briefed

124 Of the two candidates, Tilda Trendon was ------- more persuasive in her speech, so a majority of directors were given the assurance that she could do a lot of great work for the company.

(A) almost
(B) very
(C) far
(D) well

125 Del Lui Apparel hopes to ------- its operations substantially by adding more branches in New York.

(A) expend
(B) inflate
(C) rectify
(D) enlarge

126 We think that our manager's ------- on the proposal will be unchanged regardless of other employees' opinions.

(A) stance
(B) cause
(C) influence
(D) vision

127 We spent a huge amount of money on developing these new tools and the result was well ------- the expense.

(A) valuable
(B) covered
(C) worth
(D) payable

128 OLP is considered as the ------- largest GPS manufacturer in the country.

(A) most
(B) alone
(C) single
(D) one

129 All visitors have ------- to park their cars in the underground parking lot during weekdays.

(A) permitted
(B) permit
(C) permitting
(D) permission

130 He has conducted extensive research for his solar-power energy project, but very ------- has been actually put to use.

(A) few
(B) much
(C) less
(D) little

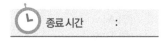
종료 시간   :

PART 6

Directions: Read the texts that follow. A word, phrase, or sentence is missing in parts of each text. Four answer choices for each question are given below the text. Select the best answer to complete the text. Then mark the letter (A), (B), (C), or (D) on your answer sheet.

Questions 131-134 refer to the following e-mail.

To: Kim_85@hotmail.com
Subject: Business gift thank you e-mail

Dear Mr. Kim,

On behalf of Glam Business Agency, I am writing this e-mail to express our ------- thanks for
131.
sending us a business gift. We have received the wonderful and amazing pen set you sent
to us as the business gift and we really appreciate your gesture. By donating this pen set, you
have taken me ------- surprise. It was very thoughtful of you to give us such a beautiful pen set.
132.
We appreciate the business congratulations letter that you have sent along with the gift and we
are pleased to acknowledge the ------- that you have built with us.
133.

As our company has completed 10 years of business with you, receiving such a warm gift
from your end was really a special moment. -------. We look forward to continuing to work
134.
with you in such good business terms.

Sincerely,

Jason Stewart
Manager, Glam Business Agency

131 (A) more sincerely
(B) sincere
(C) sincerity
(D) most sincerely

132 (A) at
(B) by
(C) to
(D) with

133 (A) atmosphere
(B) relationship
(C) placement
(D) resource

134 (A) We have always enjoyed and gained
vast experience while working with
you.
(B) It was such an honor to meet one of
your company's representatives.
(C) We would like to send you our new
business magazines right away.
(D) Without a doubt, you must thoroughly
review a contract before signing it.

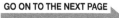

GO ON TO THE NEXT PAGE

Questions 135-138 refer to the following e-mail.

From: Mao Ling <mling@ellamagazine.com>
To: All employees
Subject: Lecture series
Date: December 9

Hi, everyone,

As you already were notified at the last staff meeting, the ------- speaker for the December
                                                                135.
lecture series is Dan Brown. Mr. Brown is president of MK Technologies and an award-
winning author. I had the chance to hear him at the technology conference two months ago,
and I ------- his presentation very enlightening and insightful. He willingly accepted our offer
       136.
to deliver a presentation about his newly released book *Techs Today* at the Seoul Tech Fair.
-------. I would, therefore, recommend reserving seats at least 2 weeks prior to the event.
137.
I'm ------- this event will be more successful than ever! I hope you won't miss out on this
    138.
great opportunity.

Sincerely,

Mao Ling

135 (A) feature
(B) featuring
(C) features
(D) featured

136 (A) will found
(B) could have found
(C) found
(D) am finding

137 (A) I expect higher turnout than usual from
overseas branches this time.
(B) Each presentation should not exceed
30 minutes in length.
(C) A list of participating authors can be
found at the company's website.
(D) It was a great honor to host such a
successful event.

138 (A) possible
(B) qualified
(C) confirmed
(D) confident

To: Lavolta Pharmaceuticals Employees
From: Sanjei Gupta, Facility Manager
Date: May 14
Subject: Upcoming Construction Project

As ------- at the meeting earlier this week, the East Annex Building will be closed from May
139.
18 to May 20 for repainting and repaving. Employees affected by this project are required to

use the public underground parking lot on Maple Ave. To ------- for this inconvenience, each
140.
of you will be given a 24-hour free parking ticket to be used during the construction period.

-------.
141.

Shuttle services from the public parking lot to the East Annex Building will also be provided.

We apologize for ------- inconvenience.
142.

139 (A) discuss
(B) have been discussed
(C) discussed
(D) discussion

140 (A) compensate
(B) appreciate
(C) represent
(D) acknowledge

141 (A) Discounted tickets are valid only upon
presentation of your identification
badge.
(B) It may take about two weeks to repave
all areas in the parking lot.
(C) We truly thank you for volunteering to
assist with the project.
(D) Your department manager will notify
you when it is ready for pickup.

142 (A) its
(B) our
(C) their
(D) your

GO ON TO THE NEXT PAGE

Questions 143-146 refer to the following e-mail.

To: Selena Moore <selenamoore@connects.com>
From: Jay Holden <jayholden@solartech.com>
Date: August 9
Subject: Your move

Dear Selena,

-------. I'm sure you will be a valuable addition to our department. On your very first day
143.
here, we are holding a weekly staff meeting, where you will have the opportunity to meet

your colleagues as well as company executives. Shortly after the meeting, you will be given

your identification badge which you should present to security personnel every time -------
144.

company facilities.

Do you have ------- questions or requests before you arrive here? -------, please call one of
145.   146.

our representatives at 031-356-7890 or email me at jayholden@solartech.com.

Jay Holden

---

143 (A) To commemorate your 20 years of
service, we will be holding a party.
(B) I was very excited to hear that you'll be
joining us here in the Asian branch.
(C) Our company will be expanding the
facilities to include a couple of meeting
rooms.
(D) Several promising candidates are
being considered for the final-round
interview.

144 (A) you access
(B) to access
(C) accessing
(D) accessible

145 (A) main
(B) any
(C) this
(D) so

146 (A) In addition
(B) For instance
(C) In the end
(D) If so

종료시간   :

나 혼자 끝내는 토익 체크 리스트

📋 정답 확인 전 체크 리스트

✔ 이번 회차의 난이도는 ☐ 쉬웠다 ☐ 무난했다 ☐ 어려웠다

✔ 나는 16분 안에 모두 문제 풀이를 완료하였다. ☐ YES ☐ NO
   그렇지 않다면, 실제 걸린 시간은 몇 분인가요? _____
   혹시 시간이 부족해서 찍어서 푼 문제가 있다면 몇 번인지 표시해 보세요. _____
   💡 시간이 부족하셨다면, 문제당 16~20초 안에 푸는 훈련을 해야 합니다.

✔ 나는 정답이 확실하지 않아서 고민이 되었던 문제가 있었다. ☐ YES ☐ NO
   혼동된 문제가 있었다면 몇 번인지 표시해 보세요. _____
   💡 QR코드를 통해 제공되는 저자 직강 음성 강의로 고민되었던 문제를 해결해 보세요.

✔ 어휘 문제 중에 모르는 단어가 있었다. ☐ YES ☐ NO
   혼동되었던 단어를 적어 보세요. _____
   💡 넥서스 홈페이지(www.nexusbook.com)에서 제공하는 어휘 리스트와 테스트를 활용하여 다시 한 번
   최종 점검을 해 보세요.

📋 정답 확인 후 체크 리스트

✔ 예상 정답 개수는 몇 개였나요? 정답 체크 후 실제 맞힌 개수를 적어 보세요.
   예상 개수 : _____   실제 개수 : _____
   💡 p.11에 나혼토 실력 점검표가 있습니다. 맞은 개수를 기록하며 실력 향상을 점검해 보세요.

✔ 틀린 문제를 다시 점검하고, 다음에는 절대 틀리지 않겠다는 다짐을 해 보세요!
   찍어서 맞은 문제도 틀린 문제입니다. 틀린 문제들을 기록해 보세요. _____
   💡 QR코드를 통해 제공되는 저자 직강 음성 강의로 틀린 문제를 다시 확인해 보세요.

✔ 틀린 문제 리뷰를 정확히 하고, 나만의 "오답노트"를 작성해 보세요.
   💡 토익 RC는 특히 "복습"이 생명입니다. 틀린 문제는 꼭 다시 정리하세요.

> 📋 한번에 많은 문제를 푸는 것보다는 체계적으로 문제를 푼 이후, 내 것으로 완전히 소화하는 방식이 필요합니다.
> **틀린 문제 위주로** 중요 포인트를 **"나만의 노트"**에 정리하고, 외워야 할 세트 구문 등을 잘 정리해서 암기하였는
> 지 반드시 확인하고, 반복, 또 반복해서 복습해 보세요.

101 우리의 최신식 모토파이 오토바이는 장거리 여행용으로 특별 제작되었다.

> be designed for(~로 제작되다)를 수식하는 의미상 적절한 부사를 고르는 문제이다. 제품의 제작 용도를 강조하고 있으므로 '특히'라는 뜻의 (A) specifically가 정답이다.

state-of-the-art 최신식의   be designed for ~용도로 만들어지다, 제작되다   long-distance 장거리의   specifically 특히 controversially 논쟁적으로   totally 전적으로   thoroughly 철저하게
정답_(A)

101 Our state-of-the-art Motofy bikes are designed ------- for long-distance travel.

(A) specifically
(B) controversially
(C) totally
(D) thoroughly

102 분석가들은 금년 겨울에 실업률이 3% 이상 될 것으로 전망했다.

> 적절한 동사를 고르는 문제이다. that절 이하에 나오는 상황이 미래의 일이기 때문에 미래에 발생할 일에 대해 '추측, 가정, 전망, 예측'하는 것이 적절하므로 정답은 (D) predict이다.

unemployment rate 실업률   urge 충고하다   situate 위치에 두다 aspirate 흡입하다
정답_(D)

102 Analysts ------- that unemployment rate will be higher than 3% this winter.

(A) urge
(B) situate
(C) aspirate
(D) predict

103 낮은 급여와 부실한 복리 후생은 경영진에 맞서 시위하는 명분이 될 수 있다.

> 낮은 급여와 부실한 복리 후생이 시위를 하는 것에 대한 '명분, 타당함, 정당성'을 제공한다는 의미이므로 (C) justification이 정답이다.

protest against ~에 맞서 시위하다   terminology 전문 용어 justification 정당화, 명분   explanation 설명
정답_(C)

103 Low salaries and lack of benefits can be ------- for protesting against management.

(A) terminology
(B) demands
(C) justification
(D) explanation

104 간결하고 잘 정리된 나의 발표와는 다르게 그의 발표는 다소 복잡했고 핵심을 벗어났었다.

> 적절한 대명사의 격을 고르는 문제이다. 등위접속사 but을 기준으로 앞뒤로 서로 상반된 내용이 와야 하므로 My presentation과 대조되는 것은 his presentation이다. 따라서 소유대명사 (D) his가 정답이다. 〈소유격+명사〉는 소유대명사로 쓸 수 있다.

concise 간결한   rather 다소   complicated 복잡한   beside the point 핵심을 벗어난
정답_(D)

104 My presentation was concise and well-organized, but ------- was rather complicated and beside the point.

(A) he
(B) him
(C) himself
(D) his

105 교수님들로부터의 서면 허가 없이는 학생들의 연구실 사용을 허락할 수 없다.

> 서면 허가 '없이는' 연구실 사용을 허락할 수 없다는 의미이므로 정답은 (A) without이다.

laboratory 실험실   authorization 인가, 승인   pertaining to ~에 관하여   unlike ~와는 달리
정답_(A)

105 We can't let students use the laboratory ------- written authorization from professors.

(A) without
(B) except
(C) pertaining to
(D) unlike

106 The aptitude test includes several questions that should be ------- answered.

(A) brief
(B) briefs
(C) briefing
(D) briefly

106 적성 검사에는 간략하게 답변해야 할 몇몇 질문들을 포함한다.

빈칸이 없어도 완벽한 문장이 성립되므로 빈칸에는 수식어가 와야 한다. 동사 should be answered를 수식할 수 있는 것은 부사밖에 없으므로 정답은 (D) briefly이다.

aptitude test 적성 검사   briefly 간단히, 간략하게
정답_(D)

107 We at Gallardo Electronics take pride in offering better compensation ------- other companies in the industry.

(A) to
(B) in
(C) from
(D) over

107 저희 갈라르도 전자는 업계의 다른 회사들보다 나은 급여를 제공함에 있어 이를 자랑스럽게 생각합니다.

다른 '회사들보다' 더 나은 급여를 제공한다는 비교의 의미이므로 정답은 (D) over이다. 전치사 over는 '~ 동안, ~ 이상'이라는 의미도 있지만, '~보다'라는 비교의 의미도 있다.

take pride in 자부심을 느끼다   compensation 보상, 보수, 급여
정답_(D)

108 ------- public transportation and other services for customers was done completely by our new recruit, Gale Hudson.

(A) Arranging
(B) Arranged
(C) Arrangement
(D) Being arranged

108 고객을 위한 대중교통 및 기타 서비스에 대한 준비는 신입사원인 게일 허드슨에 의해 온전히 이루어졌다.

문장의 동사는 was이며 was 앞까지가 문장의 주어이다. 빈칸 뒤에 목적어가 있으므로 이 목적어와 함께 문장의 주어 역할을 할 수 있는 것은 동명사이므로 정답은 (A) Arranging이다. (C) Arrangement 는 명사로서 주어로 쓸 수 있지만, 뒤에 나오는 목적어와 함께 쓸 수 없다.

arrange 준비하다
정답_(A)

109 Please make sure every door and drawer is securely locked ------- leaving for the day.

(A) without
(B) by
(C) before
(D) while

109 하루 일과를 끝내고 떠나기 전에 모든 문과 서랍을 확실히 잠가주시기 바랍니다.

하루의 일과를 마치고 퇴근하기 '전에' 문을 잠그라는 의미이므로 정답은 (C) before이다.

securely 단단하게, 안전하게   leave for the day 하루 일과를 마치다, 퇴근하다
정답_(C)

110 Roman Maher is viewed as the next vice president of Redmond Thorpe as he is a ------- employee who shows great initiative.

(A) reliable
(B) reliant
(C) relying
(D) relied

110 로만 마허는 큰 결단력을 갖춘 믿을 만한 직원이므로 차기 레드몬드 소프의 부회장으로 고려되고 있다.

적절한 형용사를 고르는 문제이다. 큰 결단력을 갖춘 직원이라고 했으므로 남에게 의존하는 사람이 아니라 '믿을 만한' 직원임을 알 수 있다. 따라서 (A) reliable이 정답이다. (B) reliant는 부정적 의미가 강하고 전치사 on을 동반하므로 오답이다.

view 여기다   initiative 결단력   reliable 믿을 수 있는
정답_(A)

111 웰치스 박사는 하드 드라이브에 있는 오래되고 사용하지 않는 데이터를 자동으로 삭제하는 새로운 프로그램을 개발했다.

> 적절한 동사와 태를 고르는 문제이다. 빈칸 뒤에 a new program 이라는 목적어가 있기 때문에 능동의 (B) has created가 정답이다. (A), (D)는 수동태이므로 오답이다.

automatically 자동으로   remove 제거하다
정답_(B)

111 Dr. Welches ------- a new program that can automatically remove old and unused data from your hard drive.

(A) has been created
(B) has created
(C) had creating
(D) was created

112 지역 사회가 후원하는 방문 행사는 이번 주 목요일로 예정되어 있습니다.

> 빈칸은 주어가 들어갈 자리로 community-sponsored의 수식을 받는 명사가 와야 한다. 따라서 '방문'이라는 뜻의 (A) visit가 정답이다. (B) visitor는 사람 명사이므로 예정되어 있다는 일정과 의미상 어울리지 않기 때문에 오답이며, (D) visitors 역시 명사지만 복수이기 때문에 동사 is와 수 일치에서 맞지 않다.

community-sponsored 지역 사회가 후원하는
정답_(A)

112 Please be aware that the community-sponsored ------- is scheduled for this coming Thursday.

(A) visit
(B) visitor
(C) visiting
(D) visitors

113 집중력과 활력을 유지하기 위해서 직원들은 점심시간 동안 최소 30분의 휴식을 취할 필요가 있다.

> and 앞뒤로 비슷한 내용이 와야 하고 휴식을 취함으로써 얻게 되는 효과가 와야 한다. 따라서 (D) invigorated가 정답이다. (B) motivating은 '의욕을 주는'이라는 의미인데 사람 명사와 결합되면 motivated의 형태로 와야 하기 때문에 오답이다.

focused 집중력 있는, 집중한   extravagant 사치의, 무절제한
motivating 의욕을 주는   asserted 주장된   invigorated 활력이 북돋워진, 기운을 얻은
정답_(D)

113 In order to stay focused and -------, employees need at least a 30 minute break during lunch time.

(A) extravagant
(B) motivating
(C) asserted
(D) invigorated

114 그 연회는 국립 무용단의 무용 공연을 끝으로 막을 내릴 것이다.

> 조동사 will 다음에 오는 적절한 동사 형태를 고르는 문제이다. 조동사 will 다음에는 동사원형이 와야 하며 자동사는 수동태로 쓰지 않기 때문에 정답은 (A) culminate이다.

culminate in ~로 끝이 나다
정답_(A)

114 The banquet will ------- in a dance performance by the National Dance Troupe.

(A) culminate
(B) be culminated
(C) culminating
(D) have culminated

115 모든 직원이 이 새로운 규정을 준수하는 것이 주된 메시지였다.

> 빈칸 뒤에 오는 두 번째 동사 was 앞의 부분은 모두 주어 역할을 하기 때문에 정답은 명사절 접속사 (D) That이다. (A), (B) 역시 명사절로 쓰일 수 있으나 what은 불완전 절을 끌고, if는 명사절일 때는 주로 목적어 자리로 쓰이므로 오답이다.

comply with 준수하다, 따르다
정답_(D)

115 ------- all staff should comply with this new regulation was the main message.

(A) What
(B) If
(C) As
(D) That

116 If you want to exchange products you ordered ------, please fill out the form and submit it to my e-mail.

(A) electronics
(B) electronically
(C) electricity
(D) electric

116 전자 상거래로 주문하신 제품들의 교환을 원하신다면 본 양식을 기입하셔서 저에게 이메일로 보내 주세요.

적절한 품사를 고르는 문제이다. 빈칸 앞에 완전한 절이 왔으므로 빈칸에는 수식어가 와야 한다. 따라서 부사 (B) electronically가 정답이다.

fill out 작성하다 electronics 전자 제품 electronically 전자적으로
정답_(B)

117 This new convention center has more than 50 meeting rooms, 20 dining establishments, and an ------ parking lot.

(A) enhancing
(B) applied
(C) enclosed
(D) adapted

117 이 새로 지어진 컨벤션 센터는 50개 이상의 회의실과 20개 이상의 식당 그리고 부속 주차장을 보유하고 있다.

parking lot을 수식하는 적절한 형용사를 고르는 문제이다. 컨벤션 센터 주변에 있는 주차장이라는 뜻이므로 (C) enclosed(주변에 포함된, 딸린)가 정답이다.

dining establishment 식당 enhance 향상시키다 adapt 맞추다
정답_(C)

118 Even though we have relocated our office to a newly built building on 6th Ave, our Web site address and other contact information remain the ------.

(A) unchanged
(B) identical
(C) same
(D) immovable

118 우리 사무실이 6번가에 새로 지어진 건물로 이전하였어도, 홈페이지 주소와 기타 연락 정보는 이전과 동일하게 유지되고 있다.

두 절의 내용을 상이하게 바꾸는 접속사 even though에 의해 첫 절에 건물 이전이 되었다는 변경 사항이 나왔기 때문에, 뒤에 오는 절은 바뀌지 않고 그대로 동일하게 유지되는 사항이 답이 되어야 하므로 정답은 관사 the와 결합하여 쓸 수 있는 (C) same이다.

relocate A to B A를 B로 이전하다, 옮기다 contact information 연락처 identical 동일한 immovable 움직일 수 없는, 옮길 수 없는
정답_(C)

119 Any staff members ------ hope to attend the seminar should sign up in advance.

(A) whose
(B) which
(C) whoever
(D) who

119 세미나에 참석하고 싶은 직원은 미리 등록을 해야 한다.

빈칸 앞의 Any staff members를 선행사로 하며 hope의 주어가 될 수 있는 주격 관계대명사가 와야 한다. 따라서 (D) who가 정답이다. (C) whoever 역시 사람을 의미하는 주격으로 쓰일 수 있으나 선행사와 함께 쓰지 않기 때문에 오답이다.

sign up 등록하다 in advance 미리, 사전에
정답_(D)

120 KN&T has decided to ------ their existing equipment to increase their work productivity.

(A) overhaul
(B) remove
(C) develop
(D) proclaim

120 KN&T는 생산성을 높이기 위해 현재 사용되는 장비들에 대한 점검을 실시하기로 결정했다.

현재 쓰고 있는 장비를 재정비한다는 의미가 가장 적절하므로 정답은 (A) overhaul이다. (C) develop는 새로운 무언가를 개발한다는 의미이므로 오답이다.

existing 현존하는 work productivity 업무 생산성 overhaul 재정비하다 proclaim 선언하다
정답_(A)

121 환자들의 의약품 의존성을 완화하기 위해서 사이카 병원은 건강 유지에 큰 도움이 되는 혁신적인 운동 프로그램을 개발해냈다.

> 약에 대한 환자의 의존도를 완화하고 낮추겠다는 의미로, 빈칸은 명사 patient와 결합한 복합명사가 오는 것이 적절하므로 (D) reliance 가 정답이다.

alleviate 완화하다, 경감하다, 덜다 innovative 혁신적인 reliable 믿을만한, 신뢰 가는 reliance 의존, 의존도
정답_(D)

121 To alleviate patient ------- on drugs, Saika Medical Center has developed an innovative exercise program which is very helpful for staying healthy.

(A) reliable
(B) relied
(C) relies
(D) reliance

122 높은 품질의 서비스에 대한 부응으로, 고객들은 귀하의 단골이 될 것이며 매장은 업계를 선도하게 될 것이다.

> 높은 수준의 서비스에 대한 응답/부응으로 고객들은 단골 고객으로서 후원하고 계속 이용해 줄 것이라는 의미이므로 정답은 (C) In response to이다.

patronize 단골이 되다, (상점 등을) 자주 애용하다 command 장악하다 in accordance with ~에 따라, ~을 준수하여 in reference to ~을 참조하여 in response to ~에 부응하여 in compliance with ~을 준수하여
정답_(C)

122 ------- high quality service, customers will patronize your shop and you'll soon command a large share of your market.

(A) In accordance with
(B) In reference to
(C) In response to
(D) In compliance with

123 글로리 샤인 연구소 대표는 회의에서 우리 사장에게 다수의 타당성 있는 제안에 대해서 간단히 브리핑을 하였다.

> 적절한 동사를 고르는 문제로 사장에게 제안서에 대해 간략히 설명해 주었다는 의미이기 때문에 정답은 (D) briefed이다. brief A on B(A에게 B에 대해 간략히 설명하다)

feasible 실행 가능한, 타당성 있는
정답_(D)

123 The representative from Glory Shine Institute ------- our president on many feasible proposals at the meeting.

(A) encouraged
(B) asked
(C) attached
(D) briefed

124 두 명의 후보자 중 틸다 트렌든이 연설하는 데 있어 훨씬 더 설득력이 있었기 때문에 대다수의 이사진은 그녀가 회사를 위해 많은 훌륭한 일을 해낼 수 있을 거라는 확신을 얻게 되었다.

> 빈칸 뒤에 비교급 more이 있으므로 비교급의 의미를 강조할 수 있는 부사가 와야 한다. 비교급 앞에서 '훨씬'이라는 의미로 대표적으로 쓰이는 강조 부사 (C) far가 정답이다. (B) very는 비교급이나 최상급이 아닌 원급만을 수식하는 부사이다.

persuasive 설득력 있는 a majority of 다수의 assurance 확신, 보장
정답_(C)

124 Of the two candidates, Tilda Trendon was ------- more persuasive in her speech, so a majority of directors were given the assurance that she could do a lot of great work for the company.

(A) almost
(B) very
(C) far
(D) well

125 델 루이 의류는 뉴욕에 더 많은 지점을 추가함으로써 사업을 상당히 확장하고 싶어 한다.

> 더 많은 지점을 추가해서 사업을 더 '확장하고' 싶어 한다는 뜻이 적절하므로 정답은 (D) enlarge이다.

operation 사업 substantially 상당히 expend 소비하다 inflate 팽창하다, 부풀다 rectify 수정하다 enlarge 확장하다
정답_(D)

125 Del Lui Apparel hopes to ------- its operations substantially by adding more branches in New York.

(A) expend
(B) inflate
(C) rectify
(D) enlarge

126 We think that our manager's ------- on the proposal will be unchanged regardless of other employees' opinions.

(A) stance
(B) cause
(C) influence
(D) vision

126 다른 직원들의 의견과 상관없이, 그 제안에 대한 우리 매니저의 입장은 바뀌지 않을 것이라고 생각한다.

적절한 명사를 고르는 문제이다. 직원들의 의견과 상관없이 매니저의 '입장, 태도'는 바뀌지 않을 것이라는 뜻이기 때문에 정답은 (A) stance이다. (B) cause는 사람의 행동에 대한 이유(reason)가 아니라 일반적 현상의 발생 원인이라는 의미이기 때문에 오답이다.

regardless of ~과 상관없이   stance 입장   vision 시야
정답_(A)

127 We spent a huge amount of money on developing these new tools and the result was well ------- the expense.

(A) valuable
(B) covered
(C) worth
(D) payable

127 새로운 도구를 개발하는 데 엄청난 금액을 쏟아 부었고, 결과는 그만한 비용 지출을 할 만한 값어치가 있었다.

전치형용사의 역할이 가능한 형용사만이 명사와 자신 사이에 한정사 the를 결합할 수 있기 때문에 이러한 문법이 가능한 것은 (C) worth 뿐이다. worth는 비용, 금액적 가치를 논하는 데에 주로 사용된다.

valuable 귀중한   covered 포함된   payable 지불할 수 있는, 지불 의무가 있는
정답_(C)

128 OLP is considered as the ------- largest GPS manufacturer in the country.

(A) most
(B) alone
(C) single
(D) one

128 OLP는 우리나라에서 가장 큰 GPS 제조업체로 알려져 있다.

최상급 largest를 수식할 수 있는 어휘를 골라야 한다. 최상급이 나오기 때문에 '유일무이한'이라는 강조의 의미로 최상급을 꾸미는 (C) single이 정답이다. (A) most는 최상급인 largest와 중복되기 때문에 오답이다.

manufacturer 제조업자, 제조업체
정답_(C)

129 All visitors have ------- to park their cars in the underground parking lot during weekdays.

(A) permitted
(B) permit
(C) permitting
(D) permission

129 주중에 방문하는 모든 방문객들은 지하 주차장에 주차를 해도 된다.

적절한 품사를 고르는 문제이다. 타동사 have 뒤에 목적어가 없는 상태이므로 빈칸에는 목적어가 와야 한다. 관사가 없기 때문에 정답은 불가산 명사인 (D) permission이다. (B) permit은 가산 명사이기 때문에 오답이다.

underground 지하의   permit 허가증
정답_(D)

130 He has conducted extensive research for his solar-power energy project, but very ------- has been actually put to use.

(A) few
(B) much
(C) less
(D) little

130 그는 태양열 에너지 프로젝트에 관한 광범위한 조사 연구를 시행해 왔으나 실제로는 거의 활용되지 않았다.

주어 자리에 들어갈 수 있는 수량/ 정도의 형용사를 정답으로 하되, 동사 has와 어울리는 단수나 불가산 취급이 되는 어휘만이 답이 될 수 있으므로, 불가산 처리로 단수 동사와 함께 다니는 (D) little이 정답이다. (C) less는 비교급으로 변형되었기 때문에 주어 자리에 들어갈 수 없고, 해석상 앞뒤의 절이 서로 반대의 흐름이 되어야 하므로 (B) much는 오답이다.

extensive 광범위한   solar-power 태양열 에너지   put to use ~을 사용하다
정답_(D)

[131-134]

수신: Kim_85@hotmail.com
제목: 선물에 감사드립니다

김 선생님께,

글램 비즈니스 에이전시를 대표하여 선물을 보내주심에 ⑬① 진심 어린 감사를 표하고자 이메일을 드립니다. 저희는 귀하가 선물로 보내주신 멋지고 환상적인 펜 세트를 받았고 귀하의 성의에 매우 감사드립니다. 이 선물은 저를 ⑬② 깜짝 놀라게 했습니다. 이런 아름다운 펜 세트는 매우 사려 깊은 선물이었습니다. 선물과 함께 동봉하여 보내주신 사업 축하 서신 또한 감사드리며 이는 귀하가 저희와 쌓아온 ⑬③ 관계를 인증하는 계기가 되어 기뻤습니다.

귀하와 사업을 한지 10년이 되는 지금, 귀하로부터 이런 따뜻한 선물은 정말 특별한 순간이었습니다. ⑬④ 귀하와 일을 하는 동안 언제나 즐거웠고 많은 경험을 얻었습니다. 이런 좋은 사업적인 환경에서 저희는 귀하와 계속 일하기를 고대합니다.

제이슨 스튜어트
매니저, 글램 비즈니스 에이전시

on behalf of ~을 대표하여 thoughtful 사려 깊은 acknowledge 인정하다 end 편, 쪽 terms 조건 atmosphere 분위기 relationship 관계, 관련 placement 배치 resource 자원, 자료 vast 막대한 right away 즉시 without a doubt 의심할 여지없이 thoroughly 철저하게

131 품사 자리를 묻는 문제이다. 빈칸 앞에는 our(소유격 대명사)가 있고 뒤에는 명사가 있으므로 빈칸에는 명사를 수식하는 형용사가 와야 한다. 선택지 중에서 형용사는 sincere 뿐이므로 (B)가 정답이다.
정답_(B)

132 전치사 어휘 문제이다. 〈take ~ by surprise〉는 '~를 놀라게 하다'라는 표현으로 surprise 앞에는 by가 와야 한다. 따라서 (B)가 정답이다.
정답_(B)

133 문맥상 알맞은 명사 어휘를 묻는 문제이다. 빈칸 뒤에 있는 관계대명사 that절의 동사 have built가 단서가 된다. build는 '건물을 짓다' 외에 '관계(relationship), 명성(reputation)을 쌓거나 구축하다'는 의미로 쓸 수 있다. 따라서 (B) relationship이 정답이다.
정답_(B)

134 (A) 귀하와 일을 하는 동안 언제나 즐거웠고 많은 경험을 얻었습니다.
(B) 귀사의 대표 중 한 분을 만나게 되어 매우 영광이었습니다.
(C) 저희는 귀하에게 당장 저희의 새 비즈니스 잡지를 보내 드리고 싶습니다.
(D) 의심할 여지없이, 서명하기 전에 계약서를 꼼꼼히 검토해야만 합니다.
문맥상 가장 적절한 문장을 고르는 문제이다. 빈칸 앞뒤의 문장에서 단서를 찾아야 한다. 빈칸 앞 문장에서 '우리 회사가 당신과 10년간 거래를 해오면서 그런 따뜻한 선물을 받은 것은 정말 특별한 순간이었다'고 하는 것으로 보아 '귀하와 일을 하는 동안 즐거웠고 많은 경험을 얻었다'라는 (A)가 가장 적절하다.
정답_(A)

Questions 131-134 refer to the following e-mail.

To: Kim_85@hotmail.com
Subject: Business gift thank you e-mail

Dear Mr. Kim,

On behalf of Glam Business Agency, I am writing this e-mail to express our ------- thanks for sending us a
131.
business gift. We have received the wonderful and amazing pen set you sent to us as the business gift and we really appreciate your gesture. By donating this pen set, you have taken me ------- surprise. It was very
132.
thoughtful of you to give us such a beautiful pen set. We appreciate the business congratulations letter that you have sent along with the gift and we are pleased to acknowledge the ------- that you have built with us.
133.
As our company has completed 10 years of business with you, receiving such a warm gift from your end was really a special moment. -------. We look forward
134.
to continuing to work with you in such good business terms.

Sincerely,

Jason Stewart
Manager, Glam Business Agency

131 (A) more sincerely
(B) sincere
(C) sincerity
(D) most sincerely

132 (A) at
(B) by
(C) to
(D) with

133 (A) atmosphere
(B) relationship
(C) placement
(D) resource

134 (A) We have always enjoyed and gained vast experience while working with you.
(B) It was such an honor to meet one of your company's representatives.
(C) We would like to send you our new business magazines right away.
(D) Without a doubt, you must thoroughly review a contract before signing it.

Questions 135-138 refer to the following e-mail.

From: Mao Ling <mling@ellamagazine.com>
To: All employees
Subject: Lecture series
Date: December 9

Hi, everyone,

As you already were notified at the last staff meeting, the ------- speaker for the December lecture
135.
series is Dan Brown. Mr. Brown is president of MK Technologies and an award-winning author. I had the chance to hear him at the technology conference two months ago, and I ------- his presentation very
136.
enlightening and insightful. He willingly accepted our offer to deliver a presentation about his newly released book *Techs Today* at the Seoul Tech Fair. -------. I would, therefore, recommend reserving seats
137.
at least 2 weeks prior to the event. I'm ------- this
138.
event will be more successful than ever! I hope you won't miss out on this great opportunity.

Sincerely,

Mao Ling

135 (A) feature
(B) featuring
(C) features
(D) featured

136 (A) will found
(B) could have found
(C) found
(D) am finding

137 (A) I expect higher turnout than usual from overseas branches this time.
(B) Each presentation should not exceed 30 minutes in length.
(C) A list of participating authors can be found at the company's website.
(D) It was a great honor to host such a successful event.

138 (A) possible
(B) qualified
(C) confirmed
(D) confident

발산: 마오 링 (mling@ellamagazine.com)
수신: 전 직원
제목: 릴레이 강의
날짜: 12월 9일

안녕하세요 여러분,

지난 직원 회의 때 이미 공지한대로 12월 릴레이 강의 ❶❸❺ 특별 연사는 댄 브라운입니다. 브라운 씨는 MK 테크놀로지 사의 회장이며 수상 경력이 있는 작가입니다. 두 달 전 과학기술 컨퍼런스에서 저는 그의 강연을 들을 기회가 있었고, 저는 그의 프레젠테이션이 사람들을 깨우치는 매우 통찰력 있는 강의라는 ❶❸❻ 느낌을 받았습니다. 그는 서울 테크 페어에서 그의 신작인 〈현대의 기술〉에 대하여 프레젠테이션을 하기로 저희의 제안을 기꺼이 수락하였습니다. ❶❸❼ 이번에는 평소보다 해외 지사에서 더 많은 참석자가 있을 것으로 예상됩니다. 그러므로 행사 최소 2주 전에 좌석 예약을 해주실 것을 추천합니다. 과거 어느 때보다 성공적인 행사가 될 것임을 ❶❸❽ 확신합니다! 이 멋진 기회를 놓치지 마세요.

마오 링

notify 통보하다, 알리다   conference 회의, 회담   enlightening 깨우치는   insightful 통찰력 있는   willingly 기꺼이   miss out 놓치다   turnout 참석자의 수   qualified 자격을 갖춘   confirmed 확인된   confident 확신하는

135 빈칸 앞에 정관사 the가 있고 뒤에는 명사가 있으므로 빈칸에는 명사를 수식하는 형용사가 와야 한다. 형용사의 역할을 할 수 있는 분사인 (B), (D) 중에서 골라야 하는데 featured는 형용사로 '주연의, 특별한'이라는 의미로 사람을 수식하는 역할을 한다. a featured actor(주연배우)처럼 featured가 speaker를 수식해서 '주요 연설자, 특별 연사'라는 의미가 된다. 따라서 정답은 (D)이다.
정답_(D)

136 동사의 시제를 묻는 문제이다. 빈칸 바로 앞에서 두 달 전 컨퍼런스에서 댄 브라운의 연설을 들었다는 과거시제가 오고, 그 컨퍼런스에서 그의 발표가 통찰력 있다고 생각했다고 했으므로 역시 과거시제가 와야 한다. 따라서 정답은 (C)이다.
정답_(C)

137 (A) 이번에는 평소보다 해외 지사에서 더 많은 참석자가 있을 것으로 예상됩니다.
(B) 각 발표는 30분을 초과해서는 안 됩니다.
(C) 참가 작가 목록은 회사 웹 사이트에서 확인할 수 있습니다.
(D) 매우 성공적인 행사를 개최하게 되어 대단히 영광이었습니다.

문맥상 가장 적절한 문장을 고르는 문제이다. 빈칸 앞뒤 문장으로 미루어 선택해야 하는데, 바로 뒤 문장으로 '적어도 행사 2주 전에 좌석을 예약해줄 것을 추천한다'는 내용으로 보아 평소보다 참석자 수가 많을 것으로 예상된다는 (A)의 내용이 들어가야 자연스럽다.
정답_(A)

138 형용사 어휘 문제이다. 빈칸 뒤에서 '이번 행사가 그 어느 때보다 더 성공적일 것이다'라는 것으로 보아 '성공적일 것이라고 확신한다'는 내용이 되어야 적절하다. 따라서 (D) confident가 정답이다. (A) possible은 가주어 it과 함께 사용되어 〈It is possible to부정사〉의 구조로 사용된다.
정답_(D)

[139-142]

수신: 라볼타 제약 직원
발산: 산제이 굽타, 시설관리부장
날짜: 5월 14일
제목: 곧 시행될 공사 프로젝트

이번 주 초 회의에서 **139** 논의한 바와 같이, 5월 18일부터 20일까지 이스트 아넥스 빌딩은 재도색과 바닥 재포장 공사로 인해 폐쇄됩니다. 본 공사에 영향을 받는 직원들은 메이플 가에 있는 공영 지하 주차장을 사용하셔야 합니다. 공사로 인한 불편함에 대해 **140** 보상해 드리기 위해서 여러분 개개인 모두에게 공사 기간 동안 사용할 24시간 무료 주차권을 드릴 예정입니다. **141** 여러분의 부서 관리자가 수령할 준비가 되면 알려줄 것입니다.

공영 주차장부터 이스트 아넥스 빌딩까지 운행하는 셔틀버스 역시 제공될 것입니다. **142** 여러분께 불편함을 끼쳐 드려 죄송합니다.

repave 다시 포장하다   underground 지하의   inconvenience 불편, 폐   compensate 보상하다   appreciate 감사하다   represent 대표하다   acknowledge 인정하다, 승인하다   valid 유효한   identification badge 신분 확인 명찰   volunteer 자원봉사하다

139 '~한 대로'라는 의미의 〈As p.p.〉 구문을 묻는 문제이다. 따라서 과거 분사형인 (C) discussed가 정답이다.
정답_(C)

140 동사 어휘 문제이다. 전치사 for와 함께 사용할 수 있어야 하며, 빈칸 뒤에 24시간 무료 주차권을 드리겠다는 혜택이 나오므로 '이러한 불편함을 보상해 드리기 위해'가 적절하다. 따라서 '보상하다, 배상하다'를 뜻하는 (A) compensate가 정답이다.
정답_(A)

141 (A) 할인된 티켓은 신분증을 제시할 경우에만 유효합니다.
(B) 주차장 모든 구역의 도로를 재포장하는 것은 대략 2주가 걸릴 수 있습니다.
(C) 프로젝트에 도움을 자원해 주신 것에 대해 진심으로 감사드립니다.
(D) 여러분의 부서 관리자가 수령할 준비가 되면 알려줄 것입니다.

문맥상 가장 적절한 문장을 고르는 문제이다. 빈칸 앞 문장에서 '공사 기간 동안 24시간 무료 주차권을 받게 된다'라고 하는 것으로 보아 '이 주차권을 받을 준비가 되면 통보해 줄 것이다'라는 내용의 (D)가 가장 적절하다.
정답_(D)

142 적절한 대명사를 고르는 문제이다. 수신자가 전 직원인 것으로 보아 직접 직원들에게 말하는 것이므로 your가 적절하다. 따라서 (D)가 정답이다.
정답_(D)

Questions 139–142 refer to the following memo.

To: Lavolta Pharmaceuticals Employees
From: Sanjei Gupta, Facility Manager
Date: May 14
Subject: Upcoming Construction Project

As ------- at the meeting earlier this week, the
139.
East Annex Building will be closed from May 18
to May 20 for repainting and repaving. Employees
affected by this project are required to use the public
underground parking lot on Maple Ave. To -------
140.
for this inconvenience, each of you will be given a
24-hour free parking ticket to be used during the
construction period. -------.
141.
Shuttle services from the public parking lot to the East
Annex Building will also be provided. We apologize for
------- inconvenience.
142.

139 (A) discuss
(B) have been discussed
(C) discussed
(D) discussion

140 (A) compensate
(B) appreciate
(C) represent
(D) acknowledge

141 (A) Discounted tickets are valid only upon presentation of your identification badge.
(B) It may take about two weeks to repave all areas in the parking lot.
(C) We truly thank you for volunteering to assist with the project.
(D) Your department manager will notify you when it is ready for pickup.

142 (A) its
(B) our
(C) their
(D) your

To: Selena Moore <selenamoore@connects.com>
From: Jay Holden <jayholden@solartech.com>
Date: August 9
Subject: Your move

Dear Selena,

------- . I'm sure you will be a valuable addition to
143.
our department. On your very first day here, we are
holding a weekly staff meeting, where you will have
the opportunity to meet your colleagues as well as
company executives. Shortly after the meeting, you
will be given your identification badge which you
should present to security personnel every time -------
144.
company facilities.

Do you have ------- questions or requests before
145.
you arrive here? ------- , please call one of our
146.
representatives at 031-356-7890 or email me at
jayholden@solartech.com.

Jay Holden

143 (A) To commemorate your 20 years of service, we
will be holding a party.
(B) I was very excited to hear that you'll be joining
us here in the Asian branch.
(C) Our company will be expanding the facilities to
include a couple of meeting rooms.
(D) Several promising candidates are being
considered for the final-round interview.

144 (A) you access
(B) to access
(C) accessing
(D) accessible

145 (A) main
(B) any
(C) this
(D) so

146 (A) In addition
(B) For instance
(C) In the end
(D) If so

[143-146]

수신: 셀레나 무어 〈selenamoore@connects.com〉
발신: 제이 홀든 〈jayholden@solartech.com〉
날짜: 8월 9일
제목: 이직 관련

셀레나에게,

143 당신이 우리 아시아 지점에 합류한다는 소식에 저는 흥분을 감출 수
가 없었습니다. 당신이 우리 부서에 소중한 자산이 될 것임을 믿어 의심치
않습니다. 이곳으로 출근하는 첫날 주간 직원 회의가 있을 예정인데 그때
동료들과 회사 임원들을 만날 기회가 있을 겁니다. 회의 후에 바로 회사
시설에 **144** 접근할 때마다 경비원에게 제시해야 하는 신분증을 받게 되실
것입니다.

여기 오시기 전에 **145** 어떠한 질문이나 요청 사항이 있으신가요? **146** 만
일 그렇다면, 전화 031-356-7890으로 저희 담당 직원 중에 한 명에게
연락 주시거나 jayholden@solartech.com으로 저에게 이메일 주시기 바
랍니다.

제이 홀든

addition 추가된 사람 executive 임원, 경영진 security personnel 보안
요원 representative 대표자, 대리인 commemorate 기념하다, 축하하다
expand 확장하다 promising 유망한 in addition 게다가, 덧붙여 for
instance 예를 들어 in the end 마침내, 결국 if so 만일 그렇다면

143 (A) 당신의 20년간의 근무를 축하하기 위해 파티를 열 것입니다.
(B) 당신이 우리 아시아 지점에 합류한다는 소식에 저는 흥분을 감출
수가 없었습니다.
(C) 우리 회사는 몇 개의 회의실을 포함한 시설을 확장할 것입니다.
(D) 몇몇 유망한 지원자들이 최종 인터뷰 대상이 될 것입니다.
문맥상 가장 적절한 문장을 고르는 문제이다. 지문의 첫 문장이 빈칸이
므로 글 초반부를 읽고 정답을 찾아야 한다. 빈칸 바로 뒤에서 '우리 부
서에 소중한 자산이 될 것이다'라는 것으로 보아 이 사람이 합류하여 매
우 기쁘다는 내용의 (B)가 가장 적절하다.
정답_(B)

144 빈칸 앞의 every time은 '~할 때마다'라는 의미로 whenever와 유
사한 접속사이다. 접속사 뒤에는 〈주어+동사〉의 절이 와야 하므로 (A)
you access가 정답이다.
정답_(A)

145 의미상 '어떤 질문이나 요청 사항이 있으십니까?'라는 의미가 되어야 하
므로 의문문에서 질문이나 요청이 있는지 모르는 상황에 '무슨, 어떤'이
란 의미로 사용되는 (B) any가 정답이다. (A) main(주요한)은 main
topic(주요 주제) main problem(주요 문제) 등과 같이 사용되며 (C)
this는 뒤에 단수 명사가 와야 하므로 오답이다.
정답_(B)

146 접속부사를 고르는 문제이다. 앞에서는 질문이나 요청 사항이 있는지
물어봤고, 뒤에서는 전화를 주거나 이메일을 보내라고 하는 것으로 보
아 '질문이나 요청 사항이 있다면 전화를 주거나 이메일을 보내라'는 의
미가 되어야 한다. 따라서 (D) If so(만일 그렇다면)가 정답이다.
정답_(D)

Actual Test 08

잠깐!! 시작 전 꼭 확인하세요!

- 실제 시험과 같이 책상을 정리하고 마음의 준비를 하세요.
- 핸드폰은 잠깐 끄고 대신 아날로그 시계를 활용해 보세요.
- PART 5&6 제한 시간은 16분입니다. 제한 시간을 꼭 지켜주세요.
- 어렵다고 넘어가지 마세요. 가능하면 차례대로 풀어 보세요.

READING TEST

In the Reading test, you will read a variety of texts and answer several different types of reading comprehension questions. The entire Reading test will last 75 minutes. There are three parts, and directions are given for each part. You are encouraged to answer as many questions as possible within the time allowed.

You must mark your answers on the separate answer sheet. Do not write your answers in your test book.

PART 5

Directions: A word or phrase is missing in each of the sentences below. Four answer choices are given below each sentence. Select the best answer to complete the sentence. Then mark the letter (A), (B), (C), or (D) on your answer sheet.

101 Koojack Furnishings.com is known ------- its unsurpassed quality and affordable prices among the locals.

(A) with
(B) as
(C) for
(D) because

102 No machine in this factory should remain ------- for a long time.

(A) unsatisfactory
(B) empty
(C) unclaimed
(D) idle

103 Ella Jung was able to complete the financial report on time, and she submitted ------- to the vice president this morning.

(A) one
(B) them
(C) it
(D) this

104 The proposal was rejected by the committee members ------- it contained a lot of discrepancies.

(A) which
(B) so
(C) that
(D) since

105 Cahill Insurance offers financial ------- for those who have budget constraints.

(A) assistance
(B) solution
(C) consultant
(D) tip

106 I found it very ------- to seek advice from various people when I have no idea on how to resolve my problems.

(A) beneficially
(B) benefitting
(C) benefitted
(D) beneficial

107 Unfortunately, we will be unable to answer your phone calls ------- our busy hours of the day.

(A) for
(B) within
(C) during
(D) except

108 Because of time constraints, we have to choose ------- article is suitable for our new cultural section no later than this Wednesday.

(A) which
(B) whom
(C) each
(D) that

109 At the awards ceremony, CEO expressed his ------- to all staff members who have demonstrated hard work and creativity.

(A) gratitude
(B) grated
(C) grateful
(D) grates

110 In order to ------- disputes between union members and employers, we have hired an arbiter last week.

(A) settle
(B) disrupt
(C) sustain
(D) vandalize

111 As new recruits, do not ------- with others and be considerate of them whenever you work in a group.

(A) refrain
(B) hinder
(C) interfere
(D) suffer

112 Jude Kaufman is leading a discussion ------- promising R&D leads at Voss Manufacturing.

(A) to
(B) at
(C) with
(D) on

113 Each of the ------- to this seminar will be given a trial version of our newest medical equipment.

(A) attendee
(B) attendants
(C) attendees
(C) attendance

114 We are very sorry to tell you that the item you've been looking for is ------- out of stock.

(A) quickly
(B) proportionately
(C) currently
(D) knowingly

115 ------- you don't think it's necessary, it is recommended to keep a copy of your invoice for your future reference.

(A) Although
(B) Thus
(C) Nonetheless
(D) Furthermore

116 Whether you are planning to go on a trip to New York on business or for -------, Scotovia Airlines is the best choice to take you there.

(A) pleasant
(B) pleasure
(C) pleasing
(D) pleased

117 At the conference, Daniel Lanier was commended by committee members for doing well on the project that he ------- for the first time.

(A) was completed
(B) completed
(C) has been completed
(D) had been completed

118 Write your opinions on the paper to get an opportunity to be a member and ------- your records on our Web site.

(A) upgrading
(B) to upgrade
(C) upgrade
(D) upgrades

119 A computer virus attacked New York last month, and the virus could have ------- the major banks' extensive computer networks useless.

(A) divested
(B) encountered
(C) rendered
(D) arrested

120 Effective and immediate procedures for the ------- handling of customer complaints must be made.

(A) prompt
(B) prompts
(C) promptly
(D) prompting

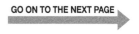
GO ON TO THE NEXT PAGE

121 A soil test result revealed that it is too acidic to be suitable for gardening, so we need to find ------- else.

(A) anywhere
(B) nowhere
(C) elsewhere
(D) somewhere

122 Many residents believe that this construction can be the trigger to ------- the local economy.

(A) expand
(B) enlighten
(C) boost
(D) soar

123 It's our company's regulation to ------- inspect equipment and workstations.

(A) periodic
(B) periodical
(C) period
(D) periodically

124 We will keep using this machine as it works much ------- than other machines on the market.

(A) most efficient
(B) more efficiently
(C) most efficiently
(D) more efficient

125 Instead of having a discussion with managers of Pineland Landscaping this evening as ------- scheduled, we decided to pay a visit to our seventh plant in London.

(A) originally
(B) primarily
(C) typically
(D) ordinarily

126 The representative said he would offer a price ------- if we order more than five items online.

(A) reduced
(B) reducing
(C) reduces
(D) reduction

127 ------- Mr. Connor's proposal has been approved by the city council, we can start working on a building renovation project.

(A) Now that
(B) If so
(C) In order that
(D) Excluding

128 One ------- of a successful businessman is that the person has great leadership skills which are essential for being able to give clear directions.

(A) characteristic
(B) phenomenon
(C) endeavor
(D) potential

129 Besides the mayor, many politicians say that this project is solely part of the European Union -------.

(A) mandate
(B) preference
(C) commendation
(D) pressure

130 ------- serious problems, the project team conducted more in-depth research to resolve the problems before submitting the final proposal.

(A) Had identified
(B) Identifiable
(C) Having identified
(D) Identified

종료시간 :

PART 6

Directions: Read the texts that follow. A word, phrase, or sentence is missing in parts of each text. Four answer choices for each question are given below the text. Select the best answer to complete the text. Then mark the letter (A), (B), (C), or (D) on your answer sheet.

Questions 131-134 refer to the following e-mail.

To: Powell Jackson <pjackson@primahotel.com>
From: Samuel Park <sspark@sneakero@ac.kr>

Subject : Banquet hall

Hi, Mr. Jackson. My name is Samuel Park, and I am writing this email regarding the banquet hall. I was wondering ------- the banquet hall in your hotel is available on November 20.
131.

I'm ------- for a room that can accommodate up to 150 people for a retirement party we're
132.
holding for our vice-president in the evening, from about 6 P.M. until 9 P.M. We would need at least 30 tables and 180 chairs. .-------. The devices that we rent should be versatile
133.
enough to show clear graphics without any problems.

Could you get back to me no more than 10 days before the event, on November 10? My office number is 565-3055. I ------- forward to hearing from you soon.
134.

131 (A) where
    (B) if
    (C) when
    (D) how

132 (A) looking
    (B) seeking
    (C) selecting
    (D) hoping

133 (A) Thank you for taking care of this matter for me.
    (B) Also, we would like to rent equipment including beam projectors.
    (C) They are not large enough to accommodate the people.
    (D) Alternatively, you can reserve a larger table.

134 (A) look
    (B) will have looked
    (C) was looking
    (D) have been looking

Questions 135-138 refer to the following memo.

To all staff members:

As you know, we are in charge of the catering job for the annual shareholders' meeting of Sunrise Capital tomorrow. As Sunrise Capital ------- with us for all of their catering needs for
135.
the last seven years, they have been one of our most important clients so far.

-------. Please go over tomorrow's work schedule ------- on the wall.
136.   137.

The first group of guests will be here at 6:00 P.M. So we need to set up tables and chairs in the convention hall by 5 p.m. on that day. Appetizers should be ready to be served by 6:30 p.m. Make sure that the main courses will be provided at 7 p.m. -------.
138.

The detailed schedules can be found on the company website.

135 (A) have contracted
(B) had been contracted
(C) has contracted
(D) had contracts

136 (A) Therefore, it's essential for us to make this event more successful than ever.
(B) Unfortunately, some shareholders will be unable to participate.
(C) If you have any inquires, log on to our website.
(D) This is the first time to hold this kind of event.

137 (A) posts
(B) posters
(C) posting
(D) posted

138 (A) exact
(B) later
(C) sharp
(D) due

Questions 139-142 refer to the following e-mail.

To: Taylor Hudson (taylor22@formonta.co.kr)
From: Nicholas Mendez (nicodailyrr@newyorkweekly.com)
Date: March 15
Subject: Subscription Status

Hi, Mr. Taylor. I am Nicholas Mendez from *New York Weekly*. I'm writing this e-mail to let you know that your subscription to our newspaper will end on May 31. If you renew the subscription ------- this month, we will give you a 20% discount. This special offer is made
139.
to express our appreciation for your loyal ------- over the past 5 years.
140.

Also, we noticed that you've been paying your subscription fee by check. -------.
141.

If you find it more convenient, to pay online by credit card, please do so.

To get more information, do not hesitate to visit our website at www.newyorkweekly.com or you can call us at 527-6500 if you have further questions. Take advantage of these great

-------, and we hope to continue doing business with you.
142.

139 (A) at
(B) on
(C) within
(D) after

140 (A) patronage
(B) patron
(C) patrons
(D) patronizing

141 (A) You will be given an additional 10% off during the period.
(B) I'd like to inform you that we offer an extra 3% off on all online payments.
(C) We are very sorry that this service has been discontinued.
(D) It is impossible to change your shipping address once your item has been shipped.

142 (A) deals
(B) positions
(C) markets
(D) selections

Questions 143-146 refer to the following e-mail.

To: Ann Harper (aaharpery77@crenedu.com)
From: George Green (ggreen@betterliving.au.kr)
Subject: Today's Fashion Trends

As ------- in your letter dated November 15th, I am pleased to send you a copy of our
143.
monthly magazine, *Today's Fashion Trends*. First of all, I would like to extend my gratitude

for your interest in our magazine. Unfortunately, our magazine is made only for those who

work in related fields or who have done business with us for more than 5 years. -------.
144.

------- your interest, we have attached a list of other fine publications in the fashion field. We
145.
hope that they will be useful to you.

Please understand our -------, and I would like to say again that your interest is very much
146.
appreciated.

143 (A) request
    (B) requesting
    (C) requested
    (D) were requested

144 (A) We cannot accept subscriptions or
        regularly send monthly copies to the
        public.
    (B) If you hope to subscribe to our
        magazines, please click the link.
    (C) Also, a master's degree in fashion
        fields is a must.
    (D) One of our customer service
        representatives will address any issues
        you may have.

145 (A) In return for
    (B) On account of
    (C) In lieu of
    (D) With regard to

146 (A) potential
    (B) position
    (C) persistent
    (D) preference

종료시간   :

나 혼자 끝내는 토익 체크 리스트

정답 확인 전 체크 리스트

✅ 이번 회차의 난이도는 ☐ 쉬웠다 ☐ 무난했다 ☐ 어려웠다

✅ 나는 16분 안에 모두 문제 풀이를 완료하였다. ☐ YES ☐ NO
그렇지 않다면, 실제 걸린 시간은 몇 분인가요? _____
혹시 시간이 부족해서 찍어서 푼 문제가 있다면 몇 번인지 표시해 보세요. _____
💡 시간이 부족하셨다면, 문제당 16~20초 안에 푸는 훈련을 해야 합니다.

✅ 나는 정답이 확실하지 않아서 고민이 되었던 문제가 있었다. ☐ YES ☐ NO
혼동된 문제가 있었다면 몇 번인지 표시해 보세요. _____
💡 QR코드를 통해 제공되는 저자 직강 음성 강의로 고민되었던 문제를 해결해 보세요.

✅ 어휘 문제 중에 모르는 단어가 있었다. ☐ YES ☐ NO
혼동되었던 단어를 적어 보세요. _____
💡 넥서스 홈페이지(www.nexusbook.com)에서 제공하는 어휘 리스트와 테스트를 활용하여 다시 한 번 최종 점검을 해 보세요.

정답 확인 후 체크 리스트

✅ 예상 정답 개수는 몇 개였나요? 정답 체크 후 실제 맞힌 개수를 적어 보세요.
예상 개수 : _____ 실제 개수 : _____
💡 p.11에 나혼토 실력 점검표가 있습니다. 맞은 개수를 기록하며 실력 향상을 점검해 보세요.

✅ 틀린 문제를 다시 점검하고, 다음에는 절대 틀리지 않겠다는 다짐을 해 보세요!
찍어서 맞은 문제도 틀린 문제입니다. 틀린 문제들을 기록해 보세요. _____
💡 QR코드를 통해 제공되는 저자 직강 음성 강의로 틀린 문제를 다시 확인해 보세요.

✅ 틀린 문제 리뷰를 정확히 하고, 나만의 "오답노트"를 작성해 보세요.
💡 토익 RC는 특히 "복습"이 생명입니다. 틀린 문제는 꼭 다시 정리하세요.

> 한번에 많은 문제를 푸는 것보다는 체계적으로 문제를 푼 이후, 내 것으로 완전히 소화하는 방식이 필요합니다. **틀린 문제 위주로 중요 포인트를 "나만의 노트"에** 정리하고, 외워야 할 세트 구문 등을 잘 정리해서 암기하였는지 반드시 확인하고, 반복, 또 반복해서 복습해 보세요.

101 쿠잭 퍼니싱즈 닷컴은 주민들 사이에서 능가할 수 없는 품질과 저렴한 가격으로 유명하다.

빈칸 앞의 known과 어울리는 전치사를 고르는 문제이다. be known for는 '~으로 유명하다'는 뜻이므로 (C)가 정답이다. (B) as도 known 뒤에 올 수 있지만 be known as가 되면 '~로 알려져 있다'는 의미가 되므로 오답이다.

unsurpassed 그 누구에게도 뒤지지 않는, 능가할 수 없는 affordable 저렴한 locals 주민
정답_(C)

102 이 공장에 있는 어떤 기계도 장시간 동안 사용되지 않고 방치되어선 안된다.

적절한 형용사를 고르는 문제이다. 주어가 기계이기 때문에 장시간 사용하지 않은 채 방치하지 말라는 의미의 (D) idle이 정답이다. (B) empty는 공간 따위를 비울 때 사용하는 어휘이기 때문에 오답이다.

idle (장시간 사용되지 않고) 방치된 unclaimed 수취인 없는, 주인 없는
정답_(D)

103 엘라 정은 제시간에 재무 보고서를 완료할 수 있었고, 오늘 아침 부사장에게 그 보고서를 제출하였다.

적절한 대명사를 고르는 문제이다. 빈칸 앞에 동사 submitted가 왔으므로 뒤에는 목적격이 와야 한다. 앞에 나온 단수 report를 받는 대명사가 필요하기 때문에 (C) it이 정답이다. (A) one은 불특정한 대상을 나타내는 것으로 여기서는 report라는 분명한 대상이 이미 나왔기에 one은 쓸 수 없다.

financial 재무의 on time 제시간에, 정각에
정답_(C)

104 그 제안서는 불일치하는 내용이 많아서 위원회로부터 거부당했다.

두 절을 연결할 접속사가 와야 한다. 빈칸 앞뒤의 절이 서로 원인과 결과 관계이기 때문에 정답은 (D) since이다.

proposal 제안서 reject 거절하다, 거부하다 committee 위원회 discrepancy 모순, 불일치, 오류
정답_(D)

105 카힐 보험사는 예산 제약으로 어려움에 처한 이들을 위해 재정적인 도움을 준다.

적절한 명사를 고르는 문제이다. 앞에 관사가 없으며, 예산 제약으로 어려움에 처한 이들에게 재정적 '도움'을 준다는 의미가 적절하므로 '도움'이라는 뜻의 불가산 명사 (A) assistance가 정답이다. 나머지 선택지는 모두 가산명사이기 때문에 오답이다.

constraint 제약 consultant 상담가
정답_(A)

101 Koojack Furnishings.com is known ------- its unsurpassed quality and affordable prices among the locals.

(A) with
(B) as
(C) for
(D) because

102 No machine in this factory should remain ------- for a long time.

(A) unsatisfactory
(B) empty
(C) unclaimed
(D) idle

103 Ella Jung was able to complete the financial report on time, and she submitted ------- to the vice president this morning.

(A) one
(B) them
(C) it
(D) this

104 The proposal was rejected by the committee members ------- it contained a lot of discrepancies.

(A) which
(B) so
(C) that
(D) since

105 Cahill Insurance offers financial ------- for those who have budget constraints.

(A) assistance
(B) solution
(C) consultant
(D) tip

106 I found it very ------- to seek advice from various people when I have no idea on how to resolve my problems.

(A) beneficially
(B) benefitting
(C) benefitted
(D) beneficial

106 내 문제들을 해결할 방법에 대해 전혀 떠오르는 바가 없을 때, 다양한 사람들로부터 얻는 조언이야말로 굉장히 유익하다는 사실을 알게 되었다.

5형식 동사 find의 특성에 맞는 문법 요소를 고르는 문제로, 5형식 동사는 〈목적어+목적보어〉의 형태로, 목적보어 자리에 형용사를 주로 취하기 때문에 정답은 (D) beneficial이다.

beneficial 이로운 resolve 해결하다, 결심하다
정답_(D)

107 Unfortunately, we will be unable to answer your phone calls ------- our busy hours of the day.

(A) for
(B) within
(C) during
(D) except

107 안타깝게도 하루 중 분주한 시간대에는 귀하의 전화에 응답할 수 없을 겁니다.

빈칸 뒤의 기간 busy hours을 이끌 수 있는 전치사인 (C) during 이 정답이다. (A), (B) 역시 기간을 끌 수는 있으나, 주로 숫자로 명확히 표시된 정확한 기간이 오기 때문에 오답이다.

unfortunately 불행하게도
정답_(C)

108 Because of time constraints, we have to choose ------- article is suitable for our new cultural section no later than this Wednesday.

(A) which
(B) whom
(C) each
(D) that

108 시간적인 제약으로 인해, 늦어도 이번 주 수요일까지 새로운 문화 코너에 어떤 기사가 가장 적합할지 선택해야 한다.

동사 형태 choose 뒤에서 목적어 역할로 절을 연결한 명사절 접속사 중 가장 적절한 것을 고르는 문제이다. 선택한다는 의미에 가장 어울리면서 명사 article을 꾸미기 위한 형용사적 역할이 가능한 which가 가장 부합하기 때문에 (A) which가 정답이다.

time constraint 시간 제약 be suitable for ~에 적합하다 no later than 늦어도 ~까지
정답_(A)

109 At the awards ceremony, CEO expressed his ------- to all staff members who have demonstrated hard work and creativity.

(A) gratitude
(B) grated
(C) grateful
(D) grates

109 시상식에서 대표 이사는 업무에 대한 열의와 창의성을 보여준 전 직원에게 감사의 말을 전했다.

빈칸 앞에 소유격이 있으므로 명사가 와야 한다. 따라서 (A) gratitude가 정답이다. (D) grates 역시 명사지만 의미상 어색하기 때문에 오답이다.

creativity 창의성 gratitude 감사 grate 쇠살대, 창
정답_(A)

110 In order to ------- disputes between union members and employers, we have hired an arbiter last week.

(A) settle
(B) disrupt
(C) sustain
(D) vandalize

110 노조원들과 고용주들 간의 분쟁을 해결하기 위해 우리는 지난주에 별도의 특별단체를 만들었습니다.

노조와 고용주들 간의 분쟁(disputes)을 해결한다는 의미가 되어야 하므로, resolve의 동의어로 쓸 수 있는 (A) settle이 정답이다.

union member 노조원 arbiter 중재자 settle 해결하다 disrupt 방해하다 sustain 지속하다 vandalize (공공 기물 등을) 파손하다
정답_(A)

Test 08

111 신입사원으로서 언제든지 그룹의 일원으로 같이 작업할 때는 다른 이의 업무에 지장을 주지 말고 배려하는 자세를 갖춰야 한다.

> 바로 뒤에 전치사 with와 결합하여 목적어를 끄는 자동사를 고르는 문제로, 전치사 with와 가장 적절하게 어울리는 동사는 (C) interfere(방해하다)이다. (A) refrain(삼가다, 금하다). (D) suffer는 전치사 from과 결합하며 (B) hinder의 경우 타동사로만 쓰기 때문에 전치사와 함께 쓰지 않으므로 오답이다.

be considerate of ~을 배려하다   hinder 방해하다
정답_(C)

111 As new recruits, do not ------- with others and be considerate of them whenever you work in a group.
(A) refrain
(B) hinder
(C) interfere
(D) suffer

112 주드 카우프만은 보스 제조업체의 유망한 연구 개발 우위를 주제로 회의를 주관하고 있는 중이다.

> discussion은 주로 on과 결합되어 '~에 관한, ~에 대한 주제'라는 의미를 형성하기 때문에 정답은 (D) on이다.

promising 유망한
정답_(D)

112 Jude Kaufman is leading a discussion ------- promising R&D leads at Voss Manufacturing.
(A) to
(B) at
(C) with
(D) on

113 이 세미나의 참석자 각 개인은 우리 회사의 최신 의료장비 시제품을 받을 것이다.

> 적절한 명사를 고르는 문제이다. each의 간접 수식을 받는 명사는 of the 뒤에서 복수 처리가 되기 때문에, 복수 명사를 답으로 함과 동시에, 빈칸 뒤의 의미와 연결하여 보면 참석자에 대한 설명이기 때문에 정답은 (C) attendees이다. (B) attendants는 '종업원'의 의미이므로 오답이다.

trial version 시제품, 샘플 제품   attendance 참석
정답_(C)

113 Each of the ------- to this seminar will be given a trial version of our newest medical equipment.
(A) attendee
(B) attendants
(C) attendees
(C) attendance

114 이런 말씀드려서 송구스럽지만 찾고 계신 제품이 현재 재고가 없는 상태입니다.

> 적절하게 out of stock이라는 전명구를 수식할 수 있는 부사를 고르는 문제로, 빈칸 앞 현재 시제 is, 그리고 재고가 바닥이 났다는 상황에 비추어 봤을 때, '지금 현재는' 재고가 없는 상태라는 의미이기 때문에 정답은 (C) currently이다. (A) quickly는 일처리 속도 따위가 빠를 때 쓰는 표현이므로 오답이다.

out of stock 재고가 없는   proportionately 비율에 맞게
knowingly 알면서도, 고의로
정답_(C)

114 We are very sorry to tell you that the item you've been looking for is ------- out of stock.
(A) quickly
(B) proportionately
(C) currently
(D) knowingly

115 불필요하다고 생각하시겠지만, 향후 증빙을 위해서 계산서 사본은 보관하고 계실 것을 추천드리는 바입니다.

> 빈칸 뒤에 나오는 두 절을 가장 적절하게 연결할 접속사를 고르는 문제로, 앞뒤의 내용이 서로 다르기 때문에, 정답은 양보절 접속사 (A) Although(비록 ~하더라도)이며, (B), (C), (D)는 부사이므로 문장을 끌 수 없어 오답이다.

reference 참조, 증빙   furthermore 더욱이
정답_(A)

115 ------- you don't think it's necessary, it is recommended to keep a copy of your invoice for your future reference.
(A) Although
(B) Thus
(C) Nonetheless
(D) Furthermore

116 Whether you are planning to go on a trip to New York on business or for -------, Scotovia Airlines is the best choice to take you there.

(A) pleasant
(B) pleasure
(C) pleasing
(D) pleased

116 뉴욕에 사업차 갈 계획이시든 아니면 즐거움을 위해 휴식으로 가시는 것이든 스코토비아 항공이 귀하를 그곳까지 데려다 줄 최상의 선택입니다.

빈칸 앞에 전치사 for가 있으므로 빈칸에는 명사가 와야 한다. 따라서 (B) pleasure가 정답이다. (C) pleasing은 동명사로 생각해서 전치사 뒤에 올 수 있으나 동명사는 자체적으로 뒤에 목적어가 있어야 하므로 오답이다.

on business 사업차, 출장으로   for pleasure 즐거움을 위해, 휴양으로
정답_(B)

117 At the conference, Daniel Lanier was commended by committee members for doing well on the project that he ------- for the first time.

(A) was completed
(B) completed
(C) has been completed
(D) had been completed

117 그 회의에서 대니얼 라니에르는 위원회 멤버들로부터 그가 난생 처음 작업해서 완료한 프로젝트가 훌륭했다는 칭찬을 들었다.

빈칸 앞 목적격 관계대명사 that절 뒤로 나오는 주어 he에 어울리는 동사를 고르는 문제로, that 자체가 이미 목적격으로 쓰였다는 점에서 능동태 동사로 정답은 (B) completed이다.

commend 찬사하다, 칭찬하다   do well on ~에서 잘 해내다   for the first time 처음으로
정답_(B)

118 Write your opinions on the paper to get an opportunity to be a member and ------- your records on our Web site.

(A) upgrading
(B) to upgrade
(C) upgrade
(D) upgrades

118 회원이 될 기회를 얻기 위해 이 종이에 자신의 의견을 쓰고, 우리 홈페이지에 본인의 기록을 업그레이드하세요.

기본적으로 등위접속사 and는 앞뒤로 비슷한 형태의 절을 이끈다. 앞 절에 write가 동사원형으로 나왔기 때문에 뒷절에도 동사원형으로 명령문이 충족되면 등위가 형성된다는 점에서 정답은 (C) upgrade이다. (B) to upgrade의 경우 and 앞에 to be 이하의 구문의 수식을 받는 opportunity(기회)로 나열된 것으로 문맥상 부적절하므로 오답이다.

opinion 의견   record 기록
정답_(C)

119 A computer virus attacked New York last month, and the virus could have ------- the major banks' extensive computer networks useless.

(A) divested
(B) encountered
(C) rendered
(D) arrested

119 지난달에 컴퓨터 바이러스가 뉴욕을 공격했으며, 이 바이러스는 하마터면 주요 은행들의 광대한 컴퓨터 네트워크를 무용지물로 만들어 버릴 수 있었다.

적절한 동사를 고르는 문제로 컴퓨터 네트워크를 무용지물로 '만들 수 있었다'는 의미이며, 동시에 뒤에 〈목적어+목적보어〉 형용사를 한꺼번에 끌 수 있는 5형식이 가능한 동사만이 정답이 될 수 있으므로 정답은 (C) rendered이다.

divest 빼앗다, 벗다, ~을 처분하다   encounter 직면하다   render ~이 되게 만들다, ~하게 하다   arrest 체포시키다, 저해하다
정답_(C)

120 Effective and immediate procedures for the ------- handling of customer complaints must be made.

(A) prompt
(B) prompts
(C) promptly
(D) prompting

120 고객 불만에 대한 신속한 처리는 효율적이면서 즉각적인 절차로 이루어져야 한다.

'취급, 처리'의 의미를 갖는 명사 handling을 수식할 수 있는 형용사를 골라야 한다. 따라서 형용사 (A) prompt(정시의, 신속한, 즉각의)가 정답이다. (D) prompting은 '설득'이라는 의미의 명사로 사용되므로 오답이다.

effective 효율적인   procedure 절차, 과정   prompt 정시의, 신속한, 즉각의
정답_(A)

121 토양 지질 검사 결과, 정원을 가꾸기에는 산성이 너무 강한 것으로 드러나서, 우리는 정원 조성을 위해 다른 지역을 찾아야 한다.

> 긍정문에 쓰이면서 동시에 else와도 결합이 잘 되어야 하기 때문에 정답은 (D) somewhere이다. (A) anywhere는 부정문에서 주로 사용하기 때문에 오답이다.

acidic 산성의 gardening 정원 가꾸기 nowhere 어디에도 없다
정답_(D)

121 A soil test result revealed that it is too acidic to be suitable for gardening, so we need to find ------- else.

(A) anywhere
(B) nowhere
(C) elsewhere
(D) somewhere

122 많은 주민들이 이 공사가 지역 경기를 활성화시킬 수 있는 신호탄이 될 것으로 믿고 있다.

> 지역 경제를 활성화시키고 발전, 촉진시킨다는 의미이기 때문에 정답은 (C) boost이다. (A) expand는 규모 등의 확장에, (B) enlighten은 계몽, 문화적 발전에 쓰며, (D) soar(치솟다, 오르다)는 자동사이므로 목적어를 취할 수 없다는 점에서 오답이다.

trigger 신호탄, 매개물 enlighten 계몽시키다
정답_(C)

122 Many residents believe that this construction can be the trigger to ------- the local economy.

(A) expand
(B) enlighten
(C) boost
(D) soar

123 주기적으로 장비 및 작업장을 점검하는 것은 우리 회사의 규정이다.

> 빈칸이 없어도 완전한 문장이 되므로 빈칸에는 수식어구가 와야 한다. to부정사인 to inspect 사이에서 이를 수식할 수 있는 것은 부사이므로 (D) periodically가 정답이다.

regulation 규정, 규제 workstation 작업장 periodically 주기적으로
정답_(D)

123 It's our company's regulation to ------- inspect equipment and workstations.

(A) periodic
(B) periodical
(C) period
(D) periodically

124 이 기계가 시중의 다른 기계들보다도 더 효율적으로 작동되므로 계속 사용할 생각이다.

> 빈칸 뒤에 than이 있으므로 비교급을 골라야 한다. 앞의 자동사 work를 뒤에서 수식할 수 있는 부사가 와야 하므로 (B) more efficiently가 정답이다.

work 작동하다 efficient 효율적인
정답_(B)

124 We will keep using this machine as it works much ------- than other machines on the market.

(A) most efficient
(B) more efficiently
(C) most efficiently
(D) more efficient

125 파인랜드 조경 업체의 매니저들과의 토론을 원래 예정된 대로 저녁에 하는 것 대신에, 우리는 런던에 있는 일곱 번째 공장에 방문하기로 결정했다.

> 빈칸이 없어도 완전한 문장이 되므로 빈칸에는 scheduled를 수식하는 부사가 와야 한다. 선택지가 모두 부사인데 빈칸 뒤에서 일정이 변경되었음을 알 수 있고 문장이 Instead of로 시작하고 있으므로 '원래의' 일정 대신에 공장을 방문하기로 했다는 뜻이 적절하다. 따라서 (A) originally가 정답이다.

as scheduled 예정대로 pay a visit 방문하다 originally 본래, 원래 primarily 주로 typically 전형적으로, 일반적으로 ordinarily 정상적으로, 대개
정답_(A)

125 Instead of having a discussion with managers of Pineland Landscaping this evening as ------- scheduled, we decided to pay a visit to our seventh plant in London.

(A) originally
(B) primarily
(C) typically
(D) ordinarily

126 The representative said he would offer a price ------- if we order more than five items online.

(A) reduced
(B) reducing
(C) reduces
(D) reduction

127 ------- Mr. Connor's proposal has been approved by the city council, we can start working on a building renovation project.

(A) Now that
(B) If so
(C) In order that
(D) Excluding

128 One ------- of a successful businessman is that the person has great leadership skills which are essential for being able to give clear directions.

(A) characteristic
(B) phenomenon
(C) endeavor
(D) potential

129 Besides the mayor, many politicians say that this project is solely part of the European Union -------.

(A) mandate
(B) preference
(C) commendation
(D) pressure

130 ------- serious problems, the project team conducted more in-depth research to resolve the problems before submitting the final proposal.

(A) Had identified
(B) Identifiable
(C) Having identified
(D) Identified

---

126 그 직원은 만일 우리가 온라인으로 5개 이상의 상품을 주문한다면 가격 할인을 제공할 의사가 있음을 밝혔다.

offer의 목적어 역할을 할 명사 자리로, '가격 할인'이라는 복합명사를 형성하는 (D) reduction이 정답이다.

representative 직원
정답_(D)

127 코너 씨의 제안서가 시 의회의 인가를 받아서 우리는 건물 개보수 공사를 시작할 수 있게 되었다.

두 개의 절을 연결하는 접속사를 고르는 문제이다. 건물 개보수 공사를 할 수 있게 된 것은 시 의회의 인가를 받았기 때문이므로 (A) Now that(이제 ~이니까, 이제 ~했으므로)이 정답이다. (C) In order that은 '~하기 위해'라는 뜻이므로 의미가 맞지 않고, (B) If so는 부사, (D) Excluding은 전치사이므로 오답이다.

if so 만일 그렇다면 excluding ~을 제외하는
정답_(A)

128 성공한 사업가의 한 가지 특징은 사업의 분명한 방향을 제시하기 위해 필수적인 훌륭한 통솔력을 갖추고 있다는 점이다.

적절한 명사를 고르는 문제이다. 보어 that절 이하의 내용이 빈칸에 들어갈 주어의 내용을 나타내는 것이므로 훌륭한 통솔력은 성공한 사업가의 '특징'이 될 수 있다. 따라서 정답은 (A) characteristic이다.

essential 필수적인 characteristic 특성, 특징 phenomenon 현상 endeavor 노력
정답_(A)

129 시장 외에도, 많은 정치가들이 이 프로젝트가 전적으로 유럽 연합 권한의 일환이라고 말한다.

의미상 가장 적절한 명사를 고르는 문제이다. European Union과 함께 명사 어구가 되어야 하는데 주, 연방, 정부 등이 갖고 있는 막강한 '권한'이라는 의미의 어휘로 자주 사용되는 (A) mandate가 정답이다.

besides ~ 외에 solely 오로지, 단독으로 part of ~의 일부, ~의 일환 mandate 권한 preference 기호, 선호 commendation 칭찬, 인정, 훈장 pressure 압박, 압력
정답_(A)

130 심각한 문제점들을 확인한 후에, 프로젝트 팀은 그 문제점들을 해결하기 위해 최종 제안서 제출 전에 더욱 심도 있는 조사를 실시하였다.

주절의 시제가 과거이므로 종속절은 과거완료형의 After they had identified serious problems임을 알 수 있다. 여기서 접속사 (After)와 주어(they)를 생략하고 -ing형으로 된 분사구문이므로 정답은 (C) Having identified이다.

in-depth 면밀한 identify 확인하다, 알아보다
정답_(C)

[131-134]

수신: 파웰 잭슨 〈pjackson@primahotel.com〉
발신: 사무엘 박 〈sspark@sneakero@ac.kr〉
제목: 연회장

안녕하세요, 잭슨 씨. 저는 사무엘 박이며, 연회장에 관해서 이메일을 씁니다. 귀하의 호텔 연회장이 11월 20일에 이용 가능 ⓻ 한지 아닌지 궁금합니다.

저희 회사 부회장님을 위한 은퇴 파티를 열기 위해 저녁 6시쯤부터 9시까지 최대 150명을 수용할 수 있는 방을 ⓲ 찾고 있는데요. 적어도 30개의 테이블과 180개의 의자가 필요합니다. ⓳ 또한, 빔 프로젝터를 포함한 장비를 빌리고 싶습니다. 저희가 빌리는 장비는 문제없이 선명한 그래픽을 보여줄 만큼 다목적 상품여야 합니다.

행사 10일 전 11월 10일까지 저에게 연락 주실 수 있을까요? 제 사무실 번호는 565-3055입니다. 곧 연락 주시기를 ⓴ 기다리겠습니다.

banquet 연회, 축하연   available 이용할 수 있는   accommodate 수용하다   device 장치, 기구   versatile 다용도의, 다목적의   equipment 장비
alternatively 양자택일로, 그 대신에

131 빈칸 앞의 wondering과 어울리며 문맥상 '연회장이 이용 가능한지 아닌지 궁금하다'라는 의미가 되어야 하므로 '~인지 어떤지'를 뜻하는 (B) if가 가장 적절하다.
정답_(B)

132 빈칸 뒤의 전치사 for와 어울리는 동사를 골라야 한다. '~를 찾다'는 뜻의 look for가 적절하므로 (A)가 정답이다. (B) seeking은 '찾고'라는 의미이지만 전치사 없이 쓰는 타동사이며, (C), (D) 역시 전치사 for와 어울리지 않기 때문에 오답이다.
정답_(A)

133 (A) 저를 위해 이 문제를 처리해 주셔서 감사합니다.
(B) 또한, 빔 프로젝터를 포함한 장비를 빌리고 싶습니다.
(C) 그것들은 그 사람들을 수용할 만큼 크지 않습니다.
(D) 대신에, 더 큰 테이블을 예약하실 수 있습니다.

문맥상 가장 적절한 문장을 고르는 문제이다. 빈칸 바로 뒤에 The devices(장비)라는 단어가 나오므로 '장비'와 관련된 내용이 와야 한다. 따라서 빔프로젝터를 포함한 장비를 빌리고 싶다는 (B)가 정답이다.
정답_(B)

134 적절한 시제를 고르는 문제이다. 연락을 받을 것을 지금 기대하고 있다는 의미로 현재시제 look이 적절하므로 (A)가 정답이다. (B) will have looked는 미래완료로 현재 진행되고 있는 동작이나 상태가 미래 어떤 시점에 완료된다는 의미이므로 오답이다.
정답_(A)

Questions 131-134 refer to the following e-mail.

To: Powell Jackson <pjackson@primahotel.com>
From: Samuel Park <sspark@sneakero@ac.kr>

Subject : Banquet hall

Hi, Mr. Jackson. My name is Samuel Park, and I am writing this email regarding the banquet hall. I was wondering ------- the banquet hall in your hotel is available on November 20.
131.

I'm ------- for a room that can accommodate up to 150 people for a retirement party we're holding for our vice-president in the evening, from about 6 P.M. until 9 P.M. We would need at least 30 tables and 180 chairs. -------. The devices that we rent should be versatile enough to show clear graphics without any problems.
132. **133.**

Could you get back to me no more than 10 days before the event, on November 10? My office number is 565-3055. I ------- forward to hearing from you soon.
134.

131 (A) where
(B) if
(C) when
(D) how

132 (A) looking
(B) seeking
(C) selecting
(D) hoping

133 (A) Thank you for taking care of this matter for me.
(B) Also, we would like to rent equipment including beam projectors.
(C) They are not large enough to accommodate the people.
(D) Alternatively, you can reserve a larger table.

134 (A) look
(B) will have look
(C) was looking
(D) have been looking

Questions 135-138 refer to the following memo.

To all staff members:

As you know, we are in charge of the catering job for the annual shareholders' meeting of Sunrise Capital tomorrow. As Sunrise Capital ------- with us for all of their catering needs for the last seven years, they have been one of our most important clients so far.
135.

-------. Please go over tomorrow's work schedule -------
136.   137.
on the wall.

The first group of guests will be here at 6:00 P.M. So we need to set up tables and chairs in the convention hall by 5 p.m. on that day. Appetizers should be ready to be served by 6:30 p.m. Make sure that the main courses will be provided at 7 p.m. -------.
138.
The detailed schedules can be found on the company website.

135 (A) have contracted
     (B) had been contracted
     (C) has contracted
     (D) had contracts

136 (A) Therefore, it's essential for us to make this event more successful than ever.
     (B) Unfortunately, some shareholders will be unable to participate.
     (C) If you have any inquires, log on to our website.
     (D) This is the first time to hold this kind of event.

137 (A) posts
     (B) posters
     (C) posting
     (D) posted

138 (A) exact
     (B) later
     (C) sharp
     (D) due

[135-138]

전 직원에게:

여러분도 아시다시피, 우리는 내일 있을 선라이즈 캐피털 사의 연례 주주 회의를 위한 음식 제공을 책임지고 있습니다. 선라이즈 캐피털은 지난 7년 간 우리와 모든 출장 요리 **135** 계약을 해왔기 때문에 지금까지 우리의 가 장 중요한 거래처 중 한 곳이었습니다. **136** 따라서 그 어느 때보다 이 행 사를 성공적으로 만들어야 합니다. 벽에 **137** 공지되어 있는 내일 업무 일 정을 검토해 주세요.

첫 번째 그룹 손님들은 여기에 오후 6시에 도착합니다. 따라서 그날 오후 5시까지는 컨벤션 홀에 테이블과 의자를 설치해야 합니다. 애피타이저는 6시 30분까지 제공되도록 준비되어야 합니다. 메인 코스 요리는 7시 **138** 정각에 제공되도록 하십시오.

자세한 일정은 회사 웹 사이트에서 보실 수 있습니다.

be in charge of 책임이 있는, 담당하는 shareholder 주주 go over 검토 하다, 복습하다 detailed 상세한 essential 필수의, 주요한 inquiry 조사, 문의 exact 정확한 later 나중에 sharp 정각에 due 예정인

135 빈칸 뒤의 for the last seven years(지난 7년 동안)가 결정적인 힌 트이다. 7년 전부터 지금까지(so far) 중요한 거래처이므로 현재완료 (have p.p.)인 (A), (C) 중에서 골라야 한다. 주어가 Sunrise Capital 로 단수이므로 단수 동사인 (C) has contracted가 정답이다.
     정답_(C)

136 (A) 따라서 그 어느 때보다 이 행사를 성공적으로 만들어야 합니다.
     (B) 유감스럽게도, 일부 주주들은 참석할 수 없을 것입니다.
     (C) 문의 사항이 있으시면, 저희 웹 사이트에 접속해 주십시오.
     (D) 이런 종류의 행사를 개최하는 것은 이번이 처음입니다.

     문맥상 가장 적절한 문장을 고르는 문제이다. 빈칸 앞 문장에서 선라이 즈 캐피털이 지난 7년 동안 계약을 해 온 중요한 거래처라는 내용이 있 으므로 이번 행사가 중요함을 알 수 있다. 따라서 이 행사를 성공적으로 만들어야 한다는 내용으로 이어지는 (A)가 가장 적절하다.
     정답_(A)

137 이미 빈칸 앞에 work schedule이라는 목적어로 끝나는 완벽한 문장 이 있으므로 빈칸 이하부터는 수식어구임을 알 수 있다. on the wall 앞에서 수식의 역할을 할 수 있는 것은 분사인 (C), (D)인데, 빈칸 뒤에 목적어도 없고, 문맥상 '벽에 공지된 일정'이 되어야 하므로 수동의 과거 분사 (D) posted가 정답이다.
     정답_(D)

138 빈칸 앞에 7 p.m.이라는 구체적인 시각이 나오고 있으므로 시간과 어 울리는 '정각에'라는 의미의 (C) sharp가 정답이다.
     정답_(C)

[139-142]

수신: 테일러 허드슨 (taylor22@formonta.co.kr)
발신: 니콜라스 멘데즈 (nicodailyrr@newyorkweekly.com)
날짜: 3월 15일
제목: 구독 현황

안녕하세요, 테일러 씨. 저는 〈뉴욕 위클리 지〉의 니콜라스 멘데즈입니다. 저는 귀하의 신문 구독이 5월 31에 종료될 것임을 알려드리고자 이 이메일을 씁니다. 이번 달 **139** 내에 구독을 갱신하시면, 저희가 20% 할인을 해 드릴 것입니다. 이 특별가는 지난 5년간에 걸친 귀하의 성실한 **140** 애용에 감사드리고자 이루어진 것입니다.

또한, 저희는 귀하께서 수표로 지불해 오셨음을 알게 되었습니다. **141** 모든 온라인상의 결제는 추가로 3%를 더 할인해 드림을 알려 드리고 싶습니다. 이 방식이 더욱 편리하시다면, 신용 카드를 이용한 온라인 결제를 위하여 이 방식을 이용해 주세요.

추가 정보를 얻기 위해서는, 주저 마시고 저희 웹 사이트 www.newyorkweekly.com을 방문해 주시거나 추가 질문 사항이 있으신 경우 527-6500으로 저희에게 전화 주세요. 이 훌륭한 **142** 특별가의 기회를 이용하시기 바라며, 앞으로도 저희와 계속 거래해 주시기를 희망합니다.

---

subscription 구독, 신청 loyal 성실한, 충실한 convenient 편리한 take advantage of ~을 이용하다 patronage 단골거래, 애용 patron 단골, 후원자 deal 거래, 계약 position 직책, 위치 market 시장 selection 선택

---

139 빈칸 뒤 this month와 어울리는 전치사를 고르는 문제이다. 특정 기간 앞에 올 수 있는 전치사 (C) within이 정답이다. (A), (B)는 기간을 연결할 수 없는 전치사이고, (D) after를 쓰면 이번 달 이후에 갱신하는 것이므로 이런 경우 특별가를 제공한다는 것은 의미상 어색하므로 오답이다.
정답_(C)

140 소유격 your 뒤에 오는 명사를 골라야 한다. 동명사 또는 분사형인 (D)를 먼저 제외하고 (A), (B), (C) 모두 명사이므로 해석을 통해 정답을 골라야 한다. your 자체가 사람을 뜻하는 소유격이기 때문에 그 뒤로도 사람 명사인 patron(고객)이 오는 것이 아니라, 고객으로서의 '애용'이라는 의미가 적절하다. 따라서 정답은 (A) patronage이다.
정답_(A)

141 (A) 이 기간 동안에는 추가 10% 할인을 더 받으시게 됩니다.
(B) 모든 온라인상의 결제는 추가로 3%를 더 할인해 드림을 알려 드리고 싶습니다.
(C) 이 서비스가 중단되었음에 매우 유감입니다.
(D) 일단 제품이 배송이 되면 배송지를 변경하는 것은 불가능합니다.

빈칸 앞에서 지금까지 수표로 지불을 해왔다고 했고 빈칸 뒤로는 신용 카드를 통한 온라인 결제를 원하면 그렇게 하라고 했으므로 결제 방식에 대한 안내가 나와야 한다. 따라서 정답은 (B)이다. 빈칸 앞에 특정 할인 기간이 언급된 바가 없으므로 기간을 받아 연결한 문장인 (A)는 오답이다.
정답_(B)

142 명사 어휘 문제이다. 빈칸 앞에 지시형용사 these가 있으므로 빈칸에 들어갈 명사는 앞에서 언급된 내용이어야 한다. 앞에서 금액 할인에 대한 내용이 나왔으므로 '거래'뿐 아니라 특별하게 제공하는 '거래 가격'의 의미로도 쓰이는 (A) deals가 정답이다.
정답_(A)

Questions 139-142 refer to the following e-mail.

To: Taylor Hudson (taylor22@formonta.co.kr)
From: Nicholas Mendez (nicodailyrr@newyorkweekly.com)
Date: March 15
Subject: Subscription Status

Hi, Mr. Taylor. I am Nicholas Mendez from *New York Weekly*. I'm writing this e-mail to let you know that your subscription to our newspaper will end on May 31. If you renew the subscription ------- this month,
139.
we will give you a 20% discount. This special offer is made to express our appreciation for your loyal - ------
140.
over the past 5 years.

Also, we noticed that you've been paying your subscription fee by check. -------.
141.
If you find it more convenient, to pay online by credit card, please do so.

To get more information, do not hesitate to visit our website at www.newyorkweekly.com or you can call us at 527-6500 if you have further questions. Take advantage of these great -------, and we hope to
142.
continue doing business with you.

139 (A) at
(B) on
(C) within
(D) after

140 (A) patronage
(B) patron
(C) patrons
(D) patronizing

141 (A) You will be given an additional 10% off during the period.
(B) I'd like to inform you that we offer an extra 3% off on all online payments.
(C) We are very sorry that this service has been discontinued.
(D) It is impossible to change your shipping address once your item has been shipped.

142 (A) deals
(B) positions
(C) markets
(D) selections

To: Ann Harper (aaharpery77@crenedu.com)
From: George Green (ggreen@betterliving.au.kr)
Subject: Today's Fashion Trends

As ------- in your letter dated November 15th, I am
         143.
pleased to send you a copy of our monthly magazine,

Today's Fashion Trends. First of all, I would like to

extend my gratitude for your interest in our magazine.

Unfortunately, our magazine is made only for those

who work in related fields or who have done business

with us for more than 5 years. -------.
                                  144.

------- your interest, we have attached a list of other
145.
fine publications in the fashion field. We hope that

they will be useful to you.

Please understand our -------, and I would like to say
                         146.
again that your interest is very much appreciated.

143 (A) request
    (B) requesting
    (C) requested
    (D) were requested

144 (A) We cannot accept subscriptions or regularly
        send monthly copies to the public.
    (B) If you hope to subscribe to our magazines,
        please click the link.
    (C) Also, a master's degree in fashion fields is a
        must.
    (D) One of our customer service representatives will
        address any issues you may have.

145 (A) In return for
    (B) On account of
    (C) In lieu of
    (D) With regard to

146 (A) potential
    (B) position
    (C) persistent
    (D) preference

[143-146]

수신: 앤 하퍼(aaharpery77@crenedu.com)
발신: 조지 그린(ggreen@betterliving.au.kr)
제목: 오늘날의 패션 동향

11월 15일자 귀하의 편지에 **143** 요청된 바와 같이, 저는 기쁜 마음으로 저희의 월간 잡지인 〈오늘날의 패션 동향〉 한 부를 보내 드립니다. 우선, 저희 잡지에 보내 주신 관심에 감사드립니다. 유감스럽게도, 저희 잡지는 관련 업계에 종사하시는 분들이나 저희와 5년 이상 거래해 주신 분들을 위해서만 만들어지는 잡지입니다. **144** 저희는 일반 대중의 구독을 받거나 월간 잡지를 정기적으로 보낼 수 없습니다.

귀하의 관심에 대한 **145** 답례로, 패션 업계의 다른 좋은 출간물들에 대한 목록을 첨부했습니다. 이 출간물들이 귀하에게 유용했으면 합니다.

저희의 **146** 입장을 이해해 주시길 바라며, 귀하의 관심에 매우 감사드린다는 말씀을 다시 한 번 드리고 싶습니다.

copy 한 부 extend (감사를) 전하다 publication 출판, 간행물 subscription 구독, 기부 in return for ~에 대한 답례로 on account of ~ 때문에 in lieu of ~ 대신에 with regard to ~에 관해 potential 잠재력 position 위치, 일자리, 입장 persistent 지속적인 preference 선호, 기호

143 as 다음에 과거분사인 (C) requested가 오면 '요청받은 대로'라는 의미로 쓰이므로 문맥상 가장 적절하다. (B) requesting이 오면 뒤에 목적어가 필요하므로 오답이다.
정답_(C)

144 (A) 저희는 일반 대중의 구독을 받거나 월간 잡지를 정기적으로 보낼 수 없습니다.
(B) 저희 잡지 구독을 원하시면, 링크를 클릭해 주세요.
(C) 또한 패션 업계에서의 석사 학위는 필수입니다.
(D) 저희 고객 서비스 부서 직원 중 한 명이 귀하가 가질 수 있는 어떠한 문제점이든 처리할 것입니다.

빈칸 앞에서 5년 이상 거래한 고객이나 관련 업계 종사자들을 위해서 만들어지는 잡지라고 언급했으므로, 일반 대중에게는 제한적이라는 내용이 나오는 것이 적절하다. 따라서 일반 대중의 구독을 받거나 잡지를 정기적으로 보낼 수 없다는 (A)가 정답이다. (C)의 경우 구직 공고에서나 볼 수 있는 자격 요건이므로 오답이다.
정답_(A)

145 '흥미, 관심'을 뜻하는 명사 interest를 연결하는 전치사구를 고르는 문제이다. 관심을 보내준 고객에 대한 '답례'로 다른 대안을 마련해 주는 것이 가장 적절하므로 정답은 (A)이다.
정답_(A)

146 문맥상 회사의 잡지에 관심을 보인 수신자에게 잡지를 주기적으로 보내 줄 수 없는 회사의 '입장, 처지'에 대해 이해해 달라는 의미이므로 정답은 (B)이다.
정답_(B)

Actual Test 09

READING TEST

In the Reading test, you will read a variety of texts and answer several different types of reading comprehension questions. The entire Reading test will last 75 minutes. There are three parts, and directions are given for each part. You are encouraged to answer as many questions as possible within the time allowed.

You must mark your answers on the separate answer sheet. Do not write your answers in your test book.

PART 5

Directions: A word or phrase is missing in each of the sentences below. Four answer choices are given below each sentence. Select the best answer to complete the sentence. Then mark the letter (A), (B), (C), or (D) on your answer sheet.

101 During the meeting, Samuel was very persuasive in his argument, and ------- perspectives on the strategy were quite interesting.

(A) he
(B) him
(C) himself
(D) his

102 ------- a competitive salary, we offer various benefits to employees such as paid vacations, insurance plans, and an incentive system.

(A) Not only
(B) Both
(C) As well as
(D) Even as

103 Henry is trying to ------- his weak sales performance by doing market research and running an ad campaign.

(A) intermit
(B) improvise
(C) alleviate
(D) offset

104 ------- TLC Electronics, I would like to thank you for doing business with us for more than 10 years.

(A) In place of
(B) On account of
(C) On behalf of
(D) In an act of

105 As more and more people are becoming interested in our products, we ------- to add more staff to increase work productivity and meet the demand.

(A) are planned
(B) are planning
(C) has been planned
(D) were planning

106 I ------- my sincere gratitude to the members who generously donate funds for my cancer research.

(A) extend
(B) refute
(C) illuminate
(D) provide

107 As a member, you can take advantage by reserving a ------- priced conference room.

(A) heavily
(B) finely
(C) moderately
(D) properly

108 Thanks for your ------- the time to share your ideas on feasible projects with us.

(A) taken
(B) takes
(C) took
(D) taking

109 ------- creating a Web site, you can share your ideas and a lot of information with other people around the world.

(A) Before
(B) Within
(C) With
(D) By

110 Careful ------- at this stage will help you avoid a last-minute cancellation of this wonderful project.

(A) plan
(B) planner
(C) to plan
(D) planning

111 Call us today for your free ------- sample and get a big chance of buying the best items at a reduced price.

(A) introductory
(B) introduced
(C) introducing
(D) introduction

112 The newly hired assistant in the Sales Department ------- omitted the sales figures during the 3rd quarter in the financial statement.

(A) inadvertently
(B) immensely
(C) preferentially
(D) recklessly

113 Sunny Hill Architecture's building construction plan has failed due to ------- constraints.

(A) budgeting
(B) budgeted
(C) budgets
(D) budget

114 ------- I know the test result, I will let you know by e-mail no later than next Tuesday.

(A) As soon as
(B) Unless
(C) Until
(D) Considering

115 Butler is a little bit picky when working with other members, but he is actually a very funny, affectionate, and ------- person as a coworker.

(A) engagement
(B) engaged
(C) engaging
(D) engages

116 There are many reasons for the reduction in sales, but the ------- problem is lack of capacity.

(A) adaptable
(B) plausible
(C) underlying
(D) constituent

117 The virus checkup engine is operated when the start-button is pressed -------.

(A) manual
(B) manuals
(C) for manual
(D) manually

118 Duvall is considering adding one more branch in the southern area, ------- a lot of customers with the success of its new lineup of products.

(A) attracts
(B) attracting
(C) attractively
(D) attracted

119 You are cordially invited to give a speech at the seminar ------- about the company's goals.

(A) talks
(B) talked
(C) to be talked
(D) talking

Test 09

GO ON TO THE NEXT PAGE

120 Philip was ------- as he was habitually absent from weekly meetings, and his sales performance was also very poor.

(A) retired
(B) curbed
(C) demoted
(D) withdrawn

121 At the forum, they discussed a study on noise reduction at an apartment housing ------- by use of noise barriers.

(A) developed
(B) developing
(C) developers
(D) development

122 They read the manual explaining all the necessary steps to operate the machinery, and they followed it -------.

(A) accordingly
(B) sensibly
(C) purposefully
(D) inaudibly

123 Recent studies show that this new vacuum cleaner is apparently more ------- than previous ones.

(A) effects
(B) effecting
(C) effective
(D) effectively

124 Randolph is going to ------- the title of Master Chef at Carranza Italian Restaurant starting in January.

(A) undertake
(B) assume
(C) commit
(D) serve

125 ------- have I met such a brilliant and humorous guy before, and I strongly recommend meeting him in person.

(A) So
(B) Only
(C) Never
(D) Recently

126 Nowadays, consumers ------- a lot of factors like ambience and food quality when they choose a restaurant to eat out.

(A) reinforce
(B) mediate
(C) enhance
(D) weigh

127 Given the ------- that there are millions of online shopping sites, many of them will be shutting down in the near future.

(A) opportunity
(B) reputation
(C) impression
(D) circumstance

128 The meeting was rather long but, -------, quite interesting.

(A) despite
(B) furthermore
(C) in addition
(D) nonetheless

129 Professor Lockwood, teaching science at Columbia University, ------- the monthly meeting with analysts and scientists for more than 5 years.

(A) has been led
(B) had been leading
(C) was leading
(D) has been leading

130 The recent depression ------- his company's bankruptcy.

(A) gone
(B) resulted in
(C) got through
(D) gave in

PART 6

Directions: Read the texts that follow. A word, phrase, or sentence is missing in parts of each text. Four answer choices for each question are given below the text. Select the best answer to complete the text. Then mark the letter (A), (B), (C), or (D) on your answer sheet.

Questions 131-134 refer to the following letter.

May 3, 2017

Fomondo Company
592 Lincoln Blvd.
Miami, FL 25009

Dear Mr. Murphy:

We would like to send our best wishes for the success of your new shop ------- in the sale
131.
of video games. Naturally, you will wish to offer your customers the latest games which are

both exciting and reasonably priced, but your stock will not be complete without the Marble

X-series games for which we have a national -------.
132.

We are sole importers of state-of-the-art adventure games, and our terms are very

generous, as you will see from the enclosed price list. ------- the trade discount stated, we
133.
will allow you a special first-order discount of 10%. -------. We guarantee that you will be
134.
highly satisfied with your first transaction.

Yours sincerely,

Kate Nelson
Vice President, Demon Trading & Games

131 (A) specializes
     (B) specializing
     (C) specialized
     (D) to be specialized

132 (A) absence
     (B) prevalence
     (C) nobility
     (D) reputation

133 (A) Except
     (B) With
     (C) In addition to
     (D) As

134 (A) We hope that these terms will encourage you to place an order with us.
     (B) We would like to keep a good relationship with you continuously.
     (C) In the meantime, please refer to the revised contract enclosed with this letter.
     (D) Please let us know when you are available to reach us.

GO ON TO THE NEXT PAGE ➡

Questions 135-138 refer to the following advertisement.

Are you suffering from a serious language barrier while you work or study? Then, come to CLT International Language Institute. Here are some exclusive benefits we ------- .
<u>135.</u>

First, all internet users can access us at any time with any computer whether you are at your workstation or at home. Second, our education material delivered to you is of the highest standard.

------- , our professional instructors are all licensed and they have at least 7 years of
<u>136.</u>
teaching experience. Finally, we are scheduled to open an introductory Japanese course next month for the first time in this area.

This class will ------- 3 times a week for 2 months. ------- . For more information, please call
<u>137.</u>   <u>138.</u>
our customer service desk at 1-800-300-0574.

---

135 (A) offered
　　(B) had offered
　　(C) can offer
　　(D) are offered

136 (A) Besides
　　(B) And then
　　(C) Therefore
　　(D) Consequently

137 (A) meet
　　(B) teach
　　(C) schedule
　　(D) commence

138 (A) The intensive course will be better to learn various language skills at once.
　　(B) Advanced-level students will be eligible to join the free discussion club.
　　(C) If you sign up for the class by the end of this week, we will offer a 10% discount.
　　(D) Because of the scheduling conflict, it will be hard to change the instructor.

The South Florida Trends

www.southfloridatrends.com

Tuesday, November 29

Suzanne Liam
4300 Fortune Place Suite D
Melbourne, Florida

Dear Ms. Liam,

Our records show that last month you canceled your subscription to *The South Florida Trends* because you were dissatisfied with our continual delivery delay. Since you were a such a valuable customer of ours for 10 years, we truly hope that you will -------
139.
your decision. I'm pleased to inform you that we have recently taken several measures to enhance the ------- of delivery in your area. -------. Could you please accept a
140.   **141.**
complimentary one-month subscription to our magazine? Simply call our customer service center at the number below. We look forward ------- you again.
142.
Sincerely,

Heather Lane
Heather Lane
Circulation Manager
(590) 555-0246

---

139 (A) evaluate
(B) announce
(C) reconsider
(D) confirm

140 (A) timeliness
(B) quality
(C) option
(D) distance

141 (A) Please fill out the subscription form and return it to us.
(B) We would like you to experience these improvements.
(C) Regardless of your address, we offer free delivery.
(D) Our next issue will feature a popular actor, Joseph Holden.

142 (A) to serving
(B) serve
(C) to serve
(D) will serve

Test 09

Mr. William Park
112 Insa-dong
Jongno-gu, Seoul 12005

Dear Mr. Park:

We acknowledge ------- of your résumé and application for the position of assistant
143.
manager of our marketing department, and sincerely appreciate your interest in our

company. -------.
144.

Therefore, it may take longer for us to review each application and select candidates -------
145.
qualifications seem to meet our needs.

We hope to fill this position by Aug. 30. If you have not heard anything from us by this date,

please ------- that the position has been filled.
146.

Thank you for your interest in Dae Jin International, Ltd.

Sincerely,

Seong Won Lee
Personnel Director

143 (A) receives
(B) receiving
(C) receipt
(D) receiver

144 (A) As you are on a shortlist of 5
candidates, you will be eligible for the
final interview.
(B) Please send some samples related to
your work to one of our managers.
(C) We have chosen you because of
your strong work ethic and excellent
strategies.
(D) We have had tremendous response to
our job posting.

145 (A) whose
(B) which
(C) whom
(D) what

146 (A) note
(B) assume
(C) ensure
(D) request

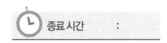
종료시간 :

나 혼자 끝내는 토익 체크 리스트

📋 정답 확인 전 체크 리스트

✅ **이번 회차의 난이도는** ☐ 쉬웠다 ☐ 무난했다 ☐ 어려웠다

✅ **나는 16분 안에 모두 문제 풀이를 완료하였다.**　　　☐ YES　　　☐ NO

　그렇지 않다면, 실제 걸린 시간은 몇 분인가요?　　　_____

　혹시 시간이 부족해서 찍어서 푼 문제가 있다면 몇 번인지 표시해 보세요.　_____

　💡 시간이 부족하셨다면, 문제당 16~20초 안에 푸는 훈련을 해야 합니다.

✅ **나는 정답이 확실하지 않아서 고민이 되었던 문제가 있었다.**　　☐ YES　　　☐ NO

　혼동된 문제가 있었다면 몇 번인지 표시해 보세요.　_____

　💡 QR코드를 통해 제공되는 저자 직강 음성 강의로 고민되었던 문제를 해결해 보세요.

✅ **어휘 문제 중에 모르는 단어가 있었다.**　　　☐ YES　　　☐ NO

　혼동되었던 단어를 적어 보세요.　_____

　💡 넥서스 홈페이지(www.nexusbook.com)에서 제공하는 어휘 리스트와 테스트를 활용하여 다시 한 번
　　최종 점검을 해 보세요.

📋 정답 확인 후 체크 리스트

✅ **예상 정답 개수는 몇 개였나요? 정답 체크 후 실제 맞힌 개수를 적어 보세요.**

　예상 개수 : _____　　　실제 개수 : _____

　💡 p.11에 나혼토 실력 점검표가 있습니다. 맞은 개수를 기록하며 실력 향상을 점검해 보세요.

✅ **틀린 문제를 다시 점검하고, 다음에는 절대 틀리지 않겠다는 다짐을 해 보세요!**

　찍어서 맞은 문제도 틀린 문제입니다. 틀린 문제들을 기록해 보세요.　_____

　💡 QR코드를 통해 제공되는 저자 직강 음성 강의로 틀린 문제를 다시 확인해 보세요.

✅ **틀린 문제 리뷰를 정확히 하고, 나만의 "오답노트"를 작성해 보세요.**

　💡 토익 RC는 특히 "복습"이 생명입니다. 틀린 문제는 꼭 다시 정리하세요.

📋 한번에 많은 문제를 푸는 것보다는 체계적으로 문제를 푼 이후, 내 것으로 완전히 소화하는 방식이 필요합니다.
　틀린 문제 위주로 중요 포인트를 **"나만의 노트"**에 정리하고, 외워야 할 세트 구문 등을 잘 정리해서 암기하였는
　지 반드시 확인하고, 반복, 또 반복해서 복습해 보세요.

101 회의가 진행되는 동안 사무엘의 주장은 상당히 설득력이 있었고, 전략에 대한 그의 견해는 매우 흥미로웠다.

> 적절한 인칭대명사의 격을 고르는 문제이다. 빈칸 뒤 perspectives가 '견해'라는 의미의 명사이기 때문에 명사 앞에 올 수 있는 소유격 (D) his가 정답이다.

persuasive 설득력 있는   argument 주장   perspective 견해, 관점
정답_(D)

102 경쟁력 있는 급여 이외에도 저희 회사는 직원들에게 유급 휴가, 보험 설계 및 상여 시스템과 같은 다양한 혜택을 제공합니다.

> 빈칸 뒤의 a competitive salary와 주절을 연결하는 전치사 역할이 가능한 연결구를 골라야 한다. 회사가 제공하는 혜택을 나열하고 있으므로 '~뿐만 아니라 ~도'라는 뜻의 (C) As well as가 정답이다. (A) Not only는 but also와 함께 쓰여야 하는 상관접속사이기 때문에 오답이다.

paid vacation 유급 휴가   incentive 장려금, 상여   even as ~일 때조차도
정답_(C)

103 헨리는 시장 조사와 광고 캠페인을 진행하면서 그의 부진한 영업 실적을 상쇄하기 위해 노력하고 있다.

> 빈칸 뒤의 weak는 부진하다는 부정적 표현이므로 부진한 영업 실적을 '상쇄하고 보완하다'라는 의미가 와야 한다. 따라서 정답은 (D) offset이다.

intermit 중단시키다   improvise 즉석에서 하다   alleviate 완화하다, 경감하다, 덜다
정답_(D)

104 TLC 전자를 대표하여 10년 이상 저희와 사업을 같이 해 주심에 감사의 말씀을 전하고 싶습니다.

> 감사 인사를 전하는 것은 회사의 입장을 '대표해서' 말하는 것이므로 정답은 (C) On behalf of이다. (A) In place of는 개인이 다른 개인의 일정이나 업무 따위를 '대신하다'는 의미이므로 오답이다.

do business with ~와 거래하다, 사업을 하다   in place of ~대신에 on account of ~ 때문에   in an act of ~에 대한 행위로써
정답_(C)

105 더 많은 사람들이 저희 제품에 관심을 가져 주셔서 저희는 생산성 향상과 수요를 맞추기 위해 더 많은 직원을 고용할 계획입니다.

> 적절한 동사 시제와 태를 고르는 문제이다. 동사 plan은 to부정사를 목적어로 취하는 동사이기 때문에 목적어가 있음을 감안하여 능동태가 와야 한다. 따라서 (B) are planning이 정답이다. 과거의 계획을 이야기한 것이 아니기 때문에 (D) were planning은 오답이다.

work productivity 업무 생산성
정답_(B)

---

101 During the meeting, Samuel was very persuasive in his argument, and ------- perspectives on the strategy were quite interesting.

(A) he
(B) him
(C) himself
(D) his

102 ------- a competitive salary, we offer various benefits to employees such as paid vacations, insurance plans, and an incentive system.

(A) Not only
(B) Both
(C) As well as
(D) Even as

103 Henry is trying to ------- his weak sales performance by doing market research and running an ad campaign.

(A) intermit
(B) improvise
(C) alleviate
(D) offset

104 ------- TLC Electronics, I would like to thank you for doing business with us for more than 10 years.

(A) In place of
(B) On account of
(C) On behalf of
(D) In an act of

105 As more and more people are becoming interested in our products, we ------- to add more staff to increase work productivity and meet the demand.

(A) are planned
(B) are planning
(C) has been planned
(D) were planning

106 I ------- my sincere gratitude to the members who generously donate funds for my cancer research.

(A) extend
(B) refute
(C) illuminate
(D) provide

106 암 연구에 자금 지원을 아끼지 않으신 회원 여러분들께 진심 어린 감사의 말씀을 전합니다.

적절한 동사를 고르는 문제이다. '감사(gratitude)를 표하다'라는 표현은 extend one's gratitude라고 쓰기 때문에 (A) extend가 정답이다.

sincere 진심 어린 generously 아낌없이 donate 기부하다 refute 반박하다 illuminate 밝히다
정답_(A)

107 As a member, you can take advantage by reserving a ------- priced conference room.

(A) heavily
(B) finely
(C) moderately
(D) properly

107 회원으로서 귀하는 회의실을 적당한 가격에 예약하실 수 있습니다.

priced를 수식하는 부사를 고르는 문제이다. 회원이라는 자격을 명시했으므로 회원으로서의 혜택과 관련되어야 한다. 따라서 '적당한' 가격이라는 뜻의 (C) moderately가 정답이다. (D) properly는 가격이 적당하다는 뜻이 아니라 업무, 행동 방식이 적절함을 의미하므로 오답이다.

heavily 심하게 finely 정교하게 moderately (크기, 양, 정도, 가격대 따위가) 적절하게 properly (행동 방식 등이) 적절하게
정답_(C)

108 Thanks for your ------- the time to share your ideas on feasible projects with us.

(A) taken
(B) takes
(C) took
(D) taking

108 실현 가능한 프로젝트 관련해서 저희와 의견 공유를 하고자 시간 내주셔서 감사합니다.

빈칸 앞의 your는 의미상의 주어로 빈칸에는 전치사 for의 목적어가 와야 한다. 뒤에 목적어 the time이 왔으므로 동명사 (D) taking이 정답이다.

share 나누다 feasible 실현 가능한
정답_(D)

109 ------- creating a Web site, you can share your ideas and a lot of information with other people around the world.

(A) Before
(B) Within
(C) With
(D) By

109 웹 사이트를 제작함으로써 전 세계 다른 이들과 의견 및 정보를 공유할 수 있다.

뒤에 동명사가 왔으므로 적절한 전치사를 고르는 문제이다. 웹 사이트를 제작함으로써 다른 사람들과 정보 공유가 가능하다는 방식에 대한 설명이므로 (D) By가 정답이다.

create 만들다
정답_(D)

110 Careful ------- at this stage will help you avoid a last-minute cancellation of this wonderful project.

(A) plan
(B) planner
(C) to plan
(D) planning

110 본 단계에서 신중한 계획은 이 멋진 프로젝트가 막판에 취소되는 것을 방지해 줄 것이다.

적절한 품사를 고르는 문제이다. 형용사 Careful의 수식을 받는 명사가 와야 하므로 (D) planning이 정답이다. (A), (B) 역시 명사이지만 가산 명사이기 때문에 앞에 관사가 와야 한다.

last-minute 막판의 cancellation 취소
정답_(D)

111 무료 선전 샘플과 할인된 가격에 최고의 제품을 살 수 있는 기회를 잡기 위해 오늘 저희에게 전화 주세요.

적절한 품사를 고르는 문제이다. 명사 sample을 수식하는 형용사가 와야 하므로 정답은 (A) introductory이다. 형용사가 선택지에 있기 때문에 분사인 (B), (C)는 오답이다.

introductory (처음 판매되는 상품) 소개용의
정답_(A)

111 Call us today for your free ------- sample and get a big chance of buying the best items at a reduced price.

(A) introductory
(B) introduced
(C) introducing
(D) introduction

112 영업부에 새로 고용된 대리는 3분기 동안의 판매 실적을 재무제표에서 실수로 누락하였다.

의미상 omitted를 수식할 수 있는 부사를 고르는 문제이다. 누락하다는 의미의 omit은 의도적인 것보다는 '실수로'라는 의미와 함께 쓰이는 것이 적절하므로 정답은 (A) inadvertently이다.

omit 누락하다, 빠뜨리다   financial statement 재무제표
inadvertently 의도치 않게, 실수로   immensely 거대하게
preferentially 우선적으로   recklessly 무모하게
정답_(A)

112 The newly hired assistant in the Sales Department ------- omitted the sales figures during the 3rd quarter in the financial statement.

(A) inadvertently
(B) immensely
(C) preferentially
(D) recklessly

113 서니 힐 건축 빌딩 공사 계획은 예산 제약으로 인해 실패하였다.

'예산 제약'이라는 의미의 대표적인 복합명사 budget constraints 가 와야 하므로 정답은 (D) budget이다. 복합명사는 앞쪽 명사를 단수로 쓰기 때문에 (C) budgets는 오답이다.

constraint 제약
정답_(D)

113 Sunny Hill Architecture's building construction plan has failed due to ------- constraints.

(A) budgeting
(B) budgeted
(C) budgets
(D) budget

114 시험 결과를 알게 되는 대로, 다음 주 화요일 전까지 이메일로 알려 드리겠습니다.

적절한 접속사를 고르는 문제이다. 시험 결과를 알게 되는 대로 알려 드리겠다는 의미이기 때문에 정답은 (A) As soon as이다.

no later than 늦어도 ~까지는   considering ~을 고려하면
정답_(A)

114 ------- I know the test result, I will let you know by e-mail no later than next Tuesday.

(A) As soon as
(B) Unless
(C) Until
(D) Considering

115 버틀러는 다른 사람들과 같이 일할 때 다소 까다롭게 굴지만 그는 사실 동료로서 매우 재미있고 다정한 면모도 가진 매력적인 사람이다.

빈칸 뒤 person을 수식하는 형용사 역할의 분사를 고르는 문제이다. 동료로서 매우 '매력적인' 사람이라는 의미이므로 정답은 (C) engaging이다. (B) engaged는 '관여된'이라는 의미이므로 어색하다.

picky 까다로운   affectionate 다정한, 정이 많은   engaging 호감 가는, 매력적인
정답_(C)

115 Butler is a little bit picky when working with other members, but he is actually a very funny, affectionate, and ------- person as a coworker.

(A) engagement
(B) engaged
(C) engaging
(D) engages

116 There are many reasons for the reduction in sales, but the ------- problem is lack of capacity.

(A) adaptable
(B) plausible
(C) underlying
(D) constituent

116 매출 감소에는 여러 가지 요인들이 있으나 본질적인 문제는 능력이 부족한 것이다.

problem을 수식하는 적절한 형용사를 고르는 문제이다. 여러 요인들 중에서 가장 '본질적인' 문제를 뜻하므로 정답은 (C) underlying 이다.

capacity 능력   adaptable 적응할 수 있는   plausible 이치에 맞는   underlying 근본적인, 본질적인   constituent ~을 구성하는
정답_(C)

---

117 The virus checkup engine is operated when the start-button is pressed -------.

(A) manual
(B) manuals
(C) for manual
(D) manually

117 수동으로 시작 버튼을 누르면 바이러스 검색 엔진이 작동한다.

적절한 품사를 고르는 문제이다. 빈칸 앞까지 완벽한 절이 나왔기 때문에 빈칸은 수식어가 와야 한다. 수동태(be p.p.)는 뒤에 목적어가 필요 없기 때문에 완벽한 절을 수식하는 부사 (D) manually가 정답이다.

manual 손으로 하는, 설명서   manually 수동으로
정답_(D)

---

118 Duvall is considering adding one more branch in the southern area, ------- a lot of customers with the success of its new lineup of products.

(A) attracts
(B) attracting
(C) attractively
(D) attracted

118 듀발은 신제품의 성공으로 많은 고객들을 불러 모으게 되면서 남부 지역에 지점 하나를 추가로 더 개설하는 것을 고려하고 있다.

적절한 품사를 고르는 문제이다. 원래 문장 since it has attracted ~에서 〈접속사+주어〉가 생략되고 동사가 -ing형이 된 분사구문이다. 따라서 정답은 (B) attracting이다. (D) attracted는 분사구문으로 쓰려면 뒤에 목적어가 없어야 하므로 오답이다.

branch 지점   lineup 정렬, 구성, 면면
정답_(B)

---

119 You are cordially invited to give a speech at the seminar ------- about the company's goals.

(A) talks
(B) talked
(C) to be talked
(D) talking

119 회사의 목표에 관해 세미나에서 강연해 주십사 진심 어린 마음으로 초대합니다.

빈칸 앞에 〈주격 관계대명사+be동사〉인 which is가 생략된 문장이다. 능동 형태로 seminar를 뒤에서 수식하는 분사 (D) talking이 정답이다. talk는 자동사이기 때문에 수동태인 (B), (C)는 오답이다.

cordially 정중하게, 진심 어리게
정답_(D)

---

120 Philip was ------- as he was habitually absent from weekly meetings, and his sales performance was also very poor.

(A) retired
(B) curbed
(C) demoted
(D) withdrawn

120 필립은 주간 회의에 습관적으로 불참하였고, 영업 실적이 형편없었던 관계로 좌천되었다.

습관적으로 회의에 빠지고 영업 실적 역시 좋지 않았기 때문에 '좌천되었다'는 의미의 (C) demoted가 정답이다. (A) retired는 자신이 의지로 회사에서 은퇴한다는 의미이기 때문에 오답이다.

habitually 습관적으로   demote 좌천시키다, 강등시키다   curb 억제하다   withdraw 철수하다, 탈퇴하다
정답_(C)

121 토론회에서 그들은 소음 차단벽을 이용해서 아파트 단지에서 소음을 줄이는 연구에 대해 토론했다.

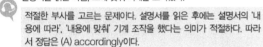

'주택 단지'를 뜻하는 대표적인 복합명사 housing development를 묻는 문제이다. 따라서 정답은 (D) development이다.

forum 토론회   noise barrier 소음 차단벽
정답_(D)

122 그들은 그 기계를 작동시키기 위해 필요한 모든 단계에 대해 설명하는 설명서를 읽은 다음, 그에 맞춰 기계를 조작했다.

적절한 부사를 고르는 문제이다. 설명서를 읽은 후에는 설명서의 '내용에 따라', '내용에 맞춰' 기계 조작을 했다는 의미가 적절하다. 따라서 정답은 (A) accordingly이다.

accordingly 그에 맞춰   sensibly 분별력 있게   purposefully 결의에 차서, 목적의식을 갖고   inaudibly (소리 등을) 알아들을 수 없게
정답_(A)

123 최근 보고서에 따르면 새로 출시된 이 진공청소기가 이전의 제품들보다 더 효율적이라고 한다.

적절한 품사를 고르는 문제이다. 비교급을 뜻하는 부사 more의 수식을 받으면서 be동사인 is의 보어 역할을 하려면 형용사가 와야 한다. 따라서 정답은 (C) effective이다.

apparently 분명히, 확실히
정답_(C)

124 랜돌프는 1월부터 이탈리안 식당 카란자의 수석 주방장으로서 책임을 맡을 예정이다.

빈칸 뒤에 직책명이 나왔고, 그 직책을 '맡게 되다'라는 의미가 적절하므로 정답은 (B) assume이다. (A) undertake는 직책이 아니라 업무 내용 따위를 서술하며 그 업무를 '맡다'라는 의미이기 때문에 오답이다. (C) commit는 주로 전치사 to와 같이 쓰므로 오답이다.

assume 맡다   commit 저지르다
정답_(B)

125 나는 전에 이렇게 명석하고 유머 감각이 뛰어난 사람을 만나보지 못했기 때문에 그를 직접 만나볼 것을 강력하게 추천한다.

주어보다 조동사 have가 앞에 있기 때문에 도치구문임을 알 수 있다. 따라서 선택지 중에서 도치구문을 이끌 수 있는 부정부사가 (C) Never가 정답이다.

brilliant 총명한   in person 직접
정답_(C)

121 At the forum, they discussed a study on noise reduction at an apartment housing ------- by use of noise barriers.

(A) developed
(B) developing
(C) developers
(D) development

122 They read the manual explaining all the necessary steps to operate the machinery, and they followed it -------.

(A) accordingly
(B) sensibly
(C) purposefully
(D) inaudibly

123 Recent studies show that this new vacuum cleaner is apparently more ------- than previous ones.

(A) effects
(B) effecting
(C) effective
(D) effectively

124 Randolph is going to ------- the title of Master Chef at Carranza Italian Restaurant starting in January.

(A) undertake
(B) assume
(C) commit
(D) serve

125 ------- have I met such a brilliant and humorous guy before, and I strongly recommend meeting him in person.

(A) So
(B) Only
(C) Never
(D) Recently

126 Nowadays, consumers ------- a lot of factors like ambience and food quality when they choose a restaurant to eat out.

(A) reinforce
(B) mediate
(C) enhance
(D) weigh

127 Given the ------- that there are millions of online shopping sites, many of them will be shutting down in the near future.

(A) opportunity
(B) reputation
(C) impression
(D) circumstance

128 The meeting was rather long but, -------, quite interesting.

(A) despite
(B) furthermore
(C) in addition
(D) nonetheless

129 Professor Lockwood, teaching science at Columbia University, ------- the monthly meeting with analysts and scientists for more than 5 years.

(A) has been led
(B) had been leading
(C) was leading
(D) has been leading

130 The recent depression ------- his company's bankruptcy.

(A) gone
(B) resulted in
(C) got through
(D) gave in

126 요즘에 소비자들은 외식할 레스토랑을 선택할 때 분위기나 음식의 질 등 많은 요소들을 따진다.

문맥상 적절한 동사를 고르는 문제이다. 소비자들이 레스토랑을 선택할 때 여러 요소들을 '재다, 저울질해 보다, 따져 보다'는 의미가 적절하므로 정답은 (D) weigh이다.

ambience (실내) 분위기 eat out 외식하다 reinforce 강화하다, 보강하다 mediate 중재하다 enhance 강화하다
정답_(D)

127 수백만 개의 온라인 쇼핑 사이트가 있다는 상황을 감안해 보면, 그들 중 대부분은 조만간 문을 닫게 될 것이다.

문맥상 적절한 명사를 고르는 문제이다. 빈칸 뒤에 명사와 동격을 이루는 동격절 접속사 that절이 나오고 수백만 개의 온라인 쇼핑 사이트가 있다는 주변 '상황'에 대해 언급한 것이 가장 적절하므로 정답은 (D) circumstance이다.

shut down 가게가 문을 닫다 opportunity 기회 reputation 명성 impression 인상, 감명
정답_(D)

128 그 회의는 다소 길었음에도 불구하고 꽤나 흥미로웠다.

빈칸 뒤에 쉼표가 있기 때문에 접속부사가 와야 한다. 빈칸 앞뒤의 내용이 상반되기 때문에 '그럼에도 불구하고'라는 뜻의 (D) nonetheless가 정답이다. (A) despite는 전치사이므로 오답이다.

furthermore 게다가 in addition 더욱이, 게다가 nonetheless 그렇다 하더라도, 그럼에도 불구하고
정답_(D)

129 컬럼비아 대학에서 과학을 가르치는 록우드 교수는 5년 이상 분석가들 및 과학자들과의 월례 회의를 주관해 오고 있다.

적절한 동사의 태와 시제를 고르는 문제이다. 빈칸 뒤에 목적어 the monthly meeting이 나와 있고, for more than 5 years라는 지속적 기간이 명시되었기 때문에 능동의 현재완료 진행형인 (D) has been leading이 정답이다. (A) has been led는 수동태라서 목적어를 취할 수 없기 때문에 오답이다.

analyst 분석가
정답_(D)

130 최근 불황으로 인해 그의 회사는 파산하였다.

적절한 동사를 고르는 문제이다. 경기 불황으로 인해 파산 상태를 '초래하게 되었다'는 의미이기 때문에 정답은 (B) resulted in이다.

bankruptcy 파산 result in 초래하다 get through 통과하다, 마치다 give in 굴복하다
정답_(B)

[131-134]

포몬도 사   5월 3일, 2017
592 링컨 가
플로리다 마이애미 25009

머피 씨께,

비디오 게임 판매를 **131** 전문으로 하는 귀하의 새로운 매장이 성공하시기를 빕니다. 당연히, 귀하는 귀하의 고객님들에게 재미있으면서도 합리적인 가격으로 책정된 최신 게임들을 제공하는 것을 원하실 것입니다. 그러나 전국적 **132** 명성을 가지고 있는 마블-X 시리즈 게임 없이는 귀하의 게임 물품들은 완벽하지 않을 것입니다.

저희는 최신 어드벤처 게임의 단독 수입업체이며, 저희의 계약조건은 동봉된 가격 목록에서 보실 수 있듯이 매우 아낌없이 제공됩니다. 명시된 동업자 할인 **133** 에 더하여, 저희는 귀하의 특별 첫 주문에 10%의 할인을 해드릴 것입니다. **134** 저희는 이러한 조건들로 인해 귀하가 저희에게 주문하기를 희망합니다. 저희는 귀하께서 첫 거래에 대해 매우 만족하실거라 확신합니다.

케이트 넬슨
부회장, 데몬 트레이딩 & 게임

sole 유일한   state-of-the-art 최신식의   term 계약조건   generous 관대한, 후한   transaction 거래   absence 부재, 결석   prevalence 보급, 유행   nobility 고귀함   reputation 명성, 평판

131 빈칸 앞에서 〈주어(We)+동사(would like to send)+목적어(our best wishes for the success of your new shop)〉의 완벽한 절이 왔으므로 빈칸 이하는 수식어구가 필요하다. 빈칸 앞의 명사 shop을 수식하려면 동사 specialize가 전치사 in과 사용되어 '~를 전문으로 하다'라는 의미로 현재분사가 되면 가능하다. 따라서 (B) specializing이 정답이다. 참고로 (C) specialized 뒤에는 주로 명사가 온다.
정답_(B)

132 명사 어휘 문제이다. 앞의 형용사 national(전국적인)과 어울리며, '마블 X 시리즈 게임 없이 귀하의 게임 물품들이 완벽하지 않다'는 내용으로 보아 이 게임이 '전국적인 명성'을 가지고 있다는 의미가 적절하다. 따라서 (D)가 정답이다.
정답_(D)

133 전치사 어휘 문제이다. 문맥상 '동업자 할인에 더하여 첫 주문에 10% 할인까지 해준다'라는 의미가 되는 것이 적절하므로 부가적인 의미의 (C) In addition to(~에 더하여, ~이외에)가 정답이다.
정답_(C)

134 (A) 저희는 이러한 조건들로 인해 귀하가 저희에게 주문하기를 희망합니다.
(B) 저희는 귀하와 계속적으로 좋은 관계를 이어나가고 싶습니다.
(C) 그 동안에, 이 편지에 동봉된 수정된 계약서를 살펴봐 주십시오.
(D) 당신이 언제 저희에게 연락을 하실 수 있는지 알려 주십시오.

문맥상 적절한 문장을 고르는 문제이다. 바로 앞 문장에서 동업자 할인 (trade discount)과 첫 주문에 10% 할인을 해 준다는 혜택에 대해 설명하고 있다. 따라서 이런 혜택을 these terms(이러한 조건들)로 받은 (A)의 문장이 이어지는 것이 적절하다.
정답_(A)

Questions 131-134 refer to the following letter.

May 3, 2017

Fomondo Company
592 Lincoln Blvd.
Miami, FL 25009

Dear Mr. Murphy:

We would like to send our best wishes for the success of your new shop ------- **131.** in the sale of video games. Naturally, you will wish to offer your customers the latest games which are both exciting and reasonably priced, but your stock will not be complete without the Marble X-series games for which we have a national -------. **132.**

We are sole importers of state-of-the-art adventure games, and our terms are very generous, as you will see from the enclosed price list. ------- **133.** the trade discount stated, we will allow you a special first-order discount of 10%. -------. **134.** We guarantee that you will be highly satisfied with your first transaction.

Yours sincerely,

Kate Nelson
Vice President, Demon Trading & Games

131 (A) specializes
(B) specializing
(C) specialized
(D) to be specialized

132 (A) absence
(B) prevalence
(C) nobility
(D) reputation

133 (A) Except
(B) With
(C) In addition to
(D) As

134 (A) We hope that these terms will encourage you to place an order with us.
(B) We would like to keep a good relationship with you continuously.
(C) In the meantime, please refer to the revised contract enclosed with this letter.
(D) Please let us know when you are available to reach us.

Questions 135-138 refer to the following advertisement.

Are you suffering from a serious language barrier while you work or study? Then, come to CLT International Language Institute. Here are some exclusive benefits we -------.
135.

First, all internet users can access us at any time with any computer whether you are at your workstation or at home. Second, our education material delivered to you is of the highest standard.

-------, our professional instructors are all licensed
136.
and they have at least 7 years of teaching experience. Finally, we are scheduled to open an introductory Japanese course next month for the first time in this area.

This class will ------- 3 times a week for 2 months.
137.

-------. For more information, please call our customer
138.
service desk at 1-800-300-0574.

135 (A) offered
(B) had offered
(C) can offer
(D) are offered

136 (A) Besides
(B) And then
(C) Therefore
(D) Consequently

137 (A) meet
(B) teach
(C) schedule
(D) commence

138 (A) The intensive course will be better to learn various language skills at once.
(B) Advanced-level students will be eligible to join the free discussion club.
(C) If you sign up for the class by the end of this week, we will offer a 10% discount.
(D) Because of the scheduling conflict, it will be hard to change the instructor.

[135-138]

근무하거나 공부하시는 동안 심각한 언어 장벽으로 고생하고 계신가요? 그렇다면, CLT 인터내셔널 어학원으로 오세요. 여기 저희가 **135** 제공해 드릴 수 있는 특별한 혜택들이 있습니다.

첫째, 모든 인터넷 사용자 분들은 직장에서든 집에서든, 어떤 컴퓨터로도 언제든 저희 프로그램에 접속하실 수 있습니다. 둘째, 귀하에게 보내지는 저희 교육 자료는 최상의 수준입니다.

136 게다가, 저희 전문 강사들은 모두 자격증을 수료했으며 최소 7년간의 강의 경력이 있습니다. 마지막으로, 저희는 이 지역에서 처음으로 다음 달에 입문용 일본어 수업을 개설할 예정입니다.

이 수업은 두 달 동안 일주일에 3회씩 **137** 진행됩니다. **138** 이번 주말까지 수업을 등록하시면 10% 할인을 해드립니다. 추가 정보를 위해서는 저희 고객 서비스 데스크 1-800-300-0574로 전화 주세요.

suffer from ~로 고통받다 barrier 장벽 exclusive 독점적인 access (컴퓨터에) 접속하다 licensed 면허를 받은 introductory 소개의 schedule 예정하다 commence 시작하다 intensive 집중적인 eligible 자격이 있는 conflict 갈등, 충돌

135 선택지의 빈칸이 동사인 것으로 보아 we 이하는 선행사 some exclusive benefits를 수식하는 절로 볼 수 있다. 목적격 관계대명사 which나 that이 생략된 관계대명사절이므로 빈칸은 선행사 some exclusive benefits를 목적어로 받을 수 있는 타동사가 되어야 한다. 따라서 수동태 동사 (D)는 오답이고, (A)와 (B)는 '제공해 드렸던'의 과거를 뜻하므로 문맥상 어색하고, '제공해 드릴 수 있는'을 뜻하는 (C)가 되면 제공되는 혜택들이 뒤에 언급되므로 빈칸의 조건에 가장 적합하다.
정답_(C)

136 적절한 접속부사를 고르는 문제이다. 지문 초반에 제공할 수 있는 혜택이 있다고 했으므로 이런 혜택들을 나열하고 있다. 빈칸 앞까지 두 가지가 언급되었고, 빈칸 뒤에서도 혜택에 대한 내용이 이어지므로 부가적인 내용을 덧붙이고 있음을 알 수 있다. 따라서 (A) Besides(게다가, 더욱이)가 정답이다.
정답_(A)

137 동사 어휘 문제이다. 수업이 두 달 동안 일주일에 3회씩 진행된다는 의미이므로 '(모임 등이) 열리다'를 뜻하며 수업, 회의, 모임 등의 빈도와 함께 쓰이는 동사 meet이 가장 적절하다. 따라서 (A)가 정답이다.
정답_(A)

138 (A) 집중 코스는 동시에 다양한 언어 능력을 배우는 데 더 나을 것입니다.
(B) 고급반 학생들은 무료 토론 클럽에 가입하실 수 있는 자격이 있습니다.
(C) 이번 주말까지 수업을 등록하시면 10% 할인을 해드립니다.
(D) 일정이 겹치는 관계로 강사를 교체하는 것은 어려울 것입니다.

어학원 광고로 마지막에는 어학원 등록을 유도하기 위한 혜택을 제시하는 것이 적절하다. 따라서 선택지 중에서 이번 주말까지 등록하면 할인이 적용된다는 (C)가 가장 적절하다.
정답_(C)

[139-142]

사우스 플로리다 트렌즈
www.southfloridatrends.com

화요일, 11월 29일

수잔 리엄
4300 포춘 플레이스 스위트 D
멜버른, 플로리다

리엄 씨에게,

저희 기록에 따르면, 귀하께서는 계속되는 배송 지연에 불만을 느끼셔서 지난 달 저희 〈사우스 플로리다 트렌즈〉 구독을 취소하신 걸로 되어 있습니다. 귀하께서는 10년 동안 저희의 매우 소중한 고객이셨기 때문에 그 결정을 ⑬⑨ 다시 한 번 고려해 주시기를 간절히 바랍니다. 저는 최근 귀하가 계신 지역에서의 배송 ⑭⓪ 시간 엄수를 강화하기 위해 몇 가지 조치를 취했음을 알려드리게 되어 기쁩니다. ⑭① 귀하께서 이러한 개선 사항을 경험해 보시기를 바랍니다. 저희 잡지의 한 달 무료 구독 혜택을 받아주시겠습니까? 아래 번호로 저희 고객 서비스 센터에 전화 주시면 됩니다. 다시 ⑭② 모실 수 있게 되기를 기대합니다.

헤더 레인
발행 담당 매니저
(590) 555-0246

subscription 구독, 기부 delay 지연 measure 대책, 조치 enhance 강화하다 complimentary 무료의 evaluate 평가하다 announce 발표하다 reconsider ~을 재고하다 confirm 확인하다 timeliness 시의 적절함, 적시 quality 품질 option 선택 distance

139 동사 어휘 문제이다. 앞에서 고객이 구독 취소를 했다는 것을 언급하는 것으로 보아 decision to do so(그렇게 하겠다는 결정)에서 decision은 구독 취소를 의미하고 있으므로, 그 결정을 '다시 한 번 고려'해 달라는 내용으로 이어져야 한다. 따라서 정답은 (C) reconsider(다시 고려하다, 재고하다)이다.
정답_(C)

140 명사 어휘 문제이다. 앞에서 고객이 배송 지연 때문에 구독 취소를 했다는 내용으로 보아 배송 시간의 timeliness(적시성, 시간 엄수)를 강화했다는 내용으로 이어져야 적절하다. 따라서 정답은 (A)이다.
정답_(A)

141 (A) 구독 신청서를 작성하셔서 저희에게 다시 보내 주십시오.
(B) 귀하께서 이러한 개선 사항을 경험해 보시기를 바랍니다.
(C) 귀하의 주소에 상관없이, 저희는 무료 배송을 제공해 드립니다.
(D) 저희의 다음 발행에서는 인기 있는 배우인 조셉 홀든에 대한 특집 기사를 실을 것입니다.

문맥상 가장 적절한 문장을 고르는 문제이다. 빈칸 앞 문장에서 시간 엄수를 강화하기 위한 몇 가지 조치를 취했다고 했으므로 이러한 조치들을 these improvements(이러한 개선 사항)로 받은 (B)의 내용이 이어져야 적절하다.
정답_(B)

142 '~을 학수고대하다, 기대하다'라는 뜻의 〈look forward to -ing〉를 묻는 문제이다. 따라서 (A) to serving이 정답이다.
정답_(A)

Questions 139-142 refer to the following letter.

The South Florida Trends
www.southfloridatrends.com

Tuesday, November 29

Suzanne Liam
4300 Fortune Place Suite D
Melbourne, Florida

Dear Ms. Liam,

Our records show that last month you canceled your subscription to *The South Florida Trends* because you were dissatisfied with our continual delivery delay. Since you were a such a valuable customer of ours for 10 years, we truly hope that you will ------- **139.** your decision. I'm pleased to inform you that we have recently taken several measures to enhance the ------- of **140.** delivery in your area. -------. Could you please accept **141.** a complimentary one-month subscription to our magazine? Simply call our customer service center at the number below. We look forward ------- you again. **142.**

Sincerely,

Heather Lane

Heather Lane
Circulation Manager
(590) 555-0246

---

139 (A) evaluate
(B) announce
(C) reconsider
(D) confirm

140 (A) timeliness
(B) quality
(C) option
(D) distance

141 (A) Please fill out the subscription form and return it to us.
(B) We would like you to experience these improvements.
(C) Regardless of your address, we offer free delivery.
(D) Our next issue will feature a popular actor, Joseph Holden.

142 (A) to serving
(B) serve
(C) to serve
(D) will serve

Questions 143-146 refer to the following letter.

Mr. William Park
112 Insa-dong
Jongno-gu, Seoul 12005

Dear Mr. Park:

We acknowledge ------- 143. of your résumé and application for the position of assistant manager of our marketing department, and sincerely appreciate your interest in our company. ------- 144..

Therefore, it may take longer for us to review each application and select candidates ------- 145. qualifications seem to meet our needs.

We hope to fill this position by Aug. 30. If you have not heard anything from us by this date, please ------- 146. that the position has been filled.

Thank you for your interest in Dae Jin International, Ltd.

Sincerely,

Seong Won Lee
Personnel Director

143 (A) receives
    (B) receiving
    (C) receipt
    (D) receiver

144 (A) As you are on a shortlist of 5 candidates, you will be eligible for the final interview.
    (B) Please send some samples related to your work to one of our managers.
    (C) We have chosen you because of your strong work ethic and excellent strategies.
    (D) We have had tremendous response to our job posting.

145 (A) whose
    (B) which
    (C) whom
    (D) what

146 (A) note
    (B) assume
    (C) ensure
    (D) request

[143-146]

윌리엄 박
112 인사동
종로구, 서울 12005

박 선생님께

저희 마케팅 부서 부매니저 직에 관한 귀하의 이력서와 지원서를 **143** 수령했음을 알려드리며, 저희 회사에 대한 귀하의 관심에 대해 진심으로 감사드립니다. **144** 저희의 구인 공고에 엄청난 지원이 있었습니다.

따라서 각 지원서를 검토하고 저희의 요구 사항에 맞는 자격을 갖고 **145** 계신 지원자를 선정하는 데 더 오랜 시간이 걸릴 수 있습니다.

저희는 8월 30일까지는 이 자리를 충원하고자 합니다. 이 날짜까지 저희로부터 연락을 받지 못하신다면, 자리가 충원되었다고 **146** 생각하시면 됩니다.

대진 인터내셔널에 대한 관심 감사드립니다.

이성원
인사부장

acknowledge (받았음을) 알리다   candidate 후보자, 지원자   note 언급하다 유념하다   assume 가정하다, 생각하다   ensure 보장하다   request 요청하다

143 품사 자리 문제이다. 동사 acknowledge 뒤로 목적어인 명사의 자리이므로 (C) receipt(수령, 수취)가 정답이다. acknowledge receipt of는 '~를 수령했음을 알리다'라는 표현이다.
정답_(C)

144 (A) 다섯 명의 최종 선발 명단의 지원자로서, 귀하께서는 최종 면접을 보실 자격이 있습니다.
(B) 귀하의 업무와 관련된 몇 가지 샘플을 저희 매니저에게 보내주십시오.
(C) 귀하의 확고한 직업 윤리와 뛰어난 전략 때문에 귀하를 선정했습니다.
(D) 저희의 구인 공고에 엄청난 지원이 있었습니다.

문맥상 가장 적절한 문장을 고르는 문제이다. 빈칸 다음 문장이 Therefore(따라서)로 시작하므로 이에 근거가 되는 내용이 와야 한다. 지원서를 검토하고 지원자를 선정하는 데 더 오랜 시간이 걸릴 수 있다는 것은 일자리 공고에 많은 사람이 지원했다는 것을 알 수 있다. 따라서 (D)가 정답이다.
정답_(D)

145 적절한 관계대명사를 묻는 문제이다. 빈칸 바로 뒤에 명사(qualifications)로 이어지는 절이 앞의 선행사 candidates를 수식하려면 관계대명사가 필요한데 빈칸에 소유격 관계대명사 (A) whose가 들어가면 선행사의 의미를 받으면서 qualifications를 수식하므로 가장 적절하다.
정답_(A)

146 동사 어휘 문제이다. 문맥상 '연락을 받지 못할 경우 자리가 충원되었다고 생각하면 된다'라는 의미가 적절하므로 '생각하다, 가정하다'라는 뜻의 (B) assume이 정답이다.
정답_(B)

Test 09

Actual Test 10

READING TEST

In the Reading test, you will read a variety of texts and answer several different types of reading comprehension questions. The entire Reading test will last 75 minutes. There are three parts, and directions are given for each part. You are encouraged to answer as many questions as possible within the time allowed.

You must mark your answers on the separate answer sheet. Do not write your answers in your test book.

PART 5

Directions: A word or phrase is missing in each of the sentences below. Four answer choices are given below each sentence. Select the best answer to complete the sentence. Then mark the letter (A), (B), (C), or (D) on your answer sheet.

101 After Sandra Juan resigned the position of general manager at Wayland Industry, we are ------- seeking a suitable replacement who has great leadership skills.

(A) urgently
(B) urgent
(C) most urgent
(D) urgencies

102 Lamport Mall is popular among residents living in Hoxville due to its convenient ------- to public transportation.

(A) access
(B) relocation
(C) move
(D) approach

103 If the product is damaged during the delivery, we would be happy to replace the item with a new one at ------- extra cost.

(A) never
(B) none
(C) not
(D) no

104 Anyone seeking ------- can get very informative and useful tips by participating in the 20th job fair hosted by National Headhunters Association.

(A) position
(B) role
(D) opportune
(D) employment

105 You are asked to escort the ------- to the seminar room personally since they have never been here before.

(A) delegate
(B) delegatory
(C) delegates
(D) delegator

106 Connelly and his team members gathered ------- to have a discussion on the merger with Delli Food Corporation.

(A) frequently
(B) frequent
(C) frequencies
(D) frequency

107 Please refer to the notice ------- on the wall so that you can be ready for the meeting with shareholders.

(A) poster
(B) posted
(C) posting
(D) posture

108 Five of the ten major hospitals are open, but only one full-service hospital is functioning ------- the city limits.

(A) within
(B) through
(C) under
(D) off

109 Mr. Pina was quite satisfied with the result as the score was exactly ------- he wanted.

(A) that
(B) which
(C) what
(D) at

110 Melissa Wang was offered a position in Lubrick Advertising due to ------- flair for foreign languages.

(A) she
(B) hers
(C) herself
(D) her

111 All applicants ------- e-mail messages answering questions regarding the interview process.

(A) sent
(B) will send
(C) were sent
(D) have been sending

112 I had to ------- think about my decision because I didn't want others to worry about me.

(A) incredibly
(B) extremely
(C) discreetly
(D) impulsively

113 Health and Value Corporation ------- a new incentive programs for its employees.

(A) displaced
(B) worked
(C) implemented
(D) suggested

114 We wanted to ensure that our company made an investment ------- foreign companies like Forder and BML last year.

(A) within
(B) for
(C) over
(D) in

115 The score of the final exam was higher than -------, so I could enter Birmingham.

(A) expectation
(B) expecting
(C) expects
(D) expected

116 I paid $50 ------- delivery to receive the package as it was cash on delivery.

(A) during
(B) within
(C) upon
(D) into

117 It should be possible for the next generation of software companies to ------- in Asia and they could transform from a regional champion to a global champion.

(A) extend
(B) strengthen
(C) illuminate
(D) emerge

118 The two vehicles are fuel-efficient and they are also ------- to each other in price.

(A) comparable
(B) comparison
(C) comparing
(D) comparative

119 Last year's net sales ------- were so exceptional that Adam Johns' Bistro decided to open a third branch in Miami.

(A) budgets
(B) figures
(C) inputs
(D) leftovers

120 In conformity ------- the terms and conditions of this contract, you cannot disclose any information to a third party.

(A) by
(B) for
(C) with
(D) under

121 Once you ------- a résumé, you will be contacted by one of our Human Resources representatives by e-mail.

(A) have been submitted
(B) submits
(C) have submitted
(D) submitted

122 Driving is strictly prohibited ------- using this medicine since it can induce sleepiness.

(A) during
(B) from
(C) while
(D) before

123 Applications ------- after 5 P.M. Friday will not be considered, so please submit yours as soon as possible.

(A) receiving
(B) receipt
(C) receipts
(D) received

124 Helping others as a volunteer is not a very exciting work but it always gives me a ------- and memorable experience.

(A) replaceable
(B) rewarding
(C) dedicated
(D) strenuous

125 The grading system change will have an even more ------- impact this year, especially for university students.

(A) deep
(B) large
(C) profound
(D) big

126 All employees should use the building's rear entrance while the whole floor near the main entrance -------.

(A) is repairing
(B) will be repaired
(C) is being repaired
(D) has been repaired

127 New interns were ------- to back up all the important files before the server maintenance.

(A) announced
(B) instructed
(C) equipped
(D) organized

128 All staff ------- the employees in the Customer Service Department should be able to attend the weekly meeting.

(A) among
(B) barring
(C) except
(D) of

129 ------- discussed early in the morning, we will not modify any terms and conditions in this contract.

(A) Though
(B) As
(C) If
(D) What

130 The development of this site will have profound ------- for the surrounding areas.

(A) evolution
(B) indications
(C) affects
(D) implications

종료시간   :

PART 6

Directions: Read the texts that follow. A word, phrase, or sentence is missing in parts of each text. Four answer choices for each question are given below the text. Select the best answer to complete the text. Then mark the letter (A), (B), (C), or (D) on your answer sheet.

Questions 131-134 refer to the following memo.

To: All Konove Employees
From: David Morrison, Public Affairs Department
Date: May 3rd

As the holiday season is coming, we hope to take this chance to remind all of you of the company's policy regarding gifts which appear on page 3 of your employee handbook. So as to promote professional --------, all staff members are prohibited from accepting gifts.
131.

-------- this policy, a "gift" is defined as any item given from other retailers, clients,
132.
prospective employees, or others with a professional relationship with Konove Products.

--------. Other benefits, such as gift certificates or free samples, are also defined as gifts.
133.
Employees are held ------- for making retailers and other clients aware of this policy.
134.

Thank you,

David Morrison
Public Affairs Director, Konove Products

131 (A) integrity
(B) intuition
(C) enactment
(D) sensitivity

132 (A) Regardless of
(B) Under
(C) Beyond
(D) With

133 (A) The gift items range from small promotional items to show tickets and luxury items.
(B) In that case, all employees are asked to report what they've received to their supervisors.
(C) But it is often very hard to recognize who the recipient is.
(D) Alternatively, you get to write an appreciation letter to them.

134 (A) accounting
(B) accounts
(C) accountably
(D) accountable

GO ON TO THE NEXT PAGE

Questions 135-138 refer to the following letter.

Dear, Mr. Morgan,

I am writing to you in response to your job posting requesting applicants for the position of clinical coordinator at Bakersfield Rehabilitation Institute.

As ------- in my résumé, I spent six years as a clinical coordinator in charge of three 12-bed
135.
units at the Ravenport facility. In that position, I introduced three new programs that are now widely used in rehabilitation facilities, all of which have been very successful.

I believe my experience and enthusiasm will be ------- to you.
136.

------- you think it is difficult to discern every area of my expertise in my résumé, I would
137.
appreciate the opportunity to meet with you to discuss my qualifications for the position you have opened. --------. I look forward to meeting you soon.
138.

Sincerely,

Jane Hatherway

135 (A) discussed
    (B) informed
    (C) claimed
    (D) indicated

136 (A) of interest
    (B) interested
    (C) interests
    (D) interestingly

137 (A) While
    (B) If
    (C) Unless
    (D) Otherwise

138 (A) Please refer to the document attached to this e-mail.
    (B) If you want, I'll submit three reference letters.
    (C) Could you give me an opportunity to show myself in person in an interview?
    (D) As mentioned above, I am the person who you have been looking for.

To: All Tae-Jin International Employees
From: Denice Wallace, Administration Manager

A large protest against the government's decision to construct an apartment complex near Brooklyn Bridge is scheduled to take place on Harper Avenue at 5:00 P.M. tomorrow.

There will be more than 5,000 people protesting on Harper Avenue which is across from Tae-Jin International Inc. As a ------- measure, senior management has decided to let
      139.
employees depart work by 4:30 P.M. tomorrow. --------. Please make sure ------- your
                                               140.   141.
immediate supervisor before leaving, via telephone or e-mail.

Employees who get hourly rates are required to clock out as usual at departure.

All department heads should make proper adjustments to review and ------- timekeeping
                                                                     142.
approval to guarantee hourly employees receive pay without any problems.

Denice Wallace

139 (A) careful
    (B) precautionary
    (C) replaceable
    (D) immovable

140 (A) We think an early departure will help
        our employees avoid the congestion.
    (B) The apartment complex needs to be
        renovated for safety reasons.
    (C) Management will review each
        application before the second
        interview.
    (D) During rush hour, you can park your
        vehicle on the street near the building.

141 (A) that contact
    (B) contacting
    (C) to contact
    (D) will contact

142 (A) completing
    (B) completed
    (C) complete
    (D) completion

GO ON TO THE NEXT PAGE

Questions 143-146 refer to the following notice.

Dear Members,

Thank you for volunteering to coach in our Prima Youth Soccer Club. Since there is a lack of coaches, those who already volunteered are greatly ------, and above all, our kids sincerely
143.
appreciate your effort and time. Under your guidance, kids will enhance their skills while having fun!

The Prima Youth Soccer Club's first team match with Liberty Youth Soccer Club is rapidly approaching, and we are ------ more assistant coaches to make this match a big success.
144.

If you might be interested in playing sports with kids and able to teach soccer quite well, please feel free to contact Katherine Loman with any inquiries. A passion for this work and leadership will be enough to be a nice coach ------ you do not have any coaching
145.
experience.

------. Through these sessions, you can learn how to coach more strategically.
146.

Please consider joining us in helping kids who have great potential to be future soccer players!

---

143 (A) appreciative
(B) appreciating
(C) appreciation
(D) appreciated

144 (A) needed
(B) in need of
(C) needing of
(D) needed by

145 (A) even if
(B) provided that
(C) nevertheless
(D) despite

146 (A) We do not feel frustrated if your team becomes a winner or loser.
(B) Workshops for coaches are held at the end of each month.
(C) Every volunteer will be given a T-shirt and a cap.
(D) To find out the result of the match, please visit our website.

종료시간   :

나 혼자 끝내는 토익 체크 리스트

정답 확인 전 체크 리스트

✅ 이번 회차의 난이도는 ☐ 쉬웠다 ☐ 무난했다 ☐ 어려웠다

✅ 나는 16분 안에 모두 문제 풀이를 완료하였다.　　　　　　☐ YES　　　☐ NO

그렇지 않다면, 실제 걸린 시간은 몇 분인가요?　　　　　　_____

혹시 시간이 부족해서 찍어서 푼 문제가 있다면 몇 번인지 표시해 보세요.　_____

💡 시간이 부족하셨다면, 문제당 16~20초 안에 푸는 훈련을 해야 합니다.

✅ 나는 정답이 확실하지 않아서 고민이 되었던 문제가 있었다.　☐ YES　　　☐ NO

혼동된 문제가 있었다면 몇 번인지 표시해 보세요.　　　　　_____

💡 QR코드를 통해 제공되는 저자 직강 음성 강의로 고민되었던 문제를 해결해 보세요.

✅ 어휘 문제 중에 모르는 단어가 있었다.　　　　　　　　　☐ YES　　　☐ NO

혼동되었던 단어를 적어 보세요.　　　　　　　　　　　　_____

💡 넥서스 홈페이지(www.nexusbook.com)에서 제공하는 어휘 리스트와 테스트를 활용하여 다시 한 번 최종 점검을 해 보세요.

정답 확인 후 체크 리스트

✅ 예상 정답 개수는 몇 개였나요? 정답 체크 후 실제 맞힌 개수를 적어 보세요.

예상 개수 : _____　　　　실제 개수 : _____

💡 p.11에 나혼토 실력 점검표가 있습니다. 맞은 개수를 기록하며 실력 향상을 점검해 보세요.

✅ 틀린 문제를 다시 점검하고, 다음에는 절대 틀리지 않겠다는 다짐을 해 보세요!

찍어서 맞은 문제도 틀린 문제입니다. 틀린 문제들을 기록해 보세요.　_____

💡 QR코드를 통해 제공되는 저자 직강 음성 강의로 틀린 문제를 다시 확인해 보세요.

✅ 틀린 문제 리뷰를 정확히 하고, 나만의 "오답노트"를 작성해 보세요.

💡 토익 RC는 특히 "복습"이 생명입니다. 틀린 문제는 꼭 다시 정리하세요.

> 한번에 많은 문제를 푸는 것보다는 체계적으로 문제를 푼 이후, 내 것으로 완전히 소화하는 방식이 필요합니다.
> **틀린 문제 위주로** 중요 포인트를 **"나만의 노트"**에 정리하고, 외워야 할 세트 구문 등을 잘 정리해서 암기하였는지 반드시 확인하고, 반복, 또 반복해서 복습해 보세요.

101 샌드라 후안이 웨이랜드 산업의 총괄 매니저직을 사임한 후, 우리는 훌륭한 리더십을 갖춘 적절한 대체자를 긴급하게 찾고 있다.

> 적절한 품사를 고르는 문제이다. 빈칸이 없어도 완전한 문장이 되므로 수식어구가 와야 하며 빈칸 앞뒤로 ⟨be -ing⟩ 형태의 현재진행형 동사가 있으므로 부사가 수식하는 것이 적절하다. 따라서 정답은 (A) urgently이다.

resign 사임하다　seek 찾다, 구하다　suitable 적절한
replacement 대체(자), 대체(물)
정답_(A)

101 After Sandra Juan resigned the position of general manager at Wayland Industry, we are ------- seeking a suitable replacement who has great leadership skills.

(A) urgently
(B) urgent
(C) most urgent
(D) urgencies

---

102 램포트 몰은 대중교통의 편리한 접근성 때문에 혹스빌 주민들 사이에서 인기가 많다.

> 적절한 명사를 고르는 문제이다. 대중교통과의 지리적 '접근성' 때문에 인기가 많다는 것이 적절하므로 (A) access가 정답이다. (D) approach는 문제 해결의 접근법이라는 의미이기 때문에 오답이다.

resident 거주민　relocation 이전　move 이사, 이동
정답_(A)

102 Lamport Mall is popular among residents living in Hoxville due to its convenient ------- to public transportation.

(A) access
(B) relocation
(C) move
(D) approach

---

103 배송 중 제품이 파손되면 저희는 추가 비용 없이 제품을 기꺼이 새 제품으로 교체하여 드리겠습니다.

> 빈칸 뒤의 명사 extra cost를 수식하는 형용사가 와야 한다. 따라서 (D) no가 정답이다.

replace 교체하다　at no extra cost 추가 비용 없이
정답_(D)

103 If the product is damaged during the delivery, we would be happy to replace the item with a new one at ------- extra cost.

(A) never
(B) none
(C) not
(D) no

---

104 구직자 누구라도 전국 헤드헌터 연합회에서 주최하는 제20회 직업 박람회에 참여함으로써 매우 유익하고 유용한 정보를 취득할 수 있다.

> 적절한 명사를 고르는 문제이다. 빈칸 뒤에 직업 박람회(job fair)에 참여한다는 내용이 나오므로 '일자리'를 찾는 구직자가 적절하다. 따라서 정답은 (D) employment이다. 선택지 (A), (B)는 가산 명사이기 때문에 앞에 관사와 함께 나와야 한다.

informative 유익한　position 위치, 직책　role 역할　opportune
시기적절한　employment 고용, 취업
정답_(D)

104 Anyone seeking ------- can get very informative and useful tips by participating in the 20th job fair hosted by National Headhunters Association.

(A) position
(B) role
(D) opportune
(D) employment

---

105 대표단이 이곳을 방문한 적이 없기 때문에 세미나실까지 그들을 직접 안내해 주세요.

> 적절한 품사를 고르는 문제이다. 한정사 the 뒤에 올 수 있는 명사를 골라야 한다. since 뒤의 주어 they와 동격이 되어야 하기 때문에 복수 명사 (C) delegates가 정답이다.

escort 안내하다　personally 직접　delegate 위임하다, 대표자
delegatory 책임을 위임하는　delegator 대표자, 대리인
정답_(C)

105 You are asked to escort the ------- to the seminar room personally since they have never been here before.

(A) delegate
(B) delegatory
(C) delegates
(D) delegator

106 Connelly and his team members gathered ------- to have a discussion on the merger with Delli Food Corporation.

(A) frequently
(B) frequent
(C) frequencies
(D) frequency

106 델리 푸드 사와의 합병을 논의하기 위해 코넬리와 그의 팀원들은 수시로 모임을 가졌다.

적절한 품사를 고르는 문제이다. 빈칸이 없어도 완벽한 문장이 성립이 된다. 따라서 빈칸은 자동사 gather을 수식하는 부사 (A) frequently가 정답이다.

gather 모이다   merger 합병
정답_(A)

107 Please refer to the notice ------- on the wall so that you can be ready for the meeting with shareholders.

(A) poster
(B) posted
(C) posting
(D) posture

107 주주들과의 회의 준비를 할 수 있도록 벽에 게시된 공고문을 참조하시기 바랍니다.

적절한 품사를 고르는 문제이다. notice를 뒤에서 수식하는 분사를 고르는 문제로 빈칸 뒤에 목적어가 없기 때문에 notice (which is) posted on the wall의 형태로 과거분사가 적절하다. 따라서 정답은 (B) posted이다.

refer to 참조하다   shareholder 주주   post 게시하다   posture 자세
정답_(B)

108 Five of the ten major hospitals are open, but only one full-service hospital is functioning ------- the city limits.

(A) within
(B) through
(C) under
(D) off

108 주요 열 개 병원 중 다섯 개의 병원들이 개원 중이지만, 시내에서는 단 하나의 병원만이 완벽한 서비스를 갖추고 운영되고 있다.

city limits가 시내라는 뜻이므로 정해진 범위를 뜻하는 어휘 앞에 오는 전치사 (A) within이 정답이다.

function 기능하다   city limit 시내, (도시 외곽을 벗어나지 않은) 시내의 지역
정답_(A)

109 Mr. Pina was quite satisfied with the result as the score was exactly ------- he wanted.

(A) that
(B) which
(C) what
(D) at

109 피나 씨는 그가 원했던 대로 정확히 점수가 나오자 그 결과에 매우 만족했다.

be동사 was의 보어 역할을 하는 명사절이면서 동시에 불완선한 설을 이끄는 what이 적절하다. 따라서 정답은 (C) what이다. (A) that은 뒤에 완벽한 절을 이끌기 때문에 오답이다.

be satisfied with ~에 만족하다
정답_(C)

110 Melissa Wang was offered a position in Lubrick Advertising due to ------- flair for foreign languages.

(A) she
(B) hers
(C) herself
(D) her

110 멜리사 왕은 그녀의 출중한 외국어 실력으로 인해 루브릭 광고사에서 일자리를 제안 받았다.

빈칸 뒤의 명사 flair 앞에 올 수 있는 적절한 인칭대명사의 격을 고르는 문제이다. 명사 앞에 올 수 있는 것은 소유격이므로 (D) her가 정답이다.

flair 재능, 소질, 특기
정답_(D)

111 모든 지원자들은 면접 과정에 관한 질문들에 대한 답변을 담은 이메일을 받았다.

send는 4형식 동사이기 때문에 〈사람 목적어+일반 목적어〉 순으로 목적어가 나열된다. 사람 목적어가 문두에 오는 경우에는 수동태로 써야 하므로 (C) were sent이다.

regarding ~에 관해   process 절차, 과정
정답_(C)

112 나는 다른 사람들이 나에 대해 걱정하는 것을 원치 않았기 때문에 내 결정에 대해 신중하게 생각할 수밖에 없었다.

동사 think를 수식하는 부사를 고르는 문제이다. 내 결정을 '신중하게' 생각한다는 뜻이 적절하므로 (C) discreetly가 정답이다.

incredibly 놀랍게도   discreetly 신중하게, 사려 깊게   impulsively 충동적으로
정답_(C)

113 헬스 앤드 밸류 사는 직원을 대상으로 하는 새로운 상여 프로그램을 시행하였다.

적절한 동사를 고르는 문제이다. 새로운 프로그램을 '시행했다'는 의미이기 때문에 (C) implemented가 정답이다. (B) worked는 자동사이므로 바로 목적어를 끌 수 없다는 점에서 오답이다.

displace 대신하다, 추방하다, 옮겨놓다
정답_(C)

114 작년 포더와 BML 같은 외국계 회사에 우리가 투자를 했음을 확실히 짚고 넘어가고 싶었다.

외국계 회사에 투자를 했다는 의미이고 investment가 '~로의 투자, ~에 투자'라는 의미로 쓰일 때 전치사 in이 오므로 정답은 (D) in이다.

ensure 확실히 하다, 보장하다   investment 투자
정답_(D)

115 기말고사 점수가 예상보다 높게 나와서 나는 버밍엄에 입학할 수 있었다.

비교급을 뜻하는 than 뒤에 예상의 의미를 지닌 동사가 나올 때는 실질적인 결과보다 그것에 대한 예상이 먼저 이루어진다는 점에서 과거 시제가 와야 한다. 따라서 과거 시제의 (D) expected가 정답이다.

final exam 기말고사
정답_(D)

111 All applicants ------- e-mail messages answering questions regarding the interview process.

(A) sent
(B) will send
(C) were sent
(D) have been sending

112 I had to ------- think about my decision because I didn't want others to worry about me.

(A) incredibly
(B) extremely
(C) discreetly
(D) impulsively

113 Health and Value Corporation ------- a new incentive programs for its employees.

(A) displaced
(B) worked
(C) implemented
(D) suggested

114 We wanted to ensure that our company made an investment ------- foreign companies like Forder and BML last year.

(A) within
(B) for
(C) over
(D) in

115 The score of the final exam was higher than -------, so I could enter Birmingham.

(A) expectation
(B) expecting
(C) expects
(D) expected

116 I paid $50 ------- delivery to receive the package as it was cash on delivery.

(A) during
(B) within
(C) upon
(D) into

117 It should be possible for the next generation of software companies to ------- in Asia and they could transform from a regional champion to a global champion.

(A) extend
(B) strengthen
(C) illuminate
(D) emerge

118 The two vehicles are fuel-efficient and they are also ------- to each other in price.

(A) comparable
(B) comparison
(C) comparing
(D) comparative

119 Last year's net sales ------- were so exceptional that Adam Johns' Bistro decided to open a third branch in Miami.

(A) budgets
(B) figures
(C) inputs
(D) leftovers

120 In conformity ------- the terms and conditions of this contract, you cannot disclose any information to a third party.

(A) by
(B) for
(C) with
(D) under

---

116 착불이라서 그 제품을 수령하기 위해 배송 시에 50달러를 지불했다.

물건을 받는 시점을 뜻하는 '배송 시에'라는 표현은 upon delivery 로 쓴다. 따라서 정답은 (C) upon이다.

cash on delivery 물건을 받고 대금을 지불하는 제도(착불)
정답_(C)

117 차세대 소프트웨어 개발사들이 아시아 지역에서 급부상하여 지역 업체 에서 벗어나 세계적인 업체로 변모할 가능성은 충분히 있다.

빈칸 뒤에 목적어가 없으므로 자동사가 와야 한다. 따라서 선택지 중 유일한 자동사인 (D) emerge가 정답이다.

generation 세대 transform 변모하다, 변화하다 extend 늘리다, 연 장하다 strengthen 강화하다 illuminate (조명 등으로 환하게) 밝히다 emerge 부상하다, 떠오르다, 나타나다
정답_(D)

118 그 두 대의 차량은 연비가 뛰어나며, 서로 가격 면에서 비교할 만하다.

적절한 형용사를 고르는 문제이다. 서로 가격을 '비교'할 만하다 는 뜻이 적절하므로 '비교할 만한, 견줄 만한'이라는 의미의 (A) comparable이 정답이다. (D) comparative는 '상대적인'이라는 의미로 문맥에 맞지 않기 때문에 오답이다.

fuel-efficient 연비가 뛰어난, 연료 효율이 좋은 comparison 비교
정답_(A)

119 작년 순매출액이 엄청났기 때문에 아담 존스 식당은 세 번째 지점을 마 이애미에 열기로 결정했다.

명사 net sales와 복합명사 형태를 이루는 명사를 골라야 한다. net sales는 '순매출'이라는 의미로 금액과 관련해서 '수치'라는 의미의 (B) figures가 정답이다. net sales figures는 '순매출액'이라는 의 미이다.

net sales 순매출 exceptional 이례적인, 훌륭한 input 투입, 입력, 조언 leftover 남은 음식, 잔재
정답_(B)

120 계약서상의 조항 및 조건에 따라 귀하는 어느 정보도 제3자에게 발설할 수 없습니다.

대표적으로 자주 사용하는 전치사구 in conformity with(~에 따라, ~에 순응하여)를 묻는 문제이다. 따라서 정답은 (C) with이다.

terms and conditions 조항 및 조건 disclose 밝히다, 공개하다, 드 러내다 third party 제3자
정답_(C)

121 이력서를 제출하시면 저희 인사부 직원들 중 한 명으로부터 이메일로 연락받으실 겁니다.

조건절 접속사 once로 시작하는 문장은 조건절에는 현재, 주절에는 미래 시제가 나오므로 현재완료 시제인 (C) have submitted가 정답이다. 뒤에 목적어 a résumé가 있으므로 수동태인 (A) have been submitted는 오답이다.

representative 직원, 사원
정답_(C)

121 Once you ------- a résumé, you will be contacted by one of our Human Resources representatives by e-mail.

(A) have been submitted
(B) submits
(C) have submitted
(D) submitted

122 졸음을 유발할 수 있기 때문에 이 약을 복용하는 중에는 절대 운전을 해서는 안 된다.

빈칸 뒤로 you are using에서 you are가 생략된 형태의 분사구문이 왔다. 따라서 접속사가 와야 하며 복용하는 '동안에'라는 뜻이 적절하므로 접속사 (C) while이 정답이다.

strictly 엄격히 induce 유발하다 sleepiness 졸음
정답_(C)

122 Driving is strictly prohibited ------- using this medicine since it can induce sleepiness.

(A) during
(B) from
(C) while
(D) before

123 금요일 오후 5시 이후에 받은 신청서는 고려되지 않으므로 가능한 한 빨리 당신의 신청서를 제출해 주시기 바랍니다.

Applications를 뒤에서 수식하는 적절한 분사를 고르는 문제이다. Applications (which are) received의 형태이기 때문에 정답은 수동의 (D) received이다. 뒤에 목적어가 없으므로 능동의 (A) receiving은 오답이다.

application 신청서
정답_(D)

123 Applications ------- after 5 P.M. Friday will not be considered, so please submit yours as soon as possible.

(A) receiving
(B) receipt
(C) receipts
(D) received

124 자원봉사자 신분으로 다른 이들을 돕는 것은 그다지 흥미로운 일은 아니지만 항상 나에게 보람과 잊지 못할 경험을 선사한다.

적절한 형용사를 고르는 문제이다. 등위접속사 and를 기점으로 뒤에는 memorable이 나왔으므로 이와 연결되는 '보람된'이란 뜻의 (B) rewarding이 정답이다.

memorable 잊지 못할 replaceable 대신할 수 있는 dedicated 헌신적인 strenuous (몸이) 고된
정답_(B)

124 Helping others as a volunteer is not a very exciting work but it always gives me a ------- and memorable experience.

(A) replaceable
(B) rewarding
(C) dedicated
(D) strenuous

125 금년 학점 시스템 변경은 특히 대학생들에게 큰 영향을 미칠 것이다.

명사 impact를 수식하는 형용사를 고르는 문제이다. 의미상 '큰, 심각한' 영향을 미친다는 의미가 가장 적절하므로 (C) profound가 정답이다. 나머지 선택지는 모두 2음절 이하의 어휘로 비교급을 만들 때 more이 아닌 -er과 결합되어 각각 deeper/ larger/ bigger로 사용되어야 한다.

impact 영향 deep 깊은 profound 심오한, 깊은, 심각한
정답_(C)

125 The grading system change will have an even more ------- impact this year, especially for university students.

(A) deep
(B) large
(C) profound
(D) big

126 All employees should use the building's rear entrance while the whole floor near the main entrance -------.

(A) is repairing
(B) will be repaired
(C) is being repaired
(D) has been repaired

126 정문 근처의 전체 바닥 수리 공사가 진행되는 동안, 전 직원은 건물 후문을 이용해야 한다.

적절한 동사의 태와 시제를 고르는 문제이다. 빈칸 뒤에 목적어가 없으므로 능동태인 (A)는 오답이다. 접속사 while에 의해 연결된 절이기 때문에 수동태 진행형인 (C) is being repaired가 정답이다.

rear entrance 후문
정답_(C)

127 New interns were ------- to back up all the important files before the server maintenance.

(A) announced
(B) instructed
(C) equipped
(D) organized

127 신규 인턴들은 서버 점검 전에 모든 주요 파일들을 백업해 놓을 것을 지시 받았다.

적절한 동사를 고르는 문제이다. 빈칸 뒤에 to부정사가 왔으며 신규 인턴사원들이 '지시를 받은' 것이므로 (B) instructed가 정답이다. (A) announced는 주로 that절, (C) equipped는 with를 각각 동반하므로 오답이다.

back up 보관하다. 따로 백업하다   maintenance 점검   be instructed to ~하도록 지시 받다
정답_(B)

128 All staff ------- the employees in the Customer Service Department should be able to attend the weekly meeting.

(A) among
(B) barring
(C) except
(D) of

128 고객 서비스 부서를 제외한 전 직원은 주간 회의에 참석할 수 있어야 한다.

빈칸 뒤의 the employees가 빈칸 앞의 all staff에 비해 더 작은 범위이기 때문에, 의미상 고객 서비스 부서의 직원을 '제외한' 나머지 모든 직원들이라는 뜻이 적절하다. 따라서 (C) except가 정답이다.

barring ~이 없다면
정답_(C)

129 ------- discussed early in the morning, we will not modify any terms and conditions in this contract.

(A) Though
(B) As
(C) If
(D) What

129 오늘 아침 일찍 논의한 대로 우리는 이 계약서의 어떤 계약 조건도 변경하지 않을 것이다.

알맞은 접속사를 고르는 문제이다. 원래는 As (it was) discussed early in the morning의 완벽한 절에서 〈주어+be동사〉가 생략되면서 p.p로 시작되는 분사구문을 유발한 문제이기 때문에 (B) As가 정답이다. as p.p의 경우 '~한 대로'라는 의미의 빈출 패턴이다.

modify 수정하다   terms and conditions 조건
정답_(B)

130 The development of this site will have profound ------- for the surrounding areas.

(A) evolution
(B) indications
(C) affects
(D) implications

130 이 부지의 개발은 주변 지역에 엄청난 영향을 미칠 것이다.

'~에 (지대한) 영향을 미치다'라는 뜻의 대표적인 관용 구문인 have implications for 구문을 묻는 문제이므로 정답은 (D) implications이다.

site 부지   profound 엄청난   surrounding 주변의   evolution 진화, 혁명   indication 조짐, 징후, 암시   implication 함축, 내포
정답_(D)

[131-134]

수신: 코노브 전 직원
발신: 데이비드 모리슨, 대외 관계 부서
날짜: 5월 3일

휴가 시즌이 다가오면서, 직원 안내서 3페이지에 나와 있는 선물에 관한 회사 방침에 대해 여러분 모두에게 다시 한 번 알려 드릴 기회를 갖고자 합니다. 직업적 **131** 청렴함을 장려하기 위해 모든 직원들은 선물을 받는 것이 금지됩니다.

이 방침 **132** 하에서, '선물'은 다른 소매업체, 고객, 잠재적 근로자, 또는 코노브 프로덕츠와 사업상 관계에 있는 사람들로부터 받은 것으로 정의됩니다. **133** 선물 물품의 범위는 작은 홍보 제품부터 공연 티켓, 고급 제품까지를 말합니다. 상품권이나 무료 샘플과 같은 다른 혜택들도 역시 선물에 포함됩니다. 직원들은 소매업체들과 다른 고객들에게 이 방침에 대해 숙지시킬 **134** 책임이 있습니다.

감사합니다.

데이비드 모리슨
대외 관계 부서장, 코노브 프로덕츠

remind 생각나게 하다 promote 촉진하다, 장려하다 prohibit 금지하다 define 정의하다 prospective 잠재적인 integrity 고결, 성실, 청렴 intuition 직감 enactment 제정 sensitivity 민감함 regardless of ~와 상관없이 range ~에 미치다, 걸치다 supervisor 관리자, 감독자 recipient 수령인, 수취인

131 명사 어휘 문제이다. 선물을 받는 것이 금지된다고 했으므로 직업적 '청렴함'에 대해 장려하는 내용임을 알 수 있다. 따라서 (A) integrity(청렴함, 도덕성)가 정답이다.
정답_(A)

132 전치사 어휘 문제이다. 뒤의 명사 policy와 어울려야 하며, 문맥상 '이 방침 하에서 선물이 정의된다'는 의미가 적절하다. 규정, 법, 방침 등의 앞에는 전치사 under(~하에)가 오므로 (B)가 정답이다.
정답_(B)

133 (A) 선물 물품의 범위는 작은 홍보 제품부터 공연 티켓, 고급 제품까지를 말합니다.
(B) 그와 같은 경우, 전 직원은 그들이 받은 것을 상사에게 보고해야 합니다.
(C) 하지만 받은 사람이 누구인지를 알아내는 것은 종종 매우 힘든 일입니다.
(D) 대신에, 여러분은 그들에게 감사 편지를 쓰실 수 있습니다.

문맥상 가장 적절한 문장을 고르는 문제이다. 빈칸 앞에서 선물의 정의에 대해서 이야기하고 있고 뒤에서는 상품권이나 무료 샘플도 역시 선물에 포함된다고 했다. 따라서 빈칸에는 선물의 범위에 대한 내용이 오는 것이 적절하므로 (A)가 정답이다.
정답_(A)

134 품사 자리 문제이다. 여기서 hold는 보어와 함께 '(사람, 물건 등을) 어떠한 상태로 두다'라는 의미이다. 원래는 hold employees accountable for(직원들이 ~에 책임을 지도록 만들다)라는 표현에서 수동태가 된 문장이다. 따라서 빈칸에는 형용사 (D) accountable이 와야 한다.
정답_(D)

Questions 131-134 refer to the following memo.

To: All Konove Employees
From: David Morrison, Public Affairs Department
Date: May 3rd

As the holiday season is coming, we hope to take this chance to remind all of you of the company's policy regarding gifts which appear on page 3 of your employee handbook. So as to promote professional ------- **131.**, all staff members are prohibited from accepting gifts.

------- **132.** this policy, a "gift" is defined as any item given from other retailers, clients, prospective employees, or others with a professional relationship with Konove Products. ------- **133.**. Other benefits, such as gift certificates or free samples, are also defined as gifts. Employees are held ------- **134.** for making retailers and other clients aware of this policy.

Thank you,

David Morrison
Public Affairs Director, Konove Products

131 (A) integrity
(B) intuition
(C) enactment
(D) sensitivity

132 (A) Regardless of
(B) Under
(C) Beyond
(D) With

133 (A) The gift items range from small promotional items to show tickets and luxury items.
(B) In that case, all employees are asked to report what they've received to their supervisors.
(C) But it is often very hard to recognize who the recipient is.
(D) Alternatively, you get to write an appreciation letter to them.

134 (A) accounting
(B) accounts
(C) accountably
(D) accountable

Questions 135-138 refer to the following letter.

Dear, Mr. Morgan,

I am writing to you in response to your job posting requesting applicants for the position of clinical coordinator at Bakersfield Rehabilitation Institute.

As ------- in my résumé, I spent six years as a clinical
135.
coordinator in charge of three 12-bed units at the Ravenport facility. In that position, I introduced three new programs that are now widely used in rehabilitation facilities, all of which have been very successful.

I believe my experience and enthusiasm will be -------
136.
to you.

------- you think it is difficult to discern every area
137.
of my expertise in my résumé, I would appreciate the opportunity to meet with you to discuss my qualifications for the position you have opened. --------.
138.
I look forward to meeting you soon.

Sincerely,

Jane Hatherway

135 (A) discussed
(B) informed
(C) claimed
(D) indicated

136 (A) of interest
(B) interested
(C) interests
(D) interestingly

137 (A) While
(B) If
(C) Unless
(D) Otherwise

138. (A) Please refer to the document attached to this e-mail.
(B) If you want, I'll submit three reference letters.
(C) Could you give me an opportunity to show myself in person in an interview?
(D) As mentioned above, I am the person who you have been looking for.

[135-138]

모건 씨에게,

베이커스필드 재활 기관 임상 책임자 직에 지원자를 구하는 귀하의 구인 공고를 보고 편지를 씁니다.

제 이력서에 ⑬⑤ 언급된 대로, 저는 레이븐 포트 시설에서 12인실 병동 3곳을 담당한 임상 책임자로서 6년을 근무했습니다. 그 자리에서 저는 현재 재활 시설들에서 널리 사용되며 매우 성공을 거둔 3개의 새 프로그램을 도입했습니다.

저는 제 경험과 열정이 당신에게 ⑬⑥ 흥미롭게 보일 것이라 생각합니다.

제 이력서로 제 전문 분야 모두를 판단하는 것이 어렵다고 ⑬⑦ 생각하시면, 그 자리에 대한 제 자질에 대해 만나서 얘기를 나눌 수 있는 기회를 갖게 된다면 감사하겠습니다. ⑬⑧ 면접에서 제가 직접 제 자신을 나타낼 수 있는 기회를 주실 수 있으십니까? 곧 만나 뵙길 바랍니다.

제인 헤더웨이

clinical 임상의, 임상 치료의　coordinator 조정자, 책임자　rehabilitation 재활, 재건　discern 인식하다, 판단하다　discuss 논의하다, 토론하다　inform 알리다　claim 주장하다, 신고하다　indicate 나타내다, 가리키다

135 빈칸 뒤에 '이력서'라는 단어가 있으므로 이력서에 '언급된, 명시된'이란 의미가 적절하다. 따라서 (D)가 정답이다.
정답_(D)

136 빈칸 앞의 주어의 의미가 '나의 경험과 열정'이라는 뜻이므로, '나의 경험과 열정이 당신에게 흥미로울 것이다'라는 뜻이 되면 문맥상 적절하다. 빈칸은 '흥미로운'을 뜻하는 주격보어로서의 형용사 interesting이 필요한데 선택지에 없으므로, '전치사+명사'가 형용사의 역할을 할 수 있다는 점을 고려하면 (A) of interest가 정답이다.
정답_(A)

137 빈칸은 절과 절을 연결하는 접속사 자리이다. 부사인 (D) Otherwise(그렇지 않으면, 달리)를 먼저 제외한다. 문맥상 '제 이력서로 제 전문 분야 모두를 판단하는 것이 어렵다고 생각하시면, 직접 만나서 말할 기회를 갖고 싶다'라는 조건의 의미로 연결하는 것이 적절하므로 (B) If(~라면)가 정답이다.
정답_(B)

138 (A) 이 이메일에 첨부된 문서를 참고해 주십시오.
(B) 원하신다면, 3개의 추천서를 제출하겠습니다.
(C) 면접에서 제가 직접 제 자신을 나타낼 수 있는 기회를 주실 수 있으십니까?
(D) 위에 언급했듯이, 저는 당신이 찾고 있는 사람입니다.

문맥상 가장 적절한 문장을 고르는 문제이다. 앞 문장에서 만나서 직접 얘기를 하고 싶다고 하고, 뒤 문장에서 곧 만나길 바란다는 내용으로 보아 직접 만나 면접에서 자신을 어필할 수 있는 기회를 줄 수 있는지 묻는 (C)가 오는 것이 적절하다.
정답_(C)

PART 6

[139-142]

수산: 태진 인터내셔널 전 직원
발산: 데니스 월러스, 행정 매니저

브루클린 다리 근처에 아파트 단지를 건설하겠다는 정부의 결정에 반대하는 대규모 시위가 내일 오후 5시 하퍼 애비뉴에서 예정되어 있습니다.

태진 인터내셔널 맞은편에 있는 하퍼 애비뉴에 5천명 이상의 사람들이 시위에 참석할 것입니다. **139** 예방 조치로서, 상임 경영진은 내일 직원들을 오후 4시 30분까지 퇴근시키기로 결정했습니다. **140** 조기 퇴근이 직원들이 혼잡을 피하는 데 도움이 될 것이라 생각합니다. 퇴근 전, 전화나 이메일로 당신의 직속 상사에게 반드시 **141** 연락을 취하십시오.

시간 당 급여를 받는 직원들은 되근힐 때 평소처럼 퇴근 시간을 기록하셔야 합니다.

모든 부서장은 시간 당 급여를 받는 직원들의 차질 없는 급여 수령을 보장하기 위해 시간 기록 승인을 검토하고 **142** 완료할 수 있도록 적절한 조정을 해야 합니다.

데니스 월러스

protest 시위, 항의 measure 대책, 조치 depart 출발하다, 떠나다 adjustment 적응, 조정 careful 신중한 precautionary 조심의, 예방의 replaceable 바꿀 수 있는 immovable 움직일 수 없는 congestion 혼잡, 정체

139 형용사 어휘 문제이다. 회사 맞은편에서 시위가 있으니, 조기 퇴근 결정을 '예방' 조치로 내렸다는 내용이 자연스러우므로 (B) precautionary(예방의)가 정답이다.
정답_(B)

140 (A) 조기 퇴근이 직원들이 혼잡을 피하는 데 도움이 될 것이라 생각합니다.
(B) 아파트 단지는 안전의 이유로 보수공사가 이루어질 필요가 있습니다.
(C) 경영진은 두 번째 인터뷰 전에 각각의 지원서를 검토할 것입니다.
(D) 혼잡시간 동안, 여러분은 건물 근처 길가에 차를 주차하실 수 있습니다.

문맥상 가장 적절한 문장을 고르는 문제이다. 앞에서 시위 때문에 직원들을 4시 30분에 퇴근시키기로 결정했다는 내용이 있으므로 '조기 퇴근이 직원들이 혼잡을 피하는 데 도움이 될 것이라 생각한다'는 (A)의 내용이 뒤에 이어지는 것이 적절하다.
정답_(A)

141 〈make sure + to부정사〉는 '반드시 ~하다'의 구조로 빈칸에는 to부정사 (C) to contact가 정답이다.
정답_(C)

142 등위 접속사 and를 사이에 두고 빈칸은 앞의 to부정사와 병치를 이루고 있으므로, to부정사가 와야 하지만 중복되는 to는 생략하므로 동사원형의 (C) complete가 정답이다.
정답_(C)

Questions 139-142 refer to the following memo.

To: All Tae-Jin International Employees
From: Denice Wallace, Administration Manager

A large protest against the government's decision to construct an apartment complex near Brooklyn Bridge is scheduled to take place on Harper Avenue at 5:00 P.M. tomorrow.

There will be more than 5,000 people protesting on Harper Avenue which is across from Tae-Jin International Inc. As a ------- measure, senior **139.** management has decided to let employees depart work by 4:30 P.M. tomorrow. --------. Please make **140.** sure -------- your immediate supervisor before **141.** leaving, via telephone or e-mail.

Employees who get hourly rates are required to clock out as usual at departure.

All department heads should make proper adjustments to review and ------- timekeeping **142.** approval to guarantee hourly employees receive pay without any problems.

Denice Wallace

139 (A) careful
(B) precautionary
(C) replaceable
(D) immovable

140 (A) We think an early departure will help our employees avoid the congestion.
(B) The apartment complex needs to be renovated for safety reasons.
(C) Management will review each application before the second interview.
(D) During rush hour, you can park your vehicle on the street near the building.

141 (A) that contact
(B) contacting
(C) to contact
(D) will contact

142 (A) completing
(B) completed
(C) complete
(D) completion

Questions 143-146 refer to the following notice.

Dear Members,

Thank you for volunteering to coach in our Prima Youth Soccer Club. Since there is a lack of coaches, those who already volunteered are greatly ------- 143., and above all, our kids sincerely appreciate your effort and time. Under your guidance, kids will enhance their skills while having fun!

The Prima Youth Soccer Club's first team match with Liberty Youth Soccer Club is rapidly approaching, and we are ------- 144. more assistant coaches to make this match a big success.

If you might be interested in playing sports with kids and able to teach soccer quite well, please feel free to contact Katherine Loman with any inquiries. A passion for this work and leadership will be enough to be a nice coach ------- 145. you do not have any coaching experience.

------- 146.. Through these sessions, you can learn how to coach more strategically.

Please consider joining us in helping kids who have great potential to be future soccer players!

143 (A) appreciative
(B) appreciating
(C) appreciation
(D) appreciated

144 (A) needed
(B) in need of
(C) needing of
(D) needed by

145 (A) even if
(B) provided that
(C) nevertheless
(D) despite

146 (A) We do not feel frustrated if your team becomes a winner or loser.
(B) Workshops for coaches are held at the end of each month.
(C) Every volunteer will be given a T-shirt and a cap.
(D) To find out the result of the match, please visit our website.

[143-146]

회원님들에게,

저희 프리마 청소년 축구 클럽 코치를 자원해 주셔서 감사합니다. 코치의 부족으로 인해, 이미 자원해 주신 분들에게 대단히 🔴143 감사드리며, 무엇보다도, 저희 아이들이 진심으로 당신의 노력과 시간을 감사하게 생각하고 있습니다. 당신의 지도 아래, 아이들은 재미를 느끼며 기술을 강화시킬 것입니다.

프리마 청소년 축구 클럽과 리버티 청소년 축구 클럽의 첫 번째 팀 경기 날짜가 빠르게 다가오고 있어, 저희는 이 경기를 매우 성공적으로 만들기 위해 더 많은 보조 코치들을 🔴144 필요로 하고 있습니다.

아이들과 운동을 하는 데 관심이 있고, 축구를 잘 가르칠 수 있다고 생각하신다면, 케서린 로만에게 마음 편히 연락 주셔서 문의해 주십시오. 당신이 지도 경험이 없다 🔴145 고 하더라도 이 일과 지도력에 대한 열정만으로도 좋은 코치가 되는 데 충분할 것입니다.

🔴146 코치들을 위한 워크숍이 매달 말에 열립니다. 이 수업들을 통해 좀 더 전략적으로 지도하는 방법을 배울 수 있습니다.

미래의 축구 선수가 될 수 있는 엄청난 잠재력을 갖고 있는 아이들을 돕는 데 있어 저희와 함께해 주세요!

volunteer 자원하다 lack 부족, 결핍 enhance 강화하다 rapidly 빠르게 strategically 전략적으로 potential 가능성, 잠재성 provided that 만일 ~이라면

143 주어인 코치직에 자원한 사람들이 감사의 대상이 되므로 appreciate(감사하다)는 수동태가 되어야 한다. 빈칸 앞에 be동사(are)가 있으므로 과거분사 (D) appreciated가 정답이다. (A) appreciative(감사하는)는 〈be appreciative of〉로 쓴다.
정답_(D)

144 '~를 필요로 하는'을 뜻하는 in need of를 묻는 문제이다. 따라서 정답은 (B)이다.
정답_(B)

145 빈칸을 기준으로 절이 왔으므로 절과 절을 연결할 수 있는 접속사를 골라야 한다. 따라서 부사인 (C) nevertheless와 전치사 (D) despite는 오답이다. 문맥상 '지도 경험이 없다고 하더라도 일과 지도력에 대한 열정만으로도 좋은 코치가 되는 데 충분할 것이다'라는 의미가 되어야 적절하므로 (A) even if(~라 할지라도)가 정답이다.
정답_(A)

146 (A) 우리는 당신의 팀이 이기든 지든 좌절하지 않습니다.
(B) 코치들을 위한 워크숍이 매달 말에 열립니다.
(C) 모든 자원 봉사자들은 티셔츠와 모자를 받게 될 것입니다.
(D) 경기 결과를 알아보기 위해 저희 웹 사이트를 방문해 주십시오.

문맥상 가장 적절한 문장을 고르는 문제이다. 빈칸 다음에 these sessions(이 수업들)가 나오고 좀 더 전략적으로 지도하는 방법을 배울 수 있을 것이라고 했으므로 교육과 관련된 내용이 와야 한다. workshops를 these sessions로 나타낼 수 있고 워크숍이 매달 말에 있다는 것이 적절하므로 (B)가 정답이다.
정답_(B)

Actual Test 11

READING TEST

In the Reading test, you will read a variety of texts and answer several different types of reading comprehension questions. The entire Reading test will last 75 minutes. There are three parts, and directions are given for each part. You are encouraged to answer as many questions as possible within the time allowed.

You must mark your answers on the separate answer sheet. Do not write your answers in your test book.

PART 5

Directions: A word or phrase is missing in each of the sentences below. Four answer choices are given below each sentence. Select the best answer to complete the sentence. Then mark the letter (A), (B), (C), or (D) on your answer sheet.

---

101 Management felt that the ineffective advertising campaigns were most ------- the cause of the low turnout at the job fair.

(A) probably
(B) probable
(C) probability
(D) probabilities

102 The head of Human Resources led a discussion of the problems with the payroll system which were ------- at last Monday's meeting.

(A) disposed of
(B) brought up
(C) given away
(D) turned in

103 The newly renovated Daily Delight Department Store opens ------- March 1, and it will offer special discounts to customers for one week.

(A) by
(B) until
(C) from
(D) on

104 Mrs. Fernandez was very disappointed by the red dress since its quality was ------- below the price.

(A) so
(B) too
(C) well
(D) enough

105 Please ------- the utility bills from the other receipts so that we can easily check how much money we spent on electricity.

(A) separate
(B) recognize
(C) contemplate
(D) disconnect

106 Effective immediately no employees ------- to access the Internet for personal use during work hours.

(A) have allowed
(B) are allowed
(C) had been allowed
(D) be allowed

107 ------- Peri-Q Publishing began operating a decade ago, its highest priority has been customer satisfaction.

(A) Since
(B) Before
(C) Even though
(D) When

108 A notice was posted on the wall stating that the assistant manager, Mary Cambell, will ------- Sonya Hain as department head next July.

(A) work
(B) serve
(C) dedicate
(D) replace

109 A statement ------- last Tuesday indicated that Marco Engineering's stock price would drop by 10.6% this spring.

(A) edited
(B) mandated
(C) ascribed
(D) released

110 Because of ------- urgent need for skilled programmers, Botnick Programmings has decided to run an ad throughout their Web site to attract more qualified applicants.

(A) their
(B) it
(C) his
(D) they

111 There are some additional ------- that must be taken by residents of Olympia Apartment Complex while the underground parking lot is being renovated.

(A) rules
(B) regulations
(C) measures
(D) policies

112 NNP, a leading manufacturer of vehicles, merged with KNC National to expand consumer ------- to hybrid cars.

(A) accessibly
(B) accessed
(C) accessible
(D) access

113 When he was just about to select someone for the receptionist position, Michael has received ------- résumé from an applicant who seems very qualified and promising.

(A) other
(B) another
(C) the other
(D) other such

114 Nowadays, people are quickly replacing their mobile phones with new ones even though their current devices are working without any mechanical problems, and this is ------- of huge progress in technology.

(A) indicative
(B) reflected
(C) expressive
(D) applied

115 Please upgrade your Anti-Virus Check-up software periodically ------- your data can be safely protected from viruses.

(A) so
(B) although
(C) in that
(D) now that

116 Employees must turn in the completed forms to the Accounting Division in order to receive -------.

(A) advantage
(B) charge
(C) reimbursement
(D) deposit

117 Despite ------- competition, Conwell Construction generated high profits by building very innovative and externally attractive structures.

(A) risen
(B) rising
(C) to rise
(D) rose

118 You need to use ------- when working with a live terminal since it can cause a big accident.

(A) caution
(B) cautiously
(C) cautions
(D) cautious

119 Our corporation set aside a modest amount of money for our company outing, most of ------- was allocated for cash prizes for the top finishers.

(A) it
(B) them
(C) which
(D) what

120 Mr. Grek was offered a job in Kozmic Elementary school since he had a ------- as a math teacher.

(A) certificate
(B) certificating
(C) certified
(D) certification

GO ON TO THE NEXT PAGE

121 The technician said that these computers cannot work properly ------- all the unnecessary files are deleted.

(A) in case
(B) until
(C) when
(D) as though

122 Since Derrick has more than a 70 percent stake among stockholders, he has the ------- possible authority to make any decisions.

(A) highly
(B) higher
(C) high
(D) highest

123 ------- it not been for Joe's help, I could not have passed the final exam.

(A) Does
(B) Should
(C) Would
(D) Had

124 Our Product Design team needs to hold a discussion on market trends as ------- as possible to know exactly what consumers want to buy.

(A) often
(B) well
(C) more
(D) far

125 Sam has ------- himself with his eloquent speech supporting his brilliant ideas and clear rationales of the building expansion plan.

(A) believed
(B) realized
(C) remarked
(D) distinguished

126 It was very rewarding to teach students so ------- about the excavation of remains.

(A) curious
(B) curiosity
(C) curiously
(D) curiosities

127 Brandell Bakery has made new baked goods in ------- with sweet flavored cookies to attract new customers.

(A) response
(B) conjunction
(C) favor
(D) comparison

128 The presentation will commence ------- after our boss comes back from the manufacturing plant.

(A) rightly
(B) as soon as
(C) even as
(D) shortly

129 A later opinion ------- by Mr. Gilford on the basis of a feasibility study was very persuasive.

(A) was given
(B) has been given
(C) given
(D) giving

130 Home Deco's whole line of new furniture ------- requires any repairs since it is very sturdy and durable.

(A) hardly
(B) often
(C) randomly
(D) significantly

216

PART 6

Directions: Read the texts that follow. A word, phrase, or sentence is missing in parts of each text. Four answer choices for each question are given below the text. Select the best answer to complete the text. Then mark the letter (A), (B), (C), or (D) on your answer sheet.

Questions 131–134 refer to the following announcement.

We are thrilled to announce that a new robotic device has been installed at the plant. We expect that it will help uncover any production errors more easily, ------- the production process. Before
                                                                           131.
operating the device, anyone working at the plant must undergo one-week intensive training.

-------. If you would like to know specifics about the equipment, you can ------- the manual
132.   **133.**
located at the entrance of the plant. Please note that the training will be provided for free, but

your participation is -------.
                        134.

131 (A) streamlines
     (B) to streamline
     (C) streamlining
     (D) streamlined

132 (A) We have received a record number of
         complaints from customers.
     (B) Dean Jahari from Xeno Tech will be
         responsible for this session.
     (C) However, our production costs are
         steadily increasing.
     (D) Our company is in need of skilled
         employees familiar with various
         devices.

133 (A) revise
     (B) consult
     (C) accept
     (D) provide

134 (A) mandatory
     (B) optional
     (C) occasional
     (D) secure

GO ON TO THE NEXT PAGE ▶

Questions 135–138 refer to the following announcement.

New Vacation Policy

At several recent board meetings, the need to change our ------- vacation policy has been
135.
continually addressed. At present, only employees who have been working both part time and
full time for more than 12 months are eligible to ------- vacation requests. The company, -------,
136.   137.
will now accept vacation requests if an employee has been working for at least 6 months. This
updated policy will take effect on March 8. Moreover, an additional two days of paid leave can be
used each year for personal business. -------.
138.

135 (A) existing
(B) exists
(C) existed
(D) existence

136 (A) confirm
(B) fulfill
(C) ensure
(D) submit

137 (A) however
(B) besides
(C) otherwise
(D) namely

138 (A) We hope that you will keep doing
business with us.
(B) This month's board meeting will begin
at 11 A.M.
(C) Full-time employees are eligible to
apply for internal promotion.
(D) This will be allowed only upon
approval by your team manager.

Questions 139–142 refer to the following e-mail.

To: Adrian Charleston (acharleston@smithtyler.co.uk)
From: Josh Nixon (joshnixon@cmail.com)
Subject: Interview
Date: December 19

Dear Mr. Charleston,

Thank you so much for the opportunity to interview for the marketing position at Smith & Tyler. I have years of experience of taking on a variety of marketing projects, so I'm confident to say that I'm perfectly ------- for the position. ------- the interview, mornings are preferable for me, so
139.   **140.**
I'll take the 11:00 A.M. slot. I have one question, though. When I talked to your secretary over the phone last week, she mentioned that I should bring the names and contact information of references. -------. I'd like to discuss my ideas about marketing strategies with you, which I'm
141.
sure you will be satisfied -------.
142.

139 (A) suitable
(B) suitability
(C) suits
(D) suiting

140 (A) Alongside
(B) With
(C) As for
(D) During

141 (A) I will contact your secretary to follow up on my interview.
(B) Please let me know how many you would like me to provide.
(C) I have to attend a conference on the first date you proposed.
(D) I'm sorry to inform you that the position has already been filled.

142 (A) with
(B) for
(C) as
(D) over

GO ON TO THE NEXT PAGE

Questions 143–146 refer to the following e-mail.

To: Carrie Preston
From: Customer Service Center
Date: May 14
Subject: Thank you

Thank you for your recent purchase of a Comfort Fit Chair from our online store. Since you purchased the item during the sale, it cannot be refunded or exchanged unless it is damaged in ------.
143.

Our delivery truck service prides itself on ------ that customers receive their orders undamaged.
144.

------ If the item doesn't meet your expectations after using it, please let us know what is the
145.

matter so that we can address it. Your ------ is always greatly appreciated.
146.

Thank you for doing business with us again.

Sincerely,

Mary Wang, Customer Service Representative

143 (A) usage
(B) display
(C) payment
(D) transit

144 (A) ensuring
(B) ensured
(C) ensures
(D) ensure

145 (A) Unfortunately, problems sometimes arise.
(B) You should select your preferred delivery option.
(C) The assembly manual included is very confusing.
(D) Our customer service center is open 24 hours a day.

146 (A) donation
(B) feedback
(C) invitation
(D) transaction

종료시간　　:

나 혼자 끝내는 토익 체크 리스트

📋 정답 확인 전 체크 리스트

✔ 이번 회차의 난이도는 ☐ 쉬웠다 ☐ 무난했다 ☐ 어려웠다

✔ 나는 16분 안에 모두 문제 풀이를 완료하였다.   ☐ YES   ☐ NO

그렇지 않다면, 실제 걸린 시간은 몇 분인가요?   _____

혹시 시간이 부족해서 찍어서 푼 문제가 있다면 몇 번인지 표시해 보세요.   _____

💡 시간이 부족하셨다면, 문제당 16~20초 안에 푸는 훈련을 해야 합니다.

✔ 나는 정답이 확실하지 않아서 고민이 되었던 문제가 있었다.   ☐ YES   ☐ NO

혼동된 문제가 있었다면 몇 번인지 표시해 보세요.   _____

💡 QR코드를 통해 제공되는 저자 직강 음성 강의로 고민되었던 문제를 해결해 보세요.

✔ 어휘 문제 중에 모르는 단어가 있었다.   ☐ YES   ☐ NO

혼동되었던 단어를 적어 보세요.   _____

💡 넥서스 홈페이지(www.nexusbook.com)에서 제공하는 어휘 리스트와 테스트를 활용하여 다시 한 번 최종 점검을 해 보세요.

📋 정답 확인 후 체크 리스트

✔ 예상 정답 개수는 몇 개였나요? 정답 체크 후 실제 맞힌 개수를 적어 보세요.

예상 개수 : _____   실제 개수 : _____

💡 p.11에 나혼토 실력 점검표가 있습니다. 맞은 개수를 기록하며 실력 향상을 점검해 보세요.

✔ 틀린 문제를 다시 점검하고, 다음에는 절대 틀리지 않겠다는 다짐을 해 보세요!

찍어서 맞은 문제도 틀린 문제입니다. 틀린 문제들을 기록해 보세요.   _____

💡 QR코드를 통해 제공되는 저자 직강 음성 강의로 틀린 문제를 다시 확인해 보세요.

✔ 틀린 문제 리뷰를 정확히 하고, 나만의 "오답노트"를 작성해 보세요.

💡 토익 RC는 특히 "복습"이 생명입니다. 틀린 문제는 꼭 다시 정리하세요.

> 한번에 많은 문제를 푸는 것보다는 체계적으로 문제를 푼 이후, 내 것으로 완전히 소화하는 방식이 필요합니다.
> 틀린 문제 위주로 중요 포인트를 "나만의 노트"에 정리하고, 외워야 할 세트 구문 등을 잘 정리해서 암기하였는지 반드시 확인하고, 반복, 또 반복해서 복습해 보세요.

101 경영진은 직업 박람회에서의 낮은 참여율의 원인이 아마도 비효과적인 홍보 캠페인 때문이라고 생각했다.

주어진 문장이 〈주어+be동사+보어〉 형태의 완벽한 절로 모든 요건이 충족되었기 때문에 정답은 수식어인 부사 (A) probably가 정답이다.

ineffective 비효율적인   turnout 참가자 수
정답_(A)

101 Management felt that the ineffective advertising campaigns were most ------- the cause of the low turnout at the job fair.

(A) probably
(B) probable
(C) probability
(D) probabilities

102 인사 부장은 지난 월요일 회의에서 제기되었던 급여 정산 시스템과 관련한 문제점들을 주제로 토의를 주관했다.

적절한 동사를 고르는 문제이다. 지난 회의 때 '제기된', '주제로 언급된' 급여 시스템에 관련된 문제점을 주제삼아 토론을 진행했다는 의미로 정답은 '(문제점, 주제 따위를) 제기하다, (그 주제로) 이야기, 토론 등을 시작하거나 화제를 꺼내다'라는 의미의 (B) brought up이다.

payroll 급여   dispose of 처분하다   bring up 양육하다, 기르다, (대화 주제 등을) 제기하다, 이야기를 꺼내다   turn in 제출하다
정답_(B)

102 The head of Human Resources led a discussion of the problems with the payroll system which were ------- at last Monday's meeting.

(A) disposed of
(B) brought up
(C) given away
(D) turned in

103 새 단장을 마치고 3월 1일에 문을 여는 데일리 딜라이트 백화점은 일주일 동안 고객들에게 특별 할인을 제공할 예정이다.

알맞은 전치사를 고르는 문제이다. 빈칸 뒤에 문을 여는 특정 날짜가 나오므로 (D) on이 정답이다. '~까지'라는 완료의 의미인 (A) by는 조동사 should, must 등과 주로 쓰이며, (B) until도 '~까지'라는 뜻이지만 계속 지속되는 행위를 뜻하기 때문에 open이 아니라 stay open 또는 continue open 등으로 와야 한다.

renovate 개조하다
정답_(D)

103 The newly renovated Daily Delight Department Store opens ------- March 1, and it will offer special discounts to customers for one week.

(A) by
(B) until
(C) from
(D) on

104 페르난데스 씨는 그 빨간 드레스의 품질이 가격에 비해 훨씬 떨어져서 매우 실망하였다.

전치사 below를 수식하는 부사를 고르는 문제이다. '~ 미만'을 뜻하는 전치사 below를 강조하는 부사는 (C) well이다.

quality 품질
정답_(C)

104 Mrs. Fernandez was very disappointed by the red dress since its quality was ------- below the price.

(A) so
(B) too
(C) well
(D) enough

105 우리가 전기를 얼마나 썼는지 쉽게 확인할 수 있도록 공과금 고지서를 다른 영수증과 별도로 분리해 주세요.

뒤에 from이 나오고 문맥상 공과금 고지서는 다른 영수증들과 따로 '분리'해 달라는 의미이기 때문에 separate A from B의 형태가 적절하다. 따라서 정답은 (A) separate이다.

utility bill 공과금 고지서   contemplate 생각하다
정답_(A)

105 Please ------- the utility bills from the other receipts so that we can easily check how much money we spent on electricity.

(A) separate
(B) recognize
(C) contemplate
(D) disconnect

106 Effective immediately no employees ------- to access the Internet for personal use during work hours.

(A) have allowed
(B) are allowed
(C) had been allowed
(D) be allowed

106 지금 이후부터 근무 시간에 사적인 용무로 인터넷에 접속하는 것은 허락되지 않습니다.

빈칸은 동사 자리이며, 빈칸 뒤에 목적어가 없으므로 수동태가 와야 한다. 주어가 employees라는 복수이기 때문에 (B) are allowed 가 정답이다.

effective immediately 지금서부터 바로, 즉각적으로 효력을 발생하여 personal use 개인적 용무 work hours 근무 시간
정답_(B)

107 ------- Peri-Q Publishing began operating a decade ago, its highest priority has been customer satisfaction.

(A) Since
(B) Before
(C) Even though
(D) When

107 페리큐 출판사는 십 년 전에 사업을 시작한 이래로 고객 만족을 항상 최우선순위에 두었다.

두 개의 절이 있으므로 이를 연결하는 적절한 접속사를 고르는 문제이다. 먼저 과거 시제가 나오고 현재완료 시제가 나왔으므로 10년 전부터 지금까지 쭉 해온 일을 뜻하는 접속사 (A) Since가 정답이다.

decade 10년 highest priority 최우선순위 customer satisfaction 고객 만족
정답_(A)

108 A notice was posted on the wall stating that the assistant manager, Mary Cambell, will ------- Sonya Hain as department head next July.

(A) work
(B) serve
(C) dedicate
(D) replace

108 차장인 메리 캠벨이 오는 7월에 소냐 하인을 대신해서 부서장이 될 것이라는 내용의 공고문이 벽에 게시되었다.

빈칸 앞뒤로 두 명의 다른 사람 이름이 나왔기 때문에 다른 사람의 직무를 '대신한다'는 의미로 (D) replace가 정답이다. (A) work, (B) serve는 '종사하다, 일하다'라는 의미로 의미상 가능하지만 전치사 as가 바로 뒤에 와서 직책과 연결되어야 하기에 오답이다.

department head 부서장 dedicate 헌신하다, 기여하다
정답_(D)

109 A statement ------- last Tuesday indicated that Marco Engineering's stock price would drop by 10.6% this spring.

(A) edited
(B) mandated
(C) ascribed
(D) released

109 지난 화요일에 발표된 성명에서 마르코 엔지니어링의 주가가 금년 봄에 10.6% 떨어질 것임을 시사했다.

명사 a statement를 뒤에서 수식하는 적절한 분사를 고르는 문제이다. statement는 '보고서, 진술서, 성명' 등의 문서라는 의미이기 때문에 지난 화요일에 '발표된'이라는 의미의 (D) released가 정답이다.

statement 성명 mandate (조례, 규칙, 문서 내용 따위를) 명하다 ascribe (원인, 동기 등을) ~에 돌리다
정답_(D)

110 Because of ------- urgent need for skilled programmers, Botnick Programmings has decided to run an ad throughout their Web site to attract more qualified applicants.

(A) their
(B) it
(C) his
(D) they

110 숙련된 프로그래머들이 급하게 필요한 관계로 보트닉 프로그래밍스는 더욱 실력 있는 지원자들을 끌어 모으기 위해 웹 사이트 곳곳에 구인 광고를 싣기로 결정했다.

적절한 격을 고르는 문제이다. 빈칸 뒤에 명사(urgent need)가 왔기 때문에 소유격이 와야 한다. 주어가 Botnick Programmings라는 회사명이므로 소유격은 their 또는 its가 와야 한다. 따라서 (A) their 가 정답이다.

urgent 긴급한 skilled 실력 있는, 유능한 run an ad 광고를 게재하다 qualified 자질 있는
정답_(A)

111 지하 주차장을 보수하는 동안 올림피아 아파트 단지 주민들이 반드시 취해야 할 몇 가지 추가적인 조치들이 있다.

> 적절한 명사를 고르는 문제이다. 주차장을 보수하는 동안 취해야 할 추가적 '조치들'이라는 의미가 적절하므로 정답은 (C) measures이다. (A), (B)는 '규정'이라는 뜻이므로 취하는 것이 아닌 따른다는 의미로 동사 follow, comply with 등과 써야 한다.

resident 거주민
정답_(C)

112 자동차 제조업계 선두 주자인 NNP는 하이브리드 자동차에 대한 소비 자들의 접근성을 확장시키기 위해 KNC 내셔널과 합병을 단행했다.

> 적절한 품사를 고르는 문제이다. 빈칸 앞의 consumer가 사람 명사임에도 불구하고 관사가 없으므로 뒤에 명사가 한 번 더 나와서 복합명사가 됨을 알 수 있다. 따라서 (D) access가 정답이다.

leading 선두적인   merge 합병하다
정답_(D)

113 접수 담당자 직에 막 한 명을 뽑기로 했을 때, 마이클은 매우 실력이 출중하고 전도유망해 보이는 다른 지원자로부터 또 다른 이력서를 받았다.

> 빈칸 뒤의 résumé를 수식하는 적절한 형용사를 고르는 문제이다. 선택지 중에서 단수 명사인 résumé를 수식할 수 있는 것은 (B) another이다. (A) other은 뒤에 복수 명사가 오기 때문에 오답이며, 범위가 정해져 있는 상황에서 나머지 것을 나타내는 (C) the other 역시 오답이다.

promising 유망한, 전망이 밝은
정답_(B)

114 요즈음 사람들은 자신들의 휴대 전화가 아무 기술적인 문제없이 작동함에도 새로운 휴대 전화로 재빠르게 바꾸는데, 이것은 과학기술의 큰 발전의 단면을 보여준다.

> 휴대 전화를 자주 바꾸는 것은 과학기술의 발전을 '보여주는 단면'이라는 의미이기 때문에 정답은 (A) indicative이다. be indicative of는 '~을 드러내다, 시사하다, 암시하다'는 뜻이다.

mechanical 기기상의   progress 진보, 발전
정답_(A)

115 당신의 데이터를 바이러스로부터 안전하게 보호할 수 있도록 안티 바이러스 검색 소프트웨어를 정기적으로 업그레이드해 주세요.

> 바이러스로부터 안전하게 보호할 수 '있도록'이라는 목적을 나타내므로 '~할 수 있도록'이라는 뜻의 접속사 so that이 적절하다. that은 생략 가능하므로 (A) so가 정답이다. so that 다음에는 조동사 can이 주로 나온다.

periodically 정기적으로   in that ~라는 점에서, ~이기 때문에   now that 이제 ~이니까
정답_(A)

---

111 There are some additional ------- that must be taken by residents of Olympia Apartment Complex while the underground parking lot is being renovated.

(A) rules
(B) regulations
(C) measures
(D) policies

112 NNP, a leading manufacturer of vehicles, merged with KNC National to expand consumer ------- to hybrid cars.

(A) accessibly
(B) accessed
(C) accessible
(D) access

113 When he was just about to select someone for the receptionist position, Michael has received ------- résumé from an applicant who seems very qualified and promising.

(A) other
(B) another
(C) the other
(D) other such

114 Nowadays, people are quickly replacing their mobile phones with new ones even though their current devices are working without any mechanical problems, and this is ------- of huge progress in technology.

(A) indicative
(B) reflected
(C) expressive
(D) applied

115 Please upgrade your Anti-Virus Check-up software periodically ------- your data can be safely protected from viruses.

(A) so
(B) although
(C) in that
(D) now that

116 Employees must turn in the completed forms to the Accounting Division in order to receive -------.

(A) advantage
(B) charge
(C) reimbursement
(D) deposit

116 환급을 받기 위해서는 직원들은 반드시 회계부에 양식을 완전하게 기입해서 제출해야 합니다.

직원들이 문서를 제출하는 곳이 '회계부'이기 때문에 회계부로부터 직원들이 받을 수 있는 것은 '환급'임을 알 수 있다. 따라서 (C) reimbursement가 정답이다. (B) charge는 서비스 등을 이용한 금액상의 '청구', (D) deposit은 '예치금'이라는 뜻이므로 오답이다.

turn in 제출하다
정답_(C)

117 Despite ------- competition, Conwell Construction generated high profits by building very innovative and externally attractive structures.

(A) risen
(B) rising
(C) to rise
(D) rose

117 치열해지는 경쟁에도 불구하고 콘웰 건설회사는 매우 혁신적이고 매력적인 외관의 구조물들을 지어 많은 이익을 창출했다.

명사 competition을 수식하는 적절한 형용사형 분사를 고르는 문제이다. 자동사 rise는 수동으로 쓰지 않기 때문에 (B) rising이 정답이다. (C) to rise는 to부정사로서 명사 뒤에서 수식하기 때문에 오답이다.

generate 발생시키다, 창출하다   externally 외형적으로, 외부적으로
정답_(B)

118 You need to use ------- when working with a live terminal since it can cause a big accident.

(A) caution
(B) cautiously
(C) cautions
(D) cautious

118 전기가 흐르는 단자는 큰 사고를 유발할 수 있기 때문에 조심해야 한다.

'주의하다'라는 뜻의 관용 표현 use caution을 묻는 문제이다. 따라서 정답은 (A) caution이다. (B) cautiously는 부사이므로 동사 use의 목적어 역할을 할 수 없다.

use caution 주의하다, 주의를 기울이다   live 전기가 흐르는   terminal 단자
정답_(A)

119 Our corporation set aside a modest amount of money for our company outing, most of ------- was allocated for cash prizes for the top finishers.

(A) it
(B) them
(C) which
(D) what

119 우리 회사는 회사 야유회를 위한 적당한 금액을 따로 챙겨놓았는데 이 금액의 대부분은 1위 수상자들에게 제공할 금일봉으로 할당된 것이다.

전치사 뒤에 위치하면서 사물 명사 money를 받을 수 있는 목적격 관계대명사 (C) which가 정답이다. (A), (B)는 관계대명사가 아니기 때문에 두 개의 절을 연결할 수 없고, (D) what은 선행사를 포함하므로 선행사와 같이 쓰지 않는다.

set aside 따로 비축하다   modest 적당한   outing 야유회   allocate 할당하다
정답_(C)

120 Mr. Grek was offered a job in Kozmic Elementary school since he had a ------- as a math teacher.

(A) certificate
(B) certificating
(C) certified
(D) certification

120 그렉 씨는 수학 선생님 자격증이 있어서 코즈믹 초등학교에서 일자리를 제안 받았다.

적절한 품사를 고르는 문제이다. 빈칸 앞에 관사 a가 있으므로 가산 명사가 와야 하므로 (A) certificate이 정답이다. (D) certification은 '증명'이라는 뜻으로 불가산 명사이므로 오답이다.

certificate 자격증
정답_(A)

121 그 기술자는 모든 불필요한 파일들을 삭제하기 전까지는 이 컴퓨터들은 제대로 작동할 수 없다고 말했다.

> 적절한 접속사를 고르는 문제이다. 불필요한 파일들을 모두 삭제하기 '전까지'는 컴퓨터가 제대로 작동하지 않을 것이라는 의미이므로 정답은 (B) until이다.

properly 적절하게, 제대로   unnecessary 불필요한   in case ~일 경우에 대비하여   as though 마치 ~인 것처럼

정답_(B)

121 The technician said that these computers cannot work properly ------- all the unnecessary files are deleted.

(A) in case
(B) until
(C) when
(D) as though

122 네릭이 수수들 사이에서 70% 이상의 지분을 보유하고 있어서, 그는 의사결정에 있어 최고 권한을 가지고 있다.

> 빈칸 앞에 정관사 the가 있고 문맥상 데릭이 의사결정권에 있어서 최고의 권한을 가지고 있다는 의미이기 때문에 최상급인 (D) highest가 정답이다. possible은 대표적으로 최상급을 강조하는 표현으로 '가능한 범주 내에' 최고라는 뜻이다.

stake 지분, 주식   authority 권한, 권위

정답_(D)

122 Since Derrick has more than a 70 percent stake among stockholders, he has the ------- possible authority to make any decisions.

(A) highly
(B) higher
(C) high
(D) highest

123 조의 도움이 없었다면, 나는 기말시험에 합격할 수 없었을 것이다.

> If it had not been for Joe's help ~라는 가정법 문장에서 if가 생략되면서 주어 it과 조동사 had가 도치된 문장이다. 따라서 (D) Had가 정답이다.

pass the exam 시험에 합격하다

정답_(D)

123 ------- it not been for Joe's help, I could not have passed the final exam.

(A) Does
(B) Should
(C) Would
(D) Had

124 우리 제품 디자인 팀은 소비자들이 원하는 상품이 정확하게 무엇인지 파악하기 위해 가능한 한 자주 시장 트렌드에 대해 토의할 필요가 있다.

> 원급 비교 구문인 as ~ as 사이에 들어갈 적절한 부사를 고르는 문제이다. 소비자들이 원하는 상품을 정확히 파악하기 위해서는 토론을 가능한 한 '자주' 할 필요가 있다는 의미이므로 정답은 (A) often이다. 원급 비교 구문은 비교급과 혼용하지 않으므로 (C) more은 오답이다.

hold a discussion 토론을 하다

정답_(A)

124 Our Product Design team needs to hold a discussion on market trends as ------- as possible to know exactly what consumers want to buy.

(A) often
(B) well
(C) more
(D) far

125 샘은 건물 확장 계획에 대한 자신의 기발한 아이디어와 명확한 근거를 뒷받침하는 유창한 연설로 자신을 차별화했다.

> 일반적 아이디어가 아닌 기발한(brilliant) 아이디어와 명확한 근거를 뒷받침하는 연설로 자신을 남들과 다르게 '차별화'했다는 의미가 적절하다. 따라서 (D) distinguished가 정답이다.

eloquent 유창한   rationale 이유

정답_(D)

125 Sam has ------- himself with his eloquent speech supporting his brilliant ideas and clear rationales of the building expansion plan.

(A) believed
(B) realized
(C) remarked
(D) distinguished

126 It was very rewarding to teach students so
------- about the excavation of remains.

(A) curious
(B) curiosity
(C) curiously
(D) curiosities

126 유물 발굴에 대해서 매우 호기심을 보이는 학생들을 가르치는 것은 무척이나 보람된 일이다.

적절한 품사를 고르는 문제이다. so 앞에 who are가 생략된 형태로 부사 so의 수식을 받으며 동시에 be동사 are의 보어로서 students를 뒤에서 수식하는 형용사 (A) curious가 정답이다.

rewarding 보람된   excavation 발굴   remains 유물, 유해
정답_(A)

127 Brandell Bakery has made new baked goods
in ------- with sweet flavored cookies to attract
new customers.

(A) response
(B) conjunction
(C) favor
(D) comparison

127 브란델 제과점은 새로운 고객을 끌어 모으기 위해 달콤한 맛의 쿠키와 함께 판매할 새로운 빵을 만들었다.

쿠키와 '함께' 판매할 새로운 빵을 만들었다는 의미이므로 (B) conjunction이 정답이다. '~와 결합하여, ~와 함께'라는 뜻의 in conjunction with는 대표적인 관용 표현이다. (A) response는 in response to의 형태로, (C) favor은 in favor of의 형태로 쓰기 때문에 오답이다.

goods 상품
정답_(B)

128 The presentation will commence ------- after
our boss comes back from the manufacturing
plant.

(A) rightly
(B) as soon as
(C) even as
(D) shortly

128 우리 상사가 제조공장에서 돌아온 후, 그 프레젠테이션은 곧 시작될 것이다.

접속사 after를 바로 앞에서 수식할 수 있는 부사를 고르는 문제이다. 한참 지난 후가 아닌 '바로 직후'라는 의미가 적절하므로 (D) shortly가 정답이다. 바로 직후라는 의미로 right after도 가능한데 뒤에 ly가 붙은 (A) rightly는 오답이다. (B), (C)는 접속사이기 때문에 오답이다.

commence 시작되다   rightly 적법하게, 올바르게   even as ~일 때 조차도
정답_(D)

129 A later opinion ------- by Mr. Gilford on
the basis of a feasibility study was very
persuasive.

(A) was given
(B) has been given
(C) given
(D) giving

129 타당성 조사를 토대로 제시된 길포드 씨의 추후 의견은 매우 설득력이 있었다.

opinion을 뒤에서 수식하는 적절한 분사를 고르는 문제이다. A later opinion (which was) ~ by의 형태에서 목적어가 없이 전치사 by로 연결되므로 수동의 분사 (C) given이 정답이다. 문장의 동사는 was이므로 동사인 (A), (B)는 오답이다.

on the basis of ~을 주기로, ~을 토대로   feasibility study 타당성 조사   persuasive 설득력 있는
정답_(C)

130 Home Deco's whole line of new furniture
------- requires any repairs since it is very sturdy
and durable.

(A) hardly
(B) often
(C) randomly
(D) significantly

130 홈 데코의 모든 새로운 가구는 매우 튼튼하고 내구성이 뛰어나서 거의 수리할 필요가 없다.

적절한 부사를 고르는 문제이다. 제품이 모두 매우 튼튼하고 내구성이 뛰어나다는 말이 나왔기 때문에 어떠한 수리도 '거의 필요하지 않다'라는 뜻이 가장 적절하므로 (A) hardly가 정답이다.

whole 전체의   sturdy 견고한, 튼튼한   durable 내구성이 뛰어난   randomly 임의로, 무작위로   significantly 현저하게, 상당히
정답_(A)

[131-134]

새로운 로봇 장치가 공장에 설치되었음을 알리게 되어 대단히 기쁩니다. 우리는 그것이 생산 오류를 좀 더 쉽게 밝혀내는 것을 도와주어 생산 과정을 **131** 간소화 시켜줄 것이라 기대하고 있습니다. 이 장치를 작동하기 전에, 공장에서 근무하시는 분은 누구나 1주일간의 집중 교육을 받으셔야 합니다. **132** 제노 테크 사의 딘 자하리가 이 교육을 담당할 것입니다. 이 장치에 관한 세부적인 사항을 알고 싶으시다면, 공장 입구에 놓여 있는 설명서를 **133** 참고하실 수 있습니다. 교육은 무료로 제공되지만, 참석은 **134** 의무라는 것을 유념하십시오.

uncover 알아내다 undergo ~을 경험하다, 받다 intensive 집중적인 streamline 간소화하다 steadily 꾸준히 in need of ~을 필요로 하는 familiar with ~에 친숙한 revise 수정하다 consult 상의하다, 참고하다 accept 허락하다 provide 제공하다 mandatory 의무적인 optional 때때로, 가끔의 occasional 때때로, 가끔의 secure 안전한

131 빈칸 앞까지 〈주어(We)+동사(expect)+목적어절(that ~ easily)〉의 완전한 절이므로 빈칸부터는 수식어구가 와야 한다. 선택지 중에서 동사 (A)를 제외하고 분사 또는 to부정사 중에서 골라야 한다. 빈칸 이하의 절은 원래 and it will streamline the production process로 볼 수 있다. 이 절을 분사구문으로 만들면 접속사 and와 공통의 주어 it를 생략하고, 동사 streamline은 앞의 절과 시제가 같으므로 현재분사 streamlining으로 고칠 수 있다. 따라서 정답은 (C)이다. 동사 뒤에 the production process라는 목적어가 있으므로 과거분사 (D) streamlined는 오답이다.
정답_(C)

132 (A) 우리는 기록적인 수치의 고객 불만신고를 받았습니다.
(B) 제노 테크 사의 딘 자하리가 이 교육을 담당할 것입니다.
(C) 하지만, 우리의 생산비가 꾸준히 증가하고 있습니다.
(D) 우리 회사는 다양한 장치에 익숙한 숙련된 직원들이 필요합니다.

문맥상 가장 적절한 문장을 고르는 문제이다. 빈칸 앞에서 장치 작동 전에 누구나 집중 교육을 받아야 한다고 했다. 따라서 빈칸에는 교육에 대한 내용이 나와야 한다. 교육을 제노 테크 사의 딘 자하리가 담당할 것이라는 내용인 (B)가 가장 적절하다.
정답_(B)

133 동사 어휘 문제이다. '장치에 관한 세부적인 사항을 알고 싶으면'이라는 조건이 있으므로 알고 싶으면 설명서를 '참고'하라는 내용이 이어지는 것이 적절하다. 따라서 '참고하다, 보다'라는 뜻의 (B) consult가 정답이다.
정답_(B)

134 형용사 어휘 문제이다. 역접의 접속사 but으로 연결된 것으로 보아 교육이 무료이기는 하지만 참석은 꼭 해야 한다는 의미로 이어지는 것이 자연스럽다. 따라서 '강요의, 의무의'라는 뜻의 (A) mandatory가 정답이다.
정답_(A)

Questions 131-134 refer to the following announcement.

We are thrilled to announce that a new robotic device has been installed at the plant. We expect that it will help uncover any production errors more easily, ------- the production process. Before operating the device, anyone working at the plant must undergo one-week intensive training. -------. If you would like to know specifics about the equipment, you can ------- the manual located at the entrance of the plant. Please note that the training will be provided for free, but your participation is -------.
131.
132.
133.
134.

131 (A) streamlines
(B) to streamline
(C) streamlining
(D) streamlined

132 (A) We have received a record number of complaints from customers.
(B) Dean Jahari from Xeno Tech will be responsible for this session.
(C) However, our production costs are steadily increasing.
(D) Our company is in need of skilled employees familiar with various devices.

133 (A) revise
(B) consult
(C) accept
(D) provide

134 (A) mandatory
(B) optional
(C) occasional
(D) secure

Questions 135-138 refer to the following announcement.

New Vacation Policy

At several recent board meetings, the need to change our ------- vacation policy has been continually
135.
addressed. At present, only employees who have been working both part time and full time for more than 12 months are eligible to ------- vacation
136.
requests. The company, -------, will now accept
137.
vacation requests if an employee has been working for at least 6 months. This updated policy will take effect on March 8. Moreover, an additional two days of paid leave can be used each year for personal business. -------.
138.

135 (A) existing
(B) exists
(C) existed
(D) existence

136 (A) confirm
(B) fulfill
(C) ensure
(D) submit

137 (A) however
(B) besides
(C) otherwise
(D) namely

138 (A) We hope that you will keep doing business with us.
(B) This month's board meeting will begin at 11 A.M.
(C) Full-time employees are eligible to apply for internal promotion.
(D) This will be allowed only upon approval by your team manager.

[135-138]

새 휴가 방침

최근 몇 번의 이사회 회의에서 우리의 ⑮ 기존의 휴가 방침을 바꿔야 한다는 필요성이 계속해서 제기되었습니다. 현재는 12개월 이상 파트타임과 풀타임으로 일한 직원들만이 휴가 요청서를 ⑯ 제출할 수 있습니다. ⑰ 하지만 회사는 이제 최소 6개월간 일했을 경우 휴가 요청서를 받을 것입니다. 이 수정된 방침은 3월 8일부터 효력이 생깁니다. 게다가, 추가 이틀간의 유급휴가를 개인적 사유로 매년 사용하실 수 있습니다. ⑱ 이는 당신의 팀장의 승인이 있을 경우에만 허용될 것입니다.

be eligible to ~할 자격이 있다   take effect 시행되다   confirm 확인하다   fulfill 이행하다, 충족시키다   ensure 보장하다, 확실히 하다   submit 제출하다   however 하지만   besides 게다가   otherwise 그렇지 않으면   namely 즉, 다시 말해

135 품사 자리 문제이다. 〈소유격 대명사(our)+빈칸+명사(vacation policy)'의 구조로 빈칸에는 명사를 수식하는 형용사가 와야 한다. 형용사의 역할을 할 수 있는 분사 (A), (C) 중에서 exist는 자동사이므로 분사가 형용사의 역할을 할 경우 현재분사만 가능하다. 따라서 (A) existing이 정답이다.
정답_(A)

136 동사 어휘 문제이다. 12개월 이상 일한 직원들만 휴가 요청서를 '제출할 수 있다'는 뜻이 적절하므로 (D) submit(제출하다)이 정답이다.
정답_(D)

137 앞뒤 문장의 의미 관계를 자연스럽게 연결해 줄 수 있는 접속부사를 고르는 문제이다. 앞 문장에서는 현재는 12개월 이상 근무한 직원들의 경우에만 휴가 요청서를 제출할 수 있다고 하고, 뒤 문장에서는 최소 6개월 근무했다면 휴가 요청서를 제출할 수 있다는 내용으로 보아 역접의 관계를 나타내는 (A) however(그러나, 하지만)가 정답이다.
정답_(A)

138 (A) 우리는 당신이 우리와 계속 거래를 해주시기를 바랍니다.
(B) 이번 달 이사회 회의는 오전 11시에 시작합니다.
(C) 정규직 직원들은 내부 승진을 지원할 자격이 있습니다.
(D) 이는 당신의 팀장 승인이 있을 경우에만 허용될 것입니다.

문맥상 가장 적절한 문장을 고르는 문제이다. 바로 앞 문장에서 유급 휴가를 이틀 더 사용할 수 있다는 문장이 있는 것으로 보아 이 내용을 This로 받아 '이것은 팀장의 승인을 받을 경우에만 허용될 수 있다는 (D)의 내용이 이어지는 것이 적절하다.
정답_(D)

[139-142]

수신: 애드리언 찰스턴(acharleston@smithtyler.co.uk)
발신: 조쉬 닉슨(joshnixon@cmail.com)
제목: 면접
날짜: 12월 19일

찰스턴 씨에게,

스미스 & 타일러의 마케팅 직책에 면접을 볼 기회를 주셔서 대단히 감사합니다. 저는 수년간의 다양한 마케팅 프로젝트를 담당한 경력을 갖고 있어 제가 이 자리에 완벽하게 **139** 적합한 사람임을 자신 있게 말씀 드릴 수 있습니다. 면접 **140** 에 관해서라면, 저는 오전 시간을 선호하기에, 오전 11시를 선택하겠습니다. 다만 한 가지 질문이 있습니다. 지난주 전화상으로 얘기할 때, 당신의 비서가 추천인의 이름과 연락처를 알려줘야 한다고 했습니다. **141** 몇 명이나 알려드려야 하는지를 알려주십시오. 당신과 함께 마케팅 전략에 관한 제 아이디어를 말씀 드리고 싶으며, 당신은 분명히 그것 **142** 에 만족하실 것입니다.

confident 자신 있는, 확신하는 preferable 선호하는 reference 추천서, 추천인 strategy 전략, 방법 suitable 적합한, 적절한 attend 참석하다

139 품사 자리 문제이다. 빈칸 앞에 be동사(am)가 있는 것으로 보아 be동사의 보어로 부사 perfectly의 수식을 받는 형용사 (A) suitable(적합한)가 정답이다.
정답_(A)

140 전치사 어휘 문제이다. 문맥상 '면접에 관해서라면, 오전 시간을 선호한다'라는 의미로 이어지는 것이 자연스러우므로 (C) As for(~에 관해서라면)가 정답이다. alongside(~와 함께), with(~와 함께, ~로), during(~동안)은 모두 문맥상 어색하다.
정답_(C)

141 (A) 제 인터뷰가 어떻게 되었는지 확인하기 위해 당신의 비서에게 연락을 할 것입니다.
(B) 몇 명이나 알려드려야 하는지를 알려주십시오.
(C) 당신이 제안하신 첫 번째 날짜에는 제가 회의에 참석해야 합니다.
(D) 그 자리가 이미 충원되었음을 알려드리게 되어 유감입니다.

문맥상 가장 적절한 문장을 고르는 문제이다. 앞뒤 문장에서 단서를 찾아야 하는데, 비서가 추천인의 이름과 연락처를 알려줘야 한다고 한 앞 문장의 내용으로 보아 추천인을 몇 명(how many)이나 알려주어야 하는지를 묻는 (B)의 내용이 이어지는 것이 적절하다.
정답_(B)

142 전치사 숙어 문제이다. '~에 만족하다'라는 뜻은 be satisfied with로 쓰므로 (A)가 정답이다.
정답_(A)

Questions 139-142 refer to the following e-mail.

To: Adrian Charleston (acharleston@smithtyler.co.uk)
From: Josh Nixon (joshnixon@cmail.com)
Subject: Interview
Date: December 19

Dear Mr. Charleston,

Thank you so much for the opportunity to interview for the marketing position at Smith & Tyler. I have years of experience of taking on a variety of marketing projects, so I'm confident to say that I'm perfectly ------- **139.** for the position. ------- the interview, mornings are **140.** preferable for me, so I'll take the 11:00 A.M. slot. I have one question, though. When I talked to your secretary over the phone last week, she mentioned that I should bring the names and contact information of references. -------. I'd like to discuss my ideas **141.** about marketing strategies with you, which I'm sure you will be satisfied -------. **142.**

139 (A) suitable
(B) suitability
(C) suits
(D) suiting

140 (A) Alongside
(B) With
(C) As for
(D) During

141 (A) I will contact your secretary to follow up on my interview.
(B) Please let me know how many you would like me to provide.
(C) I have to attend a conference on the first date you proposed.
(D) I'm sorry to inform you that the position has already been filled.

142 (A) with
(B) for
(C) as
(D) over

Questions 143–146 refer to the following e-mail.

To: Carrie Preston
From: Customer Service Center
Date: May 14
Subject: Thank you

Thank you for your recent purchase of a Comfort Fit Chair from our online store. Since you purchased the item during the sale, it cannot be refunded or exchanged unless it is damaged in -------.
143.

Our delivery truck service prides itself on ------- that
144.
customers receive their orders undamaged.

------- If the item doesn't meet your expectations
145.
after using it, please let us know what is the matter so that we can address it. Your ------- is always greatly
146.
appreciated.

Thank you for doing business with us again.

Sincerely,

Mary Wang, Customer Service Representative

143 (A) usage
(B) display
(C) payment
(D) transit

144 (A) ensuring
(B) ensured
(C) ensures
(D) ensure

145 (A) Unfortunately, problems sometimes arise.
(B) You should select your preferred delivery option.
(C) The assembly manual included is very confusing.
(D) Our customer service center is open 24 hours a day.

146 (A) donation
(B) feedback
(C) invitation
(D) transaction

[143–146]

수신: 캐리 프레스턴
발신: 고객 서비스 센터
날짜: 5월 14일
제목: 감사합니다.

최근 저희 온라인 상점에서 컴포트 피트 의자를 구입해 주셔서 감사합니다. 귀하께서는 세일 기간에 제품을 구매하셨기 때문에 ⑭ 운송 중 파손된 것이 아니라면 환불이나 교환이 불가능합니다.

저희의 트럭 배달 서비스는 고객 여러분이 주문품을 손상되지 않도록 받아보시는 것을 ⑭ 보장하는 데 있어 자긍심을 갖고 있습니다.

⑭ 유감스럽게도, 가끔 문제가 발생하기도 합니다. 제품 사용 후, 제품이 귀하의 기대에 미치지 못한다면, 저희가 해결할 수 있도록 문제가 무엇인지 알려주시기 바랍니다. 귀하의 ⑭ 의견을 언제나 감사하게 생각합니다.

다시 한 번 저희 상점을 이용해 주셔서 감사합니다.

메리 왕, 고객 서비스 직원

purchase 구입, 구매   refund 환불하다   undamaged 손상을 입지 않은   meet expectations 기대에 미치다   usage 사용, 용법   display 전시   payment 지급   transit 운송, 운반   donation 기부   feedback 피드백, 의견   invitation 초대   transaction 거래

143 명사 어휘 문제이다. 빈칸 앞에 전치사 in이 왔고 다음에 '트럭 배달 서비스에 자긍심을 갖고 있다'는 뒤 문장의 내용으로 보아 '운송'에 자신이 있으니 운송 중 파손된 것이 아니라면 환불이나 교환이 불가능하다는 의미가 선행하는 것이 적절하다. 따라서 (D) transit(운송)이 정답이다.
정답_(D)

144 동사 어형 문제이다. 'ensure that ~: ~를 확실히 하다'의 구조로 앞에 전치사 on이 있기 때문에 동명사인 (A) ensuring이 정답이다.
정답_(A)

145 (A) 유감스럽게도, 가끔 문제가 발생하기도 합니다.
(B) 당신의 선호하는 배송 옵션을 선택하셔야 합니다.
(C) 포함된 조립 설명서가 매우 혼동됩니다.
(D) 저희의 고객 서비스 센터는 매일 24시간 근무합니다.

문맥상 가장 적절한 문장을 고르는 문제이다. 앞뒤 문장에서 단서를 찾아야 한다. 앞 문장에서는 손상되지 않은 완전한 상태로 제품을 배송하는 것에 자긍심이 있다는 내용이 선행하고, 뒤 문장에서는 제품이 기대에 미치지 못하면 알려달라는 내용이 이어지고 있다. 그러므로 배송에 자신이 있으나 문제가 드물게 발생을 할 수 있으니 만족하지 못할 경우 알려달라는 내용으로 이어지는 것이 자연스럽다. 따라서 (A)가 정답이다.
정답_(A)

146 명사 어휘 문제이다. 앞 문장에서 문제를 개선할 수 있도록 무엇이 문제인지 알려달라는 내용이 있는 것으로 보아 고객의 '의견(feedback)'에 감사한다는 내용이 이어져야 적절하다. 따라서 (B) feedback(의견)이 정답이다.
정답_(B)

Actual Test 12

READING TEST

In the Reading test, you will read a variety of texts and answer several different types of reading comprehension questions. The entire Reading test will last 75 minutes. There are three parts, and directions are given for each part. You are encouraged to answer as many questions as possible within the time allowed.

You must mark your answers on the separate answer sheet. Do not write your answers in your test book.

PART 5

Directions: A word or phrase is missing in each of the sentences below. Four answer choices are given below each sentence. Select the best answer to complete the sentence. Then mark the letter (A), (B), (C), or (D) on your answer sheet.

---

101 The report which was submitted by the payroll department ------- the problems with our calculation system.

(A) showing
(B) shows
(C) show
(D) to show

102 ------- relocating to a bigger place, Holley Candy Shop was able to display more products on the first floor.

(A) Without
(B) After
(C) Until
(D) Though

103 Please show ------- for others by turning off your mobile phones during the performance.

(A) consideration
(B) considered
(C) considerably
(D) considerately

104 ------- the company began small, it became one of the largest retailers in the country by effectively launching ad campaigns to attract more customers.

(A) Although
(B) Otherwise
(C) Since
(D) Whether

105 Coach Predrick has told us several times that the most important thing is playing ------- winning or losing.

(A) considering
(B) rather than
(C) besides
(D) and

106 Tommy ------- more than 30 articles for the past three months and he is finally offered a position as chief editor at New York Weekly Publishing.

(A) has been written
(B) has written
(C) was writing
(D) had written

107 The product development team is still waiting for final ------- by the board of directors.

(A) decision
(B) offer
(C) approval
(D) contract

108 We are appreciative of your cooperation in ------- the outdated sewer system.

(A) exchanging
(B) overhauling
(C) amending
(D) integrating

109 Experts are analyzing the data to ------- how the marketing campaign can be effectively launched.

(A) view
(B) consider
(C) browse
(D) determine

110 All terms of the merger contract with Trivia Industries should be examined very ------- before being signed by both parties.

(A) meticulously
(B) meticulous
(C) more meticulous
(D) more meticulously

111 Advances in technology have ------- it possible for doctors to diagnose illnesses using an automatic x-ray scanner.

(A) devised
(B) formulated
(C) made
(D) discriminated

112 It is ------- that visitors present a photo ID along with their visitor's badges to attend the forum without delay.

(A) prone
(B) plain
(C) imperative
(D) preliminary

113 Those in ------- of additional loans should fill out an application and submit it to one of our representatives by October 24.

(A) priority
(B) compliance
(C) demand
(D) need

114 The chief of the IT department reminded all staff of the meeting ------- for July 30.

(A) schedule
(B) schedules
(C) scheduling
(D) scheduled

115 We predict the writer will submit the completed transcript by this Friday or maybe -------.

(A) often
(B) after
(C) sooner
(D) late

116 Obviously, TV stars and other public figures do not represent the typical ------- of this old and small coffee shop in suburban area.

(A) prestige
(B) clientele
(C) beneficiary
(D) recipient

117 Please tell the superintendent that I can hear the noise from upstairs which is very -------.

(A) distracting
(B) distracted
(C) distracts
(D) distraction

118 Flight 508 bound ------- Sydney will arrive at the airport at 5 P.M. sharp.

(A) to
(B) for
(C) in
(D) from

119 We are appreciative of Crooks International's ------- donation for our Opera Night event and as a token of appreciation, we will offer them VIP membership benefits.

(A) gradual
(B) constructive
(C) integral
(D) generous

120 One of the navigation systems ------- announced today that it plans to operate at one more location by the end of the year.

(A) manufacture
(B) manufacturing
(C) manufactures
(D) manufacturers

GO ON TO THE NEXT PAGE

121 Corporations investing in hotel industries will be ------- from taxes until the end of 2015.

(A) regardless
(B) downgraded
(C) accounted
(D) exempt

122 ------- Ms. Lawrence's retirement has been announced, our company needs to find a replacement who can work for more than 2 years.

(A) Given that
(B) Provided
(C) Rather than
(D) Following

123 A ------- of the proceeds will be used for cancer research, and all remaining funds will be donated to the Omonte nursing home.

(A) equivalence
(B) number
(C) commission
(D) portion

124 The annual tax return report was submitted to the head of the Accounting Department ------- delay.

(A) pertaining to
(B) without
(C) resulting
(D) considering

125 With its enhanced facility, the plant will be able to produce semiconductor chips more -------.

(A) efficient
(B) efficiency
(C) efficiently
(D) efficiencies

126 Jones has already received numerous ------- from both customers and upper management although he started working here only two months ago.

(A) contradictions
(B) appraisals
(C) compliments
(D) comments

127 If B&U restaurant had maintained a higher level of sanitation, it ------- a lot more customers.

(A) would attract
(B) would have attracted
(C) had been attracted
(D) could attract

128 The head of marketing rejected her idea until he got a clear answer ------- wanted to know.

(A) whlch
(B) that
(C) he
(D) what

129 Only ------- have doctors begun to understand that this symptom is very mysterious and there's no way to cure this symptom with current medical technology.

(A) recent
(B) recentness
(C) recently
(D) more recent

130 Our newly released XD camera is ------- other brand-new cameras on the market as it has a panorama function with an automatic shade control.

(A) apart
(B) alike
(C) unlike
(D) except

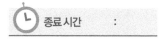
종료시간   :

PART 6

Directions: Read the texts that follow. A word, phrase, or sentence is missing in parts of each text. Four answer choices for each question are given below the text. Select the best answer to complete the text. Then mark the letter (A), (B), (C), or (D) on your answer sheet.

Questions 131–134 refer to the following information.

Use Rainbow Cabs to Advertise Your Products and Services!

-------. A recent market study has found that among them, taxis are surprisingly the most
131.
effective means of outdoor advertising. Nearly all taxis run 24 hours a day, year-round and travel all parts of the country, reaching a ------- variety of people. Why must companies choose
132.
to advertise on taxis? Outdoor cab advertising offers an affordable, extreme-exposure -------
133.
opportunity to promote your products or services. Rainbow Cabs has the largest taxi fleet in Singapore, operating in the most densely ------- districts: Sentosa, Marina, Raffles and Orchard
134.
Road. For these reasons, Rainbow Cabs will be the best choice to attract people's eyes to your products and then your business.

131 (A) Nowadays, businesses rely on a variety of tools to advertise their products or services.
 (B) Commuting to and from work by public transit in large cities takes a lot of time.
 (C) Publication advertising has proven effective in attracting customers.
 (D) We have been chosen one of the most highly rated taxi service companies.

132 (A) main
 (B) high
 (C) wide
 (D) deep

133 (A) publicity
 (B) participation
 (C) volunteering
 (D) transition

134 (A) population
 (B) populated
 (C) populating
 (D) popular

GO ON TO THE NEXT PAGE

Yellowstone Career Education Institute

Considering taking a class after work?

Are you interested in signing up for a class after work? -------, please check out Yellowstone
135.
Career Education Institute(YCEI). Once you start browsing through our classes and curriculum,
you will have to look nowhere else ------- here. YCEI offers outstanding career education
136.
programs ranging from regular language classes to mock interview classes. -------. Once you
137.
complete your class, you will be given an official ------- of completion. For detailed information
138.
regarding our programs, please contact us at 575-4609 or send an e-mail to info@ycei.edu.

135 (A) On the other hand
(B) To that end
(C) If that is the case
(D) As a result

136 (A) but
(B) from
(C) or
(D) till

137 (A) Yellowstone Career Education Institute organized a career fair two months ago.
(B) Nowadays, many students are proficient in at least two foreign languages.
(C) Consult our website, www.ycei.edu, for a complete list of courses available.
(D) After relocating from Boston, the Institute recruited new instructors.

138 (A) certifies
(B) certificate
(C) certifying
(D) certification

Questions 139-142 refer to the following advertisement.

Marche Groceries

- Autumn Sale -

We are sure that you all will be very pleased to know about this. Marche Groceries will be having

an autumn sale from September 3 through September 15 and introducing longer hours of

------- during the sale. All items in stock will be 20~50 percent off regular prices. For your
139.

convenient shopping, the supermarket will be offering ------- hours. We will be operating from 11
140.

A.M. to 11 P.M. Monday through Thursday. In addition, customers ------- membership cards will
141.

be offered a free cloth bag at specified locations in the store. -------. More information regarding
142.

the sale can be found on our store's website, www.marchegroceries.com.

139 (A) operates
(B) operator
(C) operation
(D) operating

140 (A) limited
(B) grateful
(C) diverse
(D) extended

141 (A) are holding
(B) to hold
(C) holding
(D) hold

142 (A) These will help you sign up for
membership easily.
(B) I'm afraid that some items are no
longer in stock.
(C) If you buy items in bulk, you can get a
sizable discount.
(D) Please note that this will be available
for a limited time.

GO ON TO THE NEXT PAGE

We are pleased to announce that Monroe's Apparel is planning to open a new branch in Manchester in February next year. Due to ------- higher demand for our products among women
143.
in major cities, we will start operating additional stores in coming years. -------, we are in dire need
144.
of employees and managers who are willing to relocate there. Anyone choosing to work at the Manchester branch will be given free accommodation and pay raise. If you are interested in this ------, please contact our personnel manager, Samantha Yim, by the end of the month. -------.
145.   146.

143 (A) increase
(B) increasing
(C) increased
(D) increasingly

144 (A) Afterwards
(B) To that end
(C) In conclusion
(D) Furthermore

145 (A) offer
(B) event
(C) research
(D) phase

146 (A) Monroe's Apparel has been in business for more than 20 years in London.
(B) During the second interview, you will have to answer 10 questions.
(C) It was rather difficult to find qualified candidates for the positions.
(D) We will be placing help-wanted ads in major newspapers in January.

종료시간   :

나 혼자 끝내는 토익 체크 리스트

📋✓ 정답 확인 전 체크 리스트

✅ 이번 회차의 난이도는 ☐ 쉬웠다 ☐ 무난했다 ☐ 어려웠다

✅ 나는 16분 안에 모두 문제 풀이를 완료하였다. ☐ YES ☐ NO

그렇지 않다면, 실제 걸린 시간은 몇 분인가요? _____

혹시 시간이 부족해서 찍어서 푼 문제가 있다면 몇 번인지 표시해 보세요. _____

💡 시간이 부족하셨다면, 문제당 16~20초 안에 푸는 훈련을 해야 합니다.

✅ 나는 정답이 확실하지 않아서 고민이 되었던 문제가 있었다. ☐ YES ☐ NO

혼동된 문제가 있었다면 몇 번인지 표시해 보세요. _____

💡 QR코드를 통해 제공되는 저자 직강 음성 강의로 고민되었던 문제를 해결해 보세요.

✅ 어휘 문제 중에 모르는 단어가 있었다. ☐ YES ☐ NO

혼동되었던 단어를 적어 보세요. _____

💡 넥서스 홈페이지(www.nexusbook.com)에서 제공하는 어휘 리스트와 테스트를 활용하여 다시 한 번 최종 점검을 해 보세요.

📋✓ 정답 확인 후 체크 리스트

✅ 예상 정답 개수는 몇 개였나요? 정답 체크 후 실제 맞힌 개수를 적어 보세요.

예상 개수 : _____ 실제 개수 : _____

💡 p.11에 나혼토 실력 점검표가 있습니다. 맞은 개수를 기록하며 실력 향상을 점검해 보세요.

✅ 틀린 문제를 다시 점검하고, 다음에는 절대 틀리지 않겠다는 다짐을 해 보세요!

찍어서 맞은 문제도 틀린 문제입니다. 틀린 문제들을 기록해 보세요. _____

💡 QR코드를 통해 제공되는 저자 직강 음성 강의로 틀린 문제를 다시 확인해 보세요.

✅ 틀린 문제 리뷰를 정확히 하고, 나만의 "오답노트"를 작성해 보세요.

💡 토익 RC는 특히 "복습"이 생명입니다. 틀린 문제는 꼭 다시 정리하세요.

> 한번에 많은 문제를 푸는 것보다는 체계적으로 문제를 푼 이후, 내 것으로 완전히 소화하는 방식이 필요합니다. 틀린 문제 위주로 중요 포인트를 **"나만의 노트"**에 정리하고, 외워야 할 세트 구분 등을 잘 정리해서 암기하였는지 반드시 확인하고, 반복, 또 반복해서 복습해 보세요.

101 급여 지급 부서에서 제출한 보고서는 급여 계산 시스템에 문제가 있음을 보여준다.

> 문장에서 동사가 없기 때문에 빈칸에는 동사가 와야 한다. which was submitted by the payroll department는 주어인 The report를 수식하는 관계대명사절이다. 주어가 단수이므로 (B) shows가 정답이다.

calculation 계산
정답_(B)

101 The report which was submitted by the payroll department ------- the problems with our calculation system.

(A) showing
(B) shows
(C) show
(D) to show

102 더 큰 장소로 이전한 후에 홀리 캔디숍은 1층에 더 많은 제품을 진열할 수 있게 되었다.

> 알맞은 접속사를 고르는 문제이다. 원래 문장인 it had relocated to ~에서 주어 it을 생략하고 동사를 -ing형으로 바꾼 분사구문이다. 의미상 더 큰 장소로 이전한 '후'에 더 많은 제품을 진열할 수 있었다가 적절하므로 (B) After가 정답이다.

relocate 이전하다, 옮기다   display 진열하다
정답_(B)

102 ------- relocating to a bigger place, Holley Candy Shop was able to display more products on the first floor.

(A) Without
(B) After
(C) Until
(D) Though

103 공연 중에는 다른 관객들을 배려하기 위해 휴대 전화 전원을 꺼주세요.

> 적절한 품사를 고르는 문제이다. 타동사 show 다음에는 목적어가 와야 하므로 빈칸에는 명사가 와야 한다. 따라서 정답은 (A) consideration이다.

consideration 배려   considerably 상당히
정답_(A)

103 Please show ------- for others by turning off your mobile phones during the performance.

(A) consideration
(B) considered
(C) considerably
(D) considerately

104 그 회사는 비록 작은 규모로 시작했지만, 더 많은 고객 유치를 위한 효과적인 광고 캠페인으로 인해서 국내에서 가장 규모가 큰 소매업체 중 한 곳이 되었다.

> 작은 규모로 시작했지만 가장 규모가 큰 업체 중 하나가 되었다고 했으므로 서로 상반된 내용임을 알 수 있다. 따라서 (A) Although가 정답이다.

retailer 소매업자, 소매업체   launch a campaign 캠페인을 시작하다
정답_(A)

104 ------- the company began small, it became one of the largest retailers in the country by effectively launching ad campaigns to attract more customers.

(A) Although
(B) Otherwise
(C) Since
(D) Whether

105 코치 프레드릭 씨는 승패가 아니라 경기하는 것 자체가 가장 중요하다고 여러 번 우리에게 말했다.

> 빈칸 앞뒤로 -ing가 나열되어 있으므로 병렬구조를 이끌 수 있는 (B), (D) 중에서 골라야 한다. 의미상 이기거나 지는 승패가 아니라 경기하는 것 자체가 중요하다는 뜻의 적절하므로 정답은 (B) rather than이다.

considering ~을 감안하여, 고려하여   rather than ~하는 것보다는, ~이 아니라   besides 게다가, ~외에도
정답_(B)

105 Coach Predrick has told us several times that the most important thing is playing ------- winning or losing.

(A) considering
(B) rather than
(C) besides
(D) and

106 Tommy ------- more than 30 articles for the past three months and he is finally offered a position as chief editor at New York Weekly Publishing.

(A) has been written
(B) has written
(C) was writing
(D) had written

106 토미는 지난 석 달 사이에 30개가 넘는 기사를 써 왔으며, 그로 인해 마침내 뉴욕 위클리 출판사의 수석 편집장 자리를 제안 받았다.

빈칸은 동사 자리이다. 빈칸 뒤에서 for the past three months 라는 특정 기간 동안 글을 써왔다고 했으므로 현재완료 시제인 (B) has written이 정답이다. 뒤에 목적어 articles가 있기 때문에 수동태인 (A) has been written은 오답이다.

chief 최고위자인
정답_(B)

107 The product development team is still waiting for final ------- by the board of directors.

(A) decision
(B) offer
(C) approval
(D) contract

107 제품 개발팀은 여전히 이사회로부터의 최종 승인을 기다리고 있다.

적절한 어휘를 고르는 문제이다. 이사회라는 높은 직급의 사람들로부터 받을 수 있는 것은 (C) approval이다. 나머지는 모두 가산 명사이기 때문에 관사 없이 빈칸에 들어갈 수 없다.

board of directors 이사회
정답_(C)

108 We are appreciative of your cooperation in ------- the outdated sewer system.

(A) exchanging
(B) overhauling
(C) amending
(D) integrating

108 낡은 하수도 시스템을 재정비하는 데 협조해 주셔서 감사드립니다.

 기존의 낡은 하수도 시스템을 '재정비'하는 데 협조해 주셔서 감사드린다는 의미이므로 (B) overhauling이 정답이다. (A) exchanging은 '교체'라는 뜻으로 A for B 형태를 취하기 때문에 오답이다. (C) amending은 문서, 안건, 법안, 내용 따위의 '수정'이라는 의미이므로 오답이다.

be appreciative of ~에 대해 감사하다   outdated 구식인   sewer 하수도
정답_(B)

109 Experts are analyzing the data to ------- how the marketing campaign can be effectively launched.

(A) view
(B) consider
(C) browse
(D) determine

109 전문가들이 그 마케팅 캠페인을 가장 효과적으로 시작할 수 있는 방법을 판단하고자 데이터를 분석하고 있다.

빈칸 뒤의 how 이하의 절이 빈칸의 목적어 역할을 하며 명사절이 되어 연결된 형태이다. 어떻게 가장 효과적으로 캠페인을 시작할지를 '판단'하고 있다는 의미가 적절하므로 (D) determine이 정답이다.

analyze 분석하다   launch a campaign 캠페인을 시작하다
browse 둘러보다
정답_(D)

110 All terms of the merger contract with Trivia Industries should be examined very ------- before being signed by both parties.

(A) meticulously
(B) meticulous
(C) more meticulous
(D) more meticulously

110 양사가 계약서에 서명하기 전에 트리비아 산업과의 합병 계약서에 명시된 모든 조건들을 꼼꼼히 점검해야 한다.

적절한 품사를 고르는 문제이다. 앞에 나온 동사 be examined를 수식하는 자리이므로 동사를 수식하는 부사 (A) meticulously가 정답이다. (D) more meticulously도 부사지만 비교급이기 때문에 빈칸 앞의 원급 강조 부사 very와 같이 쓰일 수 없다.

party (당사자) 측   meticulously 꼼꼼하게   meticulous 자세한, 세세한
정답_(A)

111 과학 기술의 진보는 의사들로 하여금 자동 엑스선 스캐너를 이용하여 각종 질환의 진단이 가능하게 했다.

> 빈칸 뒤에 목적어(it)와 목적격보어(possible)가 왔으므로 5형식 동사를 골라야 한다. 의미상 과학기술의 진보가 각종 질환의 진단이 가능하게 했다는 뜻이므로 (C) made가 정답이다.

diagnose (질병 따위를) 진단하다 devise 고안하다 formulate 형성하다 discriminate 식별하다

정답_(C)

111 Advances in technology have ------- it possible for doctors to diagnose illnesses using an automatic x-ray scanner.

(A) devised
(B) formulated
(C) made
(D) discriminated

112 지체 없이 포럼에 참석하기 위해 방문객은 사진이 부착된 신분증과 방문객 명찰을 제시해야 한다.

> It ~ that 구문에서 보어로 들어가는 형용사를 고르는 문제이다. 의미상 '~해야 한다'는 필수성이 담겨 있으므로 (C) imperative가 정답이다. imperative, essential, necessary와 같은 형용사 뒤에 that절이 있으면 should가 생략된 형태가 온다.

without delay 지체 없이 prone (좋지 않은 일을) ~하기 쉬운 plain 분명한 preliminary 예비의, 사전의

정답_(C)

112 It is ------- that visitors present a photo ID along with their visitor's badges to attend the forum without delay.

(A) prone
(B) plain
(C) imperative
(D) preliminary

113 추가 대출이 필요하시다면 신청서를 작성하셔서 10월 24일까지 저희 담당자들 중 한 명에게 제출하시면 됩니다.

> 빈칸 앞뒤로 전치사가 나오는 경우 그 사이에 들어가는 명사는 주로 전치사구로 형성되기 때문에 빈출 전치사구를 많이 알아 두어야 한다. 여기서는 '~을 필요로 하는'이라는 뜻의 in need of가 적절하다. 따라서 정답은 (D) need이다. (B) compliance는 in compliance with(~을 준수하여)의 형태로 쓰인다.

in need of ~을 필요로 하는 fill out 작성하다 priority 우선순위 compliance 준수, 따름

정답_(D)

113 Those in ------- of additional loans should fill out an application and submit it to one of our representatives by October 24.

(A) priority
(B) compliance
(C) demand
(D) need

114 IT 부서장은 전 직원에게 7월 30일로 예정되어 있는 회의에 대해 상기시켰다.

> 적절한 품사를 고르는 문제이다. 빈칸 앞의 명사 meeting을 후치 수식하는 분사가 들어갈 자리이다. meeting (which is) scheduled for의 형태가 적절하므로 정답은 (D) scheduled이다. 7월 30일을 위한 미팅 일정이 아닌 7월 30일로 일정이 잡힌 미팅이라는 의미이기 때문에 명사 (A), (B)는 오답이다.

be scheduled for ~로 일정이 잡히다

정답_(D)

114 The chief of the IT department reminded all staff of the meeting ------- for July 30.

(A) schedule
(B) schedules
(C) scheduling
(D) scheduled

115 우리는 작가가 이번 주 금요일 또는 그 전에 완성된 대본을 넘길 것으로 예상한다.

> 시점 표현은 주로 부사로 쓰인다. this Friday가 부사적 역할로 쓰였기 때문에 등위전치사 or 다음에도 부사가 와야 한다. 의미상 금요일 또는 '그 전에'라는 뜻이 적절하므로 soon의 비교급인 (C) sooner이 정답이다. 금요일보다 더 '나중에'라고 한다면 late(늦은)가 아니라 later가 적절한 표현이므로 (D) late는 오답이다.

transcript 대본, 원고

정답_(C)

115 We predict the writer will submit the completed transcript by this Friday or maybe -------.

(A) often
(B) after
(C) sooner
(D) late

116 Obviously, TV stars and other public figures do not represent the typical ------- of this old and small coffee shop in suburban area.

(A) prestige
(B) clientele
(C) beneficiary
(D) recipient

---

117 Please tell the superintendent that I can hear the noise from upstairs which is very -------.

(A) distracting
(B) distracted
(C) distracts
(D) distraction

---

118 Flight 508 bound ------- Sydney will arrive at the airport at 5 P.M. sharp.

(A) to
(B) for
(C) in
(D) from

---

119 We are appreciative of Crooks International's ------- donation for our Opera Night event and as a token of appreciation, we will offer them VIP membership benefits.

(A) gradual
(B) constructive
(C) integral
(D) generous

---

120 One of the navigation systems ------- announced today that it plans to operate at one more location by the end of the year.

(A) manufacture
(B) manufacturing
(C) manufactures
(D) manufacturers

---

116 명백하게 말해서, TV 스타들과 다른 유명 인사들은 교외에 위치한 이 오래된 작은 커피숍의 일반적인 고객층이 아니다.

적절한 명사를 고르는 문제이다. TV 스타들과 유명 인사는 교외의 작은 커피숍과 서로 대조되는 느낌이기 때문에, 그러한 사람들은 교외의 작은 커피숍에서 자주 볼 수 있는 일반적인 '고객층'은 아니라는 뜻이다. 따라서 (B) clientele이 정답이다.

obviously 명백히, 분명히 public figure 유명 인사 typical 전형적인, 일반적인 suburban 교외의 prestige 명성 clientele 고객층 beneficiary 수혜자 recipient 수령인
정답_(B)

117 위층에서 상당히 정신 사나운 소음이 들린다고 관리인에게 말해 주세요.

적절한 품사를 고르는 문제이다. be동사 is의 보어 역할을 하면서 부사 very의 수식을 받는 형용사가 들어갈 자리이다. 따라서 '산란하게 하는'이라는 뜻의 (A) distracting이 정답이다. 사람이 아닌 외부의 요소가 감정을 유발하는 것이므로, 과거분사인 (B) distracted는 오답이다.

superintendent 관리자 distract 산만하게 하다
정답_(A)

118 시드니 행 508 비행기는 정확히 오후 5시에 공항에 도착할 것이다.

bound와 어울리는 전치사를 고르는 문제이다. '~발, ~행'이라는 뜻의 bound는 전치사 for만 사용하기 때문에 정답은 (B) for이다.

sharp 정확히
정답_(B)

119 저희 오페라의 밤 행사에 아낌없이 기부해주신 크룩스 인터내셔널에 깊은 감사를 드리며 감사의 표시로 VIP 회원 특전을 제공해 드리겠습니다.

적절한 형용사를 고르는 문제이다. 빈칸 뒤에 donation(기부)이 나오기 때문에 VIP 회원 특전을 제공 받을 수 있다는 것에 맞춰 '아낌없는, 관대한, 후한' 기부를 했음을 알 수 있다. 따라서 정답은 (D) generous이다.

be appreciative of ~에 대해 감사하다 as a token of ~의 표시로 gradual 점진적인 constructive 건설적인 integral 필수적인, 중요한
정답_(D)

120 오늘 내비게이션 제조업체들 중 한곳에서 올해 안에 제조공장 한 곳을 추가로 더 늘릴 계획이라고 발표했다.

〈one of+복수 명사〉 구문을 알면 쉽게 풀 수 있는 품사 문제이다. 여러 개의 범주 중 하나를 고른다는 의미의 one of 구문은 뒤에 복수 명사가 오며, 의미상 제조'업체'에서 발표한 내용이므로 (D) manufacturers가 정답이다.

manufacture 제조하다 manufacturing 제조업 manufacturer 제조업자, 제조업체
정답_(D)

121 호텔 산업에 투자하는 회사들은 2015년 말까지 면세 대상이 된다.

빈칸 뒤에 from이 나오고 문맥상 세금으로부터 '면제되다'가 적절하므로 (D) exempt가 정답이다. (A) regardless는 주로 전치사 of와 같이 쓰이는 표현이므로 오답이다, (C) accounted는 '설명하다, 차지하다'라는 의미로 쓰일 때 전치사 for과 결합하므로 오답이다.

invest in ~에 투자하다   downgrade 강등하다, 격하시키다   be exempt from ~로부터 면제되다
정답_(D)

121 Corporations investing in hotel industries will be ------- from taxes until the end of 2015.
(A) regardless
(B) downgraded
(C) accounted
(D) exempt

122 로렌스 씨의 은퇴가 공식적으로 발표된 것을 감안할 때, 우리 회사는 2년 이상 일할 수 있는 대체자가 필요하다.

두 개의 절을 연결하는 접속사를 고르는 문제이다. 2년 이상 일할 수 있는 대체자가 필요하다고 했으므로 로렌스 씨의 은퇴가 공식적으로 발표가 된 상황임을 알 수 있다. 따라서 (A) Given that(~라는 점을 감안하여)이다. (B) Provided (that)은 '만약에'라는 뜻의 접속사이기 때문에 로렌스 씨의 은퇴가 사실이 아닌 가정이라는 뜻이므로 어색하다.

replacement 대체, 후임자
정답_(A)

122 ------- Ms. Lawrence's retirement has been announced, our company needs to find a replacement who can work for more than 2 years.
(A) Given that
(B) Provided
(C) Rather than
(D) Following

123 수익금의 일부는 암 연구에 쓰일 것이며 잔액은 오몬트 양로원에 기부될 것이다.

수익금(proceeds)의 '일부'라는 뜻이 적절하므로 (D) portion이 정답이다. a portion of는 '~의 일부'라는 뜻이다. (B) number도 a number of 형태로 '많은'이라는 의미로 쓰이지만, 뒤에 나오는 remaining과 의미상 어울리지 않으므로 오답이다.

proceeds 수익금   nursing home 양로원   equivalence 비례, 동등   commission 업무 위탁, 위탁 수수료
정답_(D)

123 A ------- of the proceeds will be used for cancer research, and all remaining funds will be donated to the Omonte nursing home.
(A) equivalence
(B) number
(C) commission
(D) portion

124 지체 없이 연례 소득 신고서를 회계 부장에게 제출하였다.

적절한 전치사를 고르는 문제이다. 지체 '없이' 제출되었다는 의미이기 때문에 정답은 (B) without이다. (C) resulting은 단순 분사이므로 전치사처럼 연결어로 사용하려면 resulting in, resulting from 등으로 써야 한다.

tax return 소득 신고서   pertaining to ~에 관하여   considering ~을 고려하면
정답_(B)

124 The annual tax return report was submitted to the head of the Accounting Department ------- delay.
(A) pertaining to
(B) without
(C) resulting
(D) considering

125 한층 더 향상된 시설과 더불어 그 공장은 더 효율적으로 반도체 칩을 생산할 수 있게 되었다.

적절한 품사를 고르는 문제이다. 빈칸 앞에 〈주어+동사+목적어〉로 이뤄진 완벽한 문장이 있으므로, 빈칸은 수식어 자리임을 알 수 있다. 부사 more과 함께 이를 수식하는 것은 부사 (C) efficiently이다.

enhance 향상시키다   semiconductor 반도체
정답_(C)

125 With its enhanced facility, the plant will be able to produce semiconductor chips more -------.
(A) efficient
(B) efficiency
(C) efficiently
(D) efficiencies

126 Jones has already received numerous ------- from both customers and upper management although he started working here only two months ago.

(A) contradictions
(B) appraisals
(C) compliments
(D) comments

126 존스는 이곳에서 불과 두 달 전부터 일하기 시작했음에도 고객과 고위 경영진으로부터 벌써 많은 찬사를 받고 있다.

적절한 명사를 고르는 문제이다. 접속사 although가 양보절로 두 절의 맥락을 상반되게 바꾼다는 점에서, 두 달 밖에 일하지 않았지만 많은 '찬사'를 받고 있다는 의미가 적절하므로 정답은 (C) compliments이다. (D) comments는 '언급'이라는 뜻으로 좋고 나쁨의 평가를 하는 것은 아니며 보통 전치사 on과 결합하여 사용한다.

upper management 고위 경영진 **contradiction** 모순, 반박 **appraisal** 평가, 감정
정답_(C)

127 If B&U restaurant had maintained a higher level of sanitation, it ------- a lot more customers.

(A) would attract
(B) would have attracted
(C) had been attracted
(D) could attract

127 B&U 식당이 좀 더 높은 수준의 위생 상태를 유지했다면 더 많은 수의 고객을 끌어 모을 수 있었을 것이다.

가정법 과거완료 문장으로, 〈If+주어+had p.p. ~, 주어+would/should/could+have p.p. ~〉 구문이다. 따라서 정답은 (B) would have attracted이다.

sanitation 위생 **attract** 끌어 모으다, 유치하다
정답_(B)

128 The head of marketing rejected her idea until he got a clear answer ------- wanted to know.

(A) which
(B) that
(C) he
(D) what

128 마케팅 부서장은 그가 알고 싶은 질문에 대한 명확한 답변을 얻기 전까지 그녀의 기획안을 거절했다.

빈칸 뒤에 동사 wanted가 있으므로 주어로 올 수 있는 (C) he가 정답이다. 빈칸 앞에는 목적격 관계대명사 that이 생략되어 있다. (B) that은 주격이 될 수는 있지만 관계절의 wanted의 주어로서는 어색하다. (D) what은 앞에 선행사를 취하지 않기 때문에 오답이다.

reject 거절하다
정답_(C)

129 Only ------- have doctors begun to understand that this symptom is very mysterious and there's no way to cure this symptom with current medical technology.

(A) recent
(B) recentness
(C) recently
(D) more recent

129 이 매우 기이한 증상을 현대 의학으로는 치료할 수 없다는 사실을 의사들이 이해하게 된 것은 매우 최근의 일이다.

원래 문장은 Doctors have only recently begun ~인데 최근의 일임을 강조하기 위해 only recently가 문장의 시작 부분에 왔다. 그래서 주어 doctors와 조동사 have가 서로 도치된 문장으로 〈only+부사+조동사+주어+본동사〉 구조로 되었다. 따라서 정답은 (C) recently이다.

symptom 증상, 징후 **mysterious** 기이한, 신비로운 **cure** 치료하다
정답_(C)

130 Our newly released XD camera is ------- other brand-new cameras on the market as it has a panorama function with an automatic shade control.

(A) apart
(B) alike
(C) unlike
(D) except

130 우리가 새로 출시한 XD 카메라는 파노라마 기능과 자동 명암 조절 기능을 탑재하고 있어, 현재 시장에 출시되어 있는 타 최신 제품들과 다르다.

새로 출시한 제품을 타사의 제품들과 비교하고 있기 때문에 '~와는 달리'라는 뜻의 전치사 (C) unlike가 정답이다. (B) alike는 주로 'A와 B가 똑같이'라는 뜻의 〈A and B alike〉 형태로 사용하는 부사이므로 오답이다.

brand-new 최신의 **shade control** 명암 조절
정답_(C)

[131-134]

당신의 제품과 서비스를 광고하기 위해 레인보우 택시를 이용하십시오!

131 요즘, 기업은 제품과 서비스를 광고하기 위해 다양한 수단에 의지하고 있습니다. 최근 시장 연구에 따르면, 그것들 중 놀랍게도 택시가 야외 광고의 가장 효과적인 수단이라고 합니다. 거의 모든 택시가 일 년 내내 하루 24시간 운행하고, 전국의 모든 지역으로 이동하여 **132** 매우 다양한 사람들에게 영향을 미치고 있습니다. 왜 기업은 택시에 광고를 해야 할까요? 야외 택시 광고는 당신의 제품이나 서비스를 광고하는 데 있어 저렴하고, 엄청난 노출 효과가 있는 **133** 홍보 기회를 제공합니다. 레인보우 택시는 가장 **134** 인구 밀집도가 높은 지역인 센토사, 마리나, 래플스, 오차드 로드를 운행하는 싱가포르에서 가장 많은 차량을 보유하고 있는 곳입니다. 이러한 이유로, 레인보우 택시는 사람들의 시선을 당신의 제품과 나아가 당신의 기업에 돌리게 하는 최고의 선택이 될 것입니다.

effective 효과적인 means 수단 affordable 저렴한 densely 밀집하여
tool 도구, 수단 publication 출판, 간행물 main 주요한 publicity 홍보,
광고 participation 참석 volunteering 자원봉사 transition 이동, 변이

131 (A) 요즘, 기업은 제품과 서비스를 광고하기 위해 다양한 수단에 의지하고 있습니다.
(B) 대도시에서 대중교통을 이용하여 통근하는 것은 많은 시간이 걸립니다.
(C) 인쇄물 광고는 고객들을 끌어들이는 데 있어 효과적이라고 증명되었습니다.
(D) 우리는 가장 높은 평가를 받은 택시 서비스 회사 중 하나로 선정되었습니다.

문맥상 가장 적절한 문장을 고르는 문제이다. 지문 처음부터 빈칸이 나오는데 빈칸 바로 뒤에서 택시가 야외 광고의 가장 효과적인 수단이라는 결과를 언급하는 것으로 보아, 기업이 제품과 서비스를 광고하기 위해 다양한 수단에 의지하고 있다는 내용이 오는 것이 적절하다. 따라서 정답은 (A)이다.
정답_(A)

132 형용사 어휘 문제이다. a variety of는 '다양한, 여러 가지의'라는 뜻으로 이를 강조할 때 형용사 wide와 함께 쓴다. 따라서 정답은 (C)이다. variety, selection, collection 등은 범위의 넓음을 의미하는 wide가 수식한다.
정답_(C)

133 명사 어휘 문제이다. 제품과 서비스를 광고(promote your products or services)한다는 내용으로 보아 '광고, 홍보(publicity)' 기회를 제공한다는 내용이 되어야 한다. 따라서 (A) publicity(광고, 홍보)가 정답이다.
정답_(A)

134 〈the most+부사(densely)+빈칸+명사(districts)〉의 구조로 빈칸에는 부사의 수식을 받고 명사를 수식하는 형용사가 와야 한다. '인기 있는'을 뜻하는 형용사 popular는 의미상 어색하므로 (D)는 오답이다. 따라서 형용사의 역할을 할 수 있는 분사 (B), (C) 중에서 지역(districts)은 인구가 '정착된' 곳으로 populate(~를 거주시키다, 정착시키다)의 과거분사 (B) populated가 정답이다.
정답_(B)

Questions 131–134 refer to the following information.

> **Use Rainbow Cabs to Advertise Your Products and Services!**
>
> -------. A recent market study has found that among
> **131.**
> them, taxis are surprisingly the most effective means of
> outdoor advertising. Nearly all taxis run 24 hours a day,
> year-round and travel all parts of the country, reaching
> a ----- variety of people. Why must companies
> **132.**
> choose to advertise on taxis? Outdoor cab advertising
> offers an affordable, extreme-exposure -------
> **133.**
> opportunity to promote your products or services.
> Rainbow Cabs has the largest taxi fleet in Singapore,
> operating in the most densely ------- districts:
> **134.**
> Sentosa, Marina, Raffles and Orchard Road. For these
> reasons, Rainbow Cabs will be the best choice to
> attract people's eyes to your products and then your
> business.

131 (A) Nowadays, businesses rely on a variety of tools to advertise their products or services.
(B) Commuting to and from work by public transit in large cities takes a lot of time.
(C) Publication advertising has proven effective in attracting customers.
(D) We have been chosen one of the most highly rated taxi service companies.

132 (A) main
(B) high
(C) wide
(D) deep

133 (A) publicity
(B) participation
(C) volunteering
(D) transition

134 (A) population
(B) populated
(C) populating
(D) popular

Questions 135-138 refer to the following advertisement.

Yellowstone Career Education Institute

Considering taking a class after work?

Are you interested in signing up for a class after work? -------, please check out Yellowstone Career
135.
Education Institute(YCEI). Once you start browsing through our classes and curriculum, you will have to look nowhere else ------- here. YCEI offers
136.
outstanding career education programs ranging from regular language classes to mock interview classes.
-------. Once you complete your class, you will be
137.
given an official ------- of completion. For detailed
138.
information regarding our programs, please contact us at 575-4609 or send an e-mail to info@ycei.edu.

---

135 (A) On the other hand
(B) To that end
(C) If that is the case
(D) As a result

136 (A) but
(B) from
(C) or
(D) till

137 (A) Yellowstone Career Education Institute organized a career fair two months ago.
(B) Nowadays, many students are proficient in at least two foreign languages.
(C) Consult our website, www.ycei.edu, for a complete list of courses available.
(D) After relocating from Boston, the Institute recruited new instructors.

138 (A) certifies
(B) certificate
(C) certifying
(D) certification

[135-138]

옐로스톤 직업 교육 기관

퇴근 후 수업 등록을 고려하고 계십니까?

퇴근 후 수업 등록에 관심이 있으신가요? ❶❸❺ 그러시다면, 저희 옐로스톤 직업 교육 기관(YCEI)을 확인해 보십시오. 저희의 수업과 커리큘럼을 일단 보기 시작하신다면, 이곳 ❶❸❻ 이외에는 그 어떤 곳도 보실 필요가 없을 것입니다. YCEI는 정규 어학 수업부터 모의 면접 수업에 이르까지 훌륭한 직업 교육 프로그램을 제공합니다. ❶❸❼ 이용 가능한 수업 목록 전부를 보시려면 웹 사이트 www.ycei.edu를 확인해 주십시오. 일단 수업을 이수하시면, 공식적인 완료 ❶❸❽ 수료증을 받게 되실 것입니다. 저희 프로그램에 관한 자세한 정보를 원하시면 575-4609로 연락주시거나, info@ycei.edu로 이메일을 보내 주십시오.

---

on the other hand 반면에 to that end 그 목적을 달하기 위해서 if that is the case 그런 이유라면 as a result 결과적으로 proficient 능숙한 relocate 이전하다, 이주하다 sign up 등록하다 browse 훑어보다 outstanding 뛰어난 mock 모의의

135 문장 전후 관계를 파악해서 적절한 접속부사를 고르는 문제이다. 빈칸 앞 문장에서는 퇴근 후 수업 등록에 관심이 있는지 물어 보았고, 뒤에서는 광고하고 있는 옐로스톤 직업 교육 기관을 확인해 달라는 것으로 보아, 관심이 '있다면' 우리의 기관을 확인해 달라는 문맥이 적절하다. 따라서 (C) If that is the case(그렇다면, 그러시다면)가 정답이다. If so(그렇다면)도 같은 의미이다.
정답_(C)

136 but은 앞에 부정의 어휘(nowhere, nothing, no one …)와 결합하면 '~이외에'라는 의미가 된다. 여기서 '이곳 이외에는 그 어떤 곳도'라는 의미가 적절하므로 (A)가 정답이다.
정답_(A)

137 (A) 옐로스톤 직업 교육 기관은 두 달 전에 취업 박람회를 주최했습니다.
(B) 요즈음, 많은 학생들이 적어도 2개의 외국어에 능통합니다.
(C) 이용 가능한 수업 목록 전부를 보시려면 웹 사이트 www.ycei.edu를 확인해 주십시오.
(D) 보스턴으로 이전 후, 이 기관은 신입 강사들을 채용했습니다.

문맥상 가장 적절한 문장을 고르는 문제이다. 앞 문장에서 정규 어학 수업부터 모의 면접 수업에 이르는 교육 프로그램을 제공한다는 내용이 있는 것으로 보아 그 프로그램들이 어떠한 프로그램들인지 목록 전부를 보려면 웹 사이트를 방문하라는 (C)의 내용이 이어지는 것이 적절하다.
정답_(C)

138 품사 자리 문제이다. 앞에 형용사 official(공식적인)이 있으므로 형용사의 수식을 받는 명사가 와야 한다. 선택지 중 명사는 (B) certificate와 (D) certification이 있는데 certificate는 가산명사, certification은 불가산 명사이다. 앞에 관사 an이 있으므로 가산명사 (B) certificate(수료증)가 정답이다.
정답_(B)

[139-142]

마르쉐 식료품점
- 가을 세일 -

이것에 대해 아신다면 여러분 모두 매우 기뻐하실 것이라고 확신합니다. 마르쉐 식료품점은 9월 3일부터 9월 15일까지 가을 세일을 진행하며, 세일 기간 동안 연장 **③⑨** 영업 시간을 도입할 것입니다. 재고가 있는 모든 제품들은 정가에서 20~50 퍼센트 할인이 됩니다. 여러분의 편리한 쇼핑을 위해 상점은 **⑭⓪** 연장된 시간을 제공할 것입니다. 월요일부터 목요일까지는 오전 11시부터 오후 11시까지 운영합니다. 게다가, 멤버십 카드를 **⑭①** 소지하고 계신 고객 분들은 상점 내 정해진 장소에서 무료 천 가방을 받게 되실 것입니다. **⑭②** 이것은 제한된 기간 동안만 가능하다는 것을 유념해 주십시오. 세일에 관한 추가 정보는 상점 웹 사이트 www.marchegroceries.com에서 확인하실 수 있습니다.

introduce 도입하다 convenient 편리한 operate 운영하다 specified 지정된 limited 제한된 grateful 감사하는 diverse 다양한 extended 연장한

139 품사 자리 문제이다. 전치사 of 뒤에는 명사 자리이므로 명사 (B), (C) 중에서 골라야 한다. 문맥상 '영업 시간'이 되어야 적절하므로 (C) operation(영업, 운영)이 정답이다. (B) operator는 '운영자'를 뜻하는 사람 명사이다.
정답_(C)

140 형용사 어휘 문제이다. 앞에서 연장 영업(longer hours of operation)을 한다고 했으므로 '연장된(extended)' 시간을 제공할 것이다라는 의미가 되어야 한다. 따라서 (D)가 정답이다.
정답_(D)

141 이 문장의 주어는 customers, 동사는 will be offered로 빈칸부터 membership cards까지는 수식어구이다. 분사구의 형태로 앞의 명사인 customers를 수식할 수 있으므로 현재분사인 (C) holding이 정답이다.
정답_(C)

142 (A) 이것들은 당신의 멤버십 가입을 쉽게 하도록 도와줄 것입니다.
(B) 일부 제품들은 이미 재고가 떨어진 것 같습니다.
(C) 대량으로 제품을 구매하시면, 상당한 할인을 받으실 수 있습니다.
(D) 이것은 제한된 기간 동안만 가능하다는 것을 유념해 주십시오.
문맥상 가장 적절한 문장을 고르는 문제이다. 빈칸 앞에서 멤버십 카드를 소지하고 있는 고객은 무료 천 가방을 받게 된다는 내용이 있는 것으로 보아 이 내용을 this로 받아 '이것이 제한된 기간 동안만 가능하다'는 내용인 (D)의 문장이 이어지는 것이 적절하다.
정답_(D)

Questions 139–142 refer to the following advertisement.

Marche Groceries
- Autumn Sale -

We are sure that you all will be very pleased to know about this. Marche Groceries will be having an autumn sale from September 3 through September 15 and introducing longer hours of ------- during the sale. All items in stock will be 20~50 percent off regular prices. For your convenient shopping, the supermarket will be offering ------- hours. We will be operating from 11 A.M. to 11 P.M. Monday through Thursday. In addition, customers ------- membership cards will be offered a free cloth bag at specified locations in the store. -------. More information regarding the sale can be found on our store's website, www.marchegroceries.com.

139 (A) operates
(B) operator
(C) operation
(D) operating

140 (A) limited
(B) grateful
(C) diverse
(D) extended

141 (A) are holding
(B) to hold
(C) holding
(D) hold

142 (A) These will help you sign up for membership easily.
(B) I'm afraid that some items are no longer in stock.
(C) If you buy items in bulk, you can get a sizable discount.
(D) Please note that this will be available for a limited time.

Questions 143-146 refer to the following announcement.

We are pleased to announce that Monroe's Apparel is planning to open a new branch in Manchester in February next year. Due to ------- higher demand for
143.
our products among women in major cities, we will start operating additional stores in coming years. -------, we are in dire need of employees and managers
144.
who are willing to relocate there. Anyone choosing to work at the Manchester branch will be given free accommodation and pay raise. If you are interested in this -------, please contact our personnel manager,
145.
Samantha Yim, by the end of the month. -------.
146.

143 (A) increase
(B) increasing
(C) increased
(D) increasingly

144 (A) Afterwards
(B) To that end
(C) In conclusion
(D) Furthermore

145 (A) offer
(B) event
(C) research
(D) phase

146 (A) Monroe's Apparel has been in business for more than 20 years in London.
(B) During the second interview, you will have to answer 10 questions.
(C) It was rather difficult to find qualified candidates for the positions.
(D) We will be placing help-wanted ads in major newspapers in January.

[143-146]

먼로즈 의류회사가 내년 2월 맨체스터에 새 지사를 열 계획이라는 것을 발표하게 되어 기쁩니다. 주요 도시에 있는 여성들 사이에서 ❶❹❸ 점점 더 우리 제품에 대한 수요가 높아져 우리는 앞으로 몇 년간 추가적으로 상점을 더 열 것입니다. ❶❹❹ 그러기 위해서는, 그곳으로 이전하는 데 동의하는 직원들과 매니저들이 절실히 필요합니다. 맨체스터 지사에서 일하기로 하시는 분은 누구나 무료 숙박시설과 임금 인상을 받게 될 것입니다. 이 ❶❹❺ 제안에 관심이 있으시다면, 이번 달 말까지 인사부장인 사만다 임에게 연락 주십시오. ❶❹❻ 우리는 1월에 주요 신문에 구인광고를 낼 것입니다.

branch 지점, 지사 **additional** 추가적인 **dire** 절박한, 긴급한 **accommodation** 숙박 시설 **afterwards** 그 후에 **in conclusion** 결과적으로 **furthermore** 게다가, 더욱이 **offer** 제안 **phase** 단계, 상태

143 적절한 품사를 고르는 문제이다. 빈칸 뒤에 비교급 형용사(higher)가 있는 것으로 보아 형용사를 수식하는 부사 (D) increasingly(점점 더, 더욱 더)가 정답이다.
정답_(D)

144 적절한 접속부사를 고르는 문제이다. 빈칸 앞에서 제품의 수요가 증가해서 추가적으로 상점을 열 것이라는 내용이 있고, 뒤에 직원과 매니저가 절실히 필요하다는 내용이 있는 것으로 보아 상점을 더 열 것인데 '그러기 위해서는' 직원과 매니저가 절실히 필요하다는 의미로 연결되어야 적절하다. 따라서 (B) To that end(그러기 위해서는)가 정답이다.
정답_(B)

145 명사 어휘 문제이다. 빈칸 앞에 this가 나왔으므로 앞에서 언급된 내용임을 알 수 있다. 앞에서 무료 숙박시설과 임금 인상을 제공할 것이라는 내용으로 보아 이것을 '제안'한다는 것이 적절하다. 따라서 (A)가 정답이다.
정답_(A)

146 (A) 먼로즈 의류회사는 런던에서 20년 이상 영업을 해왔습니다.
(B) 두 번째 인터뷰를 하는 동안 10개의 질문에 답변하셔야 합니다.
(C) 그 직책들에 자격을 갖춘 지원자를 찾는 것은 다소 어려웠습니다.
(D) 우리는 1월에 주요 신문에 구인광고를 낼 것입니다.

문맥상 가장 적절한 문장을 고르는 문제이다. 빈칸 앞에서는 직원들에게 맨체스터 지사로의 이전을 장려하면서 이번 달 말까지 인사부장에게 알려달라고 했다. 이번 달 말까지 내부에서 직원을 구하겠지만 외부에서도 사람을 구하겠다는 내용이 오는 것이 적절하므로 신문에 광고를 내겠다는 (D)가 정답이다.
정답_(D)

Answers

Actual Test 01

101 (A)	102 (A)	103 (A)	104 (D)	105 (B)	106 (A)	107 (B)	108 (C)	109 (B)	110 (C)
111 (B)	112 (D)	113 (B)	114 (A)	115 (A)	116 (B)	117 (C)	118 (B)	119 (A)	120 (C)
121 (B)	122 (C)	123 (B)	124 (A)	125 (A)	126 (B)	127 (C)	128 (C)	129 (A)	130 (A)
131 (B)	132 (B)	133 (D)	134 (B)	135 (A)	136 (C)	137 (B)	138 (B)	139 (B)	140 (C)
141 (D)	142 (B)	143 (C)	144 (D)	145 (B)	146 (A)				

Actual Test 02

101 (C)	102 (A)	103 (A)	104 (D)	105 (C)	106 (A)	107 (C)	108 (B)	109 (D)	110 (B)
111 (B)	112 (B)	113 (A)	114 (B)	115 (A)	116 (B)	117 (B)	118 (D)	119 (C)	120 (C)
121 (C)	122 (C)	123 (A)	124 (D)	125 (D)	126 (C)	127 (A)	128 (D)	129 (C)	130 (D)
131 (A)	132 (D)	133 (B)	134 (D)	135 (D)	136 (B)	137 (A)	138 (D)	139 (C)	140 (B)
141 (C)	142 (A)	143 (B)	144 (A)	145 (B)	146 (D)				

Actual Test 03

101 (D)	102 (B)	103 (A)	104 (A)	105 (B)	106 (A)	107 (A)	108 (B)	109 (C)	110 (C)
111 (A)	112 (B)	113 (B)	114 (B)	115 (A)	116 (B)	117 (D)	118 (A)	119 (A)	120 (B)
121 (C)	122 (C)	123 (B)	124 (B)	125 (C)	126 (B)	127 (C)	128 (A)	129 (B)	130 (B)
131 (D)	132 (B)	133 (D)	134 (B)	135 (D)	136 (C)	137 (D)	138 (A)	139 (A)	140 (C)
141 (A)	142 (B)	143 (D)	144 (B)	145 (A)	146 (B)				

Actual Test 04

101 (A)	102 (B)	103 (A)	104 (C)	105 (B)	106 (A)	107 (A)	108 (A)	109 (A)	110 (B)
111 (D)	112 (A)	113 (C)	114 (A)	115 (B)	116 (C)	117 (D)	118 (C)	119 (B)	120 (C)
121 (B)	122 (D)	123 (A)	124 (D)	125 (B)	126 (D)	127 (B)	128 (C)	129 (B)	130 (A)
131 (C)	132 (B)	133 (A)	134 (A)	135 (B)	136 (A)	137 (D)	138 (A)	139 (D)	140 (B)
141 (C)	142 (A)	143 (B)	144 (D)	145 (A)	146 (A)				

Actual Test 05

101 (C)	102 (A)	103 (C)	104 (D)	105 (D)	106 (D)	107 (B)	108 (B)	109 (D)	110 (A)
111 (C)	112 (A)	113 (A)	114 (A)	115 (C)	116 (B)	117 (A)	118 (B)	119 (D)	120 (B)
121 (D)	122 (B)	123 (D)	124 (A)	125 (C)	126 (A)	127 (C)	128 (A)	129 (C)	130 (A)
131 (C)	132 (A)	133 (D)	134 (B)	135 (B)	136 (A)	137 (D)	138 (A)	139 (B)	140 (D)
141 (A)	142 (B)	143 (D)	144 (A)	145 (D)	146 (B)				

Actual Test 06

101 (C)	102 (B)	103 (D)	104 (D)	105 (B)	106 (A)	107 (B)	108 (C)	109 (B)	110 (C)
111 (B)	112 (D)	113 (B)	114 (A)	115 (B)	116 (D)	117 (A)	118 (A)	119 (A)	120 (D)
121 (A)	122 (D)	123 (D)	124 (B)	125 (A)	126 (C)	127 (B)	128 (D)	129 (C)	130 (C)
131 (C)	132 (A)	133 (D)	134 (A)	135 (B)	136 (A)	137 (A)	138 (D)	139 (C)	140 (A)
141 (C)	142 (A)	143 (B)	144 (B)	145 (D)	146 (D)				

Actual Test 07

101 (A)	102 (D)	103 (C)	104 (D)	105 (A)	106 (D)	107 (D)	108 (A)	109 (C)	110 (A)
111 (B)	112 (A)	113 (D)	114 (A)	115 (D)	116 (B)	117 (C)	118 (C)	119 (D)	120 (A)
121 (D)	122 (C)	123 (D)	124 (C)	125 (D)	126 (A)	127 (C)	128 (C)	129 (D)	130 (D)
131 (B)	132 (B)	133 (B)	134 (A)	135 (D)	136 (C)	137 (A)	138 (D)	139 (C)	140 (A)
141 (D)	142 (D)	143 (B)	144 (A)	145 (B)	146 (D)				

Actual Test 08

101 (C)	102 (D)	103 (C)	104 (D)	105 (A)	106 (D)	107 (C)	108 (A)	109 (A)	110 (A)
111 (C)	112 (D)	113 (C)	114 (C)	115 (A)	116 (B)	117 (B)	118 (C)	119 (C)	120 (A)
121 (D)	122 (C)	123 (D)	124 (B)	125 (A)	126 (D)	127 (A)	128 (A)	129 (A)	130 (C)
131 (B)	132 (A)	133 (B)	134 (A)	135 (C)	136 (A)	137 (D)	138 (C)	139 (C)	140 (A)
141 (B)	142 (A)	143 (C)	144 (A)	145 (A)	146 (B)				

Actual Test 09

101 (D)	102 (C)	103 (D)	104 (C)	105 (B)	106 (A)	107 (C)	108 (D)	109 (D)	110 (D)
111 (A)	112 (A)	113 (D)	114 (A)	115 (C)	116 (C)	117 (D)	118 (B)	119 (D)	120 (C)
121 (D)	122 (A)	123 (C)	124 (B)	125 (C)	126 (D)	127 (D)	128 (D)	129 (D)	130 (B)
131 (B)	132 (D)	133 (C)	134 (A)	135 (C)	136 (A)	137 (A)	138 (C)	139 (C)	140 (A)
141 (B)	142 (A)	143 (C)	144 (D)	145 (A)	146 (B)				

Actual Test 10

101 (A)	102 (A)	103 (D)	104 (D)	105 (C)	106 (A)	107 (B)	108 (A)	109 (C)	110 (D)
111 (C)	112 (C)	113 (C)	114 (D)	115 (D)	116 (C)	117 (D)	118 (A)	119 (B)	120 (C)
121 (C)	122 (C)	123 (D)	124 (B)	125 (C)	126 (C)	127 (B)	128 (C)	129 (B)	130 (D)
131 (A)	132 (B)	133 (A)	134 (D)	135 (D)	136 (A)	137 (B)	138 (C)	139 (B)	140 (A)
141 (C)	142 (C)	143 (D)	144 (B)	145 (A)	146 (B)				

Actual Test 11

101 (A)	102 (B)	103 (D)	104 (C)	105 (A)	106 (B)	107 (A)	108 (D)	109 (D)	110 (A)
111 (C)	112 (D)	113 (B)	114 (A)	115 (A)	116 (C)	117 (B)	118 (A)	119 (C)	120 (A)
121 (B)	122 (D)	123 (D)	124 (A)	125 (D)	126 (A)	127 (B)	128 (D)	129 (C)	130 (A)
131 (C)	132 (B)	133 (B)	134 (A)	135 (A)	136 (D)	137 (A)	138 (D)	139 (A)	140 (C)
141 (B)	142 (A)	143 (D)	144 (A)	145 (A)	146 (B)				

Actual Test 12

101 (B)	102 (B)	103 (A)	104 (A)	105 (B)	106 (B)	107 (C)	108 (B)	109 (D)	110 (A)
111 (C)	112 (C)	113 (D)	114 (D)	115 (C)	116 (B)	117 (A)	118 (B)	119 (D)	120 (D)
121 (D)	122 (A)	123 (D)	124 (B)	125 (C)	126 (C)	127 (B)	128 (C)	129 (C)	130 (C)
131 (A)	132 (C)	133 (A)	134 (B)	135 (C)	136 (A)	137 (C)	138 (B)	139 (C)	140 (D)
141 (C)	142 (D)	143 (D)	144 (B)	145 (A)	146 (D)				

Actual Test 1

READING (Part V~VI)

NO.	ANSWER				NO.	ANSWER				NO.	ANSWER			
	A	B	C	D		A	B	C	D		A	B	C	D
101	Ⓐ	Ⓑ	Ⓒ	Ⓓ	121	Ⓐ	Ⓑ	Ⓒ	Ⓓ	141	Ⓐ	Ⓑ	Ⓒ	Ⓓ
102	Ⓐ	Ⓑ	Ⓒ	Ⓓ	122	Ⓐ	Ⓑ	Ⓒ	Ⓓ	142	Ⓐ	Ⓑ	Ⓒ	Ⓓ
103	Ⓐ	Ⓑ	Ⓒ	Ⓓ	123	Ⓐ	Ⓑ	Ⓒ	Ⓓ	143	Ⓐ	Ⓑ	Ⓒ	Ⓓ
104	Ⓐ	Ⓑ	Ⓒ	Ⓓ	124	Ⓐ	Ⓑ	Ⓒ	Ⓓ	144	Ⓐ	Ⓑ	Ⓒ	Ⓓ
105	Ⓐ	Ⓑ	Ⓒ	Ⓓ	125	Ⓐ	Ⓑ	Ⓒ	Ⓓ	145	Ⓐ	Ⓑ	Ⓒ	Ⓓ
106	Ⓐ	Ⓑ	Ⓒ	Ⓓ	126	Ⓐ	Ⓑ	Ⓒ	Ⓓ	146	Ⓐ	Ⓑ	Ⓒ	Ⓓ
107	Ⓐ	Ⓑ	Ⓒ	Ⓓ	127	Ⓐ	Ⓑ	Ⓒ	Ⓓ	147	Ⓐ	Ⓑ	Ⓒ	Ⓓ
108	Ⓐ	Ⓑ	Ⓒ	Ⓓ	128	Ⓐ	Ⓑ	Ⓒ	Ⓓ	148	Ⓐ	Ⓑ	Ⓒ	Ⓓ
109	Ⓐ	Ⓑ	Ⓒ	Ⓓ	129	Ⓐ	Ⓑ	Ⓒ	Ⓓ	149	Ⓐ	Ⓑ	Ⓒ	Ⓓ
110	Ⓐ	Ⓑ	Ⓒ	Ⓓ	130	Ⓐ	Ⓑ	Ⓒ	Ⓓ	150	Ⓐ	Ⓑ	Ⓒ	Ⓓ
111	Ⓐ	Ⓑ	Ⓒ	Ⓓ	131	Ⓐ	Ⓑ	Ⓒ	Ⓓ	151	Ⓐ	Ⓑ	Ⓒ	Ⓓ
112	Ⓐ	Ⓑ	Ⓒ	Ⓓ	132	Ⓐ	Ⓑ	Ⓒ	Ⓓ	152	Ⓐ	Ⓑ	Ⓒ	Ⓓ
113	Ⓐ	Ⓑ	Ⓒ	Ⓓ	133	Ⓐ	Ⓑ	Ⓒ	Ⓓ	153	Ⓐ	Ⓑ	Ⓒ	Ⓓ
114	Ⓐ	Ⓑ	Ⓒ	Ⓓ	134	Ⓐ	Ⓑ	Ⓒ	Ⓓ	154	Ⓐ	Ⓑ	Ⓒ	Ⓓ
115	Ⓐ	Ⓑ	Ⓒ	Ⓓ	135	Ⓐ	Ⓑ	Ⓒ	Ⓓ	155	Ⓐ	Ⓑ	Ⓒ	Ⓓ
116	Ⓐ	Ⓑ	Ⓒ	Ⓓ	136	Ⓐ	Ⓑ	Ⓒ	Ⓓ	156	Ⓐ	Ⓑ	Ⓒ	Ⓓ
117	Ⓐ	Ⓑ	Ⓒ	Ⓓ	137	Ⓐ	Ⓑ	Ⓒ	Ⓓ	157	Ⓐ	Ⓑ	Ⓒ	Ⓓ
118	Ⓐ	Ⓑ	Ⓒ	Ⓓ	138	Ⓐ	Ⓑ	Ⓒ	Ⓓ	158	Ⓐ	Ⓑ	Ⓒ	Ⓓ
119	Ⓐ	Ⓑ	Ⓒ	Ⓓ	139	Ⓐ	Ⓑ	Ⓒ	Ⓓ	159	Ⓐ	Ⓑ	Ⓒ	Ⓓ
120	Ⓐ	Ⓑ	Ⓒ	Ⓓ	140	Ⓐ	Ⓑ	Ⓒ	Ⓓ	160	Ⓐ	Ⓑ	Ⓒ	Ⓓ

Actual Test 2

READING (Part V~VI)

NO.	ANSWER				NO.	ANSWER				NO.	ANSWER			
	A	B	C	D		A	B	C	D		A	B	C	D
101	Ⓐ	Ⓑ	Ⓒ	Ⓓ	121	Ⓐ	Ⓑ	Ⓒ	Ⓓ	141	Ⓐ	Ⓑ	Ⓒ	Ⓓ
102	Ⓐ	Ⓑ	Ⓒ	Ⓓ	122	Ⓐ	Ⓑ	Ⓒ	Ⓓ	142	Ⓐ	Ⓑ	Ⓒ	Ⓓ
103	Ⓐ	Ⓑ	Ⓒ	Ⓓ	123	Ⓐ	Ⓑ	Ⓒ	Ⓓ	143	Ⓐ	Ⓑ	Ⓒ	Ⓓ
104	Ⓐ	Ⓑ	Ⓒ	Ⓓ	124	Ⓐ	Ⓑ	Ⓒ	Ⓓ	144	Ⓐ	Ⓑ	Ⓒ	Ⓓ
105	Ⓐ	Ⓑ	Ⓒ	Ⓓ	125	Ⓐ	Ⓑ	Ⓒ	Ⓓ	145	Ⓐ	Ⓑ	Ⓒ	Ⓓ
106	Ⓐ	Ⓑ	Ⓒ	Ⓓ	126	Ⓐ	Ⓑ	Ⓒ	Ⓓ	146	Ⓐ	Ⓑ	Ⓒ	Ⓓ
107	Ⓐ	Ⓑ	Ⓒ	Ⓓ	127	Ⓐ	Ⓑ	Ⓒ	Ⓓ	147	Ⓐ	Ⓑ	Ⓒ	Ⓓ
108	Ⓐ	Ⓑ	Ⓒ	Ⓓ	128	Ⓐ	Ⓑ	Ⓒ	Ⓓ	148	Ⓐ	Ⓑ	Ⓒ	Ⓓ
109	Ⓐ	Ⓑ	Ⓒ	Ⓓ	129	Ⓐ	Ⓑ	Ⓒ	Ⓓ	149	Ⓐ	Ⓑ	Ⓒ	Ⓓ
110	Ⓐ	Ⓑ	Ⓒ	Ⓓ	130	Ⓐ	Ⓑ	Ⓒ	Ⓓ	150	Ⓐ	Ⓑ	Ⓒ	Ⓓ
111	Ⓐ	Ⓑ	Ⓒ	Ⓓ	131	Ⓐ	Ⓑ	Ⓒ	Ⓓ	151	Ⓐ	Ⓑ	Ⓒ	Ⓓ
112	Ⓐ	Ⓑ	Ⓒ	Ⓓ	132	Ⓐ	Ⓑ	Ⓒ	Ⓓ	152	Ⓐ	Ⓑ	Ⓒ	Ⓓ
113	Ⓐ	Ⓑ	Ⓒ	Ⓓ	133	Ⓐ	Ⓑ	Ⓒ	Ⓓ	153	Ⓐ	Ⓑ	Ⓒ	Ⓓ
114	Ⓐ	Ⓑ	Ⓒ	Ⓓ	134	Ⓐ	Ⓑ	Ⓒ	Ⓓ	154	Ⓐ	Ⓑ	Ⓒ	Ⓓ
115	Ⓐ	Ⓑ	Ⓒ	Ⓓ	135	Ⓐ	Ⓑ	Ⓒ	Ⓓ	155	Ⓐ	Ⓑ	Ⓒ	Ⓓ
116	Ⓐ	Ⓑ	Ⓒ	Ⓓ	136	Ⓐ	Ⓑ	Ⓒ	Ⓓ	156	Ⓐ	Ⓑ	Ⓒ	Ⓓ
117	Ⓐ	Ⓑ	Ⓒ	Ⓓ	137	Ⓐ	Ⓑ	Ⓒ	Ⓓ	157	Ⓐ	Ⓑ	Ⓒ	Ⓓ
118	Ⓐ	Ⓑ	Ⓒ	Ⓓ	138	Ⓐ	Ⓑ	Ⓒ	Ⓓ	158	Ⓐ	Ⓑ	Ⓒ	Ⓓ
119	Ⓐ	Ⓑ	Ⓒ	Ⓓ	139	Ⓐ	Ⓑ	Ⓒ	Ⓓ	159	Ⓐ	Ⓑ	Ⓒ	Ⓓ
120	Ⓐ	Ⓑ	Ⓒ	Ⓓ	140	Ⓐ	Ⓑ	Ⓒ	Ⓓ	160	Ⓐ	Ⓑ	Ⓒ	Ⓓ

Actual Test 3

READING (Part V~VI)

NO.	ANSWER				NO.	ANSWER				NO.	ANSWER			
	A	B	C	D		A	B	C	D		A	B	C	D
101	Ⓐ	Ⓑ	Ⓒ	Ⓓ	121	Ⓐ	Ⓑ	Ⓒ	Ⓓ	141	Ⓐ	Ⓑ	Ⓒ	Ⓓ
102	Ⓐ	Ⓑ	Ⓒ	Ⓓ	122	Ⓐ	Ⓑ	Ⓒ	Ⓓ	142	Ⓐ	Ⓑ	Ⓒ	Ⓓ
103	Ⓐ	Ⓑ	Ⓒ	Ⓓ	123	Ⓐ	Ⓑ	Ⓒ	Ⓓ	143	Ⓐ	Ⓑ	Ⓒ	Ⓓ
104	Ⓐ	Ⓑ	Ⓒ	Ⓓ	124	Ⓐ	Ⓑ	Ⓒ	Ⓓ	144	Ⓐ	Ⓑ	Ⓒ	Ⓓ
105	Ⓐ	Ⓑ	Ⓒ	Ⓓ	125	Ⓐ	Ⓑ	Ⓒ	Ⓓ	145	Ⓐ	Ⓑ	Ⓒ	Ⓓ
106	Ⓐ	Ⓑ	Ⓒ	Ⓓ	126	Ⓐ	Ⓑ	Ⓒ	Ⓓ	146	Ⓐ	Ⓑ	Ⓒ	Ⓓ
107	Ⓐ	Ⓑ	Ⓒ	Ⓓ	127	Ⓐ	Ⓑ	Ⓒ	Ⓓ	147	Ⓐ	Ⓑ	Ⓒ	Ⓓ
108	Ⓐ	Ⓑ	Ⓒ	Ⓓ	128	Ⓐ	Ⓑ	Ⓒ	Ⓓ	148	Ⓐ	Ⓑ	Ⓒ	Ⓓ
109	Ⓐ	Ⓑ	Ⓒ	Ⓓ	129	Ⓐ	Ⓑ	Ⓒ	Ⓓ	149	Ⓐ	Ⓑ	Ⓒ	Ⓓ
110	Ⓐ	Ⓑ	Ⓒ	Ⓓ	130	Ⓐ	Ⓑ	Ⓒ	Ⓓ	150	Ⓐ	Ⓑ	Ⓒ	Ⓓ
111	Ⓐ	Ⓑ	Ⓒ	Ⓓ	131	Ⓐ	Ⓑ	Ⓒ	Ⓓ	151	Ⓐ	Ⓑ	Ⓒ	Ⓓ
112	Ⓐ	Ⓑ	Ⓒ	Ⓓ	132	Ⓐ	Ⓑ	Ⓒ	Ⓓ	152	Ⓐ	Ⓑ	Ⓒ	Ⓓ
113	Ⓐ	Ⓑ	Ⓒ	Ⓓ	133	Ⓐ	Ⓑ	Ⓒ	Ⓓ	153	Ⓐ	Ⓑ	Ⓒ	Ⓓ
114	Ⓐ	Ⓑ	Ⓒ	Ⓓ	134	Ⓐ	Ⓑ	Ⓒ	Ⓓ	154	Ⓐ	Ⓑ	Ⓒ	Ⓓ
115	Ⓐ	Ⓑ	Ⓒ	Ⓓ	135	Ⓐ	Ⓑ	Ⓒ	Ⓓ	155	Ⓐ	Ⓑ	Ⓒ	Ⓓ
116	Ⓐ	Ⓑ	Ⓒ	Ⓓ	136	Ⓐ	Ⓑ	Ⓒ	Ⓓ	156	Ⓐ	Ⓑ	Ⓒ	Ⓓ
117	Ⓐ	Ⓑ	Ⓒ	Ⓓ	137	Ⓐ	Ⓑ	Ⓒ	Ⓓ	157	Ⓐ	Ⓑ	Ⓒ	Ⓓ
118	Ⓐ	Ⓑ	Ⓒ	Ⓓ	138	Ⓐ	Ⓑ	Ⓒ	Ⓓ	158	Ⓐ	Ⓑ	Ⓒ	Ⓓ
119	Ⓐ	Ⓑ	Ⓒ	Ⓓ	139	Ⓐ	Ⓑ	Ⓒ	Ⓓ	159	Ⓐ	Ⓑ	Ⓒ	Ⓓ
120	Ⓐ	Ⓑ	Ⓒ	Ⓓ	140	Ⓐ	Ⓑ	Ⓒ	Ⓓ	160	Ⓐ	Ⓑ	Ⓒ	Ⓓ

ANSWER SHEET

응시자 :　　　년　　　월　　　일

수험번호

성명	한글
	한자
	영자

좌석번호

Ⓐ Ⓑ Ⓒ Ⓓ Ⓔ
① ② ③ ④ ⑤ ⑥ ⑦

Actual Test 4

READING (Part Ⅴ~Ⅵ)

Actual Test 5

READING (Part Ⅴ~Ⅵ)

Actual Test 6

READING (Part Ⅴ~Ⅵ)

1. 사용 필기구 : 컴퓨터용 연필(연필을 제외한 사인펜, 볼펜 등은 사용 절대 불가)

2. 정정된 필기구 사용과 〈보기〉의 올바른 표기 이외의 잘못된 표기로 한 경우에는 답 위촌화의 OMR기기가
판독할 경우에 따르므로 그 결과는 본인 책임입니다. 1가의 정답만 골라 아래의 올바른 표기대로 정확히 표기
하여야 합니다.

〈보기〉 올바른 표기 : ● 　 잘못된 표기 : ⊘ ⊗ ◑

3. 답안지는 컴퓨터로 처리되므로 훼손하거나 낙서를 하면 본인에게 불이익이 발생할 수 있습니다.

4. 감독관의 확인이 없거나 시험 종료 후에 답안 작성을 계속할 경우 시험 무효 처리됩니다.

* 서약 내용을 읽으시고 확인란에 반드시 서명하십시오.

본인은 TOEIC 시험 문제의 일부 또는 전부를 유출하거나 어때한 형태로든 타인에게 누설 공개하
지 않을 것이며 인터넷 또는 인쇄물 등을 이용해 유포하거나 참고 자료로 활용하지 않을 것이며
또한 TOEIC 시험 부정 행위 처리 규정을 준수할 것을 서약합니다.

서　약
확　인

응시일자 :   년   월   일

수험번호

성 명

성 명	한글
	한자
	영자

좌석번호

Ⓐ Ⓑ Ⓒ Ⓓ Ⓔ
① ② ③ ④ ⑤ ⑥ ⑦

Actual Test 7

READING (Part V~VI)

(답안지 마킹 표 101~160, Actual Test 7)

Actual Test 8

READING (Part V~VI)

(답안지 마킹 표 101~160, Actual Test 8)

Actual Test 9

READING (Part V~VI)

(답안지 마킹 표 101~160, Actual Test 9)

확 인

1. 사용 필기구 : 컴퓨터용 연필(연필을 제외한 사인펜, 볼펜 등은 사용 절대 불가)

2. 잘못된 필기구 사용과 〈보기〉의 올바른 표기 이외의 잘못된 표기로 한 경우에는 당 위원회의 OMR기기가 판독한 결과에 따르며 그 결과는 본인 책임입니다. 1개의 정답만 골라 아래의 올바른 표기대로 정확히 표기 하여야 합니다.

〈보기〉 올바른 표기 : ● 　　잘못된 표기 : ⊘ ⊗ ◑ ◐

3. 답안지는 컴퓨터로 처리되므로 훼손하시면 안 되며, 상단의 타이밍마크(▮▮▮▮)부분을 찢거나, 낙서 등을 하면 본인에게 불이익이 발생할 수 있습니다.

4. 감독관의 확인이 없거나 시험 종료 후에 답에 담안 작성을 계속할 경우 시험 무효 처리됩니다.

＊서약 내용을 읽으시고 확인란에 반드시 서명하십시오.

본인은 TOEIC 시험 문제의 일부 또는 전부를 유출하거나 어떠한 형태로든 타인에게 누설 공개하지 않을 것이며 인터넷 또는 인쇄물 등을 이용해 유포하거나 참고 자료로 활용하지 않을 것입니다. 또한 TOEIC 시험 부정 행위 처리 규정을 준수할 것을 서약합니다.

서   약

ANSWER SHEET

성 명	한글					
	한자					
	영자					

좌석번호					
Ⓐ Ⓑ Ⓒ Ⓓ Ⓔ					
① ② ③ ④ ⑤ ⑥ ⑦					

Actual **Test 10**
READING (Part V~VI)

NO.	ANSWER	NO.	ANSWER	NO.	ANSWER
	A B C D		A B C D		A B C D
101	Ⓐ Ⓑ Ⓒ Ⓓ	121	Ⓐ Ⓑ Ⓒ Ⓓ	141	Ⓐ Ⓑ Ⓒ Ⓓ
102	Ⓐ Ⓑ Ⓒ Ⓓ	122	Ⓐ Ⓑ Ⓒ Ⓓ	142	Ⓐ Ⓑ Ⓒ Ⓓ
103	Ⓐ Ⓑ Ⓒ Ⓓ	123	Ⓐ Ⓑ Ⓒ Ⓓ	143	Ⓐ Ⓑ Ⓒ Ⓓ
104	Ⓐ Ⓑ Ⓒ Ⓓ	124	Ⓐ Ⓑ Ⓒ Ⓓ	144	Ⓐ Ⓑ Ⓒ Ⓓ
105	Ⓐ Ⓑ Ⓒ Ⓓ	125	Ⓐ Ⓑ Ⓒ Ⓓ	145	Ⓐ Ⓑ Ⓒ Ⓓ
106	Ⓐ Ⓑ Ⓒ Ⓓ	126	Ⓐ Ⓑ Ⓒ Ⓓ	146	Ⓐ Ⓑ Ⓒ Ⓓ
107	Ⓐ Ⓑ Ⓒ Ⓓ	127	Ⓐ Ⓑ Ⓒ Ⓓ	147	Ⓐ Ⓑ Ⓒ Ⓓ
108	Ⓐ Ⓑ Ⓒ Ⓓ	128	Ⓐ Ⓑ Ⓒ Ⓓ	148	Ⓐ Ⓑ Ⓒ Ⓓ
109	Ⓐ Ⓑ Ⓒ Ⓓ	129	Ⓐ Ⓑ Ⓒ Ⓓ	149	Ⓐ Ⓑ Ⓒ Ⓓ
110	Ⓐ Ⓑ Ⓒ Ⓓ	130	Ⓐ Ⓑ Ⓒ Ⓓ	150	Ⓐ Ⓑ Ⓒ Ⓓ
111	Ⓐ Ⓑ Ⓒ Ⓓ	131	Ⓐ Ⓑ Ⓒ Ⓓ	151	Ⓐ Ⓑ Ⓒ Ⓓ
112	Ⓐ Ⓑ Ⓒ Ⓓ	132	Ⓐ Ⓑ Ⓒ Ⓓ	152	Ⓐ Ⓑ Ⓒ Ⓓ
113	Ⓐ Ⓑ Ⓒ Ⓓ	133	Ⓐ Ⓑ Ⓒ Ⓓ	153	Ⓐ Ⓑ Ⓒ Ⓓ
114	Ⓐ Ⓑ Ⓒ Ⓓ	134	Ⓐ Ⓑ Ⓒ Ⓓ	154	Ⓐ Ⓑ Ⓒ Ⓓ
115	Ⓐ Ⓑ Ⓒ Ⓓ	135	Ⓐ Ⓑ Ⓒ Ⓓ	155	Ⓐ Ⓑ Ⓒ Ⓓ
116	Ⓐ Ⓑ Ⓒ Ⓓ	136	Ⓐ Ⓑ Ⓒ Ⓓ	156	Ⓐ Ⓑ Ⓒ Ⓓ
117	Ⓐ Ⓑ Ⓒ Ⓓ	137	Ⓐ Ⓑ Ⓒ Ⓓ	157	Ⓐ Ⓑ Ⓒ Ⓓ
118	Ⓐ Ⓑ Ⓒ Ⓓ	138	Ⓐ Ⓑ Ⓒ Ⓓ	158	Ⓐ Ⓑ Ⓒ Ⓓ
119	Ⓐ Ⓑ Ⓒ Ⓓ	139	Ⓐ Ⓑ Ⓒ Ⓓ	159	Ⓐ Ⓑ Ⓒ Ⓓ
120	Ⓐ Ⓑ Ⓒ Ⓓ	140	Ⓐ Ⓑ Ⓒ Ⓓ	160	Ⓐ Ⓑ Ⓒ Ⓓ

Actual **Test 11**
READING (Part V~VI)

NO.	ANSWER	NO.	ANSWER	NO.	ANSWER
	A B C D		A B C D		A B C D
101	Ⓐ Ⓑ Ⓒ Ⓓ	121	Ⓐ Ⓑ Ⓒ Ⓓ	141	Ⓐ Ⓑ Ⓒ Ⓓ
102	Ⓐ Ⓑ Ⓒ Ⓓ	122	Ⓐ Ⓑ Ⓒ Ⓓ	142	Ⓐ Ⓑ Ⓒ Ⓓ
103	Ⓐ Ⓑ Ⓒ Ⓓ	123	Ⓐ Ⓑ Ⓒ Ⓓ	143	Ⓐ Ⓑ Ⓒ Ⓓ
104	Ⓐ Ⓑ Ⓒ Ⓓ	124	Ⓐ Ⓑ Ⓒ Ⓓ	144	Ⓐ Ⓑ Ⓒ Ⓓ
105	Ⓐ Ⓑ Ⓒ Ⓓ	125	Ⓐ Ⓑ Ⓒ Ⓓ	145	Ⓐ Ⓑ Ⓒ Ⓓ
106	Ⓐ Ⓑ Ⓒ Ⓓ	126	Ⓐ Ⓑ Ⓒ Ⓓ	146	Ⓐ Ⓑ Ⓒ Ⓓ
107	Ⓐ Ⓑ Ⓒ Ⓓ	127	Ⓐ Ⓑ Ⓒ Ⓓ	147	Ⓐ Ⓑ Ⓒ Ⓓ
108	Ⓐ Ⓑ Ⓒ Ⓓ	128	Ⓐ Ⓑ Ⓒ Ⓓ	148	Ⓐ Ⓑ Ⓒ Ⓓ
109	Ⓐ Ⓑ Ⓒ Ⓓ	129	Ⓐ Ⓑ Ⓒ Ⓓ	149	Ⓐ Ⓑ Ⓒ Ⓓ
110	Ⓐ Ⓑ Ⓒ Ⓓ	130	Ⓐ Ⓑ Ⓒ Ⓓ	150	Ⓐ Ⓑ Ⓒ Ⓓ
111	Ⓐ Ⓑ Ⓒ Ⓓ	131	Ⓐ Ⓑ Ⓒ Ⓓ	151	Ⓐ Ⓑ Ⓒ Ⓓ
112	Ⓐ Ⓑ Ⓒ Ⓓ	132	Ⓐ Ⓑ Ⓒ Ⓓ	152	Ⓐ Ⓑ Ⓒ Ⓓ
113	Ⓐ Ⓑ Ⓒ Ⓓ	133	Ⓐ Ⓑ Ⓒ Ⓓ	153	Ⓐ Ⓑ Ⓒ Ⓓ
114	Ⓐ Ⓑ Ⓒ Ⓓ	134	Ⓐ Ⓑ Ⓒ Ⓓ	154	Ⓐ Ⓑ Ⓒ Ⓓ
115	Ⓐ Ⓑ Ⓒ Ⓓ	135	Ⓐ Ⓑ Ⓒ Ⓓ	155	Ⓐ Ⓑ Ⓒ Ⓓ
116	Ⓐ Ⓑ Ⓒ Ⓓ	136	Ⓐ Ⓑ Ⓒ Ⓓ	156	Ⓐ Ⓑ Ⓒ Ⓓ
117	Ⓐ Ⓑ Ⓒ Ⓓ	137	Ⓐ Ⓑ Ⓒ Ⓓ	157	Ⓐ Ⓑ Ⓒ Ⓓ
118	Ⓐ Ⓑ Ⓒ Ⓓ	138	Ⓐ Ⓑ Ⓒ Ⓓ	158	Ⓐ Ⓑ Ⓒ Ⓓ
119	Ⓐ Ⓑ Ⓒ Ⓓ	139	Ⓐ Ⓑ Ⓒ Ⓓ	159	Ⓐ Ⓑ Ⓒ Ⓓ
120	Ⓐ Ⓑ Ⓒ Ⓓ	140	Ⓐ Ⓑ Ⓒ Ⓓ	160	Ⓐ Ⓑ Ⓒ Ⓓ

Actual **Test 12**
READING (Part V~VI)

NO.	ANSWER	NO.	ANSWER	NO.	ANSWER
	A B C D		A B C D		A B C D
101	Ⓐ Ⓑ Ⓒ Ⓓ	121	Ⓐ Ⓑ Ⓒ Ⓓ	141	Ⓐ Ⓑ Ⓒ Ⓓ
102	Ⓐ Ⓑ Ⓒ Ⓓ	122	Ⓐ Ⓑ Ⓒ Ⓓ	142	Ⓐ Ⓑ Ⓒ Ⓓ
103	Ⓐ Ⓑ Ⓒ Ⓓ	123	Ⓐ Ⓑ Ⓒ Ⓓ	143	Ⓐ Ⓑ Ⓒ Ⓓ
104	Ⓐ Ⓑ Ⓒ Ⓓ	124	Ⓐ Ⓑ Ⓒ Ⓓ	144	Ⓐ Ⓑ Ⓒ Ⓓ
105	Ⓐ Ⓑ Ⓒ Ⓓ	125	Ⓐ Ⓑ Ⓒ Ⓓ	145	Ⓐ Ⓑ Ⓒ Ⓓ
106	Ⓐ Ⓑ Ⓒ Ⓓ	126	Ⓐ Ⓑ Ⓒ Ⓓ	146	Ⓐ Ⓑ Ⓒ Ⓓ
107	Ⓐ Ⓑ Ⓒ Ⓓ	127	Ⓐ Ⓑ Ⓒ Ⓓ	147	Ⓐ Ⓑ Ⓒ Ⓓ
108	Ⓐ Ⓑ Ⓒ Ⓓ	128	Ⓐ Ⓑ Ⓒ Ⓓ	148	Ⓐ Ⓑ Ⓒ Ⓓ
109	Ⓐ Ⓑ Ⓒ Ⓓ	129	Ⓐ Ⓑ Ⓒ Ⓓ	149	Ⓐ Ⓑ Ⓒ Ⓓ
110	Ⓐ Ⓑ Ⓒ Ⓓ	130	Ⓐ Ⓑ Ⓒ Ⓓ	150	Ⓐ Ⓑ Ⓒ Ⓓ
111	Ⓐ Ⓑ Ⓒ Ⓓ	131	Ⓐ Ⓑ Ⓒ Ⓓ	151	Ⓐ Ⓑ Ⓒ Ⓓ
112	Ⓐ Ⓑ Ⓒ Ⓓ	132	Ⓐ Ⓑ Ⓒ Ⓓ	152	Ⓐ Ⓑ Ⓒ Ⓓ
113	Ⓐ Ⓑ Ⓒ Ⓓ	133	Ⓐ Ⓑ Ⓒ Ⓓ	153	Ⓐ Ⓑ Ⓒ Ⓓ
114	Ⓐ Ⓑ Ⓒ Ⓓ	134	Ⓐ Ⓑ Ⓒ Ⓓ	154	Ⓐ Ⓑ Ⓒ Ⓓ
115	Ⓐ Ⓑ Ⓒ Ⓓ	135	Ⓐ Ⓑ Ⓒ Ⓓ	155	Ⓐ Ⓑ Ⓒ Ⓓ
116	Ⓐ Ⓑ Ⓒ Ⓓ	136	Ⓐ Ⓑ Ⓒ Ⓓ	156	Ⓐ Ⓑ Ⓒ Ⓓ
117	Ⓐ Ⓑ Ⓒ Ⓓ	137	Ⓐ Ⓑ Ⓒ Ⓓ	157	Ⓐ Ⓑ Ⓒ Ⓓ
118	Ⓐ Ⓑ Ⓒ Ⓓ	138	Ⓐ Ⓑ Ⓒ Ⓓ	158	Ⓐ Ⓑ Ⓒ Ⓓ
119	Ⓐ Ⓑ Ⓒ Ⓓ	139	Ⓐ Ⓑ Ⓒ Ⓓ	159	Ⓐ Ⓑ Ⓒ Ⓓ
120	Ⓐ Ⓑ Ⓒ Ⓓ	140	Ⓐ Ⓑ Ⓒ Ⓓ	160	Ⓐ Ⓑ Ⓒ Ⓓ

나혼자 끝내는

토익

PART

56

실전
12회

실전
모의고사
5회분

박혜원, 전보람 지음

넥서스

Actual Test 1

* 본 실전 모의고사는 시험 직전 대비용으로 본책에 있는 12회분을 재구성하였습니다.

* 비슷한 유형의 문제를 실전에서 틀리는 일이 없도록 활용해 보세요.

* 정답은 가장 마지막에 있는 OMR 카드에 표시되어 있습니다.

READING TEST

In the Reading test, you will read a variety of texts and answer several different types of reading comprehension questions. The entire Reading test will last 75 minutes. There are three parts, and directions are given for each part. You are encouraged to answer as many questions as possible within the time allowed.

You must mark your answers on the separate answer sheet. Do not write your answers in your test book.

PART 5

Directions: A word or phrase is missing in each of the sentences below. Four answer choices are given below each sentence. Select the best answer to complete the sentence. Then mark the letter (A), (B), (C), or (D) on your answer sheet.

---

101 As of September 5, all part-time employees will also be eligible for using company gym facilities ------- no additional cost.

(A) by
(B) in
(C) at
(D) under

102 The Personnel Department ------- a new recruiting policy that will be much more effective for choosing the best-qualified candidate.

(A) has implemented
(B) was implemented
(C) is implemented
(D) had implemented

103 Henry is trying to ------- his weak sales performance by doing market research and running an ad campaign.

(A) intermit
(B) improvise
(C) alleviate
(D) offset

104 I ------- my sincere gratitude to the members who generously donate funds for my cancer research.

(A) extend
(B) refute
(C) illuminate
(D) provide

105 After Sandra Juan resigned the position of general manager at Wayland Industry, we are ------- seeking a suitable replacement who has great leadership skills.

(A) urgently
(B) urgent
(C) most urgent
(D) urgencies

106 Once you have completed the application form, please forward ------- to Joy Timberson in Human Resources.

(A) it
(B) them
(C) its
(D) theirs

107 Since Ms. Nakata has unexpectedly left the company, we should quickly find a ------- for her before extensive restructuring begins.

(A) predecessor
(B) replacement
(C) beneficiary
(D) associate

108 By the time she retires next month, Ms. McGregor ------- at the Webber Medical Institute for twenty years.

(A) had been working
(B) has been working
(C) will have worked
(D) will be working

109 The chief of the IT department reminded all staff of the meeting ------- for July 30.

(A) schedule
(B) schedules
(C) scheduling
(D) scheduled

110 Now that the assembly line is ------- operational, we will be able to meet the growing demand for our newly launched vacuum cleaners.

(A) fully
(B) absolutely
(C) elaborately
(D) explicitly

111 Some believe the ------- of social media on companies in the industry has been too strong in recent years.

(A) tendency
(B) influence
(C) importance
(D) connection

112 Please ------- the extra charge on the invoice, as a corrected billing statement has been sent to your e-mail.

(A) empty
(B) vacate
(C) delete
(D) disregard

113 All visitors should pick up a pass from the receptionist ------- after they enter the building.

(A) immediately
(B) privately
(C) mutually
(D) repeatedly

114 As new recruits, do not ------- with others and be considerate of them whenever you work in a group.

(A) refrain
(B) hinder
(C) interfere
(D) suffer

115 This conference hall ------- up to 350 guests, and there are many convenient facilities and good dining establishments around the hall.

(A) accommodates
(B) is accommodated
(C) accommodating
(D) accommodated

116 ------- any unexpected circumstances, the 6th annual Job Fair will be held without delays.

(A) Barring
(B) Except
(C) With
(D) Under

117 We take such pride in the durability and ------- of our home appliances that we offer a free two-year warranty on all of our new products.

(A) reliability
(B) persistence
(C) feasibility
(D) accuracy

118 The survey results about the performance of the new X-erox copy machine are ------- with the past findings of the E-erox and C-erox series.

(A) tolerant
(B) approximate
(C) familiar
(D) consistent

119 Last Monday, more than 5,000 people attended the event in ------- of Independence Day.

(A) observes
(B) observance
(C) observe
(D) observing

120 We predict the writer will submit the completed transcript by this Friday or maybe -------.

(A) often
(B) after
(C) sooner
(D) late

GO ON TO THE NEXT PAGE

121 It is ------- that the company will file for bankruptcy unless it can resolve the ongoing problems within the next few months.

(A) obvious
(B) contingent
(C) strenuous
(D) remarkable

122 One of the ------- of this seminar is to learn how to effectively process orders in a timely manner.

(A) objections
(B) goals
(C) commitments
(D) clarifications

123 If the product is damaged during the delivery, we would be happy to replace the item with a new one at ------- extra cost.

(A) never
(B) none
(C) not
(D) no

124 Management felt that the ineffective advertising campaigns were most ------- the cause of the low turnout at the job fair.

(A) probably
(B) probable
(C) probability
(D) probabilities

125 Because of ------- urgent need for skilled programmers, Botnick Programmings has decided to run an ad throughout their Web site to attract more qualified applicants.

(A) their
(B) it
(C) his
(D) they

126 If you have an ------- that is easily perishable, it is recommended that you always store it in a refrigerator.

(A) objection
(B) objections
(C) objective
(D) object

127 We have been successful in ------- all the data and have given presentations to buyers from various countries.

(A) integrated
(B) integrating
(C) integrates
(D) integrative

128 We are very sorry to tell you that the item you've been looking for is ------- out of stock.

(A) quickly
(B) proportionately
(C) currently
(D) knowingly

129 Our state-of-the-art Motofy bikes are designed ------- for long-distance travel.

(A) specifically
(B) controversially
(C) totally
(D) thoroughly

130 Analysts ------- that unemployment rate will be higher than 3% this winter.

(A) urge
(B) situate
(C) aspirate
(D) predict

4

PART 6

Directions: Read the texts that follow. A word, phrase, or sentence is missing in parts of each text. Four answer choices for each question are given below the text. Select the best answer to complete the text. Then mark the letter (A), (B), (C), or (D) on your answer sheet.

Questions 131-134 refer to the following memo.

From: Nick Sanders, Manager of Technical Support Department
To: All employees
Date: May 28
Subject: E-mail server maintenance

This memo is to notify all employees of a temporary ------- of e-mail service
                                                          131.
beginning tomorrow due to server maintenance. The maintenance work is expected

to last until May 31. Because you cannot have access to your company's e-mail

account during the work, ------- contact with clients and colleagues should be made
                          132.
through a different e-mail account. -------. Previous works included installing security
                                    133.
doors to all offices and surveillance cameras in the main lobby. The email service will

be back to ------- as of 7 P.M. on May 31.
           134.

Thank you for your cooperation.

Nick Sanders, Manager of Technical Support Department

131 (A) transition
    (B) absence
    (C) interruption
    (D) decline

132 (A) every
    (B) this
    (C) others
    (D) some

133 (A) You need to show your identification badge to security personnel.
    (B) Our company has recently upgraded its order filling process.
    (C) The demand for highly trained maintenance staff has been increasing.
    (D) This is the last in the series of extensive maintenance works.

134 (A) normal
    (B) plan
    (C) direction
    (D) original

GO ON TO THE NEXT PAGE

From: Mao Ling <mling@ellamagazine.com>
To: All employees
Subject: Lecture series
Date: December 9

Hi, everyone,

As you already were notified at the last staff meeting, the ------- speaker for the
135.
December lecture series is Dan Brown. Mr. Brown is president of MK Technologies

and an award-winning author. I had the chance to hear him at the technology

conference two months ago, and I ------- his presentation very enlightening and
136.
insightful. He willingly accepted our offer to deliver a presentation about his newly

released book Techs Today at the Seoul Tech Fair. -------. I would, therefore,
137.
recommend reserving seats at least 2 weeks prior to the event. I'm ------- this
138.
event will be more successful than ever! I hope you won't miss out on this great

opportunity.

Sincerely,

Mao Ling

135 (A) feature
(B) featuring
(C) features
(D) featured

136 (A) will found
(B) could have found
(C) found
(D) am finding

137 (A) I expect higher turnout than usual
from overseas branches this time.
(B) Each presentation should not
exceed 30 minutes in length.
(C) A list of participating authors can
be found at the company's website.
(D) It was a great honor to host such a
successful event.

138 (A) possible
(B) qualified
(C) confirmed
(D) confident

Questions 139-142 refer to the following information.

Marketing Your Store

Are you in trouble because you are on a ------- budget? Finding the most suitable
                                         139.

way to properly get your store noticed is not expensive! You have several options

of marketing your store ------- if you are willing to use online advertising tools. They
                         140.

range from search engine marketing, social media marketing, display advertising,

blogging and so much more. -------. That way, you will be able to find the most
                            141.

effective one that is both functional and affordable. You can also use other offline

------- methods such as billboards, flyers, bus advertising, and print media
142.

advertising(newspaper, magazines, etc.).

---

139 (A) close
    (B) tight
    (C) higher
    (D) vague

140 (A) effectiveness
    (B) more effective
    (C) effectively
    (D) most effective

141 (A) Marketing classes will be offered to all new employees next year.
    (B) Store owners are also advised to rearrange store layouts and stock shelves.
    (C) For example, display advertising will not be helpful to start-up companies.
    (D) However, you may need to invest some time in analyzing these tools.

142 (A) qualified
    (B) promotional
    (C) financial
    (D) disposable

GO ON TO THE NEXT PAGE

Questions 143-146 refer to the following information.

New York, October 1st - On Tuesday, Delco Auto Inc., announced it will merge with German company, Das Fon Automotive Inc. This merger is currently the hottest issue since the two companies are the biggest and second biggest automobile manufacturers -------. The goal of these two leading firms is to increase market share
143.
in the car market in Asia and to assert a much stronger dominance all over the world.

Delco Auto Inc., actually ------- to merge with Das Fon Automotive Inc., three years
144.
ago, but Tim Drew, Das Fon Automotive Inc.'s former president, had a ------- about
145.
merging with Delco Auto Inc. during the economic recession.

Gregory Houston, CEO of Das Fon Automotive Inc., had a press conference in Korea after meeting with Derick Simon, the current CEO of Delco Auto Inc. "This merger will help both firms expand their line of offerings and attract more customers throughout the world." Gregory said. He also mentioned that the two companies will retain their original websites for the time being until they develop a new web page. -------.
146.

143 (A) independently
   (B) jointly
   (C) concurrently
   (D) respectively

144 (A) was planned
   (B) planned
   (C) had been planned
   (D) have planned

145 (A) reservation
   (B) sensitiveness
   (C) enthusiasm
   (D) confidence

146 (A) Experts say that there are still pros and cons of having a website.
   (B) They will begin restructuring several departments first.
   (C) Still, the renovation project is under way because of the matter.
   (D) They already overspent their budget on merging with a company.

Actual Test 2

* 본 실전 모의고사는 시험 직전 대비용으로 본책에 있는 12회분을 재구성하였습니다.

* 비슷한 유형의 문제를 실전에서 틀리는 일이 없도록 활용해 보세요.

* 정답은 가장 마지막에 있는 OMR 카드에 표시되어 있습니다.

READING TEST

In the Reading test, you will read a variety of texts and answer several different types of reading comprehension questions. The entire Reading test will last 75 minutes. There are three parts, and directions are given for each part. You are encouraged to answer as many questions as possible within the time allowed.

You must mark your answers on the separate answer sheet. Do not write your answers in your test book.

PART 5

Directions: A word or phrase is missing in each of the sentences below. Four answer choices are given below each sentence. Select the best answer to complete the sentence. Then mark the letter (A), (B), (C), or (D) on your answer sheet.

101 ------- was difficult for Mr. Timothy to gather all the data and summarize the key points of the paper.

(A) It
(B) There
(C) He
(D) They

102 ------- participant should present their badges so that they can be permitted to enter the seminar room upon arriving.

(A) Each
(B) Much
(C) All
(D) Almost

103 Employees ------- to sign up for the 6-week software training courses should submit a registration form to Mr. Gonzales in the Human Resources Department no later than October 1st.

(A) wish
(B) wishes
(C) wishing
(D) wished

104 According to the research analysis, small and mid-sized companies are usually more ------- to fluctuations in market conditions than big companies.

(A) susceptible
(B) suspicious
(C) uncertain
(D) worrisome

105 All terms and conditions of this agreement are clearly ------- in the contract that we have sent to you the other day.

(A) stipulated
(B) observed
(C) recommended
(D) commemorated

106 ------- vehicles in front of buildings is strictly prohibited, so please use the public underground parking lot.

(A) Park
(B) Parked
(C) Parking
(D) To be parked

107 The Oklahoma Finance, Inc. monthly meeting for investors is scheduled ------- this Tuesday

(A) on
(B) for
(C) within
(D) through

108 Grace Lee, the chief executive officer of Conell Publishing, has consistently ------- Mr. Harold's proposal to write an article about a major political scandal.

(A) endorsed
(B) complied
(C) compromised
(D) dictated

109 Advances in technology have ------- it possible for doctors to diagnose illnesses using an automatic x-ray scanner.

(A) devised
(B) formulated
(C) made
(D) discriminated

110 It is ------- that visitors present a photo ID along with their visitor's badges to attend the forum without delay.

(A) prone
(B) plain
(C) imperative
(D) preliminary

111 As chief editor of the company, Ms. Swanson is ------- obligated to submit the first article to our publishing company no later than May 3.

(A) contractually
(B) responsibly
(C) sensibly
(D) firmly

112 Brenda Kim decided to ------- to the union after she talked with one of her coworkers last Friday.

(A) join
(B) serve
(C) participate
(D) belong

113 When profits for the fourth quarter decreased by 10%, CoreCam decided to ------- a special team consisting of experts.

(A) perform
(B) accompany
(C) communicate
(D) form

114 The report submitted by the new recruit, Harry Jackson, contains some information of no ------- to shareholders.

(A) using
(B) useless
(C) use
(D) useful

115 Before choosing among the proposals, the board of directors considered them very ------- for a while and then chose one which looked very feasible and creative.

(A) thoughtfully
(B) thoughtful
(C) thought
(D) more thoughtfully

116 While Ms. Kim is on vacation, all customer inquiries should be ------- to Mr. Baez in the Customer Service Department.

(A) handled
(B) directed
(C) answered
(D) asked

117 Every employee should comply with the rule that smoking is allowed only in a ------- area.

(A) considered
(B) enlarged
(C) commended
(D) designated

118 We ask that you avoid any ------- remarks and stick to the main issues in your presentations.

(A) insufficient
(B) incidental
(C) shortened
(D) abundant

GO ON TO THE NEXT PAGE

119 My presentation was concise and well-organized, but ------- was rather complicated and beside the point.

(A) he
(B) him
(C) himself
(D) his

120 We can't let students use the laboratory ------- written authorization from professors.

(A) without
(B) except
(C) pertaining to
(D) unlike

121 Whether you are planning to go on a trip to New York on business or for -------, Scotovia Airlines is the best choice to take you there.

(A) pleasant
(B) pleasure
(C) pleasing
(D) pleased

122 At the conference, Daniel Lanier was commended by committee members for doing well on the project that he ------- for the first time.

(A) was completed
(B) completed
(C) has been completed
(D) had been completed

123 The head of Human Resources led a discussion of the problems with the payroll system which were ------- at last Monday's meeting.

(A) disposed of
(B) brought up
(C) given away
(D) turned in

124 A notice was posted on the wall stating that the assistant manager, Mary Cambell, will ------- Sonya Hain as department head next July.

(A) work
(B) serve
(C) dedicate
(D) replace

125 As more and more people are becoming interested in our products, we ------- to add more staff to increase work productivity and meet the demand.

(A) are planned
(B) are planning
(C) has been planned
(D) were planning

126 Thanks for your ------- the time to share your ideas on feasible projects with us.

(A) taken
(B) takes
(C) took
(D) taking

127 I had to ------- think about my decision because I didn't want others to worry about me.

(A) incredibly
(B) extremely
(C) discreetly
(D) impulsively

128 Last year's net sales ------- were so exceptional that Adam Johns' Bistro decided to open a third branch in Miami.

(A) budgets
(B) figures
(C) inputs
(D) leftovers

129 Swap International changed its interior design ------- to draw more attention from consumers.

(A) lately
(B) late
(C) later
(D) lateness

130 Rose Telecom's newest series of Xtona phone is easier to operate than -------.

(A) ever
(B) usually
(C) else
(D) general

PART 6

Directions: Read the texts that follow. A word, phrase, or sentence is missing in parts of each text. Four answer choices for each question are given below the text. Select the best answer to complete the text. Then mark the letter (A), (B), (C), or (D) on your answer sheet.

Questions 131-134 refer to the following e-mail.

From: Customer Services<customer_services@dreamhome.au>
To: Gareth Jang<garaethjang@77mail.com>
Date: September 19
Subject: Renewal

-------. We'd like to announce some benefits for those who renew their subscription
131.

at least one week prior to expiration. If you renew your subscription for another six

months or one year, you ------- three or six additional issues, respectively.
132.

Additionally, you will be able to participate in all events hosted by Dream Home

Magazine at no charge. -------, please note that this wonderful offer is available on a
133.

first-come, first-served basis. Only the first 50 subscribers will enjoy this opportunity.

We at Dream Home Magazine always do ------- utmost to serve you.
134.

131 (A) Our records show that your subscription to Dream Home Magazine expires soon.
(B) We ask you to pay your subscription fee on or before September 25.
(C) Our customer service department will recruit new employees at a job fair.
(D) Many customers have inquired about how to subscribe online.

132 (A) were sent
(B) will send
(C) have sent
(D) will be sent

133 (A) To that end
(B) However
(C) If so
(D) Similarly

134 (A) we
(B) ours
(C) us
(D) our

GO ON TO THE NEXT PAGE

Questions 135-138 refer to the following advertisement.

Auroville Place

------- a clothing factory, Auroville Place has been thoroughly upgraded to make
135.
its modern and historical features harmonize with each other. Kevin Rogers, the

internationally renowned architect, ------- the renovation project to transform the old
136.
clothing factory to both commercial and residential units. Auroville Place now has

150 apartment units, most of which overlook Newcastle Flower Garden, and huge

commercial space for retail stores.

-------. Auroville Place is just two blocks away from Newcastle shopping and dining
137.
district. For information ------- leasing space, please contact Auroville Place Real
138.
Estate Agency at 351-556-8090 or email at leasing@aurovilleplace.com.

---

135 (A) Already
(B) Formerly
(C) Presently
(D) Solely

136 (A) headed
(B) will head
(C) has been headed
(D) could have headed

137 (A) This fascinating structure is
situated in a prime location.
(B) These retail stores have been
attracting many customers.
(C) Auroville Place is named after the
old clothing factory.
(D) Newcastle Flower Garden is
seeking qualified arborists.

138 (A) along with
(B) despite
(C) in favor of
(D) as to

Questions 139-142 refer to the following memo.

To: Lavolta Pharmaceuticals Employees
From: Sanjei Gupta, Facility Manager
Date: May 14
Subject: Upcoming Construction Project

As ------- at the meeting earlier this week, the East Annex Building will be closed
    139.
from May 18 to May 20 for repainting and repaving. Employees affected by this project

are required to use the public underground parking lot on Maple Ave. To ------- for this
    140.
inconvenience, each of you will be given a 24-hour free parking ticket to be used

during the construction period. -------.
    141.

Shuttle services from the public parking lot to the East Annex Building will also be

provided. We apologize for ------- inconvenience.
    142.

139 (A) discuss
(B) have been discussed
(C) discussed
(D) discussion

140 (A) compensate
(B) appreciate
(C) represent
(D) acknowledge

141 (A) Discounted tickets are valid only upon presentation of your identification badge.
(B) It may take about two weeks to repave all areas in the parking lot.
(C) We truly thank you for volunteering to assist with the project.
(D) Your department manager will notify you when it is ready for pickup.

142 (A) its
(B) our
(C) their
(D) your

GO ON TO THE NEXT PAGE

Palm Beach County Grants

Only non-profit and local organizations that have been in operation for at least 5 years are ------- to apply for Palm Beach County Grants. A grant application form can
143.
be downloaded from the county website, www.palmbeachcounty_grants.com. You need to be very careful in completing it because false and incomplete information may ------- the refusal of your application for a grant. -------, timely submission of an
144.   145.
application is very critical. -------.
146.

143 (A) comprehensive
    (B) productive
    (C) eligible
    (D) insightful

144 (A) report to
    (B) add to
    (C) contribute to
    (D) lead to

145 (A) Meanwhile
    (B) In addition
    (C) Even so
    (D) Afterward

146 (A) Applications that are received after
        May 16 will not be considered for a
        grant.
    (B) The county website will not be
        accessible from Friday through
        Monday next week.
    (C) Nominations for the county grants
        were announced on the website
        this morning.
    (D) The first county meeting is
        scheduled to be held at the Palm
        Beach Hotel.

Actual Test 3

* 본 실전 모의고사는 시험 직전 대비용으로 본책에 있는 12회분을 재구성하였습니다.

* 비슷한 유형의 문제를 실전에서 틀리는 일이 없도록 활용해 보세요.

* 정답은 가장 마지막에 있는 OMR 카드에 표시되어 있습니다.

READING TEST

In the Reading test, you will read a variety of texts and answer several different types of reading comprehension questions. The entire Reading test will last 75 minutes. There are three parts, and directions are given for each part. You are encouraged to answer as many questions as possible within the time allowed.

You must mark your answers on the separate answer sheet. Do not write your answers in your test book.

PART 5

Directions: A word or phrase is missing in each of the sentences below. Four answer choices are given below each sentence. Select the best answer to complete the sentence. Then mark the letter (A), (B), (C), or (D) on your answer sheet.

101 Diana Johnson was named recipient of the Employee of the Year award for breaking the best sales record on -------.

(A) herself
(B) her own
(C) hers
(D) her

102 Crimson Industries ------- all employees of the upcoming safety inspection which will be conducted at the end of the month.

(A) announced
(B) mentioned
(C) monitored
(D) notified

103 By joining many social clubs, Natasha has found it very ------- to meet various people who have different perspectives.

(A) satisfied
(B) rewarding
(C) premature
(D) unwavering

104 Those employees who ------- to work more than 8 hours on weekends will be given an extra bonus.

(A) volunteer
(B) volunteering
(C) volunteers
(D) had volunteered

105 The technician said that these computers cannot work properly ------- all the unnecessary files are deleted.

(A) in case
(B) until
(C) when
(D) as though

106 ------- merged, the two companies are set to embark on a number of large-scale projects.

(A) Once
(B) Unless
(C) Whenever
(D) In case

107 The corporation's western division has witnessed a drop in profits since its latest scandal -------.

(A) raised
(B) revealed
(C) incurred
(D) occurred

108 Our company requires a larger market share to achieve ------- growth during the economic recession.

(A) cynical
(B) sustainable
(C) elaborate
(D) marked

109 Preference will be given to an applicant ------- job interview was well prepared.

(A) which
(B) what
(C) whose
(D) how

110 Mrs. Fernandez was very disappointed by the red dress since its quality was ------- below the price.

(A) so
(B) too
(C) well
(D) enough

111 The Castle Hotel requested ------- from several builders for remodeling the lobby.

(A) estimate
(B) estimated
(C) estimates
(D) estimating

112 ------- our supervisor said at the conference, developing alternative resources is the main issue which should receive immediate attention.

(A) Whatever
(B) However
(C) Whomever
(D) Wherever

113 In order to stay focused and -------, employees need at least a 30 minute break during lunch time.

(A) extravagant
(B) motivating
(C) asserted
(D) invigorated

114 Please refer to the notice ------- on the wall so that you can be ready for the meeting with shareholders.

(A) poster
(B) posted
(C) posting
(D) posture

115 Mr. Pina was quite satisfied with the result as the score was exactly ------- he wanted.

(A) that
(B) which
(C) what
(D) at

116 In spite of the management team's tremendous efforts, we failed to achieve the ------- result of winning a contract with Horizon Manufacturing.

(A) satisfied
(B) intended
(C) commenced
(D) magnified

117 Mega X Electronics Inc. will hold the customers ------- for any damage caused by improper handling.

(A) obligated
(B) responsible
(C) charged
(D) impressed

118 No machine in this factory should remain ------- for a long time.

(A) unsatisfactory
(B) empty
(C) unclaimed
(D) idle

119 The newly hired assistant in the Sales Department ------- omitted the sales figures during the 3rd quarter in the financial statement.

(A) inadvertently
(B) immensely
(C) preferentially
(D) recklessly

120 There are many reasons for the reduction in sales, but the ------- problem is lack of capacity.

(A) adaptable
(B) plausible
(C) underlying
(D) constituent

GO ON TO THE NEXT PAGE

121 Philip was ------- as he was habitually absent from weekly meetings, and his sales performance was also very poor.

(A) retired
(B) curbed
(C) demoted
(D) withdrawn

122 Once you ------- a résumé, you will be contacted by one of our Human Resources representatives by e-mail.

(A) have been submitted
(B) submits
(C) have submitted
(D) submitted

123 Even though we have relocated our office to a newly built building on 6th Ave, our Web site address and other contact information remain the -------.

(A) unchanged
(B) identical
(C) same
(D) immovable

124 KN&T has decided to ------- their existing equipment to increase their work productivity.

(A) overhaul
(B) remove
(C) develop
(D) proclaim

125 The newly renovated Daily Delight Department Store opens ------- March 1, and it will offer special discounts to customers for one week.

(A) by
(B) until
(C) from
(D) on

126 Cahill Insurance offers financial ------- for those who have budget constraints.

(A) assistance
(B) solution
(C) consultant
(D) tip

127 A computer virus attacked New York last month, and the virus could have ------- the major banks' extensive computer networks useless.

(A) divested
(B) encountered
(C) rendered
(D) arrested

128 The report which was submitted by the payroll department ------- the problems with our calculation system.

(A) showing
(B) shows
(C) show
(D) to show

129 ------- relocating to a bigger place, Holley Candy Shop was able to display more products on the first floor.

(A) Without
(B) After
(C) Until
(D) Though

130 Please show ------- for others by turning off your mobile phones during the performance.

(A) consideration
(B) considered
(C) considerably
(D) considerately

PART 6

Directions: Read the texts that follow. A word, phrase, or sentence is missing in parts of each text. Four answer choices for each question are given below the text. Select the best answer to complete the text. Then mark the letter (A), (B), (C), or (D) on your answer sheet.

Questions 131-134 refer to the following announcement.

We are thrilled to announce that a new robotic device has been installed at the plant. We expect that it will help uncover any production errors more easily, ------- the
131.
production process. Before operating the device, anyone working at the plant must undergo one-week intensive training.

-------. If you would like to know specifics about the equipment, you can ------- the
132.   133.
manual located at the entrance of the plant. Please note that the training will be provided for free, but your participation is -------.
134.

131 (A) streamlines
 (B) to streamline
 (C) streamlining
 (D) streamlined

132 (A) We have received a record number of complaints from customers.
 (B) Dean Jahari from Xeno Tech will be responsible for this session.
 (C) However, our production costs are steadily increasing.
 (D) Our company is in need of skilled employees familiar with various devices.

133 (A) revise
 (B) consult
 (C) accept
 (D) provide

134 (A) mandatory
 (B) optional
 (C) occasional
 (D) secure

GO ON TO THE NEXT PAGE

From: Michelle Lee <michellelee@harpers.com>
To: Dean Clarkson <clarkson@cater.com>
Subject: Thank you
Date: April 29

Dear Mr. Clarkson,

I'm writing to tell you that we have received a lot of favorable comments on the refreshments your catering company provided for our employee ------- dinner party.
                                                                                    135.
We were very impressed ------- the quality food and the service your staff gave
                        136.
us. Thank you so much for your exceptional work! -------. The management of our
                                                  137.
company unanimously selected your catering company as the sole food provider.

I have attached a copy of the event schedule for this year, so let me know if your company is available on those listed -------.
                                                                        138.

Sincerely,

Michelle Lee
Vice president, Harpers Research Center

135 (A) appreciative
    (B) appreciation
    (C) appreciates
    (D) appreciated

136 (A) with
    (B) into
    (C) for
    (D) along

137 (A) You can leave your comments on
        our company's website.
    (B) All participants will be notified of
        the change in price of food.
    (C) We are still waiting for approval
        from the management.
    (D) We have a lot of events scheduled
        for the rest of the year.

138 (A) dates
    (B) presenters
    (C) venues
    (D) addresses

Questions 139-142 refer to the following notice.

Attention Tenants!

--------. While under the lease terms and conditions, each party has 30 days to give
139.
the other notice of intent whether or not to renew the lease, we are extending you the

courtesy of early notice of an increase in rent as follows:

I would like each of you to continue as my tenants, but an increase of $120 will be

applied to the new lease term. The rent is currently $1,150 and under the terms of the

new lease agreement, will need to increase -------- $1,270.
140.

Renewal of the lease will be -------- on your 30 days' written notice that you intend to
141.
renew.

During this period, we will perform an inspection of the home no later than May 20th

for purposes of -------- the statement of condition. And the relevant party will address
142.
any items needing maintenance or repair. We hope that you have settled into the

home and the neighborhood.

---

139 (A) As discussed, you will now be able
to sell your home.
(B) We are pleased to send you the
revised contract.
(C) As you know, your lease of our
property expires on May 5th.
(D) Effective immediately, all tenants
should report any problems.

140 (A) to
(B) by
(C) upon
(D) toward

141 (A) responsive
(B) eligible
(C) contingent
(D) insolvent

142 (A) updating
(B) updates
(C) updated
(D) update

GO ON TO THE NEXT PAGE

The Oakland Art Museum

The Oakland Art Museum will host Irving Richter on Thursday, September 17 at 5 P.M. Mr. Richter ------- our invitation to present his latest book, *Years of False*
143.

Happiness. In contrast to his previous works, the ------- provides his diversified
144.

perspective on human relationships. It has been three years since Mr. Richter's last

appearance at the museum. His presentations have always been highly successful.

-------. Seating is limited, so advance ------- is required on the Oakland Art Museum
145.   146.

website. For further information, call 301-574-9023.

---

143 (A) is accepting
    (B) accepted
    (C) will accept
    (D) has been accepted

144 (A) image
    (B) summary
    (C) banquet
    (D) volume

145 (A) We are very positive that this talk will also attract much attention.
    (B) His previous books have not been critically acclaimed.
    (C) Irving Richter will visit the museum for the first time in September.
    (D) If you accept our invitation, please contact our museum coordinator.

146 (A) registration
    (B) register
    (C) registered
    (D) registers

Actual Test **4**

* 본 실전 모의고사는 시험 직전 대비용으로 본책에 있는 12회분을 재구성하였습니다.

* 비슷한 유형의 문제를 실전에서 틀리는 일이 없도록 활용해 보세요.

* 정답은 가장 마지막에 있는 OMR 카드에 표시되어 있습니다.

READING TEST

In the Reading test, you will read a variety of texts and answer several different types of reading comprehension questions. The entire Reading test will last 75 minutes. There are three parts, and directions are given for each part. You are encouraged to answer as many questions as possible within the time allowed.

You must mark your answers on the separate answer sheet. Do not write your answers in your test book.

PART 5

Directions: A word or phrase is missing in each of the sentences below. Four answer choices are given below each sentence. Select the best answer to complete the sentence. Then mark the letter (A), (B), (C), or (D) on your answer sheet.

---

101 ------- who wish to take a vacation leave for more than five days should get permission from their immediate supervisor at least three weeks in advance.

(A) Anyone
(B) Those
(C) For
(D) Each

102 For a limited time only, new customers will be offered a 15% discount on all household goods ------- ordering online.

(A) during
(B) when
(C) except
(D) in case

103 Nowadays, people are quickly replacing their mobile phones with new ones even though their current devices are working without any mechanical problems, and this is ------- of huge progress in technology.

(A) indicative
(B) reflected
(C) expressive
(D) applied

104 Employees must turn in the completed forms to the Accounting Division in order to receive -------.

(A) advantage
(B) charge
(C) reimbursement
(D) deposit

105 Most of the students who took the final exam said that they found it very -------.

(A) easily
(B) easy
(C) easiest
(D) ease

106 Prospective investors ------- great interest in the news that Meg and Fun Games Inc. has acquired Doson Software.

(A) have expressed
(B) had been expressed
(C) are being expressed
(D) have been expressed

107 A ------- of movies will be shown at the annual film festival which will be held on July 4.

(A) procession
(B) step
(C) phase
(D) series

108 Whatever concerns you might have, please feel free to ------- us at your convenience.

(A) speak
(B) mention
(C) notify
(D) respond

109 As you are probably -------, the purpose of this workshop is to make salespeople understand that etiquette is the most important thing when meeting with clients.

(A) known
(B) offered
(C) aware
(D) considerate

110 The price range is from $30 to $60, and this product typically requires some ------- before using it.

(A) advance
(B) assembly
(C) progress
(D) solution

111 A routine check of your laptop is very important to keep your device in good -------.

(A) condition
(B) location
(C) combination
(D) sense

112 When you fill out the application form, please read the contract completely and review the terms of the agreement ------.

(A) distinctively
(B) carefully
(C) comprehensibly
(D) definitively

113 It should be possible for the next generation of software companies to ------- in Asia and they could transform from a regional champion to a global champion.

(A) extend
(B) strengthen
(C) illuminate
(D) emerge

114 Helping others as a volunteer is not a very exciting work but it always gives me a ------- and memorable experience.

(A) replaceable
(B) rewarding
(C) dedicated
(D) strenuous

115 Dr. Welches ------- a new program that can automatically remove old and unused data from your hard drive.

(A) has been created
(B) has created
(C) had creating
(D) was created

116 Please be aware that the community-sponsored ------- is scheduled for this coming Thursday.

(A) visit
(B) visitor
(C) visiting
(D) visitors

117 ------- all staff should comply with this new regulation was the main message.

(A) What
(B) If
(C) As
(D) That

118 Stanley Wales has signed a two-million dollar ------- with AOG Financial at the previous meeting.

(A) contraction
(B) contract
(C) contracts
(D) contractions

GO ON TO THE NEXT PAGE

119 If the necessary documents arrive on time, ------- in the sales division will receive their certificate by Tuesday.

(A) everyone
(B) whoever
(C) anyone
(D) no one

120 Koojack Furnishings.com is known ------- its unsurpassed quality and affordable prices among the locals.

(A) with
(B) as
(C) for
(D) because

121 Ella Jung was able to complete the financial report on time, and she submitted ------- to the vice president this morning.

(A) one
(B) them
(C) it
(D) this

122 The proposal was rejected by the committee members ------- it contained a lot of discrepancies.

(A) which
(B) so
(C) that
(D) since

123 We are appreciative of your cooperation in ------- the outdated sewer system.

(A) exchanging
(B) overhauling
(C) amending
(D) integrating

124 Experts are analyzing the data to ------- how the marketing campaign can be effectively launched.

(A) view
(B) consider
(C) browse
(D) determine

125 During the meeting, Samuel was very persuasive in his argument, and ------- perspectives on the strategy were quite interesting.

(A) he
(B) him
(C) himself
(D) his

126 ------- a competitive salary, we offer various benefits to employees such as paid vacations, insurance plans, and an incentive system.

(A) Not only
(B) Both
(C) As well as
(D) Even as

127 Sunny Hill Architecture's building construction plan has failed due to ------- constraints.

(A) budgeting
(B) budgeted
(C) budgets
(D) budget

128 Health and Value Corporation ------- a new incentive programs for its employees.

(A) displaced
(B) worked
(C) implemented
(D) suggested

129 There are some additional ------- that must be taken by residents of Olympia Apartment Complex while the underground parking lot is being renovated.

(A) rules
(B) regulations
(C) measures
(D) policies

130 The product development team is still waiting for final ------- by the board of directors.

(A) decision
(B) offer
(C) approval
(D) contract

PART 6

Directions: Read the texts that follow. A word, phrase, or sentence is missing in parts of each text. Four answer choices for each question are given below the text. Select the best answer to complete the text. Then mark the letter (A), (B), (C), or (D) on your answer sheet.

Questions 131-134 refer to the following information.

Use Rainbow Cabs to Advertise Your Products and Services!

------- . A recent market study has found that among them, taxis are surprisingly the
131.
most effective means of outdoor advertising. Nearly all taxis run 24 hours a day,

year-round and travel all parts of the country, reaching a ------- variety of people.
132.
Why must companies choose to advertise on taxis? Outdoor cab advertising offers

an affordable, extreme-exposure ------- opportunity to promote your products or
133.
services. Rainbow Cabs has the largest taxi fleet in Singapore, operating in the

most densely ------- districts: Sentosa, Marina, Raffles and Orchard Road. For these
134.
reasons, Rainbow Cabs will be the best choice to attract people's eyes to your

products and then your business.

131 (A) Nowadays, businesses rely on a variety of tools to advertise their products or services.
   (B) Commuting to and from work by public transit in large cities takes a lot of time.
   (C) Publication advertising has proven effective in attracting customers.
   (D) We have been chosen one of the most highly rated taxi service companies.

132 (A) main
   (B) high
   (C) wide
   (D) deep

133 (A) publicity
   (B) participation
   (C) volunteering
   (D) transition

134 (A) population
   (B) populated
   (C) populating
   (D) popular

GO ON TO THE NEXT PAGE

Questions 135-138 refer to the following memorandum.

From: Nick Price
To: Marketing Team
Date: April 10
Subject: New Advertising Campaign

I am writing this memo to everyone in the marketing department to get your ideas on the new advertising campaign before the weekly meeting starts.

As the head manager in the Marketing Department, I'm leading the whole project of launching a new ad campaign this year. The new cosmetic product, "Moisture Supply Max Cream," is ------- women in their late twenties and early thirties. The campaign
135.
should appeal to this specific customer base, so I am considering Sarah Miles, who is the most popular actress among women, ------- our cosmetic products.
136.

-------, as part of our promotion, we will run an ad in the local newspaper, and also
137.
I got a list of 15 radio stations that can run our advertisements. -------. We have
138.
to agree that each of our advertisements should be simple and cannot exceed 15 minutes in length.

This year's advertising campaign is very important as we are losing popularity these days. See you all at the weekly meeting.

135 (A) contacting
(B) targeting
(C) accepting
(D) confirming

136 (A) to endorse
(B) will endorse
(C) has been endorsing
(D) endorsing

137 (A) However
(B) If so
(C) Formerly
(D) Also

138 (A) Some conditions are considered critical.
(B) Radio advertisements have proven very beneficial.
(C) The Marketing Department needs to hire additional employees.
(D) We should discuss who is most suitable for our advertisement.

To: Ben Lucas <blucas@caseymovers.ca>
From: Boram Han <bhan@protomail.com>
Date: November 19th
Subject: Moving

Dear Mr. Lucas,

I'm writing to tell you about my experience with your moving service on November 17. Because one of my colleagues, Susie Lim, who used your service before, referred your company to me, I quickly chose your company without much -------. Overall, I was very
                                                                                       139.
pleased with your moving staff and their work. When carrying a desk top computer to the study on the second floor, -------, one of your employees dropped the monitor on
                                                          140.
the hard floor and it is cracked. -------. Please let me know how I can be compensated
                                          141.
for this loss as soon as possible because the monitor is a ------- for my work.
                                                                    142.

Sincerely,

Boram Han

139 (A) deliberating
    (B) deliberation
    (C) deliberates
    (D) deliberative

140 (A) moreover
    (B) in other words
    (C) thus
    (D) however

141 (A) I understand the contract states that your company takes responsibility for any damages that may occur during the move.
    (B) It is highly recommended to request estimates from several moving companies before choosing one among them.
    (C) Can you please place orders for a couple of monitors so that we can set them up at the office for new employees by next week?
    (D) You can consult with one of our representatives about the referral program scheduled to go into effect next year.

142 (A) purpose
    (B) necessity
    (C) addition
    (D) output

GO ON TO THE NEXT PAGE

Are you frustrated with diets that don't work?

Do you want to stay in shape without skipping meals?

Here is a perfect solution at Super Body Fitness Center!

Super Body Fitness Center is the ------- largest fitness club in the country. We offer
143.
the highest quality service with a free consultation. From now through July 15th, we

are running a special promotion.

We will make a special workout program that will make you healthier and slimmer.

This is your chance to have the appearance that you have always dreamed of!

Also, for members who renew their membership during the month of July, we're

offering unlimited use of our personal lockers ------- three separate one-to-one
144.
personal training sessions.

Furthermore, all new customers will get two free consultations with specialists who

will ------- you achieve a nice figure.
145.

Come visit one of the Super Body Fitness Center facilities and get amazing benefits!

-------.
146.

---

143 (A) two
(B) second
(C) twice
(D) secondly

144 (A) concerning
(B) plus
(C) during
(D) beside

145 (A) assign
(B) offer
(C) assist
(D) help

146 (A) Once again, thank you so much for
upgrading your membership.
(B) Super Body Fitness Center will
undergo extensive renovations.
(C) Do not hesitate to tell us what your
concerns are.
(D) To locate the branch that's nearest
to you, visit our website.

Actual Test 5

* 본 실전 모의고사는 시험 직전 대비용으로 본책에 있는 12회분을 재구성하였습니다.
* 비슷한 유형의 문제를 실전에서 틀리는 일이 없도록 활용해 보세요.
* 정답은 가장 마지막에 있는 OMR 카드에 표시되어 있습니다.

READING TEST

In the Reading test, you will read a variety of texts and answer several different types of reading comprehension questions. The entire Reading test will last 75 minutes. There are three parts, and directions are given for each part. You are encouraged to answer as many questions as possible within the time allowed.

You must mark your answers on the separate answer sheet. Do not write your answers in your test book.

PART 5

Directions: A word or phrase is missing in each of the sentences below. Four answer choices are given below each sentence. Select the best answer to complete the sentence. Then mark the letter (A), (B), (C), or (D) on your answer sheet.

---

101 Most day traders ------- taking huge risks when putting money in the stock market but some have gone big and found their investments very profitable.

(A) prevent
(B) avoid
(C) lose
(D) postpone

102 These chemical products can be harmful, so be sure to wash your hands ------- after using it.

(A) clearly
(B) thoroughly
(C) easily
(D) seriously

103 Liz Liberty, one of the leading ------- of furniture, is going to open another store in London this year.

(A) manufactures
(B) manufacturer
(C) manufacturing
(D) manufacturers

104 Ms. Griffin is responsible for taking all ------- measures to keep the workplace safe.

(A) preventable
(B) prevents
(C) preventively
(D) preventive

105 *The Weekly Travel Review* has awarded its highest ------- in customer satisfaction to Regent Resorts.

(A) rating
(B) priority
(C) concentration
(D) commitment

106 Dragon Pictures is planning to ------- into America in July, so they are now concentrating on market research and current trends.

(A) enlarge
(B) expand
(C) engage
(D) expose

107 The panel of judges treated the opposing team's remark as irrelevant to the debate, but ------- was considered to the point.

(A) we
(B) ourselves
(C) us
(D) ours

108 The newly launched laptop series by Comtech Inc. is absolutely the ------- of all the models on the market.

(A) most excellent
(B) excellence
(C) excellences
(D) most excellently

109 Nowadays, consumers ------- a lot of factors like ambience and food quality when they choose a restaurant to eat out.

(A) reinforce
(B) mediate
(C) enhance
(D) weigh

110 Given the ------- that there are millions of online shopping sites, many of them will be shutting down in the near future.

(A) opportunity
(B) reputation
(C) impression
(D) circumstance

111 Elaine Coffee has ------- thirty branches throughout the city, and its biggest seller is the White Coffee.

(A) more
(B) at least
(C) nearer
(D) a lot of

112 Low salaries and lack of benefits can be ------- for protesting against management.

(A) terminology
(B) demands
(C) justification
(D) explanation

113 Roman Maher is viewed as the next vice president of Redmond Thorpe as he is a ------- employee who shows great initiative.

(A) reliable
(B) reliant
(C) relying
(D) relied

114 The president said that he cannot clarify the company's position to employees ------- the causes of the recent accident are identified.

(A) because
(B) after
(C) from
(D) until

115 This new convention center has more than 50 meeting rooms, 20 dining establishments, and an ------- parking lot.

(A) enhancing
(B) applied
(C) enclosed
(D) adapted

116 In order to ------- disputes between union members and employers, we have hired an arbiter last week.

(A) settle
(B) disrupt
(C) sustain
(D) vandalize

117 They read the manual explaining all the necessary steps to operate the machinery, and they followed it -------.

(A) accordingly
(B) sensibly
(C) purposefully
(D) inaudibly

118 Randolph is going to ------- the title of Master Chef at Carranza Italian Restaurant starting in January.

(A) undertake
(B) assume
(C) commit
(D) serve

119 I paid $50 ------- delivery to receive the package as it was cash on delivery.

(A) during
(B) within
(C) upon
(D) into

120 NNP, a leading manufacturer of vehicles, merged with KNC National to expand consumer ------- to hybrid cars.

(A) accessibly
(B) accessed
(C) accessible
(D) access

GO ON TO THE NEXT PAGE

121 All applicants ------- e-mail messages
answering questions regarding the
interview process.

(A) sent
(B) will send
(C) were sent
(D) have been sending

122 We wanted to ensure that our company
made an investment ------- foreign
companies like Forder and BML last year.

(A) within
(B) for
(C) over
(D) in

123 When he was just about to select
someone for the receptionist position,
Michael has received ------- résumé from
an applicant who seems very qualified
and promising.

(A) other
(B) another
(C) the other
(D) other such

124 I am writing this letter to ------- the
receipt of the tables and chairs I ordered
from you the other day.

(A) accept
(B) confess
(C) claim
(D) acknowledge

125 Our vice president has requested an
------- to determine the market value of
the building on 6th avenue.

(A) appraisal
(B) asset
(C) addition
(D) input

126 Despite ------- competition, Conwell
Construction generated high profits by
building very innovative and externally
attractive structures.

(A) risen
(B) rising
(C) to rise
(D) rose

127 Coach Predrick has told us several times
that the most important thing is playing
------- winning or losing.

(A) considering
(B) rather than
(C) besides
(D) and

128 Tommy ------- more than 30 articles for
the past three months and he is finally
offered a position as chief editor at New
York Weekly Publishing.

(A) has been written
(B) has written
(C) was writing
(D) had written

129 All terms of the merger contract with
Trivia Industries should be examined
very ------- before being signed by both
parties.

(A) meticulously
(B) meticulous
(C) more meticulous
(D) more meticulously

130 One ------- of a successful businessman
is that the person has great leadership
skills which are essential for being able
to give clear directions.

(A) characteristic
(B) phenomenon
(C) endeavor
(D) potential

PART 6

Directions: Read the texts that follow. A word, phrase, or sentence is missing in parts of each text. Four answer choices for each question are given below the text. Select the best answer to complete the text. Then mark the letter (A), (B), (C), or (D) on your answer sheet.

Questions 131-134 refer to the following newsletter.

Wiley Community begins a new program in June

Good news for Wiley Town residents! Beginning this summer, the Wiley Town community will offer a new educational program. This program is scheduled to meet biweekly for the next three months and is intended for those ------- assistance in
131.
starting and operating a business here in Wiley Town. The ------- session will be held
132.
from 2:30 to 4:30 P.M. on Thursday, June 17 at the community center. Local business owners will discuss their fields of expertise. -------. Detailed information regarding
133.
the registration fee and ------- business owners can be found at the Wiley Town
134.
community website, www.wileytown.com.

131 (A) seek
(B) having sought
(C) who seek
(D) are seeking

132 (A) upcoming
(B) last
(C) annual
(D) ongoing

133 (A) Several local businesses reported drastic declines in revenue this year.
(B) The event organizers expect more participants in the coming years.
(C) Most residents seemed very satisfied with the previous sessions.
(D) Entrepreneurs from overseas are also available to lead some discussions.

134 (A) participant
(B) participating
(C) participates
(D) participated

GO ON TO THE NEXT PAGE

Questions 135-138 refer to the following e-mail.

To: Edward Murphy <EnMurphy@intraoj.com>
From: Ron Golden <ronnygl@dreamplus.com>
Date: Thursday, August 10 10:25 A.M.
Subject: Your order

Dear Mr. Murphy,

I just checked your e-mail regarding the late delivery of the items (three Archbold stools) you ordered from our store website. Our records indicate that you were supposed to receive ------- at least five days ago. I sincerely regret that you had
         135.
to wait such a long time. ------- to implement the loading and unloading process
             136.
properly in the Kallang Warehouse is the main cause of the delay. We can have your order shipped right away. -------. Once again, we are very sorry for any
         137.
inconvenience the delay caused you and hope that you will keep doing ------- with
         138.
us.

Ron Golden, Dream Plus Furniture

135 (A) it
(B) one
(C) some
(D) them

136 (A) Fails
(B) Failed
(C) Failure
(D) Failing

137 (A) We now have new chairs and stools in stock.
(B) Our store website will be updated over the weekend.
(C) The loading process may take a long time.
(D) Please allow one to two days for delivery.

138 (A) business
(B) contract
(C) processing
(D) practice

Questions 139-142 refer to the following letter.

November 16
Patrick Shuman
5 King St, Newcastle NSW 2300

Dear Mr. Shuman,

Our records indicate that your account will expire on December 15. Should you wish to ------- your membership for another year, please bring your library card to the service
139.
desk along with a photo ID and proof of your current address. You will ------- be asked
140.
to reset the password on your account. As per our new policy, new passwords -------
141.
at least eight characters and one number. -------. Our library prides itself on providing
142.
the community a large collection of books and materials.

Sincerely,

Angela Coleman, Library Services Coordinator

139 (A) cancel
(B) inquire
(C) browse
(D) extend

140 (A) still
(B) then
(C) already
(D) now

141 (A) will be included
(B) has included
(C) must include
(D) is including

142 (A) This will allow us to further reinforce the library's security level.
(B) The library's service desk closes at 8:00 P.M. on weekdays.
(C) If you forget your password, you need to ask our staff.
(D) The audio materials you requested just arrived at the library.

GO ON TO THE NEXT PAGE

Sub: Announcing Promotion of Jenny Park

Dear All,

We are pleased to announce the promotion of Jenny Park to the position of Marketing Director of the PR department. Jenny joined our company 5 years back as a manager in the sales department. During this -------, she was also serving in the position of customer coordinator at our New York branch.
143.

------- customer relations, decision makings, problem resolution and timely deliveries, Jenny's performance was always influential for JC Company. Jenny brought with her energy and enthusiasm that she has continued to use ------- leading her employees to consistently improve their sales numbers.
144.   145.

In this new position, she will be looking after all the marketing information, strategies and website updates. She is a new team leader responsible for researching and developing market opportunities and promotional programs.

-------. Please join us on March 12th to congratulate Jenny on her promotion and welcome her to the PR department.
146.

John Stanley,
Vice President, JC Company

143 (A) position
    (B) responsibility
    (C) transition
    (D) tenure

144 (A) When it comes to
    (B) As a result of
    (C) In the event of
    (D) In comparison with

145 (A) during
    (B) among
    (C) until
    (D) while

146 (A) Several candidates seem very qualified for this new position.
    (B) We are sure that she will bring abundant experience to her new role.
    (C) Our company is already considering opening a new branch overseas.
    (D) There are still some positions to be filled until the end of the year.

NO TEST MATERIAL ON THIS PAGE

ANSWER SHEET

Actual Test 1
READING (Part V~VI)

NO.	ANSWER	NO.	ANSWER	NO.	ANSWER
	A B C D		A B C D		A B C D
101	Ⓐ Ⓑ Ⓒ Ⓓ	121	Ⓐ Ⓑ Ⓒ Ⓓ	141	Ⓐ Ⓑ Ⓒ Ⓓ
102	Ⓐ Ⓑ Ⓒ Ⓓ	122	Ⓐ Ⓑ Ⓒ Ⓓ	142	Ⓐ Ⓑ Ⓒ Ⓓ
103	Ⓐ Ⓑ Ⓒ Ⓓ	123	Ⓐ Ⓑ Ⓒ Ⓓ	143	Ⓐ Ⓑ Ⓒ Ⓓ
104	Ⓐ Ⓑ Ⓒ Ⓓ	124	Ⓐ Ⓑ Ⓒ Ⓓ	144	Ⓐ Ⓑ Ⓒ Ⓓ
105	Ⓐ Ⓑ Ⓒ Ⓓ	125	Ⓐ Ⓑ Ⓒ Ⓓ	145	Ⓐ Ⓑ Ⓒ Ⓓ
106	Ⓐ Ⓑ Ⓒ Ⓓ	126	Ⓐ Ⓑ Ⓒ Ⓓ	146	Ⓐ Ⓑ Ⓒ Ⓓ
107	Ⓐ Ⓑ Ⓒ Ⓓ	127	Ⓐ Ⓑ Ⓒ Ⓓ	147	Ⓐ Ⓑ Ⓒ Ⓓ
108	Ⓐ Ⓑ Ⓒ Ⓓ	128	Ⓐ Ⓑ Ⓒ Ⓓ	148	Ⓐ Ⓑ Ⓒ Ⓓ
109	Ⓐ Ⓑ Ⓒ Ⓓ	129	Ⓐ Ⓑ Ⓒ Ⓓ	149	Ⓐ Ⓑ Ⓒ Ⓓ
110	Ⓐ Ⓑ Ⓒ Ⓓ	130	Ⓐ Ⓑ Ⓒ Ⓓ	150	Ⓐ Ⓑ Ⓒ Ⓓ
111	Ⓐ Ⓑ Ⓒ Ⓓ	131	Ⓐ Ⓑ Ⓒ Ⓓ	151	Ⓐ Ⓑ Ⓒ Ⓓ
112	Ⓐ Ⓑ Ⓒ Ⓓ	132	Ⓐ Ⓑ Ⓒ Ⓓ	152	Ⓐ Ⓑ Ⓒ Ⓓ
113	Ⓐ Ⓑ Ⓒ Ⓓ	133	Ⓐ Ⓑ Ⓒ Ⓓ	153	Ⓐ Ⓑ Ⓒ Ⓓ
114	Ⓐ Ⓑ Ⓒ Ⓓ	134	Ⓐ Ⓑ Ⓒ Ⓓ	154	Ⓐ Ⓑ Ⓒ Ⓓ
115	Ⓐ Ⓑ Ⓒ Ⓓ	135	Ⓐ Ⓑ Ⓒ Ⓓ	155	Ⓐ Ⓑ Ⓒ Ⓓ
116	Ⓐ Ⓑ Ⓒ Ⓓ	136	Ⓐ Ⓑ Ⓒ Ⓓ	156	Ⓐ Ⓑ Ⓒ Ⓓ
117	Ⓐ Ⓑ Ⓒ Ⓓ	137	Ⓐ Ⓑ Ⓒ Ⓓ	157	Ⓐ Ⓑ Ⓒ Ⓓ
118	Ⓐ Ⓑ Ⓒ Ⓓ	138	Ⓐ Ⓑ Ⓒ Ⓓ	158	Ⓐ Ⓑ Ⓒ Ⓓ
119	Ⓐ Ⓑ Ⓒ Ⓓ	139	Ⓐ Ⓑ Ⓒ Ⓓ	159	Ⓐ Ⓑ Ⓒ Ⓓ
120	Ⓐ Ⓑ Ⓒ Ⓓ	140	Ⓐ Ⓑ Ⓒ Ⓓ	160	Ⓐ Ⓑ Ⓒ Ⓓ

Actual Test 2
READING (Part V~VI)

NO.	ANSWER	NO.	ANSWER	NO.	ANSWER
	A B C D		A B C D		A B C D
101	Ⓐ Ⓑ Ⓒ Ⓓ	121	Ⓐ Ⓑ Ⓒ Ⓓ	141	Ⓐ Ⓑ Ⓒ Ⓓ
102	Ⓐ Ⓑ Ⓒ Ⓓ	122	Ⓐ Ⓑ Ⓒ Ⓓ	142	Ⓐ Ⓑ Ⓒ Ⓓ
103	Ⓐ Ⓑ Ⓒ Ⓓ	123	Ⓐ Ⓑ Ⓒ Ⓓ	143	Ⓐ Ⓑ Ⓒ Ⓓ
104	Ⓐ Ⓑ Ⓒ Ⓓ	124	Ⓐ Ⓑ Ⓒ Ⓓ	144	Ⓐ Ⓑ Ⓒ Ⓓ
105	Ⓐ Ⓑ Ⓒ Ⓓ	125	Ⓐ Ⓑ Ⓒ Ⓓ	145	Ⓐ Ⓑ Ⓒ Ⓓ
106	Ⓐ Ⓑ Ⓒ Ⓓ	126	Ⓐ Ⓑ Ⓒ Ⓓ	146	Ⓐ Ⓑ Ⓒ Ⓓ
107	Ⓐ Ⓑ Ⓒ Ⓓ	127	Ⓐ Ⓑ Ⓒ Ⓓ	147	Ⓐ Ⓑ Ⓒ Ⓓ
108	Ⓐ Ⓑ Ⓒ Ⓓ	128	Ⓐ Ⓑ Ⓒ Ⓓ	148	Ⓐ Ⓑ Ⓒ Ⓓ
109	Ⓐ Ⓑ Ⓒ Ⓓ	129	Ⓐ Ⓑ Ⓒ Ⓓ	149	Ⓐ Ⓑ Ⓒ Ⓓ
110	Ⓐ Ⓑ Ⓒ Ⓓ	130	Ⓐ Ⓑ Ⓒ Ⓓ	150	Ⓐ Ⓑ Ⓒ Ⓓ
111	Ⓐ Ⓑ Ⓒ Ⓓ	131	Ⓐ Ⓑ Ⓒ Ⓓ	151	Ⓐ Ⓑ Ⓒ Ⓓ
112	Ⓐ Ⓑ Ⓒ Ⓓ	132	Ⓐ Ⓑ Ⓒ Ⓓ	152	Ⓐ Ⓑ Ⓒ Ⓓ
113	Ⓐ Ⓑ Ⓒ Ⓓ	133	Ⓐ Ⓑ Ⓒ Ⓓ	153	Ⓐ Ⓑ Ⓒ Ⓓ
114	Ⓐ Ⓑ Ⓒ Ⓓ	134	Ⓐ Ⓑ Ⓒ Ⓓ	154	Ⓐ Ⓑ Ⓒ Ⓓ
115	Ⓐ Ⓑ Ⓒ Ⓓ	135	Ⓐ Ⓑ Ⓒ Ⓓ	155	Ⓐ Ⓑ Ⓒ Ⓓ
116	Ⓐ Ⓑ Ⓒ Ⓓ	136	Ⓐ Ⓑ Ⓒ Ⓓ	156	Ⓐ Ⓑ Ⓒ Ⓓ
117	Ⓐ Ⓑ Ⓒ Ⓓ	137	Ⓐ Ⓑ Ⓒ Ⓓ	157	Ⓐ Ⓑ Ⓒ Ⓓ
118	Ⓐ Ⓑ Ⓒ Ⓓ	138	Ⓐ Ⓑ Ⓒ Ⓓ	158	Ⓐ Ⓑ Ⓒ Ⓓ
119	Ⓐ Ⓑ Ⓒ Ⓓ	139	Ⓐ Ⓑ Ⓒ Ⓓ	159	Ⓐ Ⓑ Ⓒ Ⓓ
120	Ⓐ Ⓑ Ⓒ Ⓓ	140	Ⓐ Ⓑ Ⓒ Ⓓ	160	Ⓐ Ⓑ Ⓒ Ⓓ

Actual Test 3
READING (Part V~VI)

NO.	ANSWER	NO.	ANSWER	NO.	ANSWER
	A B C D		A B C D		A B C D
101	Ⓐ Ⓑ Ⓒ Ⓓ	121	Ⓐ Ⓑ Ⓒ Ⓓ	141	Ⓐ Ⓑ Ⓒ Ⓓ
102	Ⓐ Ⓑ Ⓒ Ⓓ	122	Ⓐ Ⓑ Ⓒ Ⓓ	142	Ⓐ Ⓑ Ⓒ Ⓓ
103	Ⓐ Ⓑ Ⓒ Ⓓ	123	Ⓐ Ⓑ Ⓒ Ⓓ	143	Ⓐ Ⓑ Ⓒ Ⓓ
104	Ⓐ Ⓑ Ⓒ Ⓓ	124	Ⓐ Ⓑ Ⓒ Ⓓ	144	Ⓐ Ⓑ Ⓒ Ⓓ
105	Ⓐ Ⓑ Ⓒ Ⓓ	125	Ⓐ Ⓑ Ⓒ Ⓓ	145	Ⓐ Ⓑ Ⓒ Ⓓ
106	Ⓐ Ⓑ Ⓒ Ⓓ	126	Ⓐ Ⓑ Ⓒ Ⓓ	146	Ⓐ Ⓑ Ⓒ Ⓓ
107	Ⓐ Ⓑ Ⓒ Ⓓ	127	Ⓐ Ⓑ Ⓒ Ⓓ	147	Ⓐ Ⓑ Ⓒ Ⓓ
108	Ⓐ Ⓑ Ⓒ Ⓓ	128	Ⓐ Ⓑ Ⓒ Ⓓ	148	Ⓐ Ⓑ Ⓒ Ⓓ
109	Ⓐ Ⓑ Ⓒ Ⓓ	129	Ⓐ Ⓑ Ⓒ Ⓓ	149	Ⓐ Ⓑ Ⓒ Ⓓ
110	Ⓐ Ⓑ Ⓒ Ⓓ	130	Ⓐ Ⓑ Ⓒ Ⓓ	150	Ⓐ Ⓑ Ⓒ Ⓓ
111	Ⓐ Ⓑ Ⓒ Ⓓ	131	Ⓐ Ⓑ Ⓒ Ⓓ	151	Ⓐ Ⓑ Ⓒ Ⓓ
112	Ⓐ Ⓑ Ⓒ Ⓓ	132	Ⓐ Ⓑ Ⓒ Ⓓ	152	Ⓐ Ⓑ Ⓒ Ⓓ
113	Ⓐ Ⓑ Ⓒ Ⓓ	133	Ⓐ Ⓑ Ⓒ Ⓓ	153	Ⓐ Ⓑ Ⓒ Ⓓ
114	Ⓐ Ⓑ Ⓒ Ⓓ	134	Ⓐ Ⓑ Ⓒ Ⓓ	154	Ⓐ Ⓑ Ⓒ Ⓓ
115	Ⓐ Ⓑ Ⓒ Ⓓ	135	Ⓐ Ⓑ Ⓒ Ⓓ	155	Ⓐ Ⓑ Ⓒ Ⓓ
116	Ⓐ Ⓑ Ⓒ Ⓓ	136	Ⓐ Ⓑ Ⓒ Ⓓ	156	Ⓐ Ⓑ Ⓒ Ⓓ
117	Ⓐ Ⓑ Ⓒ Ⓓ	137	Ⓐ Ⓑ Ⓒ Ⓓ	157	Ⓐ Ⓑ Ⓒ Ⓓ
118	Ⓐ Ⓑ Ⓒ Ⓓ	138	Ⓐ Ⓑ Ⓒ Ⓓ	158	Ⓐ Ⓑ Ⓒ Ⓓ
119	Ⓐ Ⓑ Ⓒ Ⓓ	139	Ⓐ Ⓑ Ⓒ Ⓓ	159	Ⓐ Ⓑ Ⓒ Ⓓ
120	Ⓐ Ⓑ Ⓒ Ⓓ	140	Ⓐ Ⓑ Ⓒ Ⓓ	160	Ⓐ Ⓑ Ⓒ Ⓓ

ANSWER SHEET

응시일자 :   년   월   일

수험번호

성 명	한글
	한자
	영자

좌석번호

ⒶⒷⒸⒹⒺ
①②③④⑤⑥⑦

Actual Test 4

READING (Part V~VI)

NO.	ANSWER	NO.	ANSWER	NO.	ANSWER
	A B C D		A B C D		A B C D
101	Ⓐ Ⓑ Ⓒ Ⓓ	121	Ⓐ Ⓑ Ⓒ Ⓓ	141	Ⓐ Ⓑ Ⓒ Ⓓ
102	Ⓐ Ⓑ Ⓒ Ⓓ	122	Ⓐ Ⓑ Ⓒ Ⓓ	142	Ⓐ Ⓑ Ⓒ Ⓓ
103	Ⓐ Ⓑ Ⓒ Ⓓ	123	Ⓐ Ⓑ Ⓒ Ⓓ	143	Ⓐ Ⓑ Ⓒ Ⓓ
104	Ⓐ Ⓑ Ⓒ Ⓓ	124	Ⓐ Ⓑ Ⓒ Ⓓ	144	Ⓐ Ⓑ Ⓒ Ⓓ
105	Ⓐ Ⓑ Ⓒ Ⓓ	125	Ⓐ Ⓑ Ⓒ Ⓓ	145	Ⓐ Ⓑ Ⓒ Ⓓ
106	Ⓐ Ⓑ Ⓒ Ⓓ	126	Ⓐ Ⓑ Ⓒ Ⓓ	146	Ⓐ Ⓑ Ⓒ Ⓓ
107	Ⓐ Ⓑ Ⓒ Ⓓ	127	Ⓐ Ⓑ Ⓒ Ⓓ	147	Ⓐ Ⓑ Ⓒ Ⓓ
108	Ⓐ Ⓑ Ⓒ Ⓓ	128	Ⓐ Ⓑ Ⓒ Ⓓ	148	Ⓐ Ⓑ Ⓒ Ⓓ
109	Ⓐ Ⓑ Ⓒ Ⓓ	129	Ⓐ Ⓑ Ⓒ Ⓓ	149	Ⓐ Ⓑ Ⓒ Ⓓ
110	Ⓐ Ⓑ Ⓒ Ⓓ	130	Ⓐ Ⓑ Ⓒ Ⓓ	150	Ⓐ Ⓑ Ⓒ Ⓓ
111	Ⓐ Ⓑ Ⓒ Ⓓ	131	Ⓐ Ⓑ Ⓒ Ⓓ	151	Ⓐ Ⓑ Ⓒ Ⓓ
112	Ⓐ Ⓑ Ⓒ Ⓓ	132	Ⓐ Ⓑ Ⓒ Ⓓ	152	Ⓐ Ⓑ Ⓒ Ⓓ
113	Ⓐ Ⓑ Ⓒ Ⓓ	133	Ⓐ Ⓑ Ⓒ Ⓓ	153	Ⓐ Ⓑ Ⓒ Ⓓ
114	Ⓐ Ⓑ Ⓒ Ⓓ	134	Ⓐ Ⓑ Ⓒ Ⓓ	154	Ⓐ Ⓑ Ⓒ Ⓓ
115	Ⓐ Ⓑ Ⓒ Ⓓ	135	Ⓐ Ⓑ Ⓒ Ⓓ	155	Ⓐ Ⓑ Ⓒ Ⓓ
116	Ⓐ Ⓑ Ⓒ Ⓓ	136	Ⓐ Ⓑ Ⓒ Ⓓ	156	Ⓐ Ⓑ Ⓒ Ⓓ
117	Ⓐ Ⓑ Ⓒ Ⓓ	137	Ⓐ Ⓑ Ⓒ Ⓓ	157	Ⓐ Ⓑ Ⓒ Ⓓ
118	Ⓐ Ⓑ Ⓒ Ⓓ	138	Ⓐ Ⓑ Ⓒ Ⓓ	158	Ⓐ Ⓑ Ⓒ Ⓓ
119	Ⓐ Ⓑ Ⓒ Ⓓ	139	Ⓐ Ⓑ Ⓒ Ⓓ	159	Ⓐ Ⓑ Ⓒ Ⓓ
120	Ⓐ Ⓑ Ⓒ Ⓓ	140	Ⓐ Ⓑ Ⓒ Ⓓ	160	Ⓐ Ⓑ Ⓒ Ⓓ

Actual Test 5

READING (Part V~VI)

NO.	ANSWER	NO.	ANSWER	NO.	ANSWER
	A B C D		A B C D		A B C D
101	Ⓐ Ⓑ Ⓒ Ⓓ	121	Ⓐ Ⓑ Ⓒ Ⓓ	141	Ⓐ Ⓑ Ⓒ Ⓓ
102	Ⓐ Ⓑ Ⓒ Ⓓ	122	Ⓐ Ⓑ Ⓒ Ⓓ	142	Ⓐ Ⓑ Ⓒ Ⓓ
103	Ⓐ Ⓑ Ⓒ Ⓓ	123	Ⓐ Ⓑ Ⓒ Ⓓ	143	Ⓐ Ⓑ Ⓒ Ⓓ
104	Ⓐ Ⓑ Ⓒ Ⓓ	124	Ⓐ Ⓑ Ⓒ Ⓓ	144	Ⓐ Ⓑ Ⓒ Ⓓ
105	Ⓐ Ⓑ Ⓒ Ⓓ	125	Ⓐ Ⓑ Ⓒ Ⓓ	145	Ⓐ Ⓑ Ⓒ Ⓓ
106	Ⓐ Ⓑ Ⓒ Ⓓ	126	Ⓐ Ⓑ Ⓒ Ⓓ	146	Ⓐ Ⓑ Ⓒ Ⓓ
107	Ⓐ Ⓑ Ⓒ Ⓓ	127	Ⓐ Ⓑ Ⓒ Ⓓ	147	Ⓐ Ⓑ Ⓒ Ⓓ
108	Ⓐ Ⓑ Ⓒ Ⓓ	128	Ⓐ Ⓑ Ⓒ Ⓓ	148	Ⓐ Ⓑ Ⓒ Ⓓ
109	Ⓐ Ⓑ Ⓒ Ⓓ	129	Ⓐ Ⓑ Ⓒ Ⓓ	149	Ⓐ Ⓑ Ⓒ Ⓓ
110	Ⓐ Ⓑ Ⓒ Ⓓ	130	Ⓐ Ⓑ Ⓒ Ⓓ	150	Ⓐ Ⓑ Ⓒ Ⓓ
111	Ⓐ Ⓑ Ⓒ Ⓓ	131	Ⓐ Ⓑ Ⓒ Ⓓ	151	Ⓐ Ⓑ Ⓒ Ⓓ
112	Ⓐ Ⓑ Ⓒ Ⓓ	132	Ⓐ Ⓑ Ⓒ Ⓓ	152	Ⓐ Ⓑ Ⓒ Ⓓ
113	Ⓐ Ⓑ Ⓒ Ⓓ	133	Ⓐ Ⓑ Ⓒ Ⓓ	153	Ⓐ Ⓑ Ⓒ Ⓓ
114	Ⓐ Ⓑ Ⓒ Ⓓ	134	Ⓐ Ⓑ Ⓒ Ⓓ	154	Ⓐ Ⓑ Ⓒ Ⓓ
115	Ⓐ Ⓑ Ⓒ Ⓓ	135	Ⓐ Ⓑ Ⓒ Ⓓ	155	Ⓐ Ⓑ Ⓒ Ⓓ
116	Ⓐ Ⓑ Ⓒ Ⓓ	136	Ⓐ Ⓑ Ⓒ Ⓓ	156	Ⓐ Ⓑ Ⓒ Ⓓ
117	Ⓐ Ⓑ Ⓒ Ⓓ	137	Ⓐ Ⓑ Ⓒ Ⓓ	157	Ⓐ Ⓑ Ⓒ Ⓓ
118	Ⓐ Ⓑ Ⓒ Ⓓ	138	Ⓐ Ⓑ Ⓒ Ⓓ	158	Ⓐ Ⓑ Ⓒ Ⓓ
119	Ⓐ Ⓑ Ⓒ Ⓓ	139	Ⓐ Ⓑ Ⓒ Ⓓ	159	Ⓐ Ⓑ Ⓒ Ⓓ
120	Ⓐ Ⓑ Ⓒ Ⓓ	140	Ⓐ Ⓑ Ⓒ Ⓓ	160	Ⓐ Ⓑ Ⓒ Ⓓ

1. 시용 필기구 : 컴퓨터용 연필(연필을 제외한 사인펜, 볼펜 등은 시용 절대 불가)

2. 정확한 필기구 사용과 〈보기〉의 올바른 표기 이외의 잘못된 표기로 한 경우에는 당 위원회의 OMR기기가
판독한 결과에 따르며 그 결과는 본인 책임입니다. 1개의 정답만 골라 아래의 올바른 표기대로 정확히 표기
하여야 합니다.

〈보기〉 올바른 표기 : ●   잘못된 표기 : ⊘ ◐ ◑ ●

3. 답안지는 컴퓨터로 처리되므로 훼손하시면 안 되며, 상단의 타이밍마크(▮▮▮▮)부분을 찢거나, 낙서 등을
하면 안되며 본인의 불이익이 발생할 수 있습니다.

4. 감독관의 확인이 없거나 시험 종료 후에 답안 작성을 계속할 경우 시험 무효 처리됩니다.

*서약 내용을 읽으시고 확인란에 반드시 서명하십시오.

서 약	확 인
본인은 TOEIC 시험 문제의 일부 또는 전부를 유출하거나 어떠한 형태로든 타인에게 누설 공개하지 않을 것이며 인터넷 또는 인쇄물 등을 이용해 유포하거나 참고 자료로 활용하지 않을 것입니다. 또한 TOEIC 시험 부정 행위 처리 규정을 준수할 것을 서약합니다.	

Actual Test 1

READING (Part V~VI)

NO.	ANSWER	NO.	ANSWER	NO.	ANSWER
	A B C D		A B C D		A B C D
101		121		141	
102		122		142	
103		123		143	
104		124		144	
105		125		145	
106		126		146	
107		127		147	
108		128		148	
109		129		149	
110		130		150	
111		131		151	
112		132		152	
113		133		153	
114		134		154	
115		135		155	
116		136		156	
117		137		157	
118		138		158	
119		139		159	
120		140		160	

Actual Test 2

READING (Part V~VI)

NO.	ANSWER	NO.	ANSWER	NO.	ANSWER
	A B C D		A B C D		A B C D
101		121		141	
102		122		142	
103		123		143	
104		124		144	
105		125		145	
106		126		146	
107		127		147	
108		128		148	
109		129		149	
110		130		150	
111		131		151	
112		132		152	
113		133		153	
114		134		154	
115		135		155	
116		136		156	
117		137		157	
118		138		158	
119		139		159	
120		140		160	

Actual Test 3

READING (Part V~VI)

NO.	ANSWER	NO.	ANSWER	NO.	ANSWER
	A B C D		A B C D		A B C D
101		121		141	
102		122		142	
103		123		143	
104		124		144	
105		125		145	
106		126		146	
107		127		147	
108		128		148	
109		129		149	
110		130		150	
111		131		151	
112		132		152	
113		133		153	
114		134		154	
115		135		155	
116		136		156	
117		137		157	
118		138		158	
119		139		159	
120		140		160	

Actual Test 4

READING (Part V~VI)

NO.	ANSWER				NO.	ANSWER				NO.	ANSWER			
	A	B	C	D		A	B	C	D		A	B	C	D
101					121					141				
102					122					142				
103					123					143				
104					124					144				
105					125					145				
106					126					146				
107					127					147				
108					128					148				
109					129					149				
110					130					150				
111					131					151				
112					132					152				
113					133					153				
114					134					154				
115					135					155				
116					136					156				
117					137					157				
118					138					158				
119					139					159				
120					140					160				

Actual Test 5

READING (Part V~VI)

NO.	ANSWER				NO.	ANSWER				NO.	ANSWER			
	A	B	C	D		A	B	C	D		A	B	C	D
101					121					141				
102					122					142				
103					123					143				
104					124					144				
105					125					145				
106					126					146				
107					127					147				
108					128					148				
109					129					149				
110					130					150				
111					131					151				
112					132					152				
113					133					153				
114					134					154				
115					135					155				
116					136					156				
117					137					157				
118					138					158				
119					139					159				
120					140					160				

혼자 공부하는 족들을 위한
나 혼자 끝내는 토익 단계별 학습 방법

Step 1
12회분의
실전 문제를
시험 환경 그대로
시간 내에 풀기

Step 2
"책날개를 활용"
하여 문제
다시 풀고
정답 확인하기

Step 3
"저자 직강"
음성 강의를
들으며 틀린 문제
다시 확인하기

Step 4
실전 모의고사
5회분으로
시험 직전 완벽
대비하기

여러분 스스로 "나 혼자 토익을 끝낼 수 있도록"

저자 직강
음성 강의
무료 제공

★ 틀린 문제를 다시 틀리지 않도록 반복 훈련할 수 있도록 구성했습니다.

★ 스스로 점검하고 보완할 수 있도록 체크 리스트를 제공합니다.

★ 각 회차를 끝낸 후 바로 정답 및 해설을 확인할 수 있습니다.

★ 저자 직강의 무료 음성 강의를 지원합니다. **QR코드 활용**

★ 온라인으로 어휘 리스트 & 테스트를 제공합니다.
www.nexusbook.com

新 토익! 어떻게 시작해야 할지 몰라 망설이는 초보 수험생들을 위한

토익 초보·입문자 맞춤형 교재

나에게 꼭 맞는
토익 책은?

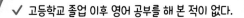

✓ 고등학교 졸업 이후 영어 공부를 해 본 적이 없다.

✓ 토익 시험이라곤 본 적이 없지만 신발 사이즈
　점수가 나올 거 같다.

✓ 혼자서 공부하기 힘들어 동영상 강의가 필요하다.

YES

초급자 맞춤형
동영상 강의 제공
총 24강

✓ 어느 정도 영어 공부는 해 왔지만 토익 공부는
　해 본적이 없다.

✓ 모의토익 시험에서 500점 정도는 나온다.

✓ 당장 토익 시험을 앞두고 있으며 750점 이상
　점수가 필요하다.

YES

나혼자 끝내는 신토익 스타트 LC+RC | 넥서스토익연구소 지음 | 2018년 1월 출간 | 404페이지
나혼자 끝내는 신토익 BASIC LC+RC | 원정서, 넥서스토익연구소 지음 | 2017년 12월 출간 | 352 페이지

나혼자 끝내는 新 토익
파트별 실전 시리즈

PART 1~4 / 5&6 / 7

온라인
받아쓰기
제공

저자 직강
무료 음성 강의
제공

저자 직강
PART 7 공략법
제공

취약한 파트만 집중적으로 공략하자! 파트별 공략 실전 시리즈!

| 최신 출제 경향 반영 파트별 실전 모의고사 | 스스로 점검하고 보완할 수 있는 나혼토 체크 리스트 제공 | 실전용·복습용·고사장 버전 MP3 무료 다운로드 | 어휘 리스트 & 테스트 제공 |

나혼자 끝내는 신토익 PART 1~4 | 신토익 실전 12회 수록 | 이주은 지음 | 2017년 3월 출간 | 16,000원
나혼자 끝내는 신토익 PART 5&6 | 신토익 실전 12회 수록 | 박혜원·전보람 지음 | 2017년 2월 출간 | 13,000원
나혼자 끝내는 신토익 PART 7 | 신토익 실전 10회 수록 | 이미영·박선영 지음 | 2017년 7월 출간 | 15,000원